KB210751

제자 Ⅲ

학생용

DISCIPLE
REMEMBER WHO YOU ARE

by Richard Byrd Wilke
   Julia Kitchens Wilke

제자 Ⅲ
너희가 누구인지를 기억하라

학생용

초판 1쇄 2014년 8월 1일

Richard B. Wilke, Julia K. Wilke 지음
한진희, 소기종 옮김

발 행 인 | 전용재
편 집 인 | 손인선

펴 낸 곳 | 도서출판 kmc
등록번호 | 제2-1607호
등록일자 | 1993년 9월 4일

(110-730) 서울특별시 종로구 세종대로 149 감리회관 16층
(재)기독교대한감리회 출판국

대표전화 | 02-399-2008, 02-399-4365(팩스)
홈페이지 | http://www.kmcmall.co.kr

디자인 · 인쇄 | 리더스 커뮤니케이션 02)2123-9996/7

값 17,000원

ISBN 978-89-8430-654-7 04230
    978-89-8430-435-2 (전 4권)

이 도서의 국립중앙도서관 출판시도서목록(CIP)은 서지정보유통지원시스템 홈페이지(http://seoji.nl.go.kr)와
국가자료공동목록시스템(http://www.nl.go.kr/kolisnet)에서 이용하실 수 있습니다.(CIP제어번호:CIP2014019659)

제자 Ⅲ

너희가 누구인지를 기억하라

DISCIPLE: REMEMBER WHO YOU ARE

Study Manual

kmc

차례

예언서

바울 서신

복된 여정을 계속하는 이들에게

먼저 함께 이 복된 여정을 계속하게 되어 기쁘고 감사합니다. 책을 펼쳐 보았을 때 가장 먼저 드는 느낌은 익숙함에서 오는 편안함일 것입니다. 몇 가지 새로운 것들이 생기긴 했지만 이 교재의 구성은 우리에게 낯설지 않습니다.

우리는 일주일에 6일 동안 30~45분씩 개인적으로 공부를 했고, 32주 동안 일주일에 한 번씩 두 시간 내지 두 시간 반 동안 그룹이 모여 규칙적으로 공부를 했습니다. 그룹 토의에 충실히 참여하기 위해 시간을 내어 매일 공부를 했고, 빈칸에 기록을 했으며, 읽은 내용을 가지고 많은 생각을 해 보았습니다.

매일의 성경공부

읽어야 할 성경말씀의 분량은 매일 다르고 주마다 다릅니다. 어떤 주는 여러 장을 읽어야 하고, 어떤 주는 얼마 안 되는 장을 읽게 됩니다. 성경을 읽어 가면서 기록을 하고 성경이 말하려는 내용에 귀를 기울이는 것은 개인이 공부하는 데 있어 반드시 해야 할 일입니다. 성경을 읽을 때 성경에 있는 각주를 습관적으로 읽으십시오. 성경에 있는 다른 책들을 읽을 때마다 그 책의 서론을 읽으십시오.

예언서

우리는 성경에 나타난 순서보다는 역사적인 순서에 따라 예언서들을 공부하게 될 것입니다. 선지자들은 왕, 나라, 권력다툼, 혹은 눈부신 업적과 관련한 역사적인 상황 속에서 예언활동을 했습니다. 그래서 우리는 예언서의 메시지를 이해하기 위해 역사에 유의해야 합니다.

우리가 공부하는 동안 어떤 성경구절은 한 번 이상 읽게 될 것입니다. 일반적으로 이렇게 반복해서 읽는 성경구절들은 선지자와 관련된 왕에 대한 기사입니다. 여러 선지자들이 종종 같은 왕과 관련되어 있습니다. 그래서 우리가 다른 예언서를 공부할 때에도 전에 읽은 내용이지만 그 선지자와 관련된 같은 왕에 대해 읽게 됩니다. 그러나 선지자마다 왕과의 관계와 선지자가 처해 있던 상황이 다르기 때문에 다른 관점에서 읽게 됩니다.

많은 예언 문서들은 시로 쓰여 있습니다. 예언서를 읽을 때 어휘의 묘사나 상징적인 의미에 신경을 쓰십시오. 어떤 사람이나 사건, 사태와 관련된 단어나 구절에 유의하십시오.

예언서들에 나오는 주요 인물의 배경은 역사 속에서 일하시는 하나님이십니다.

바울 서신

예언서들과 같이 바울 서신들도 성경에 있는 순서를 따르지 않고 쓰인 연대 순서에 따라 다루었습니다. 그러나 바울 서신의 연대에 대해 의견이 다양하기 때문에 여기서 사용된 연대도 순서가 바뀔 가능성이 있음을 인정해야 합니다. 바울의 글은 어떤 사건에 깊이 관련되어 있는 내용도 있고 추상적인 내용도 있습니다. 바울 서신을 읽을 때 바울이 사용하는 언어와 억양에 신경 쓰고, 그가 구약성경을 자주 사용하고 있다는 데 유의하십시오. 예언서들처럼 바울 서신들에서도 하나님의 백성으로서의 정체성과 공동체가 그 중심 메시지입니다.

학생용 교재의 구성

학생용 교재의 구성 요소는 지금까지 알려진 그대로인데 두 곳에서만 새로운 항목을 소개하고 있습니다. 하나는 주석 부분에 있는 '말씀 속으로'이고, 다른 하나는 제자 혹은 선교 부분에 있는 '순종하는 공동체의 모습'입니다. '우리의 모습'과 '순종하는 공동체의 모습'은 항상 긴장 관계에 있습니다. 그래서 둘 다 읽고 나서 이 둘을 연결하려고 노력해야 합니다. 이 교재에서 공동체와 관계있는 '순종하는 공동체의 모습'에서는 개인보다 공동체를 더 강조합니다.

'더 알아보기' 부분에서는 성경을 공부하는 데 도움이 될 만한 내용들과 성경에 있는 지도와 혹은 특정한 고장의 위치를 알기 위해 성경사전을 찾아보거나 지도를 찾아보라고 제안합니다.

예언서들과 바울 서신들을 공부하는 데는 지리와 역사가 매우 중요한 역할을 합니다. 거의 매주 그룹이 공부할 때마다 지도나 연대표를 사용하게 될 것입니다. 찾아볼 내용들은 사람과 장소, 중요한 역사와 관련된 사건과 지리인데, 반원들이 성경을 읽는 데 최대한 도움을 주기 위해 지도자용 교재에 지도와 연대표를 포함하고 있습니다.

바울 서신들에 있는 '더 알아보기'에서 반복하여 일어나는 활동은 특정한 목표와 초점에 따라 편지를 쓰는 일입니다. 이 편지들은 누구에게 보내기 위해서가 아니라 일주일 동안 공부하면서 쓴 내용들에 대해 답을 하거나 생각해 보기 위해 쓰는 것입니다.

예언서

01

하나님의 백성이 울고 있다

우리가 스스로 우리의 행위들을 조사하고 여호와께로 돌아가자
(예레미야애가 3:40)

🎧 우리의 모습

우리는 위기에 처할 때까지 제멋대로 행동합니다. 그러다 깜짝 놀라 당황하면서 묻습니다. "어찌 된 일입니까?" 죄책감을 느끼며 우리는 알고 싶어 합니다. "어디서부터 잘못되었습니까?" 우리는 다른 사람들을 탓하고 싶어 합니다. 그러나 우리가 행동한 결과에 직면하여 묻게 됩니다. "어디 가면 구원받을 수 있습니까?"

✝ 내려놓기

성경 공부를 하기 전에 먼저 하나님께 기도를 드립니다. 아래의 시편 말씀이 좋은 길잡이가 될 것입니다.

> 여호와여 나의 기도를 들으시며 나의 부르짖음에 귀를 기울이소서 내가 눈물 흘릴 때에 잠잠하지 마옵소서 (시편 39:12)

이번 주 기도 제목을 구체적으로 적어 기도합시다.

🎧 귀 기울이기

우리는 먼저 예레미야애가를 읽으면서 폐허가 된 예루살렘의 거리를 걷습니다. (애가의 시를 소리 내어 읽어 보십시오.) 우리는 나중에 과거를 회고하며 눈물을 흘리면서 매주 선지자의 경고를 읽게 될 것입니다. 우리는 예레미야애가에 담긴 슬픔과 혼돈, 소망의 외침을 다시 예언서에서 듣게 될 것입니다. 이제 생사에 관한 토라의 간곡한 권고를 기억하기 위해 신명기 말씀을 속독하십시오. 신명기는 무엇이 잘못되었는지 알도록 도와줍니다.

유대인들의 신앙을 형성하는 데 결정적이었던 예루살렘의 멸망과 바벨론에 포로로 끌려간 사건은 또한 우리의 신앙을 형성하는 데에도 영원히 영향을 미칠 것입니다. 왜냐하면 우리는 기억할 것이고, 회개할 것이며, 서서히 새로운 미래를 구상할 것이기 때문입니다.

D1 예레미야애가 1~3장(시온에 대한 애가, 하나님의 경고가 이루어짐, 고백, 하나님의 인자하심)

D2 예레미야애가 4~5장(시온에 대한 벌)
시편 74편(구원을 위한 기도);
　　　78편(하나님의 행적, 이스라엘의 반역);
　　　79편(예루살렘을 위한 긍휼의 기도);
　　　80편(이스라엘의 회복을 위한 기도)

D3 신명기 5~11장(시내 산에서 받은 율법, 택함받은 백성, 경고와 결과, 하나님이 명하신 일들)

D4 신명기 12~18장(예배 장소, 우상 숭배에 대한 경고, 안식년, 유월절, 왕의 본분)

D5 신명기 23:25~28
(기타 여러 가지 법, 처음 열매, 에발 산의 제단, 복과 화)

D6 '말씀 속으로'와 '순종하는 공동체의 모습'을 읽으라.

🕯️ 말씀 속으로

우리는 곧 선지자와 이스라엘의 고통에 뛰어들게 됩니다. 고통과 투쟁이 가득한 쓰라린 경험을 하게 될 것입니다. 선지자들은 언제나 백성들이 회개할 것을 촉구하면서 하나님의 이름으로 무서운 경고를 선포하고, 다가올 재앙을 극적으로 묘사할 것입니다. 백성이 고난을 당할 때 선지자들은 울 것입니다. 우리도 울 것입니다.

우리는 끊임없는 경고를 읽으면서 지칠지도 모릅니다. 우리가 빈틈없이 지키기를 원하는 신학에 대해 의문을 갖게 될지도 모릅니다. 그러나 하나님의 말씀은 빛이 꺼지도록 내버려 두지는 않을 것입니다.

애가에 담긴 고통

왜 예레미야애가를 가지고 이 공부를 시작합니까?

첫째, 우리 인간에게는 옛적 유다와 마찬가지로 경고의 외침을 심각하게 받아들이지 않으려고 하는 경향이 있기 때문입니다. 그러나 예레미야애가를 읽은 후에 우리는 경고가 모두 이루어진 것을 알게 됩니다. 예언되었던 벌이 내려졌습니다. 그래서 우리는 예언서를 읽을 때 안일한 마음에 빠져 있을 수 없습니다.

둘째, 사람들은 인생을 바꿔 놓은 비극이나 재앙과 같은 어떤 중대한 사건을 가지고 그들의 삶을 정의 내릴 때가 많습니다. 유대인들은 주전 587년에 바벨론이 예루살렘을 짓밟았던 그날을 절대로 잊을 수가 없습니다. 다윗 왕조가 끝이 나고 솔로몬 성전이 파괴된 그날에 성서신학은 태동되었습니다. 백성들이 죽임을 당하고 생존자들이 타국으로 흩어지게 되었을 때 이스라엘 역사의 분수령에 한 획이 그어졌습니다. 유대인이나 그리스도인 모두가 포로시대 이후 유대주의의 안목에서 구약성경을 읽어야 합니다.

셋째, 우리가 슬픔을 당할 때 어디에 가서 도움을 청할 수 있습니까? 우리는 이미 고통과 슬픔을 경험했기 때문에 우리를 이해할 수 있는 사람들에게로 갑니다. 우리는 내가 당한 슬픔 같은 것이 세상에 또 있을까 하고 울부짖을지도 모릅니다. 상처를 입고 답을 달라고 하늘 문을 흔드는 이가 또 있다는 것이 얼마나 위로가 됩니까! 이스라엘의 깊은 고통 가운데서, 우리는 벌을 내리시는 하나님이 또한 돌보시고 붙들어 주시는 하나님이심을 발견하게 될 것입니다.

역사에 담긴 고통

앗수르 사람들은 우선 주전 732년에 집중적으로 북왕국을 침공했고, 다음으로 주전 722년에는 북왕국을 포위하고 파괴시킨 후 사람들을 포로로 잡아가면서 이스라엘을 멸망시켰습니다. 바벨론 사람들도 이와 똑같은 방법으로 먼저 주전 597년에 남왕국을 침공했고, 그 다음에 주전 587년에는 예루살렘을 완전히 포위하고 파괴시킨 후 유다를 짓밟았습니다. 예루살렘은 자기는 패배당하지 않는다고 믿어 왔습니다. 이제 그곳은 폐허가 되었습니다.

주전 587년, 연기 나는 그 폐허의 도시를 거닐어 보십시오. 부서진 돌들과 타다 남은 잿불을 조심스럽게 디뎌 보십시오. 유린당한 여인의 나지막한 울음소리와 굶어 죽어 가는 어린아이들과 흐느끼는 노인들의 소리를 들어보십시오. 악취를 맡아 보십시오. 걸을 수 있는 젊은 남녀들은 포로로 끌려갔습니다. 몇몇 학자들과 장인들, 소수의 제사장들과 귀인들이 그들과 함께 노예로 끌려갔습니다. 앗수르가 한 세기 전에 북왕국에서 이스라엘 사람들을 흩어버렸듯이 바벨론은 예루살렘을 포위한 뒤에 남왕국에서 유다 백성을 끌고 갔습니다. 하나님의 백성은 죽임을 당하거나 뿔뿔이 흩어졌습니다.

몇 세기 전에 정성스럽게 자기네 손으로 지었던 솔로몬 성전은 이제 폐허가 되어 백향목 기둥들이 돌 부스러기 사이에서 연기를 뿜고 있습니다. 좋은 시절에는 거기서 제사장들이 드리는 기도와 찬양 소리가 끊임없이 흘러나왔습니다. 이제 제사장들은 죽었거나 포로로 끌려갔고, 금과 은으로 만든 기물들도 실려 갔습니다. 한때 종교 축제가 있을 때에 큰 무리들이 성전에 모였습니다. 그러나 이제는 어떻습니까? "시온의 도로들이 슬퍼함이여 절기를 지키려 나가는 사람이 없음이로다."(애 1:4)

곡식을 재배하고 가축을 치던 유다 언덕에 걸어 들어가 보십시오. 곡식은 빼앗겼거나 타버렸습니다. 가축들도 다 먹혀 버린 지 오래라 풀밭이 비어 있습니다. 옛날의 경계표는 다 흐트러지고, 집과 곳간은 무너졌습니다. 바벨론 사람들이 수백 년 묵은 감람나무를 도끼로 찍고 그 그루터기에는 불을 놓았습니다. 그들은 밭에 소금을 뿌려 아무것도 자라지 못하게 했습니다. 아브라함의 약속이요 모세의 꿈이요 여호수아의 소유였던 젖과 꿀이 흐르는 땅은 사라졌습니다.

이 패배는 왕정제도에 종지부를 찍었습니다. 왕은 하나님과 국가를 이어 주는 거룩한 연결고리였습니다. 왕정제도는 이스라엘의 모든 지파를 묶어 하나의 응집력 있는 나라로 연합시키는 체제를 상징했습니다. 다윗 왕조의 황금 시대는 백성의 마음에 지울 수 없는 표를 남겼습니다. 솔로몬이 죽은 후에 북왕국 이스라엘이 분리되었을 때에, 이 사건은 나라를 비극적으로 약화시켰습니다. 그러나 남왕국 유다는 다윗의 전통을 이어 갔습니다. 400년 동안 매번 왕위를 계승한 왕이 다윗 왕조였는데, 이는 하나님의 섭리와 계획의 징표였습니다. 수년 전 앗수르는 사마리아의 마지막 왕을 사로잡고 앗수르의 총독이 통치하게 했습니다. 이제는 다윗의 후손, 유다의 시드기야 왕이 죄수가 되었습니다. 바벨론은 그가 보는 데서 그의 아들들을 죽이고, 그의 두 눈을 뽑고, 가련한 모습이 된 그를 포로로 끌고 갔습니다. 왕정이 무너지면서 하나님이 그분의 보호하심을 포기하고 이스라엘을 역사의 혼란 속으로 몰아내신 것처럼 보였습니다.

이스라엘이 택함받은 백성이라는 신학은 혼란에 빠졌습니다. 하나님의 보호하심이 어떻게 된 것입니까? 유대교는 여러 세대를 거치면서 이 점을 이해하려고 안간힘을 쓰게 되었습니다. 제사장들과 선지자들, 지혜로운 지도자들과 평민들은 재앙을 이해하기 위해 신학을 추구하게 될 것입니다. 유대교와 기독교 공동체는 징벌과 고통을 이해하려고 계속 고전하고 있습니다.

드러난 슬픔

예레미야애가는 인간의 모든 슬픔과 관련된 단어들을 사용해 슬픔을 표현하고 있습니다. **충격**: 장로들이 "땅에 앉아 잠잠하고 티끌을 머리에 덮어 쓰고"(애 2:10). **눈물**: "너는 밤낮으로 눈물을 강처럼 흘릴지어다"(2:18). **육체적 고통**: "내 창자가 끊어지며 내 간이 땅에 쏟아졌으니"(2:11). **외로움**: "이 성이여… 이제는 어찌 그리 적막하게 앉았는고… 이제는 과부같이 되었고… 밤에는 슬피 우니"(1:1~2). **의인화에 주목하라**: 생존자들이 과부로 묘사되어 있습니다. 유다나 예루살렘은 이제 눈물에 잠긴 딸입니다.

아무런 반응이 없다면, 그것은 이미 일어난 사건을 부인하려는 정상적인 노력입니다. 완전히 파괴되고 고통은 극심하여 믿어지지 않았습니다.

"내 마음이 그것을 기억하고 내가 낙심이 되오나."(3:20)

슬픔당한 사람들처럼 예레미야애가는 구체적인 내용을 계속 반복하고 있습니다. 죄가 드러나 있습니다. 수치심도 노출되어 있습니다. 자기 연민에 잠겨서 하나님과 다른 사람들을 향해 분노가 폭발합니다.

"여호와여 보시옵소서 주께서 누구에게 이같이 행하셨는지요."(2:20)

저자는 다른 사람들도 고통을 당해야 한다고 주장합니다.(3:64)

회개해야 합니다. 회개 없이는 우리가 치유를 받지 못하기 때문입니다.

"오호라 우리의 범죄 때문이니이다"(5:16). 그리하여 치유하시는 하나님의 사랑은, 다시금 믿을 수 있도록 우리에게 능력을 주십니다.

"여호와는 나의 기업이시니 그러므로 내가 그를 바라리라."(3:24)

현실을 받아들이고 살아가려는 마음은 상처받은 영혼이 나음을 입게 도와줄 수 있습니다.

"살아 있는 사람은 자기 죄들 때문에 벌을 받나니 어찌 원망하랴."(3:39)

"사람이 여호와의 구원을 바라고 잠잠히 기다림이 좋도다."(3:26)

애가

애가는 고난과 고통을 말로 표현하고, 장례식에서나 예배에서 슬픔을 나타내기 위해 쓴 히브리 시입니다. 시편 79편과 80편은 애가입니다. 예언서들은 사건이 터지기 전에 마치 그 일이 실제로 일어나 우는 것처럼 경고장으로 애가를 사용했습니다. 선지자들은 장례식 훨씬 전에 장례를 위한 노래를 부릅니다.

예레미야애가는 다섯 편의 애가로 면밀하게 구성되어 한 장에 한 편씩 담겨 있습니다. 이 애가는 원래 예배 때 부르게 되어 있습니다. 전 세계에서 유대인들은 아직도 솔로몬 성전의 파괴(주전 587년/586년)와 재건된 제2의 성전을 주후 70년에 잃은 것을 기억하기 위해 아브달(7월/8월)의 9일에 예레미야애가를 읽습니다. 그러나 애가는 시편과 마찬가지로 슬픔을 나타내고 싶은 사람이면 누구나 읽을 수 있게 해놓았습니다.

여기에 담긴 시는 고통과 슬픔을 절실히 표현하기 위해 모든 가능한 문학적 수사법을 사용합니다. 애가의 처음에 나오는 히브리 단어는 보통 '슬프다'나 '오호라' 또는 '어찌' 등으로 번역되는데 슬프게 혀를 차면서 발음합니다.

히브리 시는 평행구절로 되어 있어 똑같은 것을 비슷한 방법으로 말합니다. 애가는 3박자, 2박자의 형태로 행이나 문장의 나중 부분이 더 작고, 끝이 떨어지는 리듬을 갖춥니다. 이 장단의 양식은 절름거리며 걷는 모습이나 내용과 함께 우는 모습을 보입니다. 애가는 단조로 부르는 찬송입니다.

애가의 처음 네 편은 각 행의 첫 글자를 모으면 말이 되는 유희시(acrostic pattern)를 사용하여 히브리어 알파벳의 스물두 자를 하나씩 순서대로 쓰고 있습니다. 그래서 구성까지도 슬픔을 완전하게 나타냅니다. 5장은 22개의 짧은 구절을 써서 그 기교를 모방하고 있지만, 아크로스틱 형식의 시는 아닙니다. 그러나 이 마지막 장은 보통 3-3 박자로 돌아와서 소망의 음정을 도입합니다. 이렇게 애가는 슬픔에 대해 충분히 위안을 주고, 후회와 절망에서 회개와 믿음에 이르게 합니다.

예언서의 주제

절박한 난국에서 이스라엘 사람들은 그들의 비참한 사정을 바라보며 물었습니다. 왜 이런 일이 하나님이 택한 백성인 우리에게 일어났습니까? 하나님이 우리 대적으로부터 우리를 보호하겠다고 하신 약속을 잊으셨습니까? 왜 하나님은 가장 성스러운 것들, 곧 성전과 다윗 왕국과 예루살렘을 파괴시키시고 심지어는 약속의 땅까지 거두어 가셨습니까?

질문은 확대되어 갑니다. 왜 우리가 징벌을 받아야 합니까? 우리 부모의 죄 때문입니까? 우리 자신의 죄 때문입니까? 왜 징벌이 그토록 혹심했습니까? 우리는 아브라함의 자손이 아닙니까? 모세의 언약 백성이 아닙니까? 우리에게 조금이라도 소망이 있습니까?

아직은 이 질문들을 깊이 탐구하지 않았기 때문에 지금은 어렴풋이 답을 할 수 있을 뿐입니다. 그러나 예레미야애가는 예언서와 같이 몇 가지 기본 원칙에 대해 같은 입장을 취합니다.

• **하나님이 주관하신다.** 하나님이 약하시다거나 보다 더 힘 센 다른 신이나 어떤 악의 세력에게 압도되셨다는 언질은 없습니다. 이 사건들은 분명히 하나님의 주관 아래 행해졌습니다. 하나님이 파괴를 허락하셨습니까? 그렇습니다. 애가는 하나님이 "오른손을 뒤로 거두어들이시고"(애 2:3), 다시 말해 그분의 보호의 능력을 거두셨다고 말합니다. 그러나 더 현저하게 나타나는 것은 하나님이 거룩한 심판을 내리시기 위해 실제로 이방 군대를 선택하셨다는 주장입니다(1:14). 그 밑에는 하나님이 이스라엘을 벌하셨다(1:15)는 확신이 깔려 있습니다. 하나님은 문득 또는 우발적으로 행동하지 않으셨습니다. 하나님은 목적을 가지고 의도적으로 행동하셨습니다.

• **파괴는 징벌이었다.** "우리의 머리에서는 면류관이 떨어졌사오니", 이 말은 왕의 몰락과 택함받은 족속의 몰락을 지칭합니다. "오호라 우리의 범죄 때문이니이다."(5:16)

애가는 예언서들처럼 죄와 범죄를 자세히 기술하지 않습니다. 단지 반역만을 언급할 뿐입니다. 우리는 예언서에서 이 주제가 심히 극적으로 표현되고 있음을 보게 될 것입니다. 그러나 누가 죄를 지었습니까? 조상입니까? 지금 징벌받고 있는 이들입니까? '둘 다'라는 답이 나옵니다. 조상들도 죄를 지었습니다. 그러나 사람들은 자기들이 지은 죄 때문에도 고난을 받았습니다. 그 경험은 공동체적인 것입니다.

하나님은 이스라엘이 특별하다는 것을 잊으셨습니까? 아닙니다. 하나님은 기억하셨습니다. 파괴를 초래한 것은 바로 하나님이 의를 기억하셨기 때문이었습니다. 사람들은 잊고 있었습니다. 그들은 시내 산과 토라를 잊어버렸습니다. 약속의 백성들은 언약 안에서 특별한 존재였습니다. 만일 그들이 언약을 잊고 계명을 어기며 가난한 사람들을 잊어버린다면 하나님이 벌하실 것입니다. 하나님께 공의와 자비보다 더 소중한 것은 없으므로 하나님이 불의와 잔인함에 대해 엄격히 대하실 것입니다. 그것이 성전과 왕과 약속의 땅을 파괴시키는 것을 의미하더라도 말입니다.

• **하나님은 이스라엘을 버리지 않으셨다.** 절망에 빠진 생존자들은 잿더미에 앉아 애곡하며 외쳤습니다. "지나가는 모든 사람들이여 너희에게는 관계가 없는가"(1:12). 위로받을 소망이 있습니까? 아니, 사람에게서 받을 수 있는 것이라곤 하나도 없습니다. 그러나 시인들과 선지자들은 하나님께는 새로운 가능성이 멈춘 적이 없다는 것을 알고 있습니다. 애가에는 하나님의 말씀의 신실하심 위에 세워진 소망의 무늬가 놓여 있습니다.

"여호와께서 이미 정하신 일을 행하시고 옛날에 명령하신 말씀을 다 이루셨음이여."(2:17)

거기에 기쁜 소식이 있습니다. 하나님이 주시는 벌조차도 전능자는 의지할 수 있는 분임을 증명해 주기 때문입니다.

전통적으로, 예레미야애가는 '눈물의 선지자' 예레미야와 관련되어 있다. 역대기 저자는 예레미야가 애가를 쓰고 그것을 노래로 불렀다고 말한다(대하 35:25). 예레미야애가가 느끼고 생각하는 것이 예레미야와 비슷하지만 계획적으로 문체를 사용하고, 신중하게 문장을 작성한 것으로 보아 예레미야애가는 후대 시인이 쓴 것 같다.

아크로스틱은 각 행의 첫 글자를 모으면 말이 되는 유희시를 사용하는 시작법이다. 예레미야애가가 사용한 알파벳은 히브리어다. 예레미야애가는 처음부터 마지막까지 알파벳 순서대로 단어를 사용해 최대한 슬픔을 표현한다.

그래도 하나님의 인자하심이 구원해 주실 것이다

소망이 사라진 것 같을 때에, 심지어 하나님의 음성까지도 잠잠해졌을 때에 우리가 할 수 있는 일이 무엇입니까? 비탄에 잠겨 있는 우리에게 이 말씀이 들려옵니다.

"이것을 내가 내 마음에 담아 두었더니 그것이 오히려 나의 소망이 되었사옴은 여호와의 인자와 긍휼이 무궁하시므로 우리가 진멸되지 아니함이니이다. 이것들이 아침마다 새로우니 주의 성실하심이 크시도소이다."(애 3:21~23)

그래서 이스라엘은 절대로 끝나지 않는 사랑을 신뢰하는 것을 배웁니다. 무릇 기다리는 자들에게나 구하는 영혼들에게 여호와는 선하시기 때문입니다.(3:25)

다섯째 애가에서 시의 억양이 장조로 바뀝니다. "여호와여 우리를 주께로 돌이키소서. 그리하시면 우리가 주께로 돌아가겠사오니 우리의 날들을 다시 새롭게 하사 옛적 같게 하옵소서."(5:21)

신명기

학자들은 신명기가 시내 산, 십계명, 모세의 설교, 출애굽이 주는 영적 지혜, 광야 신앙 등에 기초를 둔다고 말합니다. 그러나 신명기는 구전으로 수세기 동안 전수되면서 교훈을 준 살아 있는 말씀이었습니다. 모든 민법과 같이 신명기는 새로운 상황에 따라 해석되었습니다.

신명기의 요지는 언약 백성은 누구이며 그들이 속한 하나님이 누구신가를 모세가 확실히 설명했다는 것입니다. 모세는 어디서 축복이 오는지를 말했고(신 28:1~14), 어디에 함정이 있는지 경고했습니다.(28:15~68)

적어도 신명기의 일부가 문서화되어 요시야의 개혁(주전 620년) 때에 성전에서 발견되었습니다. 그것을 읽고 왕이 회개하고 자기 옷을 찢었습니다. 그 문서는 유다가 얼마나 멀리 탈선했는지를 보여 주었기 때문입니다.

이 책은 아마 바벨론에서 돌아온 학식 있는 제사장들과 선지자들이 포로시대 이후에 예루살렘에서 완성했을 것입니다. 그 신학은 분명히 선지자의 신학입니다. 그

것은 마치 신명기가 일찍이 모세 시대부터 경고하다가 파괴와 포로기가 지난 후에 "내가 그렇게 말했지." 하고 외치는 것과 같습니다. 그 행동 규범은 새로운 것이 아니었습니다. 그것은 근본적으로 계명에서 유래했습니다. 히브리인들의 하나님은 정의(공의)와 자비를 부어 주시는 분입니다. 도적질과 간음, 거짓 증거는 하나님의 성품을 거스르고, 언약 공동체를 범하며, 하나님이 세상으로부터 원하시는 조화를 배반합니다. 큰 책임이 이스라엘의 어깨 위에 놓여 있습니다.

선지자들은 기억합니다. 그들은 그들의 처음 일들을 기억합니다. 구속의 사건을 기억하고 생존에 필요한 조건들을 알고 있습니다. 이스라엘에게 독특한 면이 있다는 것, 곧 하나님이 이스라엘에게 신중하게 해야 할 바를 지시하신 내용이 있다는 것을 이해하고 있습니다. 그래서 선지자들은 말할 때에 이스라엘이 지금 행하고 있는 것과 이스라엘이 해야 할 일을 비교합니다. 그들이 경고에 경고를 거듭하지만 이스라엘은 듣지 않습니다. 신명기의 모세의 모든 가르침도 징벌을 막지 못합니다.

그러나 하나님은 언약의 백성을 저버리지 않으십니다. 신명기에 담긴 암시와 예레미야애가에 담긴 가물거리던 소망의 빛은 예언서에서 활짝 피어난 환상이 되었습니다. 하나님은 남은 자들이 고향으로 돌아오게 하실 것입니다.

♥ 순종하는 공동체의 모습

믿음의 공동체는 하나님의 말씀이 신실하시다는 것을 배웁니다. 하나님은 당신이 말씀하신 것을 꼭 지키시는 분입니다. 우리가 하나님의 법과 하나님의 사랑을 기억할 때에, 우리는 우리가 누구이며 우리가 어떤 사람이 되어야 하는지 기억하게 됩니다. 하나님은 심판하시는 분이며, 또 구원하시는 분입니다. 그래서 우리는 회개하고 하나님께 맞추어 우리 삶을 재조정할 수 있습니다. 우리는 하나님의 자비의 영역에서 제외될 만큼 길을 잃지는 않았습니다. 우리는 확신을 가지고 하나님께로 돌아갈 수 있습니다.

나는 나를 심판하시고 나에게 고통을 주시는 하나님이 내가 고통에서 벗어나고자 할 때 찾아가는 바로 그 하나님이시라는 개념을 어떻게 이해합니까? 나는 이러한 하나님을 어떻게 경험했습니까?

....

....

내가 속한 그룹은 고난의 문제, 특히 죄와 어리석음 때문에 생겨나는 고난의 문제에 어떻게 대처합니까?

....

....

....

언제 나는 '귀향'을 체험했습니까?

....

....

....

구약에서 전기 예언서라고 알려진 여호수아에서 열왕기하까지의 책들을 신명기 역사서라고도 부른다. 신명기와 여호수아에서 열왕기하까지의 책들은 바벨론 포로에서 돌아온 후 '신명기 기자들'이라고 알려진 편집자들에 의해 정리되어 지금의 신명기로 쓰인 것이다. 예언서들을 이해하려면 이 신명기 역사서의 내용들을 이해하는 것이 중요하다. 왜냐하면 역사적인 사건이 일어난 후 하나님의 백성으로서의 역사를 신학적인 관점에서 이해하려고 시도하기 때문이다. 하나님이 주신 땅에서 택함받은 백성으로서의 역사와 사회생활은 신명기가 제정해 놓은 기준으로 측정된다.

순종하는 믿음의 공동체는 신실하신 하나님의 말씀을 신뢰한다.

🔖 더 알아보기

▪ 우리가 슬픔 당한 친구에게 그저 "무슨 일이 있었나요?"라고 방금 물었다 가정하고, 예레미야애가 4장을 다시 읽으십시오. 비극을 자세히 말하고 있음에 귀를 기울이십시오.

▪ 모세의 세 번째 설교를 듣기 위해, 언약을 더 잘 이해하기 위해, 모세가 여호수아를 어떻게 선택했는지 배우기 위해, 모세의 마지막 지시와 축복을 듣기 위해, 신명기 29~34장을 읽으십시오.

02

하나님이 사자들을 보내셨다

이스라엘아 들으라 우리 하나님 여호와는 오직 유일한 여호와이시니
너는 마음을 다하고 뜻을 다하고 힘을 다하여 네 하나님 여호와를 사랑하라
오늘 내가 네게 명하는 이 말씀을 너는 마음에 새기고 (신명기 6:4~6)

◐ 우리의 모습

우리는 우리를 둘러싸고 있는 문화에 흠뻑 젖어 있습니다. 우리는 양다리를 걸치고 살려 합니다. 약간의 타협쯤이야 별 문제 없겠지 하고 타협을 합니다. 일편단심은 너무 부담스럽습니다. 우리는 고개를 돌립니다. 아무것도 듣고 싶지 않습니다.

⚱ 내려놓기

성경 공부를 하기 전에 먼저 하나님께 기도를 드립니다. 아래의 시편 말씀이 좋은 길잡이가 될 것입니다.

> 하나님이여 나를 어려서부터 교훈하셨으므로 내가 지금까지 주의 기이한 일들을 전하였나이다… 내가 주의 힘을 후대에 전하고 주의 능력을 장래의 모든 사람에게 전하기까지 나를 버리지 마소서 (시편 71:17~18)

이번 주 기도 제목을 구체적으로 적어 기도합시다.

◑ 귀 기울이기

우리는 선지자들의 사역을 이해하기 위해 역사를 알아야 합니다. 우리는 그 당시 상황 속에서 그들의 말을 들어야 합니다. 읽을 내용이 많으므로 중요한 사건과 중심인물에 주의하면서 속독하십시오. 선지자들이 상대한 왕들과 그 쟁점이 된 문제를 연관시켜 보십시오. 무엇이 선지자를 선지자 되게 하는지 연구해 보십시오.

참고 : 우리는 이 과에서 다른 선지자들을 대하게 되면서 관련된 왕들에 관한 성경구절들을 거듭 읽게 될 것입니다. 예를 들면, 여기서 우리는 열왕기하 15장을 읽는데, 나중에 이 부분을 또다시 읽게 될 것입니다.

D1 신명기 6장(쉐마)
사무엘상 8:1~10:16(사무엘이 사울에게 기름 붓다)
사무엘하 12장(나단과 다윗)
열왕기상 11~14장(솔로몬, 아히야와 여로보암, 스마야와 르호보암)

D2 열왕기상 16:29~19:21; 21~22장
(엘리야와 아합, 미가야와 여호사밧)

D3 열왕기하 2장, 4~5장, 9장(엘리야와 엘리사, 나아만의 한센병, 예후가 왕으로 기름 부음을 받다, 아합 가문의 종말)

D4 열왕기하 15~19장(유다 왕 웃시야, 아하스, 이스라엘의 왕들, 앗수르에게 사로잡힌 이스라엘, 히스기야의 개혁, 산헤립이 유다를 침략하다)

D5 열왕기하 20~25장(히스기야의 죽음, 므낫세, 유다의 왕들, 요시야의 개혁, 예루살렘의 함락, 바벨론에게 사로잡힌 유다)

D6 '말씀 속으로'와 '순종하는 공동체의 모습'을 읽으라.

◈ 말씀 속으로

그 어떤 문화, 그 어떤 종교도 히브리 선지자들과 같은 사람들을 배출해 낸 적이 없습니다. 물론 현자와 신의 계시를 전달하는 자, 선견자와 점쟁이는 고대 세계 도처에 흩어져 있었습니다. 어느 부족, 어느 도시, 어느 나라이든 신과 여신이 있어서 이들을 섬기는 제사장들과 선지자들이 일종의 형식에 따라 의식을 집례하고, 열광적인 언어로 말하며, 통치자들에게 자문도 해주었습니다. 그러나 주전 9, 8, 7, 6세기 히브리 선지자는 다른 부류에 속했습니다. 다른 나라들과 똑같이 지중해 땅에 세워졌지만, 이스라엘은 잘 훈련받고 시내 산의 하나님을 섬기기로 굳게 작정한 선지자들을 배출했고, 그들은 역사적으로 유일했습니다.

선지자란 누구인가?

'선지자'로 번역된 히브리어 '나비'(nabi)는 단순히 '다른 사람을 위해 말하는 사람' 또는 '다른 사람을 대표하는 사람'을 의미합니다. 성경에서 나비는 '하나님을 대신해 말하는 사람' 또는 '하나님의 사자'를 의미합니다.

이 단어는 성경에서 아비멜렉 왕이 아브라함을 선지자라고 불렀을 때 처음 나옵니다. 아비멜렉은 아브라함과 사라가 하나님과 교통하고 있으며 특별한 영적 순례자의 길에 있다는 것을 깨달았습니다(창 21:22). 모세는 선지자들 중에서 둘도 없는 선지자로 불렸습니다(신 34:10~12). 아브라함과 모세는 죄인들을 위해 중보했습니다. 선지자는 하나님을 대변해 사람들에게, 또 사람들을 대변해 하나님께 말했습니다. 중보 역할은 그들의 주요 임무 중 하나였습니다.

미리암은 홍해에서 하나님의 승리를 찬송하는 노래를 불렀을 때 선지자라는 칭호를 받았습니다(출 15:20~21). 아론은 모세의 선지자로 지명됐습니다(7:1). 한번은 70명의 장로들이 회막 문에 서서 "예언"했습니다(민 11:25). 엘닷과 메닷이란 이들도 장로였는데 회막에 나아가지 않았지만 그래도 진영에서 "예언"했습니다(11:26). 모세는 모든 사람이 그들과 같이 선지자가 되기를 바란다고 말했습니다.(11:29)

'여선지자'라고 불린 드보라 같은 사사는 하나님과 교통했지만 주로 영감을 받은 행정가요 군사 지도자였습니다(삿 4:4~5). 신비한 투시 능력을 가지고 있었던 발람 선지자는 벌어질 전투의 결과를 거룩한 영감을 받아 예보했습니다. 그가 뇌물을 받고 싶은 유혹을 느꼈을 때 그의 노새가 그를 책망했다는 사실은 선지자가 온전하게 예언해야 한다는 중요한 한 면을 보여 줍니다.(민 22~24장)

선지자들과 왕들

많은 면에서 사무엘은 이스라엘의 참 선지자들 중 첫째가는 선지자였습니다. 그가 선지자로 부름 받은 것은 확실하고 극적이었습니다(삼상 3:1~10). 그는 이스라엘에게 자기들의 정체성을 기억하고 한 분이신 하나님께 충성하라고 명함으로써 선지자의 주된 직무를 수행했습니다. 후에 오는 위대한 선지자들과 같이 사무엘은 경고와 시정, 훈계와 책망으로 왕정에 참여했습니다. 그는 사울을(10:1), 후에는 다윗을(16:13) 이스라엘 왕으로 기름 부었습니다. 선지자 '학파'나 선지자들 무리 사이에서 드나들었지만 사무엘은 하나님의 선지자였습니다.

어떤 학파의 선지자들은 '기도하는 언어체'로 예언을 했습니다. 사울도 그들과 한때 동행했습니다. 그래서 "사울도 선지자들 중에 있느냐?"는 말이 생기기도 했습니다(10:11~13). 그러나 사무엘은 이러한 열광적인 기도의 경험과 연관되어 알려진 적이 없습니다. 비록 사무엘이 특별한 감각이 있어 사울의 노새를 찾았다는 것을 알고 있었지만(9:18~20) 성경은 한때 사무엘에게 쓰였던 선견자와 같은 말이 더 이상 적합한 말이 아니라고 지적합니다(9:9). 사무엘의 주요 덕목은 하나님의 뜻과 일을 알고 행하는 것이었습니다.

히브리 선지자들은 양의 내장을 연구해 미래에 대한 정보를 구하는 점쟁이들이 아니었습니다. 그들은 사람들을 12궁과 연결하거나 점성술로 그들의 미래를 정하지 않았습니다. 비록 사울 왕을 위해 한 번 무당이 죽은 사람과 교통했지만(28:6~14), 선지자들은 그런 일을 못하게 되어 있었습니다. 모세의 법이 그런 관습을 분명하

게 금지하고 있었습니다.(신 18:10~13)

우리는 왕정을 떠나서 선지자들을 정의할 수 없습니다. 우리가 선지자의 메시지를 이해하려면 왕들의 행적을 알아야 합니다. 각 왕들에게는 자기 신전에 부속되어 그의 궁정 가까이 사는 선지자들 무리가 있었습니다. 그들은 기도를 드리고 자문해 주었는데, 종종 그들 중에는 왕이 주로 듣고 싶어 하는 말을 하는 간신들이 있었습니다. 그러나 그 계열 안팎에는 간혹 그 영혼에 하나님의 부르심을 느끼고 자기가 이스라엘의 거룩한 하나님인 것처럼 말하는 선지자가 있었습니다.

나단

나단 선지자는 다윗 왕의 궁정 고문관이었습니다. 사울 왕은 계속되는 사무엘의 충고를 들은 반면, 다윗은 자기 스스로 기도했으며 자기 스스로 결정을 내렸습니다. 밧세바가 목욕하는 것을 다윗이 보기 전까지(삼하 11:2~5) 나단은 다윗의 보좌관들 중 한 명에 불과했습니다.

다윗의 도덕성이 무너지는 것을 보았을 때 선지자 나단은 다윗 왕에게 나아갔습니다. 작은 암양 새끼를 가진 가난한 사람에 관한 이야기를 하면서 나단은 용감하게 말했습니다(12:1~5). 다윗 왕의 눈을 들여다보면서 실상 "당신은 간음자요 살인자요 도적이며 거짓말쟁이"라고 말하면서 선지자의 역할을 새롭고 보다 높은 경지로 올려놓았습니다. 나단이 "당신이 그 사람이라!"(12:7) 하고 준엄하게 말했을 때에, 그는 하나님이 시내 산에서 모세에게 주신 십계명을 바탕으로 말하고 있었습니다.

나단이 말하는 다윗의 문제의 심각성은 왕이 하나님의 계명을 깨뜨렸다는 것보다 언약을 깨뜨렸다는 데 있었습니다. 다윗은 부하를 보호하는 대신 그를 죽이고, 부하의 아내와 가정을 위해 안전을 보장하는 대신 그녀를 범함으로써 왕도를 저버렸습니다. 자기 이익을 따라 행동함으로써 왕으로서의 신뢰를 저버렸습니다. 다윗은 언젠가 그의 왕국을 무너뜨릴 언약 훼손의 씨를 뿌렸습니다.

이제 나단과 제사장 사독이 기름 부은 솔로몬을 보십시오. 솔로몬 왕이 잘못한 일은 무엇입니까? 그는 이방 왕들의 딸과 누이들과 결혼함으로 조약을 체결했습니다. 그런 통혼은 모세가 분명히 금지한 것이었습니다. "그들과 혼인하지도 말지니"(신 7:3). 왜입니까? 그들이 그들의 이방 신과 그들의 신전, 그들의 신학을 함께 가져와서 하나님의 법을 떠나게 할 것이기 때문이었습니다. "그들이 반드시 너희의 마음을 돌려 그들의 신들을 따르게 하리라"(왕상 11:2). 나아가 그런 통혼은 그 자식들이 "여호와를 떠나고 다른 신들을 섬기게" 할 것입니다(신 7:4). 이는 "네 자녀에게 [이 말씀을] 부지런히 가르치며 집에 앉았을 때에든지 길을 갈 때에든지… 이 말씀을 강론할 것이며… 또 네 집 문설주와 바깥 문에 기록할지니라"(6:7~9)고 한 신명기의 대계명을 아주 어기는 일이었습니다.

솔로몬의 우상 숭배에서 오만과 탐욕, 백성을 혹사시키는 한탄스러운 죄들이

각각의 용어는 선지자들을 가리키거나 선지자들의 이름에서 따온 성경 문헌에 사용된다.

• 전기 예언서—구약에서 여호수아부터 열왕기하까지를 학자들이 신명기 역사서라고 부르는데 그 책들이 신명기의 신학을 따르고 있기 때문이다.
• 후기 예언서—구약에서 예레미야애가와 다니엘을 제외한 이사야로부터 말라기까지를 후기 예언서라고 부르는데 그 예언서들이 전기 예언서의 신학적인 결론을 따르고 있기 때문이다.
• 대예언서—신약에서 이사야로부터 다니엘까지를 대예언서라고 한다.
• 소예언서—호세아로부터 말라기까지를 소예언서라고 부르는데 이 명칭은 책의 부피 때문이지 책의 중요성을 말하는 것은 아니다.
• 포로기 이전 예언자 혹은 예언서—바벨론에 포로로 잡혀가기 전에 예언활동을 한 예언자들 혹은 포로기 이전에 남왕국 유다와 북왕국 이스라엘을 내용으로 하여 쓴 문헌들이다.
• 포로기 이후 예언자 혹은 예언서—바벨론으로부터 해방된 후에 예언활동을 한 예언자들 혹은 남왕국 유다 백성을 내용으로 하여 쓴 문헌들이다.
• 경전 예언자—예언자로서 예언한 내용이 성경에 포함되어 있는 예언자들.
• 경전 이전의 예언자—예언활동이 성경에 언급되어 있으나 그들이 예언한 내용이 성경에 남아 있지 않은 것들.(예: 나단, 엘리야, 엘리사)

성경은 솔로몬 왕과 관련 있는 선지자를 언급하지 않는다. 사무엘은 사울을 보좌했고, 나단과 갓은 다윗을 보좌했다. 스마야는 르호보암을 보좌했고, 아히야는 여로보암을 보좌했다. 스스로가 선지자의 역할을 하고 있다고 생각한 솔로몬은 개인이 직접 하나님과 교통할 수 있다고 믿었다.

흘러나왔습니다. 그가 예루살렘에 세웠던 찬란한 건축은 땅과 백성을 유린했습니다. 솔로몬의 노년에 나라는 혁명의 위기로 흔들렸습니다. 압박이 불만을 낳았습니다. 그리고 그가 죽자 나라는 남북으로 분열됐습니다.

아히야

예루살렘 근처 외딴 길에서 여로보암을 만난 아히야는 자기 새 옷을 열두 조각으로 찢었습니다(왕상 11:29~39). 그러고는 다윗 자손도 아니고, 솔로몬을 위해 강제 부역의 감독관을 지낸 적 있는 북쪽의 '평민'이었던 여로보암에게 그 찢은 옷 열 조각을 주었습니다. 그의 선물은 이스라엘이라고 불리게 될 북왕국 열 지파를 나타냈습니다. 그는 다윗 왕을 위해, 예루살렘을 위해, 유다라고 불리게 될 남왕국을 상징하기 위해(베냐민과 유다로 여겨지는) 그의 옷 두 조각을 남겨 두었습니다.(11:32)

아히야의 상징적인 행위는 세 가지 면을 보여 주었습니다. 죄를 밝혀 주었고 미래를 예견했으며 미래가 현실이 되도록 도와주었습니다. 나라가 격투 한 번 없이 분열되어 버렸습니다. 또 다른 선지자 스마야는 "여호와의 말씀이… 이 일이 나로 말미암아 난 것이라"(12:24)고 말하여 솔로몬의 아들 르호보암이 새로운 북왕국과 전쟁하지 못하게 막았습니다. 그래서 십팔만 명의 유다 군인들은 싸움 없이 집으로 돌아갔습니다.

아히야는 후에 오는 선지자들과 같이 정치적인 분단을 인식했지만, 예루살렘이 오직 유일한 예배처가 되기를 원했습니다. 불행하게도 북왕국의 여로보암은 백성들의 마음을 한데 묶기 위해 국가 차원에서 신전이 필요하다고 단정 지었습니다. 그래서 벧엘과 단에 금송아지로 예배처를 세워 궁극적으로 재난을 초래하게 되었습니다. 그때부터 계속 역사가들은 우상 숭배를 지칭할 때면 줄여서 '여로보암의 죄'라는 말을 썼습니다.

엘리야

선지자와 왕 사이의 상호관계, 신실한 왕정을 위한 선지자의 관심, 율법과 땅을 지키려는 선지자의 노력 등과 같은 요점을 놓치지 마십시오. 왕들은 하나님을 대신해 섬기는 이스라엘의 목자가 되어야 했습니다. 왕들이 그들의 의무를 저버릴 때마다 선지자들은 용기와 끈기를 가지고 그들을 비난했습니다.

다윗 왕에게 그의 선지자 나단이 있었듯이, 북왕국의 아합 왕에게는 엘리야가 있었습니다. 미래를 내다볼 수 있는 안목, 열광적인 언어, 심지어는 치유의 기적도 엘리야에게는 그다지 중요하게 보이지 않았습니다. 그는 자기가 이스라엘이 주 여호와가 하나님이심을 기억하게 도와주고 언약으로 돌아오게 하는 하나님의 사자라는 것을 알고 있었습니다.

바알 선지자 450명과 대결한 싸움은 엘리야에게는 단순히 게임이 아니었습니다. 이스라엘에게는 생사가 걸린 일이었습니다(왕상 18:17~46). 이스라엘이 하나님께 속할 것인지 속하지 않을 것인지 하는 문제였습니다. 언약이 유효한 것인지, 그렇지 않은 것인지 하는 문제였습니다. 첫 계명이 무너졌다면 다른 계명도 모두 무너지게 될 것입니다. 구원의 기억이 위기에 처해 있습니다. 하나님께 택함받은 백성으로서의 정체성이 위기에 처해 있습니다. 약속의 땅이 위험에 빠져 있습니다.

우상 숭배가 갈멜 산상의 적입니다. 우상 숭배는 가장 큰 죄입니다. 우리는 우리의 우상에 돌이나 금의 얼굴이 달려 있지 않아서 우리 자신의 우상 숭배를 인식하기 어렵습니다. 그러나 고대 이스라엘도 이해하기 어렵긴 마찬가지였습니다. 그들은 언뜻 보기에 무해하게 보이는 신들의 혼합이 그토록 큰 위협이 될 수 있다는 것을 파악하지 못했습니다. 바알 신들은 하나님께 대한 충성을 약화시키고 율법과 은혜를 더럽히는 까닭에 큰 힘이 있었습니다.

나는 주변 문화에서 어떤 신들을 받아들여 하나님께 대한 나의 충성을 약화시키고 있습니까?

아합은 해상업을 하는 뵈니게 족속과 조약을 체결하기 위해 시돈의 왕족 이세벨과 결혼했습니다. 이세벨은 그녀와 함께 모든 이방 신들과 그 신들과 관계된 선지자들을 측근자로 데려왔습니다. 왕비는 왕권이 절대적인 것이라는 궁중 훈련을 받았습니다. 왕은 선지자들을 고용했고, 성공을 위해 신들에게 기도했으며, 마음 내키는 대로 할 수 있었습니다. 아합은 이스라엘 식으로 훈련을 받아서 그 마음으로는 하나님께서 각 히브리인에게 땅을 유업으로 주셨고, 누구나 심지어 왕조차도 십계명 아래 있으며, 왕은 백성을 위한 목자요 종이어야 한다는 것을 알고 있었습니다.

아합이 궁정 가까이 있는 작은 밭을 원하자 이세벨은 땅 주인 나봇을 죽였습니다. 그리고 그 땅을 아합에게 주었습니다(왕상 21:1~16). 그녀의 신들은 이 일에 마음을 쓰지 않았습니다. 그 신들은 비와 출생 같은 다산의 문제, 전쟁의 승리, 부상과 질병 문제를 다루었을 뿐 아무런 도덕적인 요구를 하지 않았습니다.

아합 왕은 이방 선지자들과 아울러 이스라엘 선지자들의 말을 들으며, 하나님과 바알을 동시에 섬기면서 타협하며 살았습니다. "내 대적자여 네가 나를 찾았느냐?"(21:20)는 말 속에는 죄책과 경이가 함께 담겨 있었습니다. 나봇의 포도원에 대한 엘리야의 말은 아합의 마음을 찔렀습니다. 그는 선지자들이 하나님을 대신해 말한다는 것을 알고 있었습니다.

참 선지자는 진리의 말씀을 외치고, 그 예언을 이루는 사람입니다. 엘리야는 "개들이… 이세벨을 먹을지라"라고 말했습니다(21:23). 그의 말은 예후의 말들이 그녀의 몸을 부수고 개가 그녀를 잡아먹었을 때에 성취되었습니다(왕하 9:30~37). 홀로 궁중 선지자 400명과 대결한 미가야 선지자는 아합 왕이 전쟁에서 화를 당할 것이라고 선언했습니다(왕상 22:13~28). 궁중 선지자들은 미가야를 비웃었으며 어떤 자는 그를 때렸으나, 왕들은 미가야가 하나님의 진리를 말하는 것이라고 생각했습니다. 화살이 아합의 갑옷 솔기를 뚫었을 때에 선지자의 말씀이 이루어졌습니다. 신명기는 묻습니다.

"'그 말이 여호와께서 이르신 말씀인지 우리가 어떻게 알리요' 하리라 만일 선지자가 있어 여호와의 이름으로 말한 일에 증험도 없고 성취함도 없으면 이는 여호와께서 말씀하신 것이 아니요."(신 18:21~22)

엘리사

엘리야의 겉옷이 갑절이나 되는 엘리야의 영감을 더하여 엘리사에게 전해졌습니다(왕하 2:9~14). 엘리사에게 분명히 나타났던 두 가지 사역, 즉 가난한 사람들에 대한 그의 자비와 이방인들을 위한 그의 사역의 성격을 주의해서 보십시오. 종종 선지자의 무리와 함께 다닌 엘리사는 선지자의 미망인이 궁핍한 것을 알게 되었습니다. 빚쟁이들이 그녀의 두 아이를 노예로 만들려고 찾아오고 있었습니다. 하나님은 엘리사를 통해 그녀가 모든 빚을 청산할 수 있을 만큼 충분한 기름을 기적적으로 공급하셨습니다(4:1~7). 약한 사람들에게 관심을 두고 그들을 배려하는 것은 토라에서 기본 조항이었습니다. (신 24:12~15, 17~21)

뵈니게(Phoenician) 문화는 주전 12세기와 11세기에 지중해 동해안에서 생겨났다. 뵈니게 사람들은 연체동물에서 뽑아낸 값비싼 자주색 물감과 알파벳 활체를 가지고 무역을 하던, 잘 알려진 해상인들이었다. 두로와 시돈을 중심으로 한 뵈니게는 자치제로 운영되었고, 주전 9세기에 앗수르에게 가끔 세금을 바친 것 외에는 외세의 지배를 받지 않았다. 뵈니게 장인(기능공)들은 솔로몬 성전을 건축하는 것을 도와주었다.

엘리사는 한센병에 걸린 아람 장군 나아만을 고쳐 주었습니다. 나아만은 그에게 값을 지불하려 했지만 엘리사는 돈 받기를 거절했습니다. 이런 사실은 이스라엘의 위대한 선지자들의 특성을 나타내 줍니다. 그들은 매수당하거나 뇌물을 받을 수 없었습니다. 그들은 추호의 타협 없이 행할 것임을 결심했습니다. (왕하 5장)

사자로 부르심을 받다

그러면 우리는 선지자들에 대해 무슨 말을 할 것입니까? 그들은 자신들에게 어떤 위험이 닥쳐온다 해도 하나님의 사자가 되기 위해 부르심을 받았다고 믿었습니다. 그들은 조상의 약속과 모세의 율법을 기억하면서 일편단심으로 확고부동하게 하나님께 헌신한 사람들이었습니다. 말씀으로, 상징적인 행동으로 그들은 왕들이 하나님께 전적으로 충성할 것을 요구했습니다. 그들은 진리를 외쳤고, 그들의 경고는 성취되었습니다. 그들은 우상 숭배가 집단의 기억력을 흐리게 하고 국가 전체의 정의감을 약화시킬 것임을 알고 이루 말할 수 없는 용기를 가지고 우상 숭배를 정죄했습니다. 우상 숭배는 부도덕을 초래합니다. 선지자들은 왕국이 망하지 않도록, 그들을 구하신 하나님이 그들을 벌하실 수밖에 없는 상황이 되지 않도록 하나님께 돌아오라고 간절히 호소했습니다.

선지자들은 과거에 하나님이 하신 행적들을 잘 기억하고 있습니다. 노예에서 해방시키신 일, 광야에서 매일 경험한 하나님의 돌보심, 이웃과의 관계를 좋게 만드는 공동체를 위한 분명한 법, 모든 가족이 정의와 자비를 유산으로 삼고 살아갈 약속의 땅 등을 기억하고 있었습니다. 그리고 그들은 시대의 징조를 알고 상상할 수 있는 모든 방법으로 다른 사람들에게 진리를 용감하게 전했습니다. 불행하게도 대부분 사람들은 보고 듣기를 거절했고, 순종의 대가를 치르기 원하지 않았습니다.

♡ 순종하는 공동체의 모습

하나님 한 분에게만 충성하는 것은 순종하는 공동체의 특징입니다. 이 충성은 우리 공동체의 기억을 통해 보존됩니다. 선지자는 이스라엘이 하나님께 온전히 속해야 하며 그렇지 않으면 멸망하고 만다는 사실을 알고 있었습니다. 우리도 선지자들처럼 우상 숭배, 곧 엉뚱한 데로 마음이 빠져들려고 하는 우리의 경향을 이해해야 합니다. 우리는 거짓 신들이 우리를 파멸시킬 것임을 알고 있습니다.

선지자들은 그 시대의 징조를 읽고 이해할 줄 압니다. 그들은 내가 어떻게 오늘날 시대의 징조를 읽고 이해할 수 있게 도와줍니까?

순종하는 믿음의 공동체는 하나님께 대한 충성을 제일가는 의무로 삼는다.

쉽게 변명하거나 곤란한 입장을 해명하여 빠져나가려는 우상 숭배와 직면할 수 있게 나를 도와줄 수 있는 것은 무엇입니까?

성경이 교회에 부여한 정체성과 사명을 교회가 상실하고 있거나 상실했다고 경고해 주는 표시는 무엇입니까? 그런 표시에 대해 믿음의 공동체가 할 수 있는 반응은 무엇입니까?

하나님의 가르침에 순종하는 것은 하나님께 충성하는 첫 시작입니다. 그러나 현대사회에서 나는 종종 순종이라는 개념을 회피하려고 합니다. 왜 그렇습니까?

내가 속한 믿음의 공동체는 성경에 기초된 공동체의 본분을 어떻게 기억나게 해줍니까?

◉ 더 알아보기

■ 우리는 열왕기상·하에서 감동을 주는 이야기에 집중했습니다. 이름 없는 선지자들에 대해 읽어 보십시오. (왕상 13장)

03

이 과의 주제
. . . .
기근

주 여호와의 말씀을 갈망했다

주 여호와의 말씀이니라 보라 날이 이를지라
내가 기근을 땅에 보내리니 양식이 없어 주림이 아니며
물이 없어 갈함이 아니요 여호와의 말씀을 듣지 못한 기갈이라 (아모스 8:11)

🎧 우리의 모습

우리는 도움을 청하지만 침묵만 돌아옵니다. 우리는 손을 내밀지만 아무것도 얻지 못합니다. 우리가 당연하게 얻으리라고 여겼던 확신, 우리가 쏟았던 관심은 어디에 있습니까? 이 허전한 마음을 무엇으로 채울 수 있습니까?

✝ 내려놓기

성경 공부를 하기 전에 먼저 하나님께 기도를 드립니다. 아래의 시편 말씀이 좋은 길잡이가 될 것입니다.

> 하나님이여 사슴이 시냇물을 찾기에 갈급함 같이 내 영혼이 주를 찾기에 갈급하니이다 내 영혼이 하나님 곧 살아 계시는 하나님을 갈망하나니 (시편 42:1~2)

이번 주 기도 제목을 구체적으로 적어 기도합시다.

🎧 귀 기울이기

먼저 전체적인 메시지를 감지하면서 아모스를 대충 훑어보십시오. 그 다음에 주의 깊고 신중하게 읽으십시오. 이 강력한 설교, 특히 4장 1~8절, 5장 8~15절, 5장 21~24절과 8장을 분노에 찬 목소리로 소리 내어 읽으십시오. 말씀 속에서 다른 사건들이나 관습에 빗대어 생생하게 묘사하는 선지자의 외침에 귀를 기울이십시오. 아모스 시대의 정치 상황 중 일부가 열왕기하 14장 23~29절에 제시되어 있습니다.

D1 아모스 1~9장

D2 아모스 1~2장
(이스라엘의 이웃들과 유다와 이스라엘에 대한 심판)

D3 아모스 3~6장(유다와 이스라엘에 대한 심판, 주의 날)

D4 아모스 7장(심판의 환상, 아마샤)
열왕기하 14:23~29(여로보암 2세)

D5 아모스 8~9장(심판을 피할 수 없음, 회복에 관한 예언들)

D6 '말씀 속으로'와 '순종하는 공동체의 모습'을 읽으라.

💧 말씀 속으로

드고아는 베들레헴 남쪽으로 9.7킬로미터 지점에 있는 작은 유다 마을이었습니다. 이 마을은 남방의 불모지 네겝 광야를 북쪽의 돌밭 목양지와 변두리 경작지로 갈라놓는 산등성이에 자리 잡고 있었습니다. 그 지대는 아모스와 같이 독립심이 있고 열심히 일하는 사람들을 배출해 내는 거친 땅이었습니다.

아모스는 무화과 종류인 뽕나무를 재배하는 목자였습니다. 이 나무의 열매를 벌레에게 내주지 않으려면 막 나오는 열매에 조심스럽게 구멍을 내주어야 합니다. 이스르엘 골짜기에서 나는 싱싱한 무화과 열매와는 달리 이 열매는 가난한 사람들이 먹었고 짐승들을 먹여 살렸습니다.

목자이자 농부였던 아모스는 어느 특정한 선지자 학파에 속하지 않았고, 성소에 연결되어 있지도 않으며, 예언을 하고 돈을 받은 적도 없습니다. 그는 자격을 갖춘 것이 없어서 "나는 선지자가 아니며 선지자의 아들도 아니라"(암 7:14)고 선포했습니다. 그러나 하나님이 그에게 "내 백성 이스라엘에게 예언하라"(7:15)고 말씀하셨습니다.

아모스는 배우지 못한 시골뜨기로 취급받을 사람이 아니었습니다. 그는 박력 있게 설교했을 뿐 아니라 감동을 주는 명쾌한 글을 썼던 최초의 문서 예언자였습니다. 아모스는 신중하게 단어를 선택했습니다. 그가 시적으로 넌지시 표현한 용어는 마음을 사로잡습니다. 그의 히브리 평행구절은 높이 하늘을 날면서 노래를 부르는 듯합니다. 그의 애가는 장송곡의 슬픈 곡처럼 들립니다. 아마도 대부분의 글을 그가 직접 썼을 것입니다.

벧엘로 가다

아모스에게는 북왕국 이스라엘 문제에 뛰어들어 주제넘게 참견하는 남왕국 유다 출신 선지자라는 낙인이 따라다녔습니다. 그는 파괴와 죽음을 선포해야만 했습니다. 이것은 전혀 기쁜 사명이 아니었습니다. 그러나 보다 더 기가 막힌 것은 이스라엘 사람들이 대부분 성공을 만끽하면서 하나님이 그들을 풍성히 축복하신다고 믿고 있을 때에 심판과 파멸을 선포해야 했습니다.

이제, 아모스가 북왕국으로 가서 열정적인 설교를 하려면 그는 어디로 가야 합니까? 물론 왕의 성소이며 제사장의 집이자 우상 숭배의 중심지인 벧엘로 갈 것입니다. 아모스는 베들레헴까지 9.7킬로미터, 예루살렘까지 9.7킬로미터, 그리고 상업도로를 따라 유다와 이스라엘의 국경을 건너 17.7킬로미터를 더 가서 벧엘로 걸어갔습니다.

벧엘은 전통에 젖어 있었습니다. 아브라함이 거기서 그의 장막을 쳤습니다(창 12:8; 13:3). 야곱이 꿈에서 하나님을 보고 돌로 성스러운 돌기둥을 쌓은 뒤 그곳을 벧엘, 즉 '하나님의 집'이라고 불렀습니다(28:10~22). 사무엘이 그곳의 성소를 매년 순례했고(삼상 7:16), 엘리사 시대에는 선지자들 무리가 거기서 살았습니다.(왕하 2:3)

나라가 갈라졌을 때(주전 922년) 느밧의 아들 여로보암은 북왕국 백성이 예루살렘 성전으로 가기보다는 벧엘과 단의 북왕국 성소에서 예배드리게 해야겠다고 생각했습니다(왕상 12:25~30). 여로보암은 벧엘을 왕의 성소로 지정하자마자 다산 종교의 의미가 가득한 금송아지를 추가했습니다. 애굽과 가나안과 히브리의 종교 개념을 혼합해 토라를 희석시켰으며, 시내 산의 법을 어겼고, 선지자들이 그토록 두려워하고 미워했던 우상 숭배를 성하게 만들었습니다. 이제 수세기 후에 아모스가 보여 주는 것처럼, 우상 숭배는 백성을 불의와 부도덕으로 이끌었습니다. (암 5:4~7)

하나님을 대신하여 말함

아모스는 위대한 두 왕, 유다의 웃시야(주전 783~742년)와 이스라엘의 여로보암 2세(주전 786~746년)의 통치 기간에 살았습니다. 간혹 있었던 국경 분쟁을 제외하고는 오래 왕위를 누릴 수 있었던 이 시대는 평온했고, 이 작은 왕국은 둘 다 번영했습니다.

강대국들은 국내 문제로 고전하고 있거나 다른 일선에서 적과 투쟁하고 있었습니다. 애굽은 과거에 군사 확장을 한 후 다시 나일 골짜기에 국한했습니다. 다메섹에 수도를 두고 번성하던 수리아는 주변 나라들이 그 외곽의 영토를 침범하는 것을 지켜보고 있었습니다. 앗수르 제국은 허약한 왕 밑에서 허덕였습니다. 그래서 강대국들인 애굽과 앗수르가 잠들어 있고 수리아가 위협받고 있을 때, 이스라엘은 기회를 노려 국경을 북으로 동으로 남으로 뻗어 나갔습니다. 메소포타미아에서 애굽으로 가는 모든 주요 상업 도로가 이스라엘의 세관을 거쳐야 했기 때문에 무역이 번창했습니다. 사람들은 히브리 축제들을 지키고, 가나안 신들에게 예물을 드리며, 십일조를 바치고, 기도를 드렸습니다. 그들이 누리는 축복을 자축하면서 자기들이 매우 종교적이라고 생각했습니다.

만일 여로보암 2세가 주전 8세기 중엽에 공직 선거에 나섰다면 그의 표어는 '평화와 번영'이었을 것입니다. 이스라엘은 황금시대를 만끽하고 있었습니다. 자만과 부유가 나라를 지배했습니다. 도시들은 우아하게 빛났습니다. 부자들은 침대를 상아로 장식하고 침구를 비단 베개로 장식하면서 겨울 별장과 여름 별장을 가지고 있었습니다. 그들은 사치스러운 잔치를 열어 서로 환대했습니다. 포도주는 식사 때 조금씩이 아니라 술판을 벌여 퍼 마셨습니다. 남자들은 몰래 뇌물을 주고받았습니다. 여자들은 탐욕적이었고 욕구불만이 점점 높아 갔습니다.

이러한 경기장에 남쪽 출신 목자가 걸어 들어왔습니다. 제사장 아마샤와 선지자 무리와 각계 지도자들 앞에서 아모스는 다가오는 하나님의 심판을 선포했습니다. 그는 먼저 이스라엘이 증오하는 이웃 수리아를 지목하여, 모든 나라의 재판장이 잔인한 왕 하사엘과 그 아들 벤하닷을 멸망시킬 것이라고 선포했습니다(암 1:3~5). "그 수도 다메섹은 악행 때문에 불타 버릴 것이다." 이스라엘 사람들은 이것이 '기쁜 소식'이라고 생각했습니다.

다음 차례는 옛날의 원수 블레셋 사람들의 고향인 해변가 가사였습니다 (1:6~8). "그들의 신들 이름이 붙은 도시 아스돗과 아스글론 위에 불이 떨어질 것이다." 때로는 친했고, 때로는 정치적으로 동맹을 맺었으며, 간혹 통혼도 했던 북부 해변 지역 두로에 대해 아모스는 말했습니다(1:9~10). 이제 두로는 친분을 잊었다고 말했습니다. "그들에게 불이 내리리라." 환호성이 줄어들었습니다. 아모스가 차례로 그 이웃들을 묘사할 때 그들은 덜 사악한 것처럼 보였습니다. 그가 친척이나 다름없는 셈족 사람들인 요단 동편에 있는 에돔과 암몬, 모압을 치는 예언을 하자 그제야 듣는 이들은 정신을 차렸습니다. (1:11~2:3)

이제 설교는 아픈 데를 찌르기 시작했습니다. 아모스는 따로 떨어져 있기는 했어도 스스로를 히브리인으로 생각했고, 그의 고향인 유다를 비난했습니다(2:4~5). 그는 모세를 통해 애굽에서 일어난 하나님의 구원 행적과 아모리 사람들에 대한 여호수아의 승리로 거슬러 올라가는 하나님의 구원 행적을 상기시켰습니다. 유다의 역사는 또한 이스라엘의 역사였습니다. 아모스는 유다가 여호와의 율법을 멸시한다고 말했습니다(2:4). 그러나 사람들은 예루살렘 성전에서 제사를 드리고 있다고 생각했습니다. 유다는 거짓에 의해 그릇된 길로 이끌리고 있었지만(2:4), 그들

일반적으로 산당이란 신성한 물건이 보관된 곳이지만 점차 그 단어는 예배처를 지칭하게 되었다. 고대 이스라엘에서 히브리인과 관계없는 신전은 우상이나 제단, 다른 숭배물의 처소였다. 그 대부분은 '산당'이라고 불리는 높은 노천 장소였다. 많은 히브리인의 신전은 조상과 연관된 성소였다. 거기에는 보통 상주하는 제사장이나 선지자가 있었다. 사무엘 선지자는 실로에서, 그리고 후에는 라마에서 산당을 돌보았다. 이스라엘의 왕들은 선지자나 제사장, 곧 하나님과 반드시 손쉽게 연락할 수 있도록 그들의 수도에 가깝게 산당을 세웠다. 아모스 시대에 북왕국 이스라엘 왕과 연관 있는 주요한 히브리인 산당은 벧엘이었고, 남왕국에서는 다윗의 후손 유다 왕들과 항상 연관 있는 최대의 산당은 예루살렘 성전이었다.

주전 9, 8세기 것으로, 사마리아에 있던 아합 왕의 '상아궁'(왕상 22:39)에는 펼쳐진 종려 나뭇잎이 있는 이와 같은 상아 무늬가 벽과 가구를 장식하는 데 쓰였다.

은 모세의 율법을 공부한다고 생각했습니다.

이제 아모스는 그가 해야 할 일을 했습니다. 하나님의 이름으로 이스라엘을 상대로 말씀을 전했습니다. 그들의 번영은 가난한 사람을 착취해 얻은 것입니다. 너희는 "은을 받고 의인을 팔며 신 한 켤레를 받고 궁핍한 자를 판다"(2:6). "너희는 힘없는 자의 머리를 땅에다 짓이긴다"(2:7, 공동번역)라고 합니다. 이는 이스라엘이 부정을 저지른다는 말입니다. 너희는 "뇌물을 받고" 가난한 사람들을 불공평하게 대우하며, 실제로 "성문에서 궁핍한 자를 억울하게 하는 자"(5:12)라고 합니다. 모세의 율법은 "객이나 고아나 과부의 송사를 억울하게 하는 자는 저주를 받을 것이라"고 말합니다. (신 27:19)

그들은 어떻게 음식의 양은 줄이고 음식 값은 올립니까? 정규의 ⅗부셸 크기보다 약간 작은 '속이는 바구니'로 곡식을 팝니다. 그들은 저울을 이용해 팔 때 속이고 살 때 조작합니다. 그들은 저울을 엄지로 누릅니다. 그들은 요금을 붙여서 돈을 환전합니다. 그들은 밀에다 먼지와 겨 쓰레기를 함께 집어넣습니다. (암 8:5~6)

때때로 종교인들은 가난한 사람들에게 음식 바구니를 주기도 하지만 가난한 사람들을 압박하는 사회 구조를 만들기도 합니다. 가난한 사람들에게서 훔치는 경제 제도에는 어떤 것들이 있습니까?

....

....

계약법에 따르면 장애인들은 특별한 배려를 받게 되어 있습니다. 그러나 이스라엘은 "가뜩이나 기를 못 펴는 사람을 길에서 밀쳐 낸다"(2:7, 공동번역)라고 아모스는 말했습니다.

그는 이스라엘에게 "너희의 성적 범죄는 하나님의 법을 무시한다. 아버지와 아들이 같은 여자와 동침한다. 부정한 일이다. 너희는 가난한 사람의 외투를 저당 잡히고, 그것을 제단 옆에 놓고 창녀와 함께 잔다. 가증스런 행위다."라고 합니다.

또한 "너희는 너희가 양육하기를 원하는 진지한 마음을 가진 젊은이들에게 그들의 거룩한 서원을 어기라고 가르친다. 선지자들과 제사장들, 아버지와 어머니가 된 이들은 하나님의 말씀을 가르치고 있어야 했다. 그러나 너희는 너희의 임무를 게을리 하고 있다. 너희는 너희를 하나님께 돌아오게 해주었을 설교자들의 말을 가로막았다"(2:11~12)고 했습니다. 그러면서 아모스는 기근이 다가오고 있다고 말했습니다.

"양식이 없어 주림이 아니며 물이 없어 갈함이 아니요 여호와의 말씀을 듣지 못한 기갈이라."(암 8:11)

"그날에 아름다운 처녀와 젊은 남자가 다 갈하여 쓰러지리라… 엎드러지고 다시 일어나지 못하리라."(8:13~14)

어떤 면에서 요즘 젊은이들이 하나님의 말씀을 갈망하고 있다고 생각합니까?

....

....

믿음의 공동체가 젊은이들을 양육하기 위해 할 수 있는 일은 무엇입니까?

....

....

탐욕은 너희의 삶을 지배한다고 아모스는 주장합니다. "너희는 돈 벌기 위해 안식일이 끝나기만 기다린다. 너희는 다시 일을 계속하기 위해 종교 축제가 끝나기를 고대한다(8:5). 너희는 축복을 저주로, 저주를 축복으로 바꾸었다. 너희 부자들은 집 없는 사람들이 거리에서 먹을 것 없을 때에 무절제하게 낭비하고 있다."

또한 "너희가 예배드리러 갈 때 너희 마음은 딴 곳에 가 있다. 너희는 죄책감 때문에 벧엘에 가지만 탐욕이 가득한 마음으로 벧엘로 간다. 너희는 헌물을 드리고 십일조를 드리며 찬송 부르기를 좋아하지만, 시내 산의 하나님을 사랑하지 않는다(4:4~5). 하나님이 너희의 태도와 행위에다 다림줄을 띄우신다면 너희의 삐뚤어진 부분이 드러날 것이다(7:7~8). 다림줄은 추호의 용서도 없다. 그것은 모든 거짓된 것들을 밝혀낸다."라고 말했습니다.

위선적인 예배가 되었기 때문에, 제단의 제사와 성스러운 정의와 자비가 일치되지 않았기 때문에 하나님은 아모스를 통해 외치셨습니다.

"내가 너희 절기들을 미워하여 멸시하며 너희 성회들을 기뻐하지 아니하나니 … 네 노랫소리를 내 앞에서 그칠지어다… 오직 정의를 물같이, 공의를 마르지 않는 강같이 흐르게 할지어다."(5:21~24)

어느 때에 나의 예배가 하나님께 드리는 순종이기보다 텅 빈 의식이 됩니까?

하나님께 가장 슬픈 것은 이스라엘이 아주 특별한 존재였다는 사실입니다. 하나님은 모든 나라를 심판하십니다. 그러나 이스라엘은 하나님의 자랑이자 기쁨이었습니다. 그러나 아모스는 이스라엘을 쳐서 예언해야만 합니다. 아모스가 사마리아(수도), 갈멜(산), 벧엘(성소), 야곱(조상), 이 모두를 시적으로 인격화하여 이스라엘을 지칭하는 말로 쓰고 있는 것을 보십시오.

주의 날

나팔이 도성에 비상을 알리듯이 선지자는 하나님이 앞으로 행하실 것을 전했습니다(암 3:6~8). 백성들은 특별한 특권(율법, 계약, 구원 역사)을 받았기 때문에 반역에 대해 심한 징벌을 받게 될 것입니다. 그들은 하나님이 다윗 왕국과 평화와 이스라엘의 승리를 회복시키실 것으로 생각하고 '주의 날'을 자랑했습니다. 하지만 아모스는 '주의 날'에 대한 이해를 뒤집어 버렸습니다.

"화 있을진저 여호와의 날을 사모하는 자여 너희가 어찌하여 여호와의 날을 사모하느냐 그날은 어둠이요 빛이 아니라."(5:18)

아모스는 이 메시지를 가차 없이 반복하면서 부고를 미리 찍어 버렸습니다. 이스라엘은 옴짝할 수 없이 패망을 향해 달려가고 있습니다. 그날이 얼마나 일찍 오겠습니까? 그 일은 여름 과일과 같이 잘 익었습니다(8:1~3). 히브리어는 두려움을 주는 동음이의(同音異義) 단어를 쓰고 있습니다. '카이쯔'(신선한 열매)는 '케이쯔'(끝장)와 발음이 비슷합니다. 이스라엘의 패망이 가까워졌습니다.

그들은 회개할 수 있겠습니까? 하나님이 허락하시겠습니까? 아마 그럴지도 모릅니다. 선지자들 중에서 가장 매정한 아모스는 희미하게나마 은혜의 문을 조금 열어 놓았습니다. "너희는 여호와를 찾으라 그리하면 살리라."는 나지막한 외침입니다(5:6). 그러나 그들은 하나님의 집 '벧엘'에서 돌아서야 합니다. 왜냐하면 그것은 실제로는 '벧아벤', 곧 허무의 집, 우상 숭배의 집이기 때문입니다.(5:5)

기근

과연 이스라엘이 회개하겠습니까? 아닙니다. 그들은 배신자요 신실하지 못합니다. 그래서 "묘성과 삼성을 만드시며" 날마다 새롭게 창조하시고, 바다로부터 비를 주셔서 이렇게 생명을 유지시켜 주시는 하나님은 "강한 자에게 갑자기 패망이 이르게"(5:8~9) 하실 것입니다. 왜입니까? "네가 네 하나님 여호와의 말씀을 청종하지 아니하고 네게 명령하신 그의 명령과 규례를 지키지 아니하기 때문"이라고 모세가 이미 대답했습니다.(신 28:45)

하나님은 시련 후에만 소망을 제시하십니다. 선지자가 내다본 재앙은 결코 완전히 끝을 내버리는 재앙이 아닙니다. 심지어 아모스도 회복에 관한 말씀을 전합니다. 치유는 징벌 후에 오는 법입니다.

"내가 다윗의 무너진 장막을 일으키고 그것들의 틈을 막으며."(암 9:11)

반란 후에 땅은 다시 한 번 아주 풍성한 소출을 내어 밭을 새로 갈 때까지 추수가 끊이지 않을 것입니다(9:13). 하나님은 그분의 백성을 아주 버리지 않으실 것입니다.

이스라엘의 우상 숭배와 불의에 대한 하나님의 세 가지 반응을 보십시오.

• **하나님의 생각**. 하나님은 상황을 둘러보시고 진노하십니다. 하나님은 불의와 강도, 박탈과 가난, 예속의 악취를 맡으십니다.

• **하나님의 도구**. 하나님은 직접 행동을 취하지 않으십니다. 그 대신에 벌을 주는 대행자를 쓰십니다. 땅이 사람들에게 대적합니다(8:8). 대지가 흔들립니다(9:1, 9). 메뚜기가 다 먹어 버립니다(4:9). 적국이 파괴시킵니다. 앗수르는 범죄하는 이스라엘에 대한 하나님의 심판의 매가 될 것입니다.(7:9, 11)

• **하나님은 현실을 부인할 수 없으시다**. 인간의 기만은 공동체를 파괴시킵니다. 죄는 사회 연결망을 망가뜨립니다.

♡ 순종하는 공동체의 모습

우리는 우리가 하나님의 말씀으로 양육받는다는 것을 압니다. 하나님의 말씀은 우리의 주식입니다. 말씀이 없으면 우리 공동체는 굶어 죽습니다. 우리의 기억과 우리의 정체성, 우리의 지침과 우리의 소망을 잃는 것입니다.

확실히 오늘날에도 '땅에 기근'이 있습니다. 오늘날 일어나고 있는 기근에 대해 어떻게 생각하십니까?

어떤 이들은 교회가 하나님의 말씀을 듣는 데에 굶주려 있다고 말합니다. 이 표현을 어떻게 평가하십니까?

순종하는 믿음의 공동체는 주의 말씀에 의지하여 살며, 주의 말씀 안에서 살며, 주의 말씀으로 산다.

30 _제자 Ⅲ

아모스는 백성이 반역함으로 하나님이 그분의 말씀을 그들에게서 거두시는 결과를 낳는다고 경고했습니다. 기근의 심판입니다. 회개를 통해서만 하나님께 다가갈 수 있습니다.

오늘날 내 안에, 그리고 내가 속한 믿음의 공동체 안에 있는 어떤 반역이 하나님이 더 이상 내게 하실 말씀이 없다는 아모스의 경고를 불러올 것이라고 생각하십니까?

내가 하기 싫은 말이지만 사람들이 하나님의 말씀을 듣도록 하기 위해서는 외쳐야만 한다는 것에 대해 어떻게 생각하십니까?

나 스스로가 하나님의 말씀을 듣지 못하게 막는 것이 무엇이라고 생각하십니까?

어린이와 청소년, 어른들이 하나님의 말씀을 들을 수 있도록 우리의 농촌 지역이나 동네, 도시에서 성경을 가르치기 위해 내가 할 수 있는 일은 무엇입니까?

🔎 더 알아보기

■ 성서사전에서 느밧의 아들 여로보암 1세와 요아스의 아들 여로보암 2세, 하사엘과 벤하닷, 아람과 다메섹 등을 찾아보십시오.

사자 상이 섬세히 새겨진 이 벽옥 인은 므깃도에서 발견되었고 주전 775년경의 것이다. 사자 위에는 '쉐마에게'라고 소유주 이름이, 사자 밑에는 그의 직함으로 '여로보암의 종'이라고, 곧 '여로보암의 종, 쉐마에게 속한 것'이라고 새겨져 있는데, 이 여로보암은 아마 주전 786~746년에 이스라엘의 왕이었던 여로보암 2세를 가리키는 것 같다.

04

이 과의 주제

구속하는 사랑

하나님의 진실하심

내가 네게 장가 들어 영원히 살되 공의와 정의와 은총과 긍휼히 여김으로
네게 장가 들며 진실함으로 네게 장가 들리니 네가 여호와를 알리라
(호세아 2:19~20)

🎧 우리의 모습

우리는 조화와 질서, 관계를 원하지만 마음을 한 군데 주지 못합니다. 다 조처를 취해
놓고 필요한 타협을 하며 인맥의 끈을 잡으려고 합니다. 우리는 권력과 성공, 지배를 약속
해 주는 일에 마음이 끌립니다.

🌱 내려놓기

성경 공부를 하기 전에 먼저 하나님께 기도를 드립니다. 아래의 시편 말씀이 좋은 길잡
이가 될 것입니다.

> 여호와여 주의 긍휼을 내게서 거두지 마시고 주의 인자와 진리로 나를 항상 보호
> 하소서 (시편 40:11)

이번 주 기도 제목을 구체적으로 적어 기도합시다.

🎧 귀 기울이기

호세아 1장과 3장을 일치시키려고 하지 마십시오. 이 두 장은 호세아의 결혼 문제(그리
고 이스라엘의 배신)에 관한 각기 다른 이야기입니다.

호세아는 여러 왕들의 통치 기간에 오랫동안 활동했던 선지자입니다. 열왕기하 15장을
읽으면서 각 왕의 행적 중 한두 가지를 찾아보십시오.

다른 선지자와 같이 호세아도 심한 말을 할 수 있었습니다. 그러나 호세아의 열정과 그
의 자비는 어머니의 입맞춤과 같이 온화하고 연인의 손길처럼 부드럽습니다. 찾으시고 손
을 내미시는 하나님의 사랑은 예언서들 중에 호세아 2장 18~23절, 11장 1~4절, 8~11절,
14장 4~9절보다 더 감동적인 것은 없습니다.

D1 호세아 1~3장(호세아와 고멜의 결혼, 반역하는 이스라엘)

D2 호세아 4~6장(이스라엘을 책망하시는 하나님, 이스라엘과 유다에게 다가오는 심판)

D3 호세아 7~9장
(강대국에 의존하는 일은 무익하다. 이스라엘의 징계)

D4 호세아 10~11장(이스라엘의 죄와 포로, 하나님의 자비)
열왕기하 15:1~31(유다 왕 웃시야, 이스라엘의 여러 왕들)

D5 호세아 12~14장
(하나님의 자비, 회개하라는 요청, 용서의 확인)

D6 '말씀 속으로'와 '순종하는 공동체의 모습'을 읽으라.

◐ 말씀 속으로

호세아는 어려운 책입니다. 어떤 히브리어는 의미가 불분명합니다. 넌지시 말하는 시적 표현은 애매모호한 의미를 지니고 있습니다. 고대의 편집인들이 본문을 다시 썼습니다. 이 책에는 호세아의 예언과 설교, 애가와 상징적 행동, 시와 설명 등이 모아져 있습니다. 모두 정확한 연대표나 연속성이 없이 함께 느슨하게 묶여 있습니다.

호세아는 아모스와 동시대 사람이었습니다. 그러나 그에게는 남쪽에서 북으로 왔던 아모스처럼 낙인이 따라다니지 않았습니다. 호세아는 그가 사랑하는 자기 백성, 곧 이스라엘을 향해 말했습니다. 또 그의 일은 벧엘에서 나팔을 크게 한 번 부는 일로 끝나지 않았습니다. 호세아는 20년 이상을 예언했습니다. 아모스와 같이 그도 여로보암 2세의 번영과 평화 시기에 말씀을 전했으나 후에 혼돈과 무정부와 파괴의 시대까지 계속 말씀을 전했습니다. 말씀을 전한 뒤 짐을 싸고 떠났던 아모스와는 달리 호세아는 폐허를 선포했을 뿐 아니라 그 땅이 폐허가 되는 모습을 지켜보았습니다.

그는 여로보암의 아들 스가랴(선지자가 아님)가 6개월을 통치한 후 살룸에게 살해당할 때에도 예언을 계속했습니다. 한 달 안에 살룸은 므나헴에게 살해됐고, 므나헴은 앗수르와 투쟁하면서 7년을 통치했습니다. 그 아들 브가히야는 그의 장성 중 하나인 베가에게 죽임을 당했고, 베가는 5년을 통치했습니다. 호세아는 이스라엘이 패망되어 가는 동안 말씀을 전했습니다.

선지자에게는 불의와 우상 숭배라는 두 가지 큰 영적 대적이 있음을 기억하십시오. 아모스는 사회 불의와 깨어진 인간관계에 더 초점을 맞췄습니다. 호세아는 하나님을 사랑하지 못하게 만드는 우상 숭배를 더 지적했습니다. 이웃 사랑과 하나님 사랑, 이 두 가지 문제는 동전의 양면과 같습니다.(호 4:1~2)

신이란 우리가 시간과 정력을 들여 섬기는 사물이나 사람을 뜻합니다. 거짓 신들을 섬기면 삶은 타락하게 됩니다. 하나님을 섬길 때 삶은 조화를 이룹니다.

반역

호세아의 아내 고멜에 대한 묘사는 혼동을 줍니다. 호세아 1장은 전기로, 호세아 3장은 자서전으로 썼습니다. 고멜은 호세아와 결혼하기 전에 창녀였습니까, 아니면 단지 음행의 기질이 있는 여인이었습니까(1:2)? 그녀는 거리의 여자가 되었습니까, 아니면 바알 신들의 성소에서 창기가 되었습니까? 이스라엘에 대한 하나님의 사랑 때문에 호세아가 그 아내를 다시 사오게 되었습니까, 아니면 그녀에 대한 호세아의 대가 없는 사랑이 그에게 하나님의 한없는 자비를 가르쳐 주었습니까? 아무래도 상관없습니다. 결혼한 아내에게 배반을 당하면서 호세아는 하나님께 반역한 백성을 향한 하나님의 아픈 마음을 느꼈습니다. 고멜을 집에 데려오기 위해 희생을 치르면서 호세아는 값이 얼마든지 하나님은 이스라엘을 절대로 버리지 않으신다고 이해했습니다.

여기 예언서 초반부에서는 남녀의 결혼이 하나님과 그분의 백성 간의 사랑 관계로 비교되어 있습니다. 실제로 호세아 2장의 우화는 아주 긴밀하게 섞여 짜여 있어서 우리가 호세아와 고멜을 다루는지 하나님과 이스라엘을 다루는지 때때로 분간할 수가 없습니다.

선지자가 자기 부인의 음행을 이스라엘의 반역의 상징으로 묘사하는 것은 오늘날 여성을 격하시키는 의미로 해석될 수도 있습니다. 그래서 우리는 그런 비유를 쓰는 일을 주저할 것입니다. 그래도 깨어진 결혼의 이미지는 하나님과 이스라엘 사이가 깨어졌음을 전해 주는 선지자의 뜻을 절실히 느끼게 해줍니다. 이 모든 이야기의 요지는 이스라엘이(남녀 모두 해당됨) 창기가 되었다는 사실입니다.

호세아는 그의 자녀들에게 끔찍한 이름을 지어 주었습니다. 첫째 아들은 이스르엘이라고 불렀습니다(1:4). 이스르엘에서 예후가 아합의 아들들을 살해하고 오므리 왕조를 끝낸 것과 같이 여로보암의 자손들이 죽임을 당하고 예후 왕조가 끝날 것입니다. 이 사건은 실제로 일어났고 열왕기하 15장 8~12절에 기록되어 있습니다. 이스르엘은 또한 이스라엘의 군사력을 상징하는 '활'을 의미했는데, 이 활은 역사적으로 많은 전쟁이 있었던 그

비옥한 골짜기에서 꺾일 것임을 의미했습니다. 디글랏빌레셀 3세가 마침내 주전 732년에 이스르엘 골짜기에서 이스라엘의 활을 꺾었습니다.

'긍휼히 여김을 받지 못한 자'를 뜻하는 딸의 이름 로루하마는 더 심했습니다. 하나님이 이스라엘에게 자비를 베풀지 않으실 것입니다. 앗수르는 주전 732년에 이스라엘 영토 대부분을 차지할 것입니다. 그리고 무자비하게 앗수르는 수도 사마리아를 포위해 주전 722~721년에 파괴시킬 것입니다.

셋째 아들은 '내 백성이 아니라'는 뜻이 담긴 로암미라는 가장 비참한 이름을 받았습니다. 한때 이스라엘은 하나님의 백성이었고, 애굽에서 종살이하다가 구원받았으며, 광야에서 가르침을 받았습니다. 이제 앗수르는 더러는 죽이고 더러는 포로로 데려가 백성이라고는 거의 남아 있지 않게 될 것입니다.

호세아 2장을 주의 깊게 보십시오. 고멜은 아마 벧엘이나 길갈, 단에서 성소의 창기가 되어 다른 연인에게로 달려갔을 것입니다. 호세아는 비탄에 잠겼습니다. 그녀는 그가 사랑하는 아내였고 자식들의 어머니였습니다. 그는 '내 백성'과 '긍휼히 여김을 받음'이라고 불리는 두 자식에게 너희 어머니가 집으로 돌아오게 달래보라고 부탁했으나(2:1~2) 아무 소용이 없었습니다. 이스라엘이 회개하겠습니까? 나라가 벌을 받기까지는 회개하지 않을 것입니다. 변화하려고 하는 그녀의 빈약한 노력은 언제나 쉬이 사라지는 이른 아침 이슬과 같았기 때문입니다. (6:4)

호세아가 고멜에 대해 이야기하듯이 2장을 읽어 보십시오. 그리고 하나님이 이스라엘에 대해 이야기하듯이 다시 읽으십시오. 특히 고멜이 바알에게 바쳐진 양털과 삼, 기름과 술을 받는 성소의 창기였다면, 그 두 이미지는 아주 긴밀히 섞여 짜여서 하나가 됩니다. 호세아의 마음에, 이 두 가지 경험은 반역이 실제로 나타나는 것이 됩니다. (2:13)

바알 신들은 무엇인가?

바알 신들은 자연 신들이었습니다. 바알은 폭풍과 바람, 비의 신이었습니다. 조금만 비가 안 와도 가뭄과 기근을 뜻했고 또 그래서 삶의 원천으로 비가 간절히 필요했던 땅에서 사람들은 바알 숭배에 마음이 끌렸습니다.

가나안 종교에서 죽음의 신 '못'(Mot)은 정상적인 사람의 죽음을 통제했을 뿐 아니라 여름의 가뭄과 기대치 않은 재앙들을 일으키기도 했습니다. 생명을 주는 힘의 신(바알)은 죽음의 세력(못)과 계속 투쟁을 했습니다. 종종 황소로 묘사되는 바알은 매년 죽었습니다. 그러나 죽기 전에 바알은 생식을 위해 암소와 교미하였고, 매해 봄에 다시 살아납니다. 황소 상은 가나안뿐만 아니라 애굽과 앗수르에서 언제나 농작물과 가축, 가족에게 생명을 주는 비옥의 상징으로 사용되었습니다. 바알 신들은 그들을 섬기는 사람들에게 힘과 용기와 야망과 성공을 약속해 주었습니다.

아세라 여신은 해안지방에서 수입되었습니다. 그 여신은 두로와 시돈에서 특히 인기가 있었으며, 이세벨 여왕이 섬기던 신이었습니다. (엘리야가 갈멜 산상에서 바

통치자들과 선지자들에 대한 세계사의 연대는 종종 성서에 나오는 날짜나 시대와 맞지 않습니다. 성서는 때때로 어림수를 쓰는데, 연도가 실제적이기보다 상징적인 햇수다. 같은 문장이라도 다른 고대 사본에는 숫자가 다르게 나오는 경우도 있다. 이스라엘 왕과 유다 왕의 경우, 연도 차이 문제가 복잡한 이유는 성서기자들이 공동 통치 기간을 어떤 식으로 세고 있는지, 또 실제로 왕이 되기 전에 실권을 잡은 해를 어떤 식으로 세고 있는지 알 수 없기 때문이다.

이 수소의 동상은 주전 1200년경 것으로 높이가 약 12.7센티미터이며 도단과 디르사 사이의 노천의 숭배 처소에서 발견되었는데 아마 바알의 상이었을 것이다.

알 선지자 450명과 아세라 선지자 400명과 맞섰다는 사실을 기억하십시오.) 아세라의 상징은 나무, 지주, 기둥, 큰 가슴을 가진 여자 몸의 목각상이었습니다. 대중종교에서는 그녀를 종종 모든 자연에 영양을 공급해 주는 어머니 상으로, 때로는 바알의 배우자나 히브리인의 하나님 부인으로까지 여기기도 했습니다.

예배는 '산당' 언덕 위의 기둥이나 나무로 올라가서 이러한 생식력의 신과 여신들을 회유하려고 애쓰는 식으로 행해졌습니다. 예배에는 양털, 삼, 감람유, 포도주, 곡식, 떡, 물과 같은 것들이 포함되어 있었습니다(호 2:5, 9). 때때로 긴급한 요청이 있으면 첫 자식을 바쳤습니다. 선지자들은 아연실색했으나 이따금 이스라엘의 왕까지도 그 첫 자식을 '불 가운데로 지나게' 했습니다. 이는 어린아이 제사를 가리키는 표현이었습니다.

왜 바알 신들을 숭배하는가?

왜 사람들이 이러한 생식력의 신에 끌렸습니까? 가나안에서의 삶은 아주 불안정하고 연약한 것이었습니다. 비는 조금 왔으며 또 언제 올지 몰랐습니다. 여치와 메뚜기, 폭풍이 농작물을 망치기도 했습니다. 가족들은 먹을 양식이 없었을 뿐 아니라 그들의 얼마 안 되는 양과 염소도 관리할 수 없었습니다.

만일 우리가 시내 산에서 유목민으로 40년을 방황했다고 가정해 봅시다. 우리는 농작하는 방법을 모르며, 가나안의 언덕땅에서는 더욱 그러합니다. 그러다 마을에 살게 되었는데, 이미 정착하여 때로는 이른 비가 언제 오는지 잘 아는 농가의 이웃이 되었습니다. 그들은 계절을 알고, 농작물을 거두고, 산당에 제물을 드리면서 자연과 리듬을 맞추어 살고 있습니다. 그들의 신은 생식력이 있는 자연 신이어서, 생명의 주인 바알과 생식력의 어머니 아세라의 연합은 바로 겨울이 봄으로 변하고, 암소들이 송아지를 낳으며, 농작물이 풍성할 것임을 의미합니다.

만일 농장에서 아이들을 먹일 만큼의 수확물이 나오리라고 생각한다면, 그리고 여전히 아브라함의 하나님께도 제사를 드릴 수 있다고 한다면, 우리는 가나안의

산당에 가지 않겠습니까? 사람들은 바알의 황소와 아세라의 기둥 사이에서 산당의 창기와 성관계를 하면서 신들의 극을 재연했는데, 그들은 이것이 생식을 보장해 준다고 믿었습니다. 비과학적인 시대에 농부는 그의 미래에 큰 영향을 끼칠 바알 의식을 감히 무시하지 못했습니다. 거의 손을 쓸 수 없는 곤경 속에서 사람들은 어떻게 지배하는 척할 수 있었겠습니까?

결과가 무엇이었나?

물론 선지자는 거짓 신들과 신전의 기둥과 형상에 대한 예배를 증오했습니다. 호세아 역시 결혼과 가족에 대해 엄한 모세의 법을 범했던 성관계에 분노를 느꼈을 것입니다. 그러나 보다 더 비극적인 사실은 바알 숭배가 그 추종자에게 '하나님이 우리와 함께 계시다'는 느낌을 주었다는 것입니다. 기존 세력은 기존 체제를 유지하는 방편으로 바알 숭배를 이용했습니다. 귀족과 제사장은 하나님의 정죄 없이, 사실 신들의 지지까지 받으면서 그들 자신의 세력과 영향력을 보강했습니다. 그들은 세상을 통치하시는 하나님을 잊어버렸을 뿐만 아니라 자기 방식대로 이웃을 밀어내고 약자를 억압하면서 세상을 운영하려고 했습니다. 아세라 선지자들은 이세벨 여왕의 식탁에서 함께 먹었으며, 이세벨 여왕은 신들이 자기가 원하는 대로 하게끔 명령할 수 있었습니다. 이와 같이 선지자들은 우상 숭배를 탐욕과 공동체 파괴의 뿌리로 보았습니다. 제사장들이 살인자와 술주정뱅이, 창기들이 되었습니다(호 4:9~12). 상인들이 속이고(12:7), 왕들은 권력을 얻으려고 암살을 시도했습니다. 하나님 때문에 주저하는 일이 없었고, 오히려 신들은 적당히 구슬리면 그들의 이기적인 목적을 성취할 수 있게 도와줄 준비를 하고 서 있었습니다.

그 결과는 사람들이 희망했던 조화와 번영이 아니었습니다. 사람들은 질서의 하나님을 버리고 혼돈의 길을 향해 달려가고 있었습니다. 선지자들은 우상 숭배가 부도덕에 이른다는 것을 알고 있었습니다. 부도덕은 공동체를 파괴시켰습니다. 거짓 신들을 섬김으로 사람들은 "저주와 속임과 살인과 도둑질과 간음"(4:2)으로 자기

자신을 멸망시킬 것입니다. 심지어 그들이 비옥하게 만들려고 했던 땅은 폐허가 되었습니다. "이 땅이 슬퍼하며 거기 사는 자와… 다 쇠잔할 것이요…."(4:3)

왕들

제사장들은 왕과 다른 관료들이 외국의 동맹국과 놀아나도록 격려했습니다. 친앗수르파와 친애굽파는 앗수르나 애굽이 그들을 도와줄 수 있을 것이라고 믿었습니다(호 5:13; 8:9; 12:1). 앗수르가 약할 때 이스라엘은 다메섹에 중심을 둔 아람(수리아)과 싸웠습니다. 후에 734~733년에 이스라엘과 수리아는 유다를 대적하는 동맹을 맺기 위해 힘을 합쳤고, 애굽의 부추김을 받았습니다. 앗수르가 다메섹을 힘으로 공격했을 때 어떤 관리들은 앗수르와 급히 합의 보기를 원했고, 어떤 이들은 애굽이나 유다가 원조하러 오기를 바랐습니다. 외교 정책은 우유부단의 도가니였습니다. 이스라엘의 존엄성이 사라졌습니다. 때때로 에브라임이라고 불렸던 이스라엘은 더 이상 하나님을 믿고 굳건히 서 있지 않았습니다. (7:11)

우리는 호세아가 여로보암 2세가 죽은 후 그가 섬겼던 이스라엘 왕들의 이름을 대지 않고 있다는 사실에 주목해야 합니다. 그는 다음 몇 년 동안 유다 왕들의 이름은 대고 있습니다. 왜 그러합니까? 이스라엘의 다섯 왕 중 넷은 그 사이에 암살을 당했습니다. 그들은 폭력으로 왕위를 찬탈했습니다. 다윗 같은 왕을 기름 부으러 올 사무엘 같은 선지자가 없었습니다. 솔로몬 같은 왕을 기름 부으러 올 나단 같은 선지자가 없었습니다. 하나님께 묻지도 않았습니다.

"그들이 왕들을 세웠으나 내게서 난 것이 아니며 그들이 지도자들을 세웠으나 내가 모르는 바이며 그들이 또 그 은, 금으로 자기를 위하여 우상을 만들었나니 결국은 파괴되고 말리라. 사마리아여 네 송아지는 버려졌느니라. 내 진노가 무리를 향하여 타오르나니…."(8:4~5)

형벌

하나님이 어떻게 죄와 벌을 연결시키는지 보십시오. 그들의 음행으로 모든 것이 오염되고 불량하게 되었습니다(호 9:1). 가정의 안전이 파괴되었습니다. 결과는 유산하는 자궁과 젖이 나오지 않는 가슴입니다. 창기의 자녀들이 유산될 것입니다(9:14). 그들은 들나귀처럼 유랑하고 싶어 했습니다(8:9). 그렇게 될 것입니다. 그들은 "여러 나라 가운데에 떠도는 자", 희망 없이 흩어진 백성이 될 것입니다.(9:17)

원인과 그에 따르는 결과, 바로 이것이 호세아가 관찰한 것이었습니다. 하나님의 포도원 이스라엘이 번성할수록 우상 숭배는 더 심해졌습니다(10:1). 그들은 숭배할 송아지를 만들었습니다. 그들은 그 송아지를 (포로로) 앗수르로 끌고 갈 것입니다(10:5~6). 그들은 하나님이 당신의 왕을 선택하시도록 하지 않았습니다. 왕들은 물 위에 뜬 조각처럼 떠내려 갈 것입니다(10:7). 그들은 악을 경작하고 불의를 거둡니다(10:13). 고멜은 결혼이라는 고리를 끊어 버렸습니다. 그녀는 종국 노예의 쇠사슬에 묶이게 되었습니다. 그들은 바람을 심고 광풍을 거둡니다.(8:7)

구속

하나님이 이스라엘을 버리시겠습니까? 아닙니다. 그것은 불가능합니다. 이스라엘을 버리는 것은 하나님의 끊임없는 사랑을 저버리는 것입니다. 호세아는 고멜을 버릴 수 있겠습니까? 아닙니다. 그는 은 15세겔과 보리 한 호멜 반, 포도주 한 부대로 그녀를 다시 사옵니다(호 3:2). 이 가격은 금전이든 소출이든 하나님께 서원으로 바쳐진 사람에 대해 율법이 정한 온전한 대가인 30세겔에 상당하는 지극히 상징적인 숫자였습니다(레 27:4). 더럽혀진 이스라엘의 상징으로, 호세아는 그가 그녀를 얼마나 귀하게 여겼는지 보여 주기 위해 최고 가격을 지불했습니다. 구속의 사랑은 값비쌉니다.

지금까지 성경에서 들어본 적이 없는 깊은 아픔을 가지고, 호세아는 하나님을 울고 있는 어버이로 이해했습니다. 주 여호와는 말씀하셨습니다.

"이스라엘이 어렸을 때에 내가 사랑하여 내 아들을 애굽에서 불러냈거늘 선지자들이 그들을 부를수록 그들은 점점 멀리하고… 그러나 내가 에브라임에게 걸음을 가르치고 내 팔로 안았음에도… 내가… 그들에게 대하여 그 목에서 멍에를 벗기는 자 같이 되었으며."(11:1~4)

이제 하나님이 그분의 끊임없는 구속의 사랑을 퍼 부으십니다. "에브라임이여 내가 어찌 너를 놓겠느냐 이스라엘이여 내가 어찌 너를 버리겠느냐."(11:8)

하나님은 그 구속의 행위가 벌과 비극 후에 온다 하더라도 어떻게 해서든 이스라엘을 구속해야만 하십니다. 하나님은 애굽에서와 똑같이 다시 손을 내밀고 이스라엘을 '집'으로 데려오고 싶어 하십니다. 고멜이 호세아와 다시 연합한 것과 같이 그날이 올 것입니다.

"그 그늘 아래에 거주하는 자가 돌아올지라 그들은 곡식같이 풍성할 것이며."(14:7)

누가 정말 비를 제공합니까? 누가 정말 땅을 비옥하게 합니까? 누가 정말 이스라엘을 그들의 대적에게서 보호하겠습니까? "내가 그를 돌아보아 대답하리라."(14:8)

♥ 순종하는 공동체의 모습

순종하는 믿음의 공동체는 하나님 안에서 승리하는 삶과, 하나님의 용서와 구속하시는 사랑을 선포하면서 사람들이 다시 하나님께로 돌아오게 한다.

우리는 우리가 하나님께 속해 있다는 것을 알고 있습니다. 우리는 하나님이 우리를 사랑하시며 우리를 대비하여 주시고 부모가 자식을 사랑하고 연인이 서로 사랑하듯이 우리를 사랑하신다는 사실을 알고 있습니다. 우리는 우리를 반역으로 이끄는 '바알들'이 있다는 것을 알고 있습니다. 그러나 오늘날은 나무나 돌로 만든 우상이 아니어서 바로 알아보기 어렵습니다. 요즘 거짓 신은 교묘하지만 우리는 우리가 거기에 유혹받는다는 것을 알고 있습니다. 오늘 우리는 우리의 거짓 신이 아주 다르게 보이고 다른 이름을 가지고 있기 때문에 우상 숭배의 개념을 이해하기조차 어렵습니다.

오늘날 믿음의 공동체에게 우상 숭배가 되는 것이 무엇이라고 생각하십니까?

....

....

무엇이 바알들을 밝혀낼 수 있도록 나를 도와줍니까?

....

어떤 면에서 나는 내가 하고 있는 일에 대해 스스로를 속이면서 나의 신들(우상들)을 하나님께 예배드리는 곳으로 끌어들이고 있습니까?

....

....

어떻게 하면 우상에게 충성하는 마음을 내가 버릴 수 있습니까?

....

....

내가 우상 숭배를 거부하고 의에 초점을 맞출 수 있게 도와주는 힘의 근원은 무엇입니까?

....

....

⬡ 더 알아보기

▪ 성서사전에서 이스르엘을 찾아보고, 지도에서 이스르엘과 이스르엘 골짜기를 찾아보십시오.

▪ 남편이나 부모로서의 하나님의 이미지는 예언서에 몇 군데 나와 있습니다. 몇몇 예를 읽어 보십시오. (사 49:14~16; 54:8; 렘 2:2; 31:20; 겔 16:8~14)

05

하나님이 요구하시는 것

사람아 주께서 선한 것이 무엇임을 네게 보이셨나니
여호와께서 네게 구하시는 것은 오직 정의를 행하며 인자를 사랑하며
겸손하게 네 하나님과 함께 행하는 것이 아니냐 (미가 6:8)

✎ 우리의 모습

우리는 일상생활에서 불의를 대면할 때 변명하거나 혹은 다른 불의와 비교함으로써 쉽게 해명하며 빠져나갑니다. 우리는 변화된 삶을 살겠다고 장황하게 약속하고는 우리 행위가 용서받고 처벌받지 않을 것이라고 굳게 믿습니다.

♦ 내려놓기

성경 공부를 하기 전에 먼저 하나님께 기도를 드립니다. 아래의 시편 말씀이 좋은 길잡이가 될 것입니다.

> 여호와께서 만민에게 심판을 행하시오니 여호와여 나의 의와 나의 성실함을 따라
> 나를 심판하소서 (시편 7:8)

이번 주 기도 제목을 구체적으로 적어 기도합시다.

✎ 귀 기울이기

성경을 읽을 때 선지자가 말씀을 전하게 된 정치적 판도의 변화와 경제와 사회 현실에 유념하십시오.

보통 선지자의 시대 배경을 밝히거나 이스라엘(북왕국)을 이야기할 때 유다의 왕(다윗 자손)을 지명한다는 사실을 기억하십시오.

미가에서 시내 산과 토라에 대한 반향에 귀를 기울이십시오.

D1 북왕국의 왕들
열왕기하 14:23~29(여로보암 2세)
　　　15:8~12(스가랴), 15:13~16(살룸)
　　　15:17~22(므나헴), 15:23~26(브가히야)
　　　15:27~31(베가), 17장, 18:9~12(호세아)

D2 남왕국의 왕들
열왕기하 15:1~7, 역대하 26장(아사랴, 웃시야)
열왕기하 15:32~38, 역대하 27장(요담)
열왕기하 16장, 역대하 28장(아하스)

D3 열왕기하 18~20장, 역대하 29~32장(히스기야)

D4 미가 1~3장(사마리아와 유다에 대한 심판, 사회악과 사악한 지도자들이 비난을 받음)

D5 미가 4~7장(순종을 통한 평화와 안전, 하나님이 이스라엘을 도전하신다)

D6 '말씀 속으로'와 '순종하는 공동체의 모습'을 읽으라.

니므롯에서 나온 이 궁전 부조는 디글랏 빌레셀 3
세의 통치 기간 동안(주전 740년)에 새겨졌으며, 전
쟁에서 승리한 후 왕이 병거를 타고 있는 그림이다.

🖋 말씀 속으로

이스라엘의 여로보암 2세의 죽음(주전 746년)과 유다의 웃시야의 죽음(주전 742
년), 불(Pul)이라는 별명이 붙은 위인 무사 디글랏 빌레셀 3세(주전 745~727년)의
등장, 이 세 가지 사건이 거의 동시에 일어났습니다. 아모스와 호세아가 예언한 대
로 하나님은 징벌의 대리인을 일으키고 계셨습니다. 이스라엘은 재앙과 무정부와
죽음을 향해 곤두박질하고 있었습니다.

이스라엘의 왕들

나라의 안정은 여로보암 2세가 죽자 산산조각이 났습니다. 그의 아들 스가랴는
6개월 후에 살룸에게 암살당했고, 살룸은 또 난폭한 므나헴에게 살해되었습니다.
이 잔인한 군주는 때로는 자신의 백성을 도살하면서(왕하 15:16) 종종 앗수르와 승
전 없는 싸움을 하며 10년을 지냈습니다. 그는 여로보암 2세의 전성시대에 실속을
챙긴 부자들에게서 많은 돈을 취해 앗수르에게 조공으로 바쳤습니다(15:19~20).
므나헴이 죽고 그 아들 브가히야는 베가에게 살해되기까지 2년을 통치했습니다.
베가 왕은 수리아(아람)의 르신 왕과 힘을 합해 앗수르에게 반란할 것이니 그를 잘
기억해 두십시오. 이 둘은 그들과 합세하게 유다를 강압하려다가 실패했고, 그러
고 나서 다윗 자손 아하스 왕을 폐위시키고 뜻을 같이할 사람으로 왕을 대치하려
고 유다를 공격했습니다(주전 734년). 이 전체 이야기는 최후의 시도를 보여 줍니
다. 디글랏 빌레셀 3세는 주전 732년에 수리아와 이스라엘을 쳐부수고, 베가를 죽
인 호세아를 꼭두각시로 권좌에 놓으며, 이스라엘 사람들을 포로로 보내는 일을
시작했습니다. 호세아는 아첨하는 척하면서 조공을 보내다가 어리석게도 반란을
일으켰습니다. 사마리아는 주전 722~721년에 격파되었습니다.

유다의 왕들

이제 우리는 미가와 이사야 선지자 시대 동안 남왕국 유다에 주목하기 위해 네
왕에게 초점을 맞춰야 합니다. 단순히 아버지에게서 아들로 정권이 이어지며 모두
가 다윗 왕의 자손들입니다.

- 웃시야(주전 783~742년), 아사랴라고도 불림
- 요담(혼자서 통치한 기간은 주전 742~735년)
- 아하스(주전 735~715년)
- 히스기야(주전 715~687년)

웃시야는 16세에 왕이 되었는데, 동시대에 이스라엘의 왕이었던 여로보암 2세
가 한 것과 같이 강대국 세력의 공백을 이용하는 적극적인 통치자가 되었습니다.
아카바 만에 있는 솔로몬의 옛 항구 엘랏까지 남으로 동으로 국경을 팽창했습니
다. 웃시야의 40년 통치 기간 동안 무역이 성했는데, 이스라엘에서와 같이 부자는
강력해지고 가난한 사람은 착취를 당했습니다.

웃시야는 말년에 오만해졌습니다. 제사는 제사장만이 할 수 있는 특권인 줄 알면서도 성전에서 제사를 드리려고까지 했습니다. 결국 그는 문둥병(한센병)에 걸려 그 후부터는 떨어진 처소로 격리되었습니다(대하 26:16~21). 그의 아들 요담은 8년 동안 섭정관으로 있다가 그 다음 7~8년을 왕으로 지냈습니다. 그는 자기 아버지의 정책을 계속 따랐습니다.

그러나 요담의 아들 아하스가 왕이 되었을 때(왕상 16:1) 근동의 권력 구조가 변하기 시작했습니다. 디글랏 빌레셀 3세는 앗수르를 무서운 세계 강대국으로 만들었습니다. 젊은 아하스 왕은 국제 정치를 할 준비가 되어 있지 않았습니다. 그는 앗수르에 대항하기 위해 힘을 합치자는 수리아와 이스라엘의 청을 거절했습니다(수리아-에브라임 전쟁). 그들이 아하스를 별로 강하지 않은 연합군에 강제로 참여시키려고 공격하자 아하스는 앗수르에 원군을 청했습니다. 심지어 성전에서 나온 은과 금을 선물로 앗수르 왕에게 보내기도 했습니다. 수리아와 이스라엘과의 짧은 분쟁 동안 아하스는 군대와 영토를 잃었습니다. 에돔은 외곽 영토 엘랏을 차지했습니다. 앗수르는 아하스를 혼동된 무능력자로 간주했습니다.

후에 디글랏 빌레셀이 다메섹을 몰락시키고 이스라엘을 파멸시킨 뒤(주전 732년) 아하스는 다메섹에서 디글랏 빌레셀을 만났고, 그러고 나서 성전 제사장 우리야에게 다메섹에 있는 신전의 본을 떠다가 예루살렘의 솔로몬 성전 한복판에 그 모형을 건축하라고 명했습니다(왕하 16:10~16). 그의 아버지와 할아버지는 대부분 바알 숭배를 기피했고 심지어는 산당을 몇 군데 파괴하기도 했던 반면, 아하스는 위급한 곤경에서 "정직히 행하지 아니하고 이스라엘의 여러 왕의 길로 행하며 또… 자기 아들을 불 가운데로 지나가게" 하였습니다(16:2~3). 신들이 자기를 돕게 하려는 아하스의 모든 노력은 소용이 없었습니다. 유다는 곧 앗수르의 속국이 되었습니다.

아하스가 죽자(주전 715년) 그의 아들 히스기야가 왕이 되었고, 주전 687년까지 통치했습니다. 그는 성전 예배를 정화시켰습니다. 솔로몬 왕 시대 이후로 유래 없이 화려하게 행렬을 지어 기쁨으로 유월절을 지켰습니다(대하 30:26). 히스기야는 앗수르의 잔인한 공격을 피해 오는 이스라엘의 피난민에게 환대를 베풀었습니다. 그는 포위를 당할 경우 예루살렘에 물을 공급하기 위해 그 유명한 히스기야의 굴을 건축했습니다.

그러나 유다가 독립하기 위한 노력으로 히스기야는 애굽과 바벨론 양쪽의 말을 들어야 했습니다. 그는 앗수르에 바치는 조공을 중단했습니다. 앗수르의 사르곤 2세가 죽자(주전 705년) 히스기야는 반란을 일으켰습니다.

새로 왕이 된 산헤립은 적개심을 품고 이 작은 반란을 진압시켰습니다. 그는 유다에서 둘째로 큰 도시인 라기스를 포함하여 유다 성채 마흔여섯을 장악했습니다(왕하 18:14~16). 그리고 히스기야가 성전과 궁전에서 벗겨 낼 수 있었던 모든 금과 은을 받아갔습니다. 앗수르의 공식 비문에서, 산헤립이 히스기야를 '새장에 든

수리아(아람)의 르신 왕과 이스라엘의 베가 왕은 유다의 아하스 왕을 강제로 앗수르에 대한 반란에 합세하게 하려고 시도했다. 아하스가 거절하자 르신과 베가는 유다를 침공하여 예루살렘을 공격했다.(왕하 16:1~9)

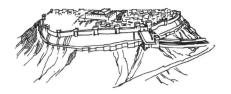

주전 701년에 산헤립에게 공격당하기 전의 라기스는 이런 모습이었을 것이다. 높은 데 있는 벽은 돌이었고, 낮은 데 있는 벽은 부순 벽돌과 돌이었다. 도성 중앙의 큰 건물은 아마도 성전이었을 것이다.

새처럼' 예루살렘에 가두었다고 말했습니다. 그는 주전 701년에 예루살렘 성벽까지 바싹 다가와 포위했습니다.

왜 우리는 이 고대 왕들에게 관심을 기울입니까? 왜냐하면 성경의 하나님은 나라들을 저울로 다시면서 역사 안에서 일하시기 때문입니다. 선지자들이 선포했던 시대의 사회와 정치, 경제의 배경을 알지 못하고는 선지자들을 이해할 수 없기 때문입니다. 또한 선지자들을 통해 그 당시 하나님이 주시는 통찰력은 혼란된 우리 시대와도 상관이 있기 때문입니다.

미가

미가는 예루살렘에서 서남쪽으로 40.2킬로미터 떨어진 유다 산지에 자리 잡은 작은 농촌 마을 모레셋에서 왔습니다. 그 동네는 오랜 블레셋 도시 가드와 접경해 있었기 때문에 때때로 가드모레셋이라 불렸습니다. 동쪽으로 미가는 방목하고 있는 양과 포도로 덮인 경작지를 볼 수 있었고, 서해안 쪽으로는 보리와 밀과 감람나무 과수원의 비옥한 평지를 바라보았습니다.

미가의 동네는 해안 평야와 근접해 있어서 종종 애굽까지 이르는 그 자연 대로를 따라 남북으로 공격하는 군대의 침략을 받았습니다.

아모스와 같이 미가도 그의 농촌적인 사고방식을 잃지 않았습니다. 사마리아에서 말씀을 전한 아모스와는 달리, 미가는 자신의 수도 예루살렘에서 예언했습니다. 모레셋에서 그는 장로로 '성문에' 앉아 인근 주민에게 재판을 베푸는 일종의 시골 판사였는지도 모릅니다. 그는 설교할 때 법적 용어를 많이 사용했습니다. 그러나 권력의 중심지를 자연스럽게 접근할 수 있었던 이사야와 같이 도시의 선지자는 아니었습니다. 그 대신에 세련되지 못한 담대함과 퉁명스럽고 단도직입적이고 때로는 거친 말로, 그는 도시에 가서 기존 체제를 비난했습니다.

"야곱의 우두머리들과 이스라엘 족속의 통치자들아 들으라 정의를 아는 것이 너희의 본분이 아니냐 너희가… 내 백성의 가죽을 벗기고 그 뼈에서 살을 뜯어."(미 3:1~2)

말씀을 전하는 미가의 소명은 극적인 것은 아니었으나 실제적이었습니다.

"오직 나는 여호와의 영으로 말미암아 능력과 정의와 용기로 충만해져서….".(3:8)

그의 신학은 이사야와 같이 시온 산과 성전, 다윗 왕조에 초점을 두지 않았습니다. 오히려 그의 신앙은 애굽에서부터 자유함을 얻은 출애굽, 광야에서의 보호, 시내 산의 율법, 하나님이 각 족속에게 유업의 분깃을 주신 약속의 땅에 기초했습니다.

미가는 시계추와 같이 재앙(미 1~3장)에서 회복(4~5장)으로, 다시 재앙(6:1~7:7)으로, 또 회복(7:8~8:20)으로 왔다 갔다 한다고 보면 가장 잘 이해할 수 있습니다.

미가는 이스라엘과 유다 둘 다를 신랄히 비난하는 재판정에서 시작됩니다. 주께서 증인으로 호출되시어 큰 걸음으로 성전에서 걸어 나가십니다. 하나님이 산 위에서 걸으실 때 산들이 녹습니다. 증인 하나님이 "야곱[이스라엘]의 허물이 무엇이뇨?"(1:5)라고 질문받았을 때 하나님의 대답은 '권력의 중심지인 수도 사마리아와 예루살렘'이었습니다. 이들은 분단 왕국의 죄와 우상 숭배하는 마음을 나타냅니다. 그리고 증인 하나님이 판사 하나님이 되셔서 판결을 내리십니다. "내가 사마리아를 들의 무더기같게 하고….".(1:6~7)

그 다음 유다의 패망을 슬퍼하며 부르는 애가, 즉 장송곡이 따라옵니다(1:8). 그것을 올바로 부르기 위해 미가는 허리띠를 매고 애도의 표시로 맨발과 벌거벗은 몸으로 예루살렘에 걸어 들어옵니다. 곧 유다의 모든 도성이 약탈당하고 애통하게 될 것입니다.

구체적으로 미가가 비난한 죄목은 무엇입니까? 정부의 정책과 세금은 농민을 약탈해 그들의 땅을 팔게 하고 기한부로 종이 되게 만들었습니다. 부유하고 세력 있는 지주들은 땅을 유산으로 받게 된 자손에게서 그들의 유업을 빼앗을 계략을 짜기 위해 밤새 깨어 있었습니다.(2:1~2)

사람들은 미가가 하는 말을 듣고 싶어 하지 않았습니다. 거짓 선지자들의 거짓말을 더 좋아했습니다. 제사장들은 상당한 요금을 받고서야 가르쳤습니다. 선지자들은 잘 먹을 때 평화를 선포했고, 그들에게 돈을 지불하지 않은 사람들에게는 통렬히 비난을 퍼부었습니다

(3:5). 그들은 자신들의 이익을 생각하면서 예언 활동을 했습니다.

성소의 선지자들은 수치를 모르는 협잡꾼들이 아니었습니다. 확실히 그들은 신실한 애국자들이요 백성을 사랑하는 이들이며 나라와 성전에 헌신하는 사람들이었습니다. 단지 그들은 그 사회악의 일부여서 하나님의 다림줄을 보지 못했습니다. 그것이 그들이 말씀 선포를 하지 않았던 이유였습니다. 그것이 그들이 비평을 받고 화를 냈던 이유입니다.

교회에서 우리가 너무 세속 사회의 일부가 되고 세속 사회에 안이해져 하나님의 요구를 듣지도 보지도 못한다고 지적해 주는 표적을 어디서 찾을 수 있습니까?

재판관들은 뇌물을 받았습니다(3:11). 대중에게서 돈을 받아 도시에 거대한 기념비와 공공시설을 세웠습니다. 미가는 모든 것이 피의 돈으로 세워졌다고 주장했습니다(3:10). 상인과 통상인들은 가난한 사람들을 속이는 또 하나의 방법으로 '부정한 저울'과 '거짓 저울추'를 사용했습니다(6:11). 거짓말과 물건에 대한 과장, 거짓 선전이 도적과 기만의 방편이었습니다(6:12). 이 탐욕스러운 사람들에게 무슨 일이 일어나겠습니까? 그들은 절대로 만족을 느끼지 못할 것입니다. 그들은 먹을 때에도 한 번도 만족을 누리지 못할 것입니다.(6:14~15)

우상 숭배가 만연했습니다. 미가는 사람들이 바알 산당에 가고 그들의 거짓 신들을 성전 안에 들여온다고 주장했습니다. 그들은 사마리아의 오므리와 아합의 길을 따라 그들의 죄를 반복했습니다.(6:16)

미가는 농민을 대변하는 목소리였습니다. 그러나 그는 농민과 도시민을 이간질하면서 인기를 끌려는 사람이 아니었습니다. 그는 나라가 종교와 정치적인 진실을 버렸을 때 나라의 내적 붕괴를 간파했습니다. 악한 정책과 관습이 나라의 정신력을 무디게 하여 유다는 그 대적에게 쉽사리 먹혀 버리고 말 것입니다.

백성과 변론하시는 하나님
미가 6장에서 하나님은 다시 재판정으로 들어오십니다. 하나님은 "여호와께서 자기 백성과 변론"하신다는 것을 세상이 알기 원하십니다(6:2). 변호인이 묻습니다. 하나님은 당신들을 노예에서 해방시키시고, 당신들에게 모세를 보내 주시며, 때마다 당신들을 구원하셨는데, 이런 하나님이 잘못하신 것입니까?(6:3~5)

천진난만하게도 사람들은 감사의 표시로 무엇을 하나님께 가져와야 하는지 묻습니다(6:6). 큼직한 예물은 어떻겠습니까? 만일 천천의 수양과 만만의 강물 같은 기름을 가져온다면 어떻겠습니까? 또 한심하게도 아하스 왕이 했듯이 그들의 맏아들을 바치면 어떻겠느냐고(6:7) 말합니다.

선지자는 정확히 하나님이 요구하시는 것이 무엇인지 단호하게 일러줍니다. 하나님은 아모스의 정의를 구현하라고 명령하시고, 호세아의 언약에 충실하라고 간청하시며, 이사야의 순수한 믿음을 가지라고 촉구하십니다.

"사람아 주께서 선한 것이 무엇임을 네게 보이셨나니 여호와께서 네게 구하시는 것은 오직 정의를 행하며 인자를 사랑하며 겸손하게 네 하나님과 함께 행하는 것이 아니냐."(미 6:8)

아마도 그 어떤 선지자보다 미가는 예루살렘에 대해 더 심한 말을 했을 것입니다. "하나님이 '너희를[예루살렘을] 황폐하게 하며 그의 주민을 사람의 조소 거리로 만들리라'(6:16). 너희가 친구나 자기 식구를 의지할 수 없는 때가 곧 올 것이다(7:5~6). 사람들이 포로로 끌려갈 것이며(1:16), '예루살렘은 무더기가' 될 것이다."(3:12)

그러나 앗수르의 포위로 심한 공격을 받았지만 예루살렘은 주전 701년에 함락되지 않았습니다. 미가가 틀렸습니까? 아니면 그의 예언은 단지 때가 이른 것입니까? 예언은 주전 587년 바벨론 때에 완전히 성취되었습니다. 그래서 어떤 이들은 이렇게 말했습니다. "보라, 미가는 선지자도 아니었다"(주전 701년). 반면 한참 더 후에 다른 이들은 말했습니다. "보라, 그는 마지막 패망을 내다보았다."(주전 587년)

아모스와 호세아, 미가와 이사야 이전 선지자들은 이스라엘이 애굽(종살이)과 자유(모세와 약속된 땅), 이렇게 활동 무대가 두 개 있다고 생각했습니다. 이제 선지자들은 다시 앗수르와 바벨론의 포로(종살이)를 의미하는 애굽, 이 세 번째 무대를 구상합니다.

언제 네 번째 무대, 회복이 있겠습니까? 미가는 하나님의 마음을 들여다보고 사람들이 언젠가 하나님이 공평히 판단하시고 정의가 다스릴 시온산으로 다시 모여들 것임을 알고 있었습니다(4:2). 미가는 이사야와 같은 말을 써서 예언했습니다.

"무리가 그 칼을 쳐서 보습을 만들고 창을 쳐서 낫을 만들 것이며."(미 4:3; 사 2:4)

농촌에서 자라난 배경을 살려 미가는 찬란한 꿈을 더하였습니다. "각 사람이 자기 포도나무 아래와 자기 무화과나무 아래에 앉을 것이라 그들을 두렵게 할 자가 없으리니."(미 4:4)

이스라엘의 장래는 밝아 보입니다. 구원자가 기대됩니다. 다윗 자손의 왕은 어디로부터 오겠습니까? 예루살렘의 궁정에서가 아니라 평민에서, 시골 동네에서, "유다 족속 중에 작을지라도" 베들레헴에서 올 것입니다(5:2). 모레셋의 목양지에서 온 미가는 하나님을 목자로 생각했습니다.

"그가… 서서 목축하니… 이 사람은 평강[의 주님]이 될 것이라."(5:4~5)

♥ 순종하는 공동체의 모습

믿음의 공동체는 하나님이 사랑하시지만 또한 올바른 처사와 동정심을 가지고 보살피기를 바라신다는 것을 기억합니다. 우리는 불의나 잔악함이 심판과 징벌을

무화과는 고대 이스라엘에서 식량과 약용으로 재배되었다. 성경에서 무화과나무는 평화와 번영을 상징한다.

순종하는 믿음의 공동체는 개인과 집단의 행동이나 결정이 분리될 수 없다는 것과 하나님께 대한 순종은 의로운 행동이나 결단을 요구한다는 것을 깨닫는다.

가져온다는 것을 이해합니다. 우리는 징벌을 이해하기 어렵지만 공동체적이고 실제적이며 몹시 무섭다는 것을 압니다. 우리는 하나님 밑에서 우리의 행동이 다른 사람에게 영향을 미치고, 그것들이 또 우리에게 영향을 끼친다는 것을 압니다.

원인과 결과에 대해 생각해 보십시오. 그것이 어떤 면에서 징벌의 한 형태로 나타납니까?

죄 없는 사람들은 왜 다른 사람의 죄의 거미줄에 자주 걸려듭니까?

제자 성경공부반, 내가 속한 교회, 나 자신에게 징벌이 어떤 형태로 올 것 같습니까? 징벌이 어떤 도시 혹은 시골에 올 것 같습니까?

내가 속한 지역사회에서 볼 수 있는 불의한 현상은 어떤 것입니까?

제자 성경공부반이 그러한 불의를 어떻게 바로잡을 수 있다고 생각합니까?

◎ 더 알아보기

■ 성서지도에서 모레셋과 블레셋 평지의 위치를 찾아보십시오.

■ 대부분 유다 왕의 어머니 이름이 성경에 나와 있다는 데 주목하십시오. 그 이유가 무엇이라고 생각합니까? 복습하면서 그들을 찾아내 보십시오. 반면에 이스라엘 왕들의 어머니 이름이 성경에 나와 있지 않은 이유는 무엇입니까?

06

하나님이 간청하신다

그들이 만군의 여호와의 율법을 버리며
이스라엘의 거룩하신 이의 말씀을 멸시하였음이라
(이사야 5:24)

🎧 우리의 모습

일반적으로 우리는 심판에 대한 말들은 듣기 싫어합니다. 우리는 누가 나에게 내 방식을 바꾸라고 간청하는 것을 원하지 않습니다. 우리는 어떻게 살아야 하는가에 대해 충분히 가르침을 받았습니다.

🕯 내려놓기

성경 공부를 하기 전에 먼저 하나님께 기도를 드립니다. 아래의 시편 말씀이 좋은 길잡이가 될 것입니다.

> 여호와여 주의 분노로 나를 책망하지 마시오며 주의 진노로 나를 징계하지 마옵소서 여호와여 내가 수척하였사오니 내게 은혜를 베푸소서 여호와여 나의 뼈가 떨리오니 나를 고치소서 나의 영혼도 매우 떨리나이다 (시편 6:1~3)

이번 주 기도 제목을 구체적으로 적어 기도합시다.

🎧 귀 기울이기

이사야 1~39장은 주전 8세기의 수십 년에 걸친 포로시대 이전 예언입니다.

때가 암울하고 소망이 거의 사라진 것 같은 시대에 메시아에 대한 예언이 나온 것을 주시하십시오.

D1 이사야 1~4장(유다의 죄악, 하나님의 심판)
역대하 26~27장(웃시야, 요담)

D2 이사야 5~8장(포도원 노래, 성전에서 본 환상, 임마누엘)
열왕기하 16장, 역대하 28장(아하스)

D3 이사야 9~12장(메시아의 의로운 통치, 회개하는 이스라
엘의 남은 자, 평화의 왕국)

D4 이사야 28~33장(에브라임과 유다를 치는 예언, 예루살
렘의 포위, 미래에 대한 소망, 소용없는 애굽의 도움, 정
의의 통치)

D5 이사야 36~39장(위협받는 예루살렘, 히스기야가 이사
야에게 묻다, 이사야가 히스기야에게 확신을 주다, 바벨
론에서 온 사절단)
열왕기하 18~20장, 역대하 29~32장(히스기야)

D6 '말씀 속으로'와 '순종하는 공동체의 모습'을 읽으라.

🖊 말씀 속으로

이사야는 성경의 열여섯 권 예언서 가운데 제일 먼저 나오는데, 그 이유는 이사야가 아모스와 호세아 이전에 살았기 때문이 아니라 그 책이 매우 방대하고도 장엄하기 때문입니다. 이 책에는 다른 책과는 비교할 수 없는 시적·영적 경지에 이른 두 세기 이상의 선지자 글이 포함되어 있습니다. 8세기 중엽의 평화와 번영으로부터 앗수르와 바벨론에 의한 파멸에 이르기까지, 심지어는 포로 시대 이후 5세기 중엽까지의 선지자 글이 이사야 안에 담겨 있습니다. 만일 구약성경에서 영적 자양분이 많은 예언서 한 권만 보존할 수 있다면 우리는 이사야를 택할 것입니다.

이 책에는 한 선지자 이상의 사역이 담겨 있습니다. 이사야는 선지자들이 보기에 아주 위대해서 그의 후대 제자들이(사 8:16) 이사야의 가르침과 예언 전통을 계속하면서 그의 이름으로 그들의 글을 썼습니다. 우리는 이제 8세기에 예루살렘에서 쓰인 이사야 1~39장을 공부할 텐데, 이 부분은 종종 제1이사야라고 부릅니다.

이사야는 예루살렘에서 태어나서 자라난 귀족이었는데, 어쩌면 제사장이었을지도 모릅니다. 탈무드는 이사야의 아버지 아모스가 유다 왕 아마샤의 동생이었다고 시사합니다. 이사야의 글은 세련되고 교양미가 있습니다. 시골 선지자를 사로잡았던 똑같은 하나님의 명령이 이 귀하게 태어났고 왕의 신임을 받았던 자를 사로잡았습니다. 그의 특권과 영향력으로 그는 힘 있는 강단을 가졌고 정책 결정권을 가진 최고위층을 접할 수 있었습니다. 역대하 26장 22절에 따르면, 이사야는 웃시야 왕의 역사를 기록했습니다. 그는 여선지자와 결혼하여(사 8:3) 적어도 자녀를 둘이나 셋 두었는데, 아들들의 이름을 '스알야숩'["남은 자가 돌아오리라"(7:3)]과 '마헬살랄하스바스'["노략물이 옮겨질 것"(8:3~4)]라고 지었습니다.

이사야의 부르심

왜 우리는 사자(사 6장)를 만나기 전에 메시지(사 1~5장)부터 먼저 듣습니까? 왜 우리는 이사야의 소명에 대해 듣기 전에 그의 예언부터 듣습니까? 그 이유는 예언이 예언자보다 더 중요하기 때문입니다.

40년 동안 유다를 통치하던 웃시야 왕이 죽었습니다(6:1). 이사야는 아마 애도를 하고 이 혼란한 시기에 다스리게 될 새 왕 요담을 위해 기도하려고 성전으로 갔을 것입니다. 이사야에게 이 땅의 성전이 하늘에 있는 하나님의 성전으로 변형했습니다. 갑자기 성전이 하늘의 천사들로 가득 찼습니다.

이스라엘의 거룩하신 이가 좌정하셨습니다. 하늘의 광경과 소리가 젊은이의 마음을 가득 채웠습니다(6:3). 이사야는 왕을 위해 기도하러 성전에 갔다가 대신 하늘의 왕을 만났습니다. 웃시야를 위한 슬픔의 눈물이 하나님의 임재를 대하고는 황홀함으로 빛났습니다.

하나님 앞에서 누가 죄를 깨닫지 못하겠습니까? "나는 입술이 부정한 사람이요 나는 입술이 부정한 백성 중에 거주하면서"(6:5). 선지자는 그가 하나님의 사자가 되기 전에 깨끗함을 입어야만 했습니다. 제단에서 핀 숯이 그의 입술에 닿았는데, 이는 하나님이 죄를 사하신다는 의미였습니다.(6:6~7)

왜 이사야는 그의 입술에다 초점을 맞추었습니까? 선지자로서 그는 말의 힘을 알고 있었을 것입니다. 아니면 그의 입술이 예언 말씀을 위해 준비되어 있었던 것 같습니다. 그리고 마치 하나님이 하늘의 보좌관으로 둘러싸여 있는 것과 같이 이사야에게 질문이 들려왔습니다. "내가 누구를 보내며 누가 우리를 위하여 갈꼬?" 젊은 선지자는 "내가 여기 있나이다. 나를 보내소서." 하고 대답했습니다(6:8). 이사야는 결단했습니다. 이와 같은 결심은 항상 일어나는 것이 아닙니다.

슬프게도 대부분 독자들은 이사야의 대답에서 멈춥니다. 우리는 다음에 따라오는 말을 좋아하지 않습니다. 이사야도 좋아하지 않았습니다. 그가 말씀을 전할 때에 사람들은 들으려고 하지 않을 것입니다. 그는 간청할 것입니다. 그러나 사람들은 회개하려고 하지 않을 것입니다. 그들은 귀를 막고 손으로 눈을 가릴 것입니다(6:10). 얼마나 오랫동안 그러겠습니까? "성읍들은 황폐하여… 이 토지는 황폐하게"(6:11) 될 때까지입니까?

사역을 시작하려는 초년병 선지자인데 전망이 별로 밝아 보이지 않습니다. 어떤 학자들은 이사야가 얼마간 말씀을 전하고 난 뒤에 성전 경험을 했고 아무도 그의 메시지를 귀담아 듣지 않는다는 것을 알았기 때문에 이 사건이 일어났다고 주장합니다.

이사야의 메시지

평화와 번영의 시기였던 요담의 통치 기간에 이사야의 초기 예언은 아모스와 호세아의 외침같이 들렸습니다. 그는 유다가 반역을 했다며 유다를 고발했습니다.

"내가 자식을 양육하였거늘 그들이 나를 거역하였도다."(사 1:2)

선지자는 그가 속해 있었던 상류층이 탐욕스러워졌으며 가난한 자와 약한 자의 필요와 권리를 무시한다고 선포했습니다. 이사야는 다윗 왕과 하나님의 약속, 시온 산을 그의 믿음의 기초로 보았습니다. 다윗 자손의 왕에게 가난하고 힘없는 사람들을 위해 정의를 보장하는 책임이 있다고 굳건히 믿었습니다. 왕의 대관식에서 읊은 시편 기자의 기도를 들어보십시오.

"하나님이여 주의 판단력을 왕에게 주시고 주의 공의를 왕의 아들에게 주소서 그가 주의 백성을 공의로 재판하며 주의 가난한 자를 정의로 재판하리니… 그가 가난한 백성의 억울함을 풀어 주며 궁핍한 자의 자손을 구원하며 압박하는 자를 꺾으리로다."(시 72:1~4)

귀족의 일원으로서 이사야는 멸망이 임박한 것을 보았습니다. 영적 지도력이 결여되어 있었습니다.

"네 고관들은 패역하여 도둑과 짝하며 다 뇌물을 사랑하며 예물을 구하며 고아를 위하여 신원하지 아니하며 과부의 송사를 수리하지 아니하는도다."(사 1:23)

선지자들과 제사장들이 술주정뱅이가 되었습니다.

"제사장과 선지자도 독주로 말미암아 옆 걸음 치며 포도주에 빠지며 독주로 말미암아 비틀거리며 환상을 잘못 풀며 재판할 때에 실수하나니… 그가[선지자가] 누구에게 지식을 가르치며 누구에게 도를 전하여 깨닫게 하려는가."(28:7, 9)

지도자가 없어서 사람들은 자신이 누구인지 모르고 있었습니다. 그들은 '복술자'와 '술객'을 따랐고, 거짓 신들의 예배를 이스라엘의 하나님 예배와 뒤섞어 놓았습니다. 하나님은 그들의 많은 제물과 아무 상관없다고 선언하셨고, 이사야도 그렇게 말했습니다.

"나는 숫양의 번제와 살진 짐승의 기름에 배불렀고… 너희가 많이 기도할지라도 내가 듣지 아니하리니 이는 너희의 손에 피가 가득함이라… 너희는 스스로 씻으며 스스로 깨끗하게 하여 행악을 그치고 선행을 배우며…"(1:11, 15~17)

일찍이 이사야는 다가오는 징벌에 대해 경고했습니다. 그는 선지자의 안목을 가지고 온몸이 병들은 것을 분별했습니다. 그래서 하나님이 유다에 심판을 내리시기 위해 적국을 선택하셨다고 말했습니다. 이사야가 묘사하는 장면을 우리 마음속

예루살렘에서 발견된 석회암 판은 주전 1세기와 주후 1세기 사이에 웃시야 왕의 뼈를 이장하는 것을 기념한다. 이 판에는 "여기로 유다 왕 웃시야의 뼈를 옮겨오다. 열지 말 것"이라고 적혀 있다.

에 그려 봅시다.

"[하나님이] 기치를 세우시고 먼 나라들을 불러 땅 끝에서부터 자기에게로 오게 하실 것이라 보라 그들이 빨리 달려올 것이로되."(5:26)

선지자는 앗수르인들이 달려오고 있다는 것을 한 번도 의심하지 않았습니다. 오직 온전한 회개만이 유다를 구원할 수 있을 것입니다. 이사야는 경고의 메시지를 전했습니다. 그는 또한 하나님이 구원하실 것이라는 약속을 굳게 믿었습니다. 이 약속에 대한 그의 가장 극적인 설교는 연설에서가 아니라 오히려 스알야숩, 즉 "남은 자가 돌아오리라"(7:3)는 그의 아들 이름 속에 들어 있었습니다. 소수의 남은 자들이 살아남을 것입니다(10:20). 이스라엘을 애굽에서 데려왔듯이 앗수르의 손아귀에서 한 백성이 구원받을 것입니다.(11:6)

아하스

그 후 아하스가 왕이 되었습니다. 수리아-에브라임 전쟁(주전 734년)에서 수리아의 르신 왕과 이스라엘의 베가 왕 연합군에게 위협을 받자 젊은 왕은 공포에 사로잡혔습니다. 그는 주 여호와를 잊고 있었습니다. "왕[아하스]의 마음과 그의 백성의 마음이 숲이 바람에 흔들림 같이 흔들렸더라"(사 7:2). 이사야는 그의 아들 "남은 자가 돌아오리라"를 데리고 실로암 연못 가까이에 있는 도시 저수지에서 왕을 만나 하나님으로부터 온 소식을 전했습니다. "너는 삼가며 조용하라 [르신과 베가는]… 연기 나는 두 부지깽이 그루터기에 불과하니 두려워하지 말며 낙심하지 말라"(7:4). 그들은 그저 사람에 불과할 뿐 하나님이 아닙니다. 이사야를 통해 하나님은 다메섹(수리아)의 르신 왕과 사마리아(이스라엘)의 베가 왕이 멸망할 것이라고 선포했습니다. 이사야는 전적으로 신뢰하라고 간청했습니다. 혼란의 때에 가장 큰 자산은 믿음, 곧 하나님을 절대적으로 신뢰하고 의지하는 믿음, 특히 왕의 믿음이라고 선포했습니다.(7:9)

다시 이사야는 두려워하는 아하스에게 확신을 심어 주었습니다. 이사야는 표적을 약속했습니다. 한 아들이 곧 탄생할 것인데 그 이름은 임마누엘이고, 그 이름의 뜻은 '하나님이 우리와 함께 계시다'입니다. 그가 충분히 선과 악을 구별할 만큼 장성하기 전에 수리아와 이스라엘이 사라질 것입니다(7:10~17). 후에 그리스도인들은 이 표적에서 예수 그리스도를 볼 것입니다.

그러나 아하스는 기다릴 수가 없었습니다(왕하 16장). 그는 디글랏 빌레셀 3세에게 원군을 청했고, 후에 다메섹에서 왕을 만나러 갔습니다. 이사야는 아하스가 앗수르 왕에게 원군을 청한 것은 큰 실수라고 생각했습니다. 그런 행위는 그에게 믿음이 없음을 보여 주었습니다. 그 때문에 유다는 앞으로 적이 될 나라와 정치적 동반자가 되었습니다.

주전 732년, 앗수르는 수리아를 파멸하고 이스라엘의 몇몇 지방을 점령하여 사마리아의 지위를 심히 약화시켰고, 처음으로 포로들을 상호 교환하는 앗수르의 정책을 실시했습니다. 이사야가 옳았습니다. 이사야는 유다가 인내로 기다리기만 한다면 앗수르가 유다의 북쪽 대적을 멸망시킬 것임을 알고 있었습니다.

아마도 아하스가 그의 충고를 받아들이지 않았기에 이사야는 당분간 공공 사역에서 물러난 것 같습니다. 그는 하나님의 역사하심을 보려고 잠자코 기다리면서 자기 자신의 충고를 따르고 있었습니다.

히스기야

의심할 여지없이 히스기야가 아하스의 가증한 것을 성전에서 제하면서 성전을 정화시켰을 때 선지자는 기뻐했습니다. 히스기야는 또한 지방에서 바알 산당을 많이 제거했습니다. "그의 전후 유다 여러 왕 중에 그러한 자가 없었으니"(왕하 18:5)라고 그를 다윗에 비교했던 역사가에게서 히스기야는 높은 평가를 받았습니다. 그러나 히스기야가 초조해하기 시작하자 이사야는 근심했습니다. 앗수르에 조공을 바친다고 사람들이 불평했습니다. 애굽은 블레셋과 유다와 같이 애굽과 앗수르 사이에 있는 작은 나라들이 반란을 일으키도록 부추겼습니다. 이사야는 3년을 벌거벗은 몸을 하고 맨발로 걸어 다니면서 이러한 반란 사상을 정죄했습니다(사 20:1~4). 앗수르가 연안을 공격했을 때, 애굽은 뒤로 빠져서 블레셋인들이 고립되게 내버려두었습니다. 유다는 당분간 모면할 수 있었습니다.

그러나 앗수르 왕 사르곤 2세의 죽음으로 전 지역에 혁명이 일어났습니다. 바벨론의 신흥 세력은 병에 걸린 히스기야에게 편지와 선물과 함께 사절단을 보냈습니다(39:1). 국세가 강해져 가는 애굽은 합세하려는 노력의 일환으로 사절단을 보냈습니다. 히스기야는 예루살렘 성벽을 강화했습니다.

결단의 시간에 이사야는 혁명에 참가하지 말라고 히스기야에게 충고했습니다. 이사야 28~38장의 예언은 하나님이 여러 나라를 다루실 것임을 보여 줍니다. 앗수르의 새 왕 산헤립은 그가 하나님의 진노의 도구가 될 것임을 알지 못했습니다. 그러나 그의 군대는 바벨론을 쳐부수고 연안을 따라 나일 강까지, 그리고 예루살렘에 이르기까지 유다 안으로 휩쓸어 내려왔습니다. 라기스의 요새는 포위되어 파괴되었습니다.

이제 멸망을 예언했던 이사야는 이상한 쪽으로 방향 전환을 했습니다. 모든 사람이 마지막이 왔다고 생각했을 때에 하나님이 예루살렘을 구원하실 것이라고 예언했습니다. 앗수르의 관리 랍사게는 도시 성벽 밖에서부터 히스기야를 조롱했습니다(36:4~10). 그러나 왕이 자문을 구하자 이사야는 놀라운 충고를 했습니다. "여호와께서 이같이 말씀하시되… 두려워하지 말라 보라 내가 영을 그의[산헤립의] 속에 두리니 그가 소문을 듣고 그의 고국으로 돌아갈 것이며 또 내가 그를 그의 고국에서 칼에 죽게 하리라 하셨느니라"(37:6~7; 왕하 19:6~7). 전에 혁명을 반대하는 메시지를 전했던 이사야가 이제는 꼿꼿이 똑같은 이유에서 항복을 반대했습니다. "굳건히 서라. 그러면 주 여호와가 구원해 주시는 것을 볼 것이다."(사 37:33~35)

무슨 일이 일어났습니까? 이사야 37장 36~38절과 열왕기하 19장 35~37절의 기사는 신비합니다. 앗수르 군대 가운데 전염병이 돌았습니까? 우리는 알지 못합니다. 그리고 상관없습니다. 하나님이 중재하셔서 다윗 성이 구원을 받았습니다. 이사야의 예언이 성취되었습니다. 불행하게도 후대 지도자들은 그 예언을 예루살렘이 절대로 파괴되지 않을 것이며 또 파괴될 수도 없다고 해석할 것입니다.

소망

백성의 죄가 컸으나 하나님의 열심은 그보다 더 큽니다. '입술이 부정한 사람' 이사야는 거룩하게 하시고 깨끗하게 하시는 불을 경험했습니다. 언젠가 유다도 그런 불을 경험할 것입니다. 왜냐하면 하나님이 쓰시는 불의 궁극적인 목적은 멸망이 아니라 정화이기 때문입니다.

"내가… 네 찌꺼기를 잿물로 씻듯이 녹여 청결하게 하며 네 혼잡물을 다 제하여 버리고."(사 1:25)

심판은 거룩한 불처럼 탈 것이지만 그 거룩한 불은 궁극적으로 구원할 것입니다.

"시온은 정의로 구속함을 받고 그 돌아온 자들은 공의로 구속함을 받으리

주전 722~721년에 이스라엘을 정복하고 사마리아를 파괴하며 그 거주민들을 앗수르로 추방시킨 사르곤 2세의 모습이 코르사밧 그의 궁전에서 나온 석회암 부조에 나타나 있다.

산헤립 니느웨 궁전 벽에서 나온 이 부조는 라기스의 함락을 자세히 묘사한다. 앗수르 군병들이 성의 벽과 문을 부수기 위해 공격하고 있다. 방어군들이 성벽에서부터 횃불을 던지니 한 병졸이 공략 무기가 불에 붙지 않도록 그 위에 물을 붓고 있다.

라."(1:27)

구원은 아이를 통해 올 것입니다. 하나님이 다윗 왕국을 통해 역사하시는 것을 본 이사야답게 한 아기, 모든 권위를 그 어깨에 진 한 아들이 태어날 것입니다 (9:6~7). 그는 다윗의 아버지 이새의 줄기에서 나온 싹일 것입니다.(11:1)

"공의로 그의 허리띠를 삼으며 성실로 그의 몸의 띠를 삼으리라."(11:5)

그는 두 나라를 통일할 것입니다(11:13). 하나님의 평화가 "나의 거룩한 산 모든 곳"에서 일어날 것입니다. 이는 시온 산이 하나님의 구원 역사의 초점이라는 이사야의 믿음이었습니다(11:9). 그때에 "이리가 어린 양과 함께 살며"(11:6) "평강의 더함이 무궁하며"(9:7) 사람들이 하나님을 알고 사랑할 것입니다.

유다 백성에게 하나님의 위대한 마지막 승리의 환상은 나라가 붕괴된 슬픔 가운데서도 희망을 주었습니다. 기독교 공동체에게 이사야의 약속은 세상의 구세주이신, 다윗 계보에서 태어난 한 아기에 대한 메시아의 환상이 되었습니다.

♡ 순종하는 공동체의 모습

순종하는 믿음의 공동체는 정의와 공의를 이루라는 하나님의 간청을 듣고도 응답하지 못한 것을 회개한다.

때때로 믿음의 공동체는 선지자의 말씀을 들을 수 있지만, 그러지 못할 때도 있습니다. 그래도 하나님은 절대로 포기하지 않으십니다. 하나님을 대신해 이사야는 구슬리고 징계하며 간청했습니다. 종종 믿음의 공동체는 응답하고 회개하며 돌아서고 전통을 되찾을 수 있습니다. 허나 그러지 못할 때도 있습니다. 오늘날 회개를 촉구하는 옷을 걸치거나 '회개하라'라고 외치는 것은 별 효과가 없어 보입니다.

사람들이 하나님께로 돌아오게 도와주는 길은 무엇입니까?

_____

_____

어떻게 하면 있는 그대로 나 자신의 모습을 분별할 수 있는 미덕을 소유할 수 있겠습니까?

_____

_____

믿음의 공동체가 받는 심판의 기준은 무엇입니까? 세상이 받는 심판의 기준은 무엇입니까? 차이가 있다면 무엇입니까?

_____

_____

나에게는 '돌아와 고침을 받을 수 있는' 가능성이 얼마나 있다고 생각합니까?

사람들을 반란이나 무관심으로 부추기지 않고 대신 의로운 삶으로 이끌 수 있는 방법이나 메시지는 무엇입니까?

하나님은 어떻게 반역하는 백성을 구원하십니까?

🔲 더 알아보기

■ 이사야의 말씀에 기초한 찬송을 몇 개 찾으십시오. 가사를 크게 읽거나 불러 보십시오.

■ 이사야 13~27장과 34~35장은 매일 읽을 과제에 포함되지 않았습니다. 이 장들을 읽어 보십시오.

■ 6, 12, 13과는 이사야에 관한 내용입니다. 이사야를 읽을 때 그 말씀 안에서 그리스도를 보기 때문에 그리스도인들이 귀하게 여기는 구절들에 특별히 유념하십시오.

07

하나님의 목적

하나님이 세상을 다스리신다

너희는 여러 나라를 보고 또 보고 놀라고 또 놀랄지어다
너희의 생전에 내가 한 가지 일을 행할 것이라
누가 너희에게 말할지라도 너희가 믿지 아니하리라 (하박국 1:5)

🎧 우리의 모습

도무지 이해할 수가 없습니다. 부도덕과 악이 만연해 있는 것 같습니다. 과연 누구에게 책임이 있습니까? 우리입니까? 인생의 배후에는 큰 목적과 계획이 있다는 믿음을 우리는 어떻게 계속 유지할 수 있습니까?

⚓ 내려놓기

성경 공부를 하기 전에 먼저 하나님께 기도를 드립니다. 아래의 시편 말씀이 좋은 길잡이가 될 것입니다.

> 내 영혼아 네가 어찌하여 낙심하며 어찌하여 내 속에서 불안해하는가 너는 하나님께 소망을 두라 그가 나타나 도우심으로 말미암아 내 하나님을 여전히 찬송하리로다 (시편 43:5)

이번 주 기도 제목을 구체적으로 적어 기도합시다.

🎧 귀 기울이기

스바냐, 나훔, 하박국, 이 세 예언서는 열두 권의 '소(小)예언서' 또는 '후(後)기예언서'에 속합니다. 여기서 '소'는 중요하지 않기 때문이 아니라 짧기 때문이며, '후기'는 사소하기 때문이 아니라 시대적으로 나중에 나타났기 때문입니다. 각기 독특한 메시지가 있습니다. 가능하면 한 번 앉은 자리에서 하나씩 전부 읽는 것이 좋습니다. 전체를 묶어 주는 주제를 찾아보십시오. 기억할 만한 구절을 찾으십시오. 왕에 대한 열왕기의 기사와 역대기의 기사에서 차이점을 찾아보십시오.

D1 스바냐 1~2장(다가오는 주의 날, 유다와 이스라엘의 적에 대한 심판)
열왕기하 21:1~18, 역대하 33:1~20(므낫세)

D2 스바냐 3장(의로운 남은 자)
열왕기하 21:19~26, 역대하 33:21~25(아몬)

D3 열왕기하 22:1~23:30, 열왕기상 13:1~10
(벧엘 제단을 무너뜨린 유다에서 온 하나님의 사람)
역대하 34~35장(요시야와 율법책)

D4 나훔 1~3장(니느웨의 멸망에 대한 예언)

D5 하박국 1~3장(대화하는 하박국과 하나님, 하박국의 기도)

D6 '말씀 속으로'와 '순종하는 공동체의 모습'을 읽으라.

하나님의 목적

◑ 말씀 속으로

스바냐: 심판

다윗의 자손 스바냐는 예루살렘의 정부 지도자들과 쉽게 접촉할 수 있었습니다. 그가 두로와 디베랴에서 온 어부들이 그들의 물건을 팔았던 어문(Fish Gate), 므낫세 왕이 개발한 새 주택 지역인 제2구역, 그리고 상업의 중심지 막데스를 손쉽게 인급하는 것을 보면, 그는 도시를 잘 알고 있었습니다(습 1:10~11). 그는 요시야가 주전 640년에 유다 왕이 되고 난 얼마 후 예언을 시작했습니다. 요시야는 여덟 살밖에 되지 않았고, 스바냐는 어린 왕을 가르치며 종교 부흥을 위해 기도했던 개혁가 집단에 속해 있었을 것입니다.

거의 반세기 동안 유다는 어린 므낫세 왕(주전 687~642년)의 통치하에 있었습니다. 세속적인 관점에서 시대는 그다지 나쁘지 않았습니다. 주전 701년의 포위 상태에서 풀려난 후 유다는 앗수르가 평화를 허용한 한도 내에서 속국으로 살았습니다. 농촌의 생활은 정상화되었습니다. 도시의 통상은 번성했습니다. 유다 백성은 조공을 바쳤지만, 적어도 전쟁은 끝이 났습니다. 그러나 종교적인 관점에서 보면, 신앙생활에는 손실이 컸습니다. 므낫세는 그의 아버지 히스기야의 개혁을 전부 다 원상태로 돌렸습니다. 앗수르를 진정시키는 유화 정책으로 유다는 모든 종류의 이방 신을 수입했습니다. 사람들은 해와 달과 별의 앗수르 신들을 숭배했습니다. 암몬 사람의 생식력과 폭풍의 신인 밀곰(Milcom) 신은 이제 성전 안의 잘 보이는 곳에 놓여 있었습니다.

스바냐는 므낫세와 그 아들 아몬(주전 642~640년)과 관련해서 생긴 세 가지 큰 죄를 지적합니다. 바로 우상숭배와 혼합 종교(모든 종류의 종교를 섞어 혼합하기), 무관심이었습니다. 아마 이 중 세 번째가 가장 큰 죄였던 것 같습니다. 하나님이 아무 상관없는 존재가 되어 버렸습니다. 스바냐는 하나님의 율법을 무시한 사람들을 찾아 예루살렘 거리를 걸어 다니며 등불을 드신 하나님을 묘사했습니다. 대신 하나님이 발견하신 것은 너무 오랫동안 찌꺼기와 함께 내버려 둔 포도주와 같이 자기만족에 사로잡힌 사람들이었습니다. (1:12)

스바냐는 유다는 다른 나라들과는 뭔가 다르고 성별된 백성이 되어야 한다는 것을 알고 있었습니다(출 33:16; 민 23:9). 그러나 므낫세 왕은 실제적이고 타협적이며 포용적이었습니다.

성경은 므낫세 왕이 최장수 기간 왕위에 있었을 뿐 아니라 유다 역사에서 가장 사악한 왕이라고 말합니다(왕하 21:1~9). 주전 7세기의 처음 60년은 종교적인 면에서 황무지 시기였습니다. 미가와 이사야 이후로 유다에서 말씀을 전한 선지자에 대한 기록이 없습니다.

이제 스바냐에 따르면, 하나님이 진노하셨습니다. 유다를 포함한 모든 나라가 정죄를 받았습니다. 죄는 모든 자연, 심지어 동물과 새와 바다의 물고기까지도 감염시켰습니다. 심판은 예루살렘에서 시작되어 전 세계에 퍼질 것입니다.(습 1:4, 18)

여호와의 날

"여호와의 큰 날"(습 1:14)이란 표현은 종종 하나님의 승리의 날을 의미했습니다. 이스라엘의 초기 역사를 보면 여호와는 이스라엘을 위해 전쟁에서 승리하는 용사였습니다. 그러나 아모스 때부터 여호와의 날은 선지자들에게 심판과 분노를 의미하게 되었습니다. 하나님은 이스라엘의 대적에게 향했던 전쟁을 유다와 예루살렘을 포함하여 이스라엘을 향해 돌리실 것입니다.

주전 620년경, 이제 20대의 요시야는 종교 개혁을 시작했습니다(왕하 23장). 그는 성전을 개축했습니다. 그 과정에서 대제사장 힐기야는 신명기의 일부분인 '율법책'을 발견했습니다(22:8). 요시야는 그 책을 크게 낭독시키고 그대로 실행하라고 명령했습니다. 그는 성전을 깨끗하게 하고 산당을 허물며, 유아 희생제를 드린 장소를 더럽히고, 왕국 전체가 유월절을 지키게 했습니다. 스바냐는 총체적인 회개를 요청했습니다.

"공의와 겸손을 구하라 너희가 혹시 여호와의 분노의 날에 숨김을 얻으리라."(습 2:3)

그러나 애굽 군대가 해안을 타고 휩쓸고 올라와 에스드렐론(이스르엘이라고도 불림)의 비옥한 골짜기 므깃도에서 유다 군과 접전했습니다. 요시야는 치명상을 입고 예루살렘에서 죽었고(왕하 23:29; 대하 35:20~24), 그 결과 유다는 애굽의 속국이 되었습니다. 스바냐(그리고 예레미야)가 기대했던 요시야도 죽었습니다. 성서 역사가들은 그의 통치에 호의적이었습니다. "마음을 다하며 뜻을 다하며 힘을 다하여… 여호와께로 돌이킨 왕은 요시야 전에도 없었고 후에도 그와 같은 자가 없었더라."(왕하 23:25)

스바냐는 절망했습니다. 그는 백성들의 깊은 자만심을 알고 있었습니다.

"그가[예루살렘이] 명령을 듣지 아니하며 교훈을 받지 아니하며 여호와를 의뢰하지 아니하며 자기 하나님에게 가까이 나아가지 아니하였도다."(습 3:2)

선지자는 가난한 사람을 착취한 군주들, 훔치는 재판관, 하찮게 쓸데없는 말을 늘어놓는 선지자들, 토라를 무시하는 제사장들, 이렇게 네 부류 사람들을 정죄했습니다(3:3~5). 그런데도 사람들은 수치심조차 느끼지 않았습니다(3:3~5). 회개하라는 선지자의 외침에 아무도 귀를 기울이지 않았습니다. 개혁은 피상적인 것이었고 진정한 마음의 변화가 없었습니다.

스바냐의 주제는 인간이 지닌 교만의 죄입니다(3:11). 사람들은 하나님과 율법 없이 세상과 자신의 운명을 주관할 수 있다고 믿었습니다.

교만에 찬 사람들이 서로 다른 언어를 말했기 때문에 서로를 이해할 수 없었던 바벨탑 사건(창 11:1~9)을 기억합니까? 여호와의 날 후의 회복에서, 하나님은 모든 사람이 서로를 이해할 수 있도록 순수한 말씀과 완전한 일치를 주실 것입니다(습 3:9). 교만 대신에 겸손하고 순종하는 믿음을 주실 것입니다. 신실한 사람들은 그들이 아니라 하나님이 세상을 주관하신다는 사실을 깨닫게 될 것입니다.

다른 선지자들과 같이 스바냐는 희망을 바라보았습니다. 보통 선지자는 징벌 후에 동서남북 사방에서 시온 산으로 돌아오는 사람들에 대해 이야기합니다. 스바냐도 그랬습니다. "내가… 너희를 [집으로] 이끌고."(3:20)

나훔: 니느웨의 멸망

나훔의 시 두 편은 한 가지 메시지에 집중합니다. 하나님이 니느웨를 심판하실 것입니다. 나훔은 생생하고도 상세하게 니느웨의 멸망을 예언합니다.

유다 백성만 앗수르의 몰락을 축하한 것은 아니었지만 그들은 제일 기뻐한 무리 가운데 하나였습니다. 그들은 많은 고통을 겪었습니다. 메데 사람들과 애굽 사람들, 스구디아 사람들과 바벨론 사람들도 마찬가지였습니다. 모두가 승리의 외침에 동참했습니다. 나훔이 그의 시를 다음과 같이 끝낸 것은 당연했습니다.

"네 소식을 듣는 자가 다 너를 보고 손뼉을 치나니 이는 그들이 항상 네게 행패를 당하였음이 아니더냐."(나 3:19)

이 역사의 단면을 기억하십시오. 앗수르의 전성기는 잔악성으로 뒤덮여 있습니다. 그 맹렬한 군대는 불태우며 약탈하고 유린하면서 사막을 가로질러 맹위를 떨쳤습니다. 주전 744년에 디글랏 빌레셀 3세가 등장하여 앗수르는 세계 주요 강대

예언 말씀이란 즉시적인 예언이든 어떤 질문에 대한 대답이든 간에 하나님으로부터 온 메시지다. 선지자의 글에서 예언 말씀은 영감받은 말씀이며, 하나님으로부터 직접 전달받았다고 제시되는데, 많은 경우 "여호와의 말씀이라"(습 1:1) 또는 "여호와의 말씀에, 여호와께서 이르시되, 여호와께서 이와 같이 말씀하시되"(사 7:7; 10:24; 암 1:3, 6, 9, 11, 13)로 시작된다. 그 다음에 따라 오는 말씀은 보통 경고나 심판으로, 그 중에는 이사야 13장 1절~23장 18절, 에스겔 25~32장, 아모스 1장, 나훔에서와 같이 이웃 나라를 치는 말씀도 있지만, 대부분 이스라엘과 유다에 대한 말씀이다.

주전 609년에 당시 앗수르 동맹국이었던 애굽의 바로 느고는 앗수르를 돕기 위해 유다와 이스라엘의 해변을 따라 북상했다. 앗수르의 통치에 항거한 유다 요시야 왕은 느고가 진격하는 것을 막기 위해 므깃도로 진군했다. 그는 전투에서 치명상을 입는다.(왕하 23:29~30; 대하 35:20~24)

국이 되었습니다. 앗수르는 주전 722년에 이스라엘을 멸망시켰으며, 663년에는 아름다운 정원과 귀한 도서관이 있는 애굽의 노아몬(Thebes)을 불태웠습니다. 그 강한 왕들, 산헤립의 아들 에살핫돈(주전 680~669년)과 그 아들 아스훌바니팔(주전 668~627년)은 반세기 이상 지중해 동부를 통치했습니다. 그 세력의 절정기에 앗수르는 이란 북부 평원에서부터 나일 강 상류까지 1,609 킬로미터가 넘는 넓은 지역을 다스렸습니다.

여신 이스타르는 앗수르 수도 니느웨를 보호했습니다. 그녀의 용사들은 말이나 병거를 타고 공포를 정책 도구로 쓰는 데 모든 노력을 기울였습니다. 그들은 공포가 반대를 없애고 저항 없이 복종하게 만들 수 있으리라고 믿었습니다. 그들의 관습은 불필요한 고통을 가하는 일이었습니다. 그러나 이러한 책략들은 역효과를 냈습니다. 제국 온 천지 속국민들의 마음속에 강한 증오심이 불타올랐습니다. 아스훌바니팔이 죽었을 때 침묵의 순간이 잠시 흐른 후 제국의 통치하에 있던 모든 사람들이 동시에 반란을 일으켰습니다. 나훔은 자기를 방어하려는 니느웨의 노력을 얼마나 비웃었습니까. 그는 니느웨 성 관리들의 울부짖음을 들을 수 있었습니다.

"너는 산성을 지키며 길을 파수하며 네 허리를 견고히 묶고 네 힘을 크게 굳게 할지어다."(2:1)

나훔은 아래와 같은 환상을 보았습니다.

"그 병거는 미친 듯이 거리를 달리며 대로에서 이리저리 빨리 달리니 그 모양이 횃불 같고 빠르기가 번개 같도다."(2:4)

그러나 때는 너무 늦었습니다. 하나님은 여신 이스타르가 굴욕감을 갖게 하실 것입니다.

"이제 내가 너를 치겠다. 나 만군의 주가 선언한다."(3:5, 표준새번역)

니느웨를 멸망시킬 분이 전능하신 여호와 하나님이심을 주시하십시오(2:13; 3:5). 그 피 흘림의 도시, 힘센 악의 제국은 하나님의 심판 때문에 추운 날 울타리에 앉아 있는 메뚜기 떼와 같을 것입니다. "해가 뜨면 날아감과 같으니 그 있는 곳을 알 수 없도다."(3:17)

나훔의 메시지

우리는 나훔에서 하나님이 주신 말씀을 분별할 수 있습니까? 다음과 같은 생각을 해보십시오. 하나님은 인간이 모든 감정을 표현할 수 있도록 허락하십니다. 성경은 혈과 육을 포함해서 미숙한 인간의 모습을 담고 있습니다. 화가 난 사람들이 그렇다고 말합니다. 유다가 억압의 무거운 멍에서 자유하게 된 것을 축하하고 다시 한 번 평화의 가능성에 기뻐하는 것보다 더 인간적인 것이 무엇이겠습니까?

하나님은 악에 한계를 두십니다. 악이 영원히 만연해지도록 내버려 두지 않으실 것입니다. 하나님은 사악한 정권에 지쳐서 그들에게 책임을 물으십니다. 능력과 진노의 하나님을 묘사하면서 나훔이 선포하는 소리를 주시하십시오.

"여호와는 선하시며 환난 날에 산성이시라."(나 1:7)

대부분 히브리 선지자들은 이스라엘과 유다의 죄를 정죄하고 무서운 응보를 예언했습니다. 나훔은 모든 나라가 하나님의 심판 아래 있으며 악이 영원히 징계를 모면하지 못한다는 것을 우리에게 상기시킵니다. 물론 앗수르가 한때 하나님의 진노의 도구로 쓰였다고 해서 앗수르의 거칠고 잔인한 행위가 처벌받지 않는 것은 아닙니다.

나훔은 바벨론의 침략이 그다지 멀지 않은 미래에 나타나리라고 본 것 같습니다. 그는 유다가 온전해질 수 있도록 회개의 문을 열어 주지 못했습니다. 그래도 그는 승리의 기쁨을 나타냅니다. 하나님이 역사하셨기 때문입니다.

하박국: 하나님의 때

선지자 하박국에 대해서는 그가 요시야 왕 통치 말기에 유다에서 예언했다는 것 외에는 알려진 바가 거의, 아니 전혀 없습니다. 그는 요시야 왕의 죽음으로(주전 609년) 개혁이 끝났다고 보았을지 모릅니다. 그리고 애굽이 북으로 힘을 뻗치려다 갈그미스에서 바벨론에게 격파되었을 당시의 대전투에 대해서도(주전 605년) 알았을지 모릅니다. 유다의 독립에 대한 꿈은 산산조각이 났

니느웨의 아스홀바니팔 궁전에서 나온 부조로 왕궁 정원의 포도 덩굴 그림이다.(주전 640년경)

습니다. 바벨론이 곧 세상을 다스리게 될 것입니다.

그래서 하박국이 하나님께 묻기 시작했습니다. "여호와여 내가 부르짖어도 주께서 듣지 아니하시니 어느 때까지리이까?"(합 1:2) 재난이 계속됩니다. 사방에서 분쟁과 폭력이 일어납니다. 정의가 구현되지 않습니다. 질서는 혼돈에 빠져듭니다.(1:2~4)

하박국의 질문은 하나님이 계신가 하는 차원이 아니었습니다. 그의 질문은 하나님이 의로우신가 하는 것도 아니었습니다. 그의 질문은 하나님의 섭리에 관한 것이었습니다. 하나님은 정말로 하나님의 궁극적 목표인 질서와 정의, 평화를 이루시기 위해 끊임없이 나아가고 계십니까? 하나님은 실제로 "나는 잠자고 있지 않다. 보라, 내가 큰일을 행할 것이다."라고 대답하십니다. 하나님은 하박국이 들어도 믿지 않을 만큼 큰일을 하고 계십니다. 그리고 무서운 비밀을 선지자만 알게 해 주십니다. 하나님이 갈대아 사람, 곧 바벨론인들을 일으키십니다(1:6). 그들은 맹렬하고 무섭습니다. 그들은 200년 이상 세상을 잔인하게 다스려 온 앗수르인들을 멸망시킬 것입니다.

하박국은 깜짝 놀라 당황해합니다. "주께서는 눈이 정결하시므로 악을 차마 보지 못하시는" 분이 아닙니까(1:13)? 바벨론인들은 패역한 자들입니다. 그물로 많은 고기를 잡듯이 그들은 많은 사람들을 포로로 잡아갈 것입니다. 그들은 오만하여 다른 신들을 섬기고 주님을 섬기지 않을 것입니다(1:15~16). 하나님의 뜻을 이해할 수 없는 선지자는 싸우거나 방어하기 위해서가 아니라 단지 지켜보고 답을 기다리기 위해 성루에 섭니다.(2:1)

하나님이 결국 "너는 이 묵시를 기록하여 판에 명백히 새기되 달려가면서도 읽을 수 있게 하라"(2:2)라고 대답하십니다. 혼돈이 변해 질서가 생길 것이라는 꿈, 곧 나라가 나라에게 칼을 들지 않을 것이라는 비전과, 정의와 평화를 추구하는 시대의 목적이 상실되지 않으리라는 것입니다. 하나님은 평화의 날을 예고하십니다. "비록 더딜지라도 기다리라"(2:3). 인내를 가져라, 아직도 정한 시간을 위해 꿈이 있다고 하십니다. 믿음의 사람으로, 하박국 너는 '아직은 아닌' 때에 믿음과 신뢰의 '중간' 시간에서 살고 있다며, 의인은 조용히 겸손히 믿음으로 하나님을 신뢰하며 살 것이라고 하십니다. (2:4)

하나님은 역사하고 계십니다. 오만한 자를 낮추는 일을 계속하십니다. 교만과 탐욕은 계속해서 사람들을 멸망시킵니다. 하나님은 악에게 그 대가를 요구하실 것입니다. 강자는 우쭐해 있습니다. 그들의 삶은 비뚤어지고 굽었습니다(2:4~5). 악을 원하는 사람들은 악을 받게 될 것입니다. 강도와 속임수로 세력을 얻는 가족이나 정부는 그 행동한 대로 거두게 될 것입니다. 이웃에게 무자비하게 주권자 노릇을 하는 군사 세력은 결국에는 그 이웃에게 마시게 했던 똑같은 진노의 잔을 마시게 될 것입니다(2:15~17). 하나님은 인간의 악에 제한을 두십니다. 하나님의 통치에 대해 오만하게 도전하는 이들은 쉬거나 안주하면서 살 수 없습니다(2:4~5). 하나님은 하나님의 목적을 이루고 계십니다.

"이는 물이 바다를 덮음같이 여호와의 영광을 인정하는 것이 세상에 가득함이니라."(2:14)

1장과 2장의 여호와와 선지자의 대화가 끝이 났습니다. 이제 3장에 찬양의 노래가 장엄하게 울려 퍼집니다. 그것이 혼돈을 이기신 창조의 하나님을 어떻게 찬양하는지 보십시오. 하나님은 모든 나라의 하나님이십니다. 하나님은 악인을 흩으시고 가난한 사람을 보호하십니다.

아직도 비전이 있습니까? 하박국은 과거 하나님의 능력을 기억하며 현재 하나님이 하시는 일을 위해 두려운 마음으로 기도하고 있습니다(3:2). 그는 하나님의 궁극적인 목적이 성취되는 비전을 받습니다. 그의 비전은 하나님께로부터 직접 왔습니다. 하나님의 영광이 하늘을 덮었고 해처럼 빛납니다(3:3~4). 질병과 재앙은 하나님과 같이 행진하며 따라옵니다. 나라들의 악이 소멸됩니다. 하나님은 모든 것과 모든 사람들을 심판하시면서 소동 속에 조용히 서 계십니다. 심지어 산들도 하나님 앞에서 무너지고 맙니다. 하나님은 창조 때와 마찬가지로 혼돈을 정복하러 다시 오실 것입니다.

선지자의 입술에 더 이상 질문이 떠오르지 않습니다. 더 이상 고민이 그의 평화를 흩뜨려 놓지 않습니다. 하나님은 비전을 성취하고 계십니다. 우리는 그동안 "의인은 [이제와 영원히] 그의 믿음으로 말미암아 살리라"(2:4)라는 가르침을 실천해야 합니다.

이 시에서 감사가 점점 강하게 솟아오릅니다(3:17~19). 모든 환경에서 하나님께 감사를 드리십시오. 논리적인 설명으로는 악을 이해할 수 없으나 우리는 하나님을 믿으므로 그런 지식을 얻을 것입니다. 병과 슬픔과 죄와 악에도 불구하고 신실한 사람들은 하박국과 노래하게 될 것입니다.

"비록 무화과나무가 무성하지 못하며 포도나무에 열매가… 없을지라도 나는 여호와로 말미암아 즐거워하며 나의 구원의 하나님으로 말미암아 기뻐하리로다."(3:17~18)

♡ 순종하는 공동체의 모습

순종하는 믿음의 공동체는 하나님이 그분의 목적을 이루신다는 것을 기억하고 확신하며, 하나님의 목적에 상반되는 자기 행위를 회개한다.

믿음의 공동체는 우리가 상상할 수 없는 방법으로 하나님이 일하고 계시다는 것을 기억하고 확신하기 때문에 '중간' 시간에도 마음을 편하게 가집니다. 하나님의 때에 우리는 하나님의 목적이 이루어지는 모습을 볼 것입니다. 그 목적 달성을 위해 우리는 회개하라는 하나님의 부르심에 응답합니다.

하나님이 통치하고 계시다는 사실에 대해 의심이 든 적이 있습니까? 그런 적이 있다면 왜 그랬는지 말해 보십시오.

나는 무엇을 제일 먼저 회개해야 합니까? 거짓 신입니까? 하나님과 잡신들을 혼합하는 일입니까? 무관심입니까?

성도의 교제를 함께 나누는 사람들은 서로 깊은 감정을 표현할 수 있습니다. 환희와 감사와 찬양뿐 아니라 분노와 죄책감과 수치와 좌절 등 깊은 감정을 표현할 수 있습니다. 때때로 우리는 다투고 불평하며 의심합니다. 우리는 우리가 혼돈되고 분노하며 질문에 가득 찼을 때에도 하나님께 가까이 나아갈 수 있음을 알고 있습니다.

우리 믿음의 공동체는 신성 모독죄를 범하고 분노하며 반항하거나 상처입은 다른 이들의 거친 질문들에 얼마나 마음을 열고 귀를 기울입니까?

무화과나무가 무성하지 못해도 사람들이 기쁘게 해주는 영적 요소는 무엇입니까?

⊙ 더 알아보기

■ 이스라엘과 유다는 종종 다른 나라에 조공을 바쳐야만 했습니다. 성서사전에서 조공을 찾아보십시오.

■ 에살핫돈, 아스훌바니팔, 나보폴라살 왕들과 갈그미스(Carchemish) 도시에 대하여 무엇을 발견할 수 있는지 살펴보십시오.

08

하나님의 고뇌

어찌하면 내 머리는 물이 되고 내 눈은 눈물 근원이 될꼬
죽임을 당한 딸 내 백성을 위하여 주야로 울리로다
(예레미야 9:1)

🌙 우리의 모습

영적으로나 도덕적으로 타락한 이야기가 자꾸 반복되는 이유는 무엇입니까? '모든 일들이 잘 진행되고 있습니다. 어쨌든 우리는 특별합니다. 우리는 우리 행동의 결과들에서 언제나 피할 수 있었습니다. 그러니 변화될 필요가 없습니다. 우리에게 그런 일은 일어나지 않을 것입니다.' 이처럼 확신 아닌 확신 때문에 우리는 징조를 잘못 읽습니다.

✝ 내려놓기

성경 공부를 하기 전에 먼저 하나님께 기도를 드립니다. 아래의 시편 말씀이 좋은 길잡이가 될 것입니다.

> 내가 날 때부터 주께 맡긴 바 되었고 모태에서 나올 때부터 주는 나의 하나님이
> 되셨나이다 나를 멀리 하지 마옵소서 환난이 가까우나 도울 자 없나이다
> (시편 22:10~11)

이번 주 기도 제목을 구체적으로 적어 기도합시다.

👂 귀 기울이기

예레미야의 사역은 길고, 그의 예언 사역은 다양하며, 그의 영적 삶은 유다와 얽혀 있습니다. 예레미야에서 사건들은 순서대로 나오지 않으며 매끄럽게 연결되지도 않습니다. 이따금 읽기를 멈추고 우리가 무엇을 대하고 있는지 숙고하십시오. 얼마나 주저하고 또 얼마나 괴로워하면서 예레미야가 말하고 있는지 주시하십시오. 그가 얼마나 외로웠는지 보십시오. 그가 제시하는 이미지를 음미해 보십시오.

열왕기의 몇몇 구절은 앞에서 이미 읽은 것입니다. 그러나 다시 읽어 보면 예레미야의 예언에 대한 배경을 알게 될 것입니다.

D1 예레미야 1~3장(예레미야의 부르심, 이스라엘의 반역, 회개하라는 초대의 말씀)

D2 예레미야 4~6장 (멸망하는 나라, 다가오는 침입과 유다의 황폐)

D3 예레미야 7~11장(성전 설교, 유다와 시온에 대한 애가, 파기된 계약) 열왕기하 22:1~23:30(요시야의 개혁)

D4 예레미야 12~15장(베 허리띠, 포도주 가죽 부대, 포로와 징벌, 개인적인 애가들) 열왕기하 23:31~37, 역대하 36:1~10 (여호아하스와 여호야김)

D5 예레미야 16~20장(유다의 죄, 토기장이의 비유, 안식일, 개인적인 애가들, 깨어진 오지병)

D6 '말씀 속으로'와 '순종하는 공동체의 모습'을 읽으라.

● 말씀 속으로

예레미야는 어린 요시야가 유다의 왕이 된 직후에 태어났습니다. 예레미야의 아버지와 가족 중 몇몇은 예루살렘 동북쪽에서 몇 킬로미터 떨어진 동네 아나돗의 제사장들이었습니다. 아마도 예레미야는 솔로몬 왕이 정치적인 이유로 아나돗에 유배했던 대제사장 아비아달의 후손이었을 것입니다. (왕상 2:26~27)

우리는 예레미야의 사역을 네 단계로 나눌 수 있습니다. 초기 사역은 그의 소명(주전 626년)부터 '율법책'(신명기 두루마리)의 발견(주전 622년)까지 계속되었습니다. 두 번째 사역은 선지자가 개혁 운동이 전개되는 모습을 초조하게 지켜보면서 공생애에서 물러나 있던 때였습니다. 세 번째 사역은 여호야김의 통치 기간(주전 609~598년)으로, 이사야가 히스기야의 통치 기간 동안 행한 일과 아주 흡사하게 예레미야가 다시 열정적으로 활동한 영적 위기의 때였습니다. 그의 마지막 사역은 시드기야 시대와 포로 시대가 동시에 일어난 때입니다.(주전 597~587년)

하나님의 부르심

어떤 소명도 공백 상태에서 일어나지 않습니다. 예레미야의 어머니는 그가 아이였을 때 성경을 사랑하도록 토라 두루마리에 꿀방울을 떨어뜨렸을까요? 아나돗의 동네 제사장이었던 아버지가 마을에서 3~4킬로미터 떨어진 성전까지 아들의 손을 잡고 걸어갔을까요? 그 소년은 하나님이 정직한 행실을 사랑하시며 뇌물을 미워하시고 가난한 사람을 돌보신다는 것을 어떻게 알았을까요? 그가 가정에서 그것을 배웠음이 틀림없습니다.

하나님이 주신 예레미야의 소명은 실로 압도적이었습니다.

"내가 너를 모태에 짓기 전에 너를 알았고 네가 배에서 나오기 전에 너를 성별하였고 너를 여러 나라의 선지자로 세웠노라."(렘 1:5)

그때 예레미야가 몇 살이었습니까? 열다섯이나 열여섯이었습니까? "아이"(1:6)라고 번역된 히브리 단어는 아직 자립하거나 호주가 되지 않은 젊은이를 지칭합니다. 선지자가 되기에는 너무 어리다며 예레미야는 하나님 앞에 준비가 되지 않았다고 느꼈습니다. 하나님이 그를 부르셔서 하라는 일에 대해 예레미야는 열심히 항거했지만 아무 소용이 없었습니다. 하나님이 말씀하셨습니다.

"너는 아이라 말하지 말고 내가 너를 누구에게 보내든지 너는 가며 내가 네게 무엇을 명령하든지 너는 말할지니라 너는 그들 때문에 두려워하지 말라 내가 너와 함께 하여 너를 구원하리라."(1:7~8)

그리고 나서 하나님이 그분의 말씀을 실천하신다는 의미의 살구나무와 바벨론이 오고 있다는 뜻이 담긴, 북에서부터 기울어진 끓는 가마솥 환상을 보았습니다. 메시지가 환상이었습니다. 환상이 부르심이었습니다. 그리고 그의 마음에 깊이 새겨진 소명은 마음에 불이 붙어 골수에 사무쳤습니다(20:9). 예레미야는 자기 나라 역사에서 가장 두렵고 비극적인 시대에 거의 반세기(주전 626~580년) 동안 유다에서 예언했습니다. 하나님은 그가 결혼하거나 아이를 갖는 것을 금하셨습니다. 독신생활이 강요되었다는 사실은 많은 가족들이 망할 것이라는 표적이었습니다(16:1~4). 예레미야는 자주 친구와 친척으로부터 단절되었고, 그가 사랑하는 나라가 환난에 처해 있어 눈물을 흘리는 외로운 사람이었습니다.

"슬프고 아프다 내 마음속이 아프고 내 마음이 답답하여 잠잠할 수 없으니 이는 나의 심령이 나팔 소리와 전쟁의 경보를 들음이로다."(4:19)

하나님이 우시기 때문에 예레미야도 웁니다. 선지자는 하나님의 마음에 있는 아픔을 보여 줍니다. 사랑하는 예루살렘 때문에 예레미야의 마음이 아픕니다. 그러나 거룩한 마음을 요구하는 그의 음성은 계속 천둥소리를 냅니다.

예레미야는 자기 자신이 원래 좋아하는 것과는 상반되는 메시지를 선포했습니다. 마음속 깊은 곳에서 그는 다르게 말하고 싶었을 것입니다. 그는 자기 백성을 대단히 아꼈으나 선포되어야만 했던 거룩한 말씀 때문에 그가 원하는 것과는 반대 방향으로 갈 수밖에 없었습니다.

사역의 시작

예레미야의 초기 사역 대부분이 예레미야 1~6장에 기록되어 있습니다. 우리는 그가 선포한 말씀 속에서 전에 선지자들이 외쳤던 예언을 들을 수 있습니다. 아모스와 미가와 같이 그는 탐욕을 비난했습니다. 호세아와 같이 믿음을 율법에 대한 순종일 뿐 아니라 사랑의 관계로 이해했습니다. 예레미야는 하나님과 이스라엘의 친밀한 관계를 반영하기 위해 아버지-아들과 남편-아내의 비유를 둘 다 사용했습니다. 호세아와 똑같이 그는 나라의 영적 타락을 비난했습니다.

"네가 많은 무리와 행음하고서도 내게로 돌아오려느냐 여호와의 말씀이니라."(렘 3:1)

배반이란 믿을 수 없는 행위였습니다. 우리는 자신의 결혼예복을 잊는 신부를 상상할 수 있겠습니까? "오직 내 백성은 나를 잊었나니."(2:32)

예레미야는 그가 목격했던 모든 도덕적·영적 타락에 대해 절망에 빠져 있었습니다.

"선지자들은 거짓을 예언하며 제사장들은 자기 권력으로 다스리며 내 백성은 그것을 좋게 여기니."(5:31)

어떤 선지자들은 지도자들만 질책했습니다. 그러나 예레미야는 부자와 가난한 자, 높은 사람 낮은 사람을 막론하고 모든 사람을 꾸짖었습니다.

"가장 작은 자로부터 큰 자까지 다 탐욕을 부리며."(6:13)

예레미야는 그 어떤 선지자보다도 더 회개하고 철저하게 돌아서라고 외쳤습니다. "여호와의 말씀이니라 배역한 자식들아 돌아오라 나는 너희 남편임이라"(3:14). 악한 것은 사람들의 마음이었습니다. 마음이 변해야 합니다. 모든 남자아이가 언약 백성의 징표로 받았던 고대 의식인 할례만으로는 충분하지 않습니다.

"너희는 스스로 할례를 행하여 너희 마음 가죽을 베고 나 여호와께 속하라."(4:4)

그러나 예레미야는 성장하면서 이사야가 느낀 대로 사람들의 귀가 막혔고 그 눈이 닫혔음을 깨닫게 되었습니다.(5:21)

우상 숭배의 문제는 교만, 즉 창조주와 피조물을 혼동하고 이 세상 자체를 목적으로 보는 교만에 있습니다. 그 교만은 권력자들이 종교를 장악한 후 거짓 신들을 강화시키고 정치와 경제를 억압의 형태로 연결시키려 합니다. 예레미야는 사람들이 슬퍼하고 울 수 있게, 너무 늦기 전에 돌이킬 수 있게 하나님이 노력하고 있다고 믿었습니다.

요시야 왕의 개혁

요시야는 10대였지만 아버지 아몬과 할아버지 므낫세의 종교 혼합주의(이방 신을 한 분이신 이스라엘의 하나님 예배와 섞는 일)를 번복하기 시작했습니다. 아마 그는 하나님께 열심이었던 제사장들과 선지자의 가르침을 받았을 것입니다. 그는 또한 앗수르가 흔들리기 시작하자 메소포타미아의 세력 공백기를 감지한 국수주의 열심당의 지지를 받았을 것입니다. 그래서 요시야는 예루살렘 성전을 개축하기 시작했습니다. 그 같은 행동은 앗수르 입장에서 볼 때 반란이었습니다.

요시야 왕에게는 두 가지 꿈이 있었습니다. 종교적으로는 유다의 예배를 정화시켜 신명기 개혁에 이르게 하고(왕하 23:21~24), 정치적으로는 다윗 후손의 한 왕 아래 분열된 왕국을 통일하는 것이었습니다. 아마도 요시야의 개혁에서 가장 중요한 것은 한 분 하나님, 한 백성, 한 형식의 예배로서 예루살렘을 예배의 중심지로 만드는 일이었을 것입니다. 요시야의 모든 행위는 의심할 여지없이 종교적인 것이든, 다른 것이든 앗수르가 보기에 선동과 반란이었습니다. 다행인 것은 그 당시 앗수르는 응전하기엔 너무 약했습니다. 그러나 한편으로는 그 당시 애굽과 바벨론 둘 다 세력 공백을 메우기 위해 움직이고 있었습니다. 요시야가 죽었을 때(주전 609년) 유다 온 나라와 종교 지도자들과 애국자들이 애도했습니다. 예레미야는 자신과 나라의 슬픔을 표현하기 위해 애가를 지었습니다.(대하 35:25)

기억

선지자들은 꼭 기억해야 할 핵심 메시지를 선포했습니다. "여호와께서 이와 같이 말씀하시되 너희는 길에 서서 보며 옛적 길 곧 선한 길이 어디인지 알아보고 그리로 가라 너희 심령이 평강을 얻으리라."(렘 6:16)

선지자들은 백성들이 이미 알고 있는 것을 믿고 실천하라고 요청했습니다. "이스라엘아 들으라 우리 하나님 여호와는 오직 유일한 여호와이시니 너는 마음을 다하고 뜻을 다하고 힘을 다하여 네 하나님 여호와를 사랑하라"(신 6:4~5). 유다는 선지자들의 예언이 실제로 이루어지는지를 보려고 그들을 시험했습니다. 예레미야는 멸망이 온 후에 사람들이 누가 거짓 선지자이며, 누가 참 선지자인지 알게 될 것이라고 종종 말했습니다. 수세기가 지나 우리는 예레미야의 말씀을 읽고, "그것이 이루어졌다."고 침착하게 말합니다.

예레미야는 왕과 백성들이 그들의 손으로 귀를 막고 있는 동안 멀리서 병거가 덜거덕거리며 달려오는 소리를 다른 소리들보다 더 크게 들을 수 있었던 것 같습니다. 그는 회개하라고 외쳤습니다.

"예루살렘아 너는 훈계를 받으라 그리하지 아니하면 내 마음이 너를 싫어하고 너를 황폐하게 하여."(렘 6:8)

선지자들이 외적인 데에는 관심 두지 않는 것을 관찰했습니까? 그들은 음식에 관한 유대법이나 자세하게 규정해 놓은 유대의 축제날을 언급한 적이 거의 없습니다. 안식일이 시작되는 정확한 시간이나 할례를 베푸는 문제에 대해서는 얼마나 관심이 적습니까. 성전 밖의 연못은 의식적인 정결예식을 위해 마련되었습니다. 그러나 예레미야는 그보다 훨씬 더 깊은 정결을 요청했습니다.

여호야김의 통치 기간 동안 예레미야는 하나님이 성전과 백성을 보호하실 것이라는 사람들의 믿음을 책망했습니다. 그는 거룩한 절기 날에 성전 뜰을 담대히 걸어 들어갔습니다. 거기에는 온 세계에서 온 유대인들이 모여 있었습니다. 예레미야는 군중에게 설교를 외쳤습니다. "너희는 이것이 여호와의 성전이라, 여호와의 성전이라, 여호와의 성전이라 하는 거짓말을 믿지 말라."(7:4, 11)

"네 집[왕조]과 네 나라가 내 앞에서 영원히 보전되고 네 왕위가 영원히 견고하리라."라고 선지자 나단이 다윗에게 말하지 않았습니까(삼하 7:16)? 실제로 400년 동안 다윗 왕조와 성전이 피해를 입지 않았으므로 유대인들이 확신에 차 있는 것은 이해할 만합니다.

유다는 거듭 하나님의 보호를 받았습니다. 주일학교 학생들은 북왕국에 대한 앗수르의 침공과 사마리아의 멸망에 대해 배웠습니다. 그들은 같은 앗수르 군대가 예루살렘 성문까지 휩쓸고 내려와서 도시를 포위했다는 것을 알고 있었습니다. 그들은 이사야가 예루살렘을 둘러싸고 있는 군대를 두고 히스기야 왕에게 선포한 말을 인용했습니다. "그러므로 여호와께서 앗수르 왕에 대하여 이같이 이르시되 그가 이 성에 이르지 못하며 화살 하나도 이리로 쏘지 못하며 방패를 가지고 성에 가까이 오지도 못하며 흙벽을 쌓고 치지도 못할 것이요 그가 오던 길 곧 그 길로 돌아가고 이 성에 이르지 못하리라 나 여호와의 말이니라 대저 내가 나를 위하며 내 종 다윗을 위하여 이 성을 보호하며 구원하리라 하셨나이다"(사 37:33~35). 그 예언은 주전 701년에 사실로 판명되었습니다. 그러나 사람들은 그것이 영원한 보호를 의미한다고 생각했습니다.

그들은 실로의 의미를 오해했다고 예레미야는 말했습니다. 예루살렘에서 북쪽으로 약 26킬로미터 지점에 있는 실로는 사사 시대 동안 가장 중요한 예배 장소였습니다. 언약궤가 거기에 안치되어 있었습니다. 사무엘의 어머니 한나가 거기서 기도했습니다. 엘리가 실로에서 어린 사무엘을 가르쳤습니다. 실로는 사울이 제일 좋아하던 성소였으나 블레셋 사람들이 그곳을 파괴시켰습니다. 이제 유다 백성들은 그것은 하나님이 제일 높은 예배 장소가 다윗 성에, 예루살렘 성전에 있기를 원하셨다는 것을 의미한다고 말했습니다. 하나님이 그분의 집을 영원히 보호하실 것이라고 말했습니다.

예레미야는 말했습니다. "너희들은 모든 것을 잘못 알고 있다. 실로가 파괴되도록 허락하셨던 그 하나님이 예루살렘도 파괴되도록 허락하실 것이다. 너희는 율법을 멸시했고 계약을 완전히 어기고 있어서 하나님은 바벨론 사람들이 너희 성전을 약탈하게 허락하실 것이다." 여기서 말을 하는 자가 제사장의 아들 예레미야라는 것을 우리는 기억해야 합니다. "너희는 성전을 신뢰하는 것이지 하나님을 신뢰하는 것이 아니다. 너희에게 예배는 기계적인 일이 되었다. 너희는 악을 행하고 있다. 너희는 위선자들처럼 예배를 드린다. 그러고 나서 너희는 이스라엘의 거룩하신 하나님이 너희를 모든 대적에서 보호하실 것이라고 자랑한다. 너희는 자신을 기만하고 있다."

예레미야가 성전을 규탄했을 때 제사장들과 선지자들, 심지어 백성들까지도 그를 죽이려고 했습니다. 그의 생명을 구한 것은 사람들이 싫어하는 선지자들이 말씀할 수 있게 해준 역사 전통이었습니다. "그러자 그 지방의 장로 중 몇 사람이 일어나 백성의 온 회중에게 말하여 이르기를 유다의 왕 히스기야 시대에 모레셋 사람 미가가… 예언하여 이르되… 예루살렘은 돌무더기가 되며…"(렘 26:17~18). 미가의 예언과 유다의 관용이 예레미야의 생명을 구했습니다.

그러나 예레미야는 지쳤습니다. 모든 사람이 그에게 반대하고 있었습니다. 그는 하나님께 불평했습니다. 하나님의 대답은 혹독했습니다.

"만일 네가 보행자와 함께 달려도 피곤하면 어찌 능히 말과 경주하겠느냐."(12:5)

스스로 영적으로 지쳤다고 생각이 들었을 때, 더 큰 어려운 도전이 내 앞에 놓여 있다는 것을 알게 된 경우를 상기해 보십시오.

다윗은 예루살렘에 수도를 세우면서 언약궤를 기럇여아림에서 예루살렘으로 옮겼다. 여전히 축제와 헌물과 제사가 다른 곳에서 계속되었지만 그때부터 쭉 예루살렘은 제사를 통해 하나님을 합당히 예배할 수 있는 유일한 장소가 되었다. 솔로몬이 성전을 지었을 때 언약궤는 지성소 안에 보관되어서 하나님의 보좌와 하나님의 영원한 처소로 인식되었다. 이렇게 이해하고 있어 사람들은 언약궤와 성전은 부패되거나 파괴될 수 없다고 믿게 되었다. 요시야는 모든 이방 신의 숭배를 제거하려고 시도하면서 예루살렘 외에는 어디서도 공식적인 예배를 드리지 못하도록 했고, 전에 하나님을 예배하는 데 쓰였던 장소들의 사용을 금하기도 했는데, 이 일에는 한때 이스라엘에 속했던 지역도 포함되었다.

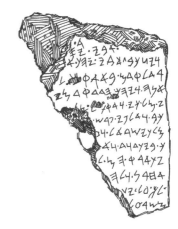

이 돌판 조각에 새겨진 비문은 1993년 텔 단에서 발견되었는데, 주전 9세기 것으로 '다윗의 집'과 '이스라엘의 왕' 둘 다를 언급한다. 이것은 성서 밖에서 다윗의 이름이 최초로 발견된 경우로 여겨진다. 이 조각은 디글랏 빌레셀 3세의 8세기 정복의 폐허 밑에 놓여 있었다.

안식일

예레미야에서 안식일에 대한 관심은 우리를 깜짝 놀라게 합니다(렘 17:19~27). 그것은 선지자들에게 중요한 주제가 아니었습니다. 그러나 안식일을 지키는 데 대한 자세한 항목이 나와 있지 않은 것을 주시하십시오. 예레미야의 요구는 십계명과 같이 기본적인 것입니다. "안식일을 기억하여 거룩하게 지키라"(출 20:8). 안식일은 믿음의 공동체의 증표입니다. 그것은 하나님을 공경하고 하나님을 믿으라고 선포합니다.

일전의 선지자가 사람들이 안식일이 끝나기를 고대하면서 그들의 일과를 계획하며 안식일을 지낸다고 불평했습니다(암 8:5). 오늘날 우리는 안식일을 범하는 일보다 간음과 도적질을 훨씬 더 심각하게 생각하는 경향이 있지만, 모세의 십계명은 안식일을 그 앞에 두고 있습니다. 왜 그러합니까? 하나님의 사랑이 무너질 때 이웃 사랑이 무너집니다. 만일 우리가 정기적으로 우리 삶을 하나님께 돌려 드리지 않는다면, 세상은 우리를 그 손아귀에 넣고 멸망시킬 것입니다.

나는 하나님의 안식일을 어떻게 지키고 있습니까?

....

....

예레미야와 깨어진 옹기의 이미지를 놓치지 마십시오(렘 19:1~13). 그는 큰 예식을 치르면서 옹기를 깨뜨립니다. 예루살렘이 그렇게 깨어질 것입니다. 그런 행동 때문에 그는 사람들이 지나가며 그를 비웃고 그의 얼굴에 침을 뱉을 수 있는 곳에서 차꼬가 채워져 수치를 당하게 됩니다(20:2). 깨어진 옹기의 메시지와 그에 따른 징벌 때문에 예레미야는 그가 하나님께 받은 소명에 대해 다시 생각하게 되었습니다. 하나님이 그토록 일찍 10대에 그를 부르시면서 말씀하지 않으셨습니까?

"너는 그들 때문에 두려워하지 말라 내가 너와 함께하여 너를 구원하리라 나 여호와의 말이니라."(1:8)

선지자는 차라리 자신이 태어나지 않았기를 바랐습니다(20:14). 그러나 부르심에 대한 불타는 소명감은 꺼지지 않을 것입니다.

"나의 마음이 불붙는 것 같아서 골수에 사무치니."(20:9)

재고는 끝났습니다. 메시지는 그의 일부분입니다. 때때로 우리는 옳다고 생각하기 때문에 그 일을 해야만 합니다. 대가가 그 무엇이라도 그것을 피할 길이 없습니다.

나는 지금껏 한 번이라도 그렇게 느껴 본 적이 있습니까?

....

....

♡ 순종하는 공동체의 모습

예레미야는 '눈물의 선지라'고 불립니다. 그는 유다 때문에 울었습니다. 예수님은 예루살렘을 바라보며 우셨습니다. 믿음의 공동체는 산산이 부서져 상처받는 세상을 바라보며 웁니다. 그 눈물은 거룩한 눈물입니다. 우는 것은 현실에서 감상적인 도피가 될 수 있습니다. 그러나 그것은 또한 참여로 이끌 수도 있습니다. 울음은 회개와 변화된 삶, 고통과 자비의 세계로 이르게 할 수 있습니다.

오늘날 무엇이 하나님을 괴롭힙니까?

....

....

무엇에 대해 나는 울어야 합니까?

....

....

내가 저지른 죄와 실패 가운데 나는 어떤 것들에 대해 울어야 합니까?

....

....

순종하는 믿음의 공동체는 긍휼한 마음을 가지고, 경거망동하는 절망적인 세상 때문에 운다.

◉ 더 알아보기

■ 예레미야는 선지자들 중에서 가장 쉽게 접할 수 있는 선지자입니다. 인간 예레미야를 묘사해 보십시오. 9과를 공부한 후에 그에 대한 묘사를 추가하십시오.

■ 실로에 대해 좀 더 읽으십시오.

하나님은 버리지 않으실 것이다

내가 그들을 돌아보아 좋게 하여 다시 이 땅으로 인도하여 세우고
헐지 아니하며 심고 뽑지 아니하겠고 내가 여호와인 줄 아는 마음을
그들에게 주어서 그들이 전심으로 내게 돌아오게 하리니
그들은 내 백성이 되겠고 나는 그들의 하나님이 되리라 (예레미야 24:6~7)

🔊 우리의 모습

우리는 거짓말이라도 긍정적인 말을 듣기를 더 좋아합니다. 설사 우리 가족과 우리 공
동체가 무너지고 있더라도 우리는 경고하는 징조를 무시할 뿐만 아니라 우리가 좋아하지
않는 메시지는 다 거절합니다.

🕯 내려놓기

성경 공부를 하기 전에 먼저 하나님께 기도를 드립니다. 아래의 시편 말씀이 좋은 길잡
이가 될 것입니다.

> 아침에 나로 하여금 주의 인자한 말씀을 듣게 하소서 내가 주를 의뢰함이니이다
> 내가 다닐 길을 알게 하소서 내가 내 영혼을 주께 드림이니이다 (시편 143:8)

이번 주 기도 제목을 구체적으로 적어 기도합시다.

🎧 귀 기울이기

왕들을 연대 순서로 나열할 수 있도록 예레미야 21장을 읽기 전에 22~26장을 읽으십
시오. 21장은 순서가 바뀌었습니다. 왜 예레미야 자료 편집자들은 여호야김 두루마리 사
건(렘 36장)을 자기 자리에서 떼어다가 시드기야에 관한 긴 부분 뒤에 두었을까요? 왜냐하
면 그 순서가 예레미야의 사역 전체와 유다의 끈질긴 대답을 적나라하게 나타내기 때문입
니다. 읽을 때에 여러 왕들이 누구이며 그들이 역사 속에서 어디에 위치하는지 분명히 이
해하기 위해 기록을 하십시오. 세 사람, 곧 선한 요시야와 악한 여호야김, 약한 시드기야
를 기억하십시오.

D1 예레미야 22~26장(왕의 교만, 다윗의 가지, 거짓 선지자들, 좋은 무화과와 나쁜 무화과, 포로로 잡혀가게 된다고 예언함, 성전 설교)
열왕기하 23:31~24:19(여호아하스[살룸], 여호야김, 여호야긴, 시드기야)

D2 예레미야 21장, 27~29장(예루살렘을 치는 예언, 멍에, 하나냐가 예레미야를 반대하다, 포로에게 보내는 편지, 스마야)
역대하 36:11~21(시드기야)

D3 예레미야 30~33장(약속된 귀환, 새 언약, 예레미야가 밭을 사다, 의로운 가지)

D4 예레미야 34~36장(노예가 해방됨, 레갑 족속의 표적, 두루마리가 낭독되고 불에 타다)
열왕기하 25장(예루살렘 포위, 포로가 된 유다)

D5 예레미야 37~38장(예레미야가 옥에 갇힘, 시드기야와의 대담)
42:7~44:14("애굽으로 가지 마라", 예레미야가 애굽으로 끌려감)
52장(망국 기사)

D6 '말씀 속으로'와 '순종하는 공동체의 모습'을 읽으라.

🖋 말씀 속으로

예레미야가 하는 말에 대해 우리는 결단을 내려야 합니다. 왕이 무엇을 하건 궁중 선지자들이 무슨 말을 하든 그들은 예레미야를 곁눈질했습니다. 그는 왕을 만날 수 있었고, 계속 정의를 요구했습니다. 왕들이 돌아서서 정의를 행해야 하는 의무를 충실히 하면 다윗 왕조는 계속될 수 있을 것입니다. 그렇지 아니하면 왜 하나님이 유다를 그토록 심하게 벌하셨는지를 다른 나라들이 생각나게 해줄 것입니다.

여호야김

유다의 몇몇 지도자들은 훌륭한 왕 요시야가 돌아올 수 있기를 바랐습니다. 그들은 여전히 슬퍼하고 있었습니다. 예레미야가 그를 위해 슬퍼하지 말고 애굽에서 다시 돌아오지 않을 여호아하스(살룸)를 위해 슬퍼하라고 말했습니다(렘 22:10). 이제 여호야김과 정면으로 충돌하게 됩니다. 유다가 가장 위급한 때에 교만한 왕은 그의 거처를 재단장했습니다. 그는 가장 비싼 물자와 수입 목재와 기재를 썼습니다. 돈이 떨어지자 가난한 노동자층과 자기 터전에서 유리된 가족들을 고용해 품삯도 주지 않고 일을 시켰습니다.(22:13~17)

얼마나 자기 기만적인 행위입니까! 저 아름다운 저택은 곧 연기를 피우며 재가 될 것입니다. 얼마나 불의한 일입니까. 고용된 노동으로 가족들이 배를 곯았고, 농부들은 그들의 농작물을 잃었으며, 일꾼들은 노예가 되었습니다. 얼마나 교만하고 자신만만하며 자기를 신뢰하고 있습니까! 미가 선지자가 왕의 의무는 정의를 행하고 공평을 베푸는 것이라고 선포했던 것을 기억하십시오(미 3:9~10). 처음부터 이스라엘 왕들은 섬김을 받기보다 섬겨야 했습니다.

우리는 우리가 재단장하는 일에 뛰어났다고 해서 우리 스스로 왕이라고 부릅니까? 선지자가 쓴 이웃이라는 핵심어를 놓치지 마십시오. 왕은 "자기의 이웃을 고용하고 그의 품삯을 주지 아니하는 자"였습니다(렘 22:13). 계약 공동체의 유대인은 만나를 함께 먹고 자유를 누리며 가장 작은 자로부터 가장 큰 자에게까지 이웃이 되어야 했습니다.

예레미야는 "가난한 자와 궁핍한 자를 변호"(22:16)한 왕의 아버지 요시야를 기억하라고 호소했습니다. 그때 나라는 번영하고 있었습니다. 하지만 그의 호소는 실패했습니다. 예레미야는 외로운 장래를 예언했습니다. 아무도 여호야김을 '형제'라고 부르지 않을 것입니다. 아무도 "슬프다 주여" 하면서 슬퍼하지 않을 것입니다(22:18). 그는 소동이나 방해 없이 죽은 나귀처럼 묻히게 될 것입니다(22:19). 여호야김은 예루살렘이 포위되었을 때 36세 나이로 죽었습니다. 22장 24절에서 '고니야'라고 불리는 그의 아들 여호야긴은 곧 바벨론에 끌려가 거기서 죽게 될 것입니다. 아무것도 불가피한 일을 막을 수 없을 것입니다. 하나님은 그가 하나님 오른손의 '인장반지'라 해도 그를 물리치실 것입니다(22:24). "너희는 이 사람이 자식이 없겠고… 형통하지 못할 자라 기록하라"고 예레미야가 말한 까닭은 여호야긴의 자손은 아무도 다윗의 권좌에 앉게 되지 못할 것이기 때문입니다.(22:30)

선지자는 '목자'라는 개념을 확대했습니다(23:1~4). 왕뿐 아니라 제사장들과 선지자들을 포함하여 나라의 지도자들이 목자가 되어야 했습니다. 그러나 그 대신에 지도자들은 양 떼를 죽이고 흩어 버렸습니다.(23:1)

우리나라에서, 우리 마을에서, 우리 교회에서, 우리 지도자들이 어떻게 자기 유익만 구합니까? 또 어떤 면에서 그들은 목자입니까?

지도자들이 실패했기 때문에 하나님이 흩어 버리신 후 처음과 같이 이스라엘의 목자가 되기 위해 직접 개입하실 것입니다(23:3). 일말의 소망이 예레미야에게 비치기 시작합니다. 멸망 후에, 포로 후에, 언젠가 하나님은 이스라엘의 잃어버린 양을 다시 우리로 데려오실 것입니다. 의로운 왕이 다스릴 것입니다(23:5). 더 이상 이스라엘 사람들은 여호와를 애굽 땅에서 그들을 건져 내신

이라고 부르지 않을 것입니다. 다시 모인 후에 그들은 포로의 땅에서 우리를 돌아오게 하신 여호와라고 말할 것입니다.(23:7~9)

예레미야는 궁중 선지자들을 간음하는 자들이라고 부르면서 호통을 칩니다(23:9~17). 이는 이방 땅에서 온 다른 신들과 '간음'함으로써 영적으로 반역하게 된 것을 의미합니다. 그들은 거짓말쟁이였습니다. 그들은 나라를 멸망시키고 있는 권세 잡은 사람들을 도왔습니다.

틀림없이 이스라엘과 유다의 위대한 선지자들은 정치적·종교적 권위를 가진 이들로부터 도덕적·영적 지도력을 기대했습니다. 우리에게 그런 기대가 얼마나 남아 있습니까? 우리가 많은 일을 기대하는 것이 어떤 의미에서 합당합니까? 우리 지도자들의 수준은 어느 정도입니까?

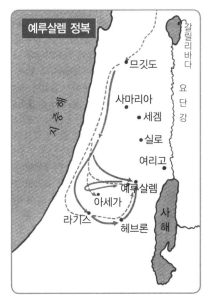

느부갓네살은 예루살렘에 대해, 주전 597년에 한 번(부러진 화살), 또 주전 587년에 한 번(튼튼한 화살), 이렇게 두 번 전투를 벌였다.

좋은 무화과와 나쁜 무화과의 환상(렘 24장)에는 간단한 메시지가 담겨 있습니다. 좋은 무화과는 이전의 침략으로 바벨론에 끌려간 포로들입니다. 나쁜 무화과는 계속 하나님의 뜻에 저항하는, 예루살렘에 남아 있는 사람들입니다. 다시 한 번 예레미야는 궁중 선지자들에게 덤벼들었습니다. 그들은 하나님이 악인들을 제거해 징벌하셨으며, 의인들을 남아 있게 허락하심으로 그들에게 상 주셨다고 뽐내면서 말했습니다. 예레미야는 정반대라고 말했습니다. 여전히 반역하는 이들은 죽을 것입니다(24:8~10). 추방된 이들이 돌아올 것입니다.(24:5~7)

역사적인 관점에서, 몇 년 후 재건을 위해 고향에 돌아온 유대인들은 수년간 포로 생활을 하면서 훈련받은 이들이었습니다. 그들은 새로운 열심과 새로운 영적 지혜를 가지고 기쁜 마음으로 돌아왔습니다. 대부분의 포로 시대 이후 글, 신명기, 열왕기, 역대기의 신학적 편집이 이 디아스포라의 유대인들 손으로 이루어졌습니다.

예레미야는 이제 구체적으로 말합니다(25장). 느부갓네살 왕은 유다와 주위 나라에 대한 징벌의 집행자로 당분간 하나님이 쓰시는 종입니다. 그 자신의 처벌은 안식년 열 번에 해당되는 약 70년 후에 올 것입니다.

하나님은 세상의 모든 나라를 다스리십니다.

부서진 토기 조각(오스트라카)에 잉크로 쓰여졌고 라기스의 군초소에서 발견된 열여덟 편 중 하나인 이 편지는 한 유다 병정이 그의 지휘관에게 보낸 것이다. 이 글에는 "우리는 아세가를 볼 수 없기 때문에 라기스의 신호(아마도 모닥불)를 기다리고 있다."고 적혀 있다. 이미 아세가는 느부갓네살 군대에 함락되었고(주전 587년), 라기스와 예루살렘도 그 뒤를 이었을 것이다.

공개적인 논란

우리는 시드기야 왕을 동정하게 됩니다. 그는 난관에 봉착했습니다. 사실 바벨론이 598년에 침공한 후에 그를 권좌에 올려놓았습니다. 그러나 이제 바벨론은 제국의 다른 곳에서 어려움을 겪고 있습니다. 애굽은 무력 반란으로 유다와 합세하자고 제의했습니다. 많은 정치가들과 대부분 선지자들이 "지금 쳐야 한다. 지금이 해방될 때다. 하나님이 우리와 함께 계시다."라고 말했습니다. 이와 달리 생각한다

면 친바벨론적이며 성전과 왕에 대한 반역으로 보였습니다.

시드기야 왕은 예레미야의 충고를 받기 위해 그를 부르기(렘 21:1~2) 전에 바벨론에 대한 반란에 애굽과 이미 합세했습니다. 아마 이사야가 한 세기 전에 히스기야를 위해 할 수 있었던 것과 똑같이 선지자가 위로를 줄지 모릅니다. 그러나 소용없는 일이었습니다. 예레미야의 눈은 초지일관이었습니다. 대적은 하나님이시고, 이때에 바벨론은 하나님이 시키시는 대로 하고 있었습니다. "반란을 중지하고 바벨론인들(갈대아인들)에게 순복하라." 전시에 이런 말을 한다면 비겁하고 공모하는 것 같이 보입니다. 그러나 시드기야는 이를 무시했습니다.

상징적인 멍에

예레미야는 황소에게 씌우는 멍에와 비슷한 줄과 나무로 된 상징적인 멍에를 만들었습니다(렘 27:2). 그는 메시지를 전하기 위해 그것을 자기 어깨에 지고 목에 걸고 다닌 것 같습니다. 하나님이 유다와 다른 나라에 바벨론의 멍에를 씌우실 것입니다. 하나냐 선지자를 포함한 모든 자들은 포로들이 곧 풀려나고 귀한 은금으로 된 성전 기구를 다시 고향으로 가져올 것이라고 말했습니다(28:2~3). 예레미야 28장 6~9절을 주의 깊게 보십시오. 예레미야는 실상, "아멘. 여호와는 이같이 하옵소서."라고 정중하게 대답합니다. 그러면서 "그렇게 되면 좋을 것이다. 그러나 당신과 내 앞에 선 저 선지자들이 전쟁에 대해 말했지 평화에 대해 말하지 않았다. 만일 평화가 온다면 당신 말이 맞을 것이다. 그러나 평화는 오지 않을 것이다."라고 합니다. 하나냐는 성전 뜰 한복판에서 예레미야의 멍에를 빼앗아 꺾었습니다(28:10). 그는 바벨론이 그들에게 강제로 씌운 멍에를 하나님이 꺾어 버리고 포로들이 곧 귀향할 것이라고 외쳤습니다.

예레미야의 비전은 여전히 맑고 투명했습니다. 그는 더 무거운 멍에, 쇠로 된 멍에가 오고 있다고 선포했습니다. 그리고 하나냐가 여호와의 말씀을 체험하지 않았다고 말했습니다. 하나냐는 여호와께 패역한 말을 하였으므로 그 해 안으로 죽을 것이라고 했는데, 실제로 두

달 후에 하나냐는 죽었습니다. (28:16~17)

598년부터 590년까지 예루살렘과 포로들 사이에 편지가 오고 갔습니다. 예레미야는 다음과 같이 적었습니다. "아내를 맞이하여 자녀를 낳으며 너희 아들이 아내를 맞이하며 너희 딸이 남편을 맞아 그들로 자녀를 낳게 하여 너희가 거기에서 번성하고 줄어들지 아니하게 하라 너희는 내가 사로잡혀 가게 한 그 성읍의 평안을 구하고 그를 위하여 여호와께 기도하라 이는 그 성읍이 평안함으로 너희도 평안할 것임이라"(29:6~7). 예레미야는 하나님이 서서히 역사하시지만 중요한 섭리의 계획을 이루고 계심을 보았습니다. 디아스포라의 유대인들은 하나님이 단지 우대받는 이스라엘의 하나님이 아니라 모든 나라의 하나님이시며, 예루살렘에 제한되지 않으시고 온 세계에 살고 계심을 배울 것입니다. 예레미야는 단련되고 제정신을 차린 그들이 바로 하나님이 새 언약을 주실 남은 백성임을 알고 있었습니다. (31:31~34)

거짓 선지자 중 하나인 스마야는 격분하며 예레미야가 포로들을 낙담시키고 있으므로 그의 입을 막도록 성전 당국에 요청하는 편지를 회신했습니다(29:24~28). 그들은 자기들의 실오라기 같은 소망이 성전을 구하는 것과 조속한 귀향에 있다고 생각했습니다. 예레미야는 그들의 유일한 소망이 그들이 믿기만 하면 그들에게 힘을 주시는 우주의 하나님께 있다는 것을 알고 있었습니다.

때때로 회복하는 데 오랜 시간이 걸립니다. 그렇기 때문에 믿음이 중요합니다. 나와 내 가정과 나라를 위해 회복이 더디 왔던 포로 시대를 생각해 보십시오. 내가 하나님을 기다리기 어렵다고 생각할 때 무엇이 내게 도움을 줍니까?

....

....

내가 언제 행동을 취하고 언제 기다려야 하는지 나는 어떻게 압니까?

....

....

새 언약

예레미야는 마지막 시대, 앞으로 올 새 세계의 비전을 보는 면에서 묵시적이지 않았습니다. 오히려 포로들이 새 용기를 가지고 유다 땅으로 돌아올 것임을 내다보았습니다. 그들은 약속의 땅으로 돌아올 것입니다. 그의 확신은 분명합니다. 바벨론의 멍에는 언젠가 하나님이 꺾어 버리실 것입니다.(렘 30:8)

포로 생활의 전체 경험은 하나님이 행하신 훈련이었습니다. 하나님은 사랑하는 어버이가 아이를 훈계하듯 이스라엘을 벌하셨습니다. 하나님은 벌하실 뿐 아니라 가르치기도 하실 것입니다. 선지자는 이스라엘이 이 경험에서 배울 수 있도록 "이 정표를 세우라"고 경고했습니다(31:21). 그래서 그들의 지역적인 귀향은 또한 토라를 통해 순종하는 길이 될 것입니다. 그리고 신학적인 혁신이 왔습니다. 우리는 에스겔에서 다시 이를 발견하게 될 것입니다. 사람들은 우리 부모의 죄 때문에(그들이 신포도를 먹었더니 우리의 이가 시다) 고난을 받는다고 말했습니다. 물론 맞는 말입니다. 그러나 담대하고 새로운 진리가 나오고 있습니다. 우리는 조상의 죄 때문에 고난을 받을 필요가 없습니다. 우리는 그것으로부터 우리 자신의 문제와 씨름하여 자유하게 될 수 있습니다(31:29~30). 다시 말해 우리는 조상을 탓할 수 없습니다. 우리 자신의 곤경을 우리가 책임져야 합니다.

하나님이 이스라엘과 새 언약을 맺으셔서 이스라엘이 전에 하나님과 맺은, 이스라엘의 불순종으로 파기된 언약을 대치하실 것입니다(31:31~34). 새 언약으로 새롭게 된 사람들은 하나님께 신실하고 순종하는 마음을 가질 것입니다.

소망의 때

예레미야는 전쟁 소리를 들으면서 감옥에서 고통당하고 있었습니다. 하나님이 그럴 것이라고 말씀하신 대로, 하나멜이라고 불리는 사촌이 이미 점령당한 땅에서 수 킬로미터 떨어진 곳에 아나돗의 밭을 팔기 원하며 나타났습니다(렘 32:6~15). 포도덩굴은 무너졌고, 정자는 불탔으나, 그 가난한 사촌은 자기 가문이 그것을 잃지 않도록 예레미야가 그 땅을 사기를 원했습니다. 예레미야가 제일 가까운 친척이므로 그에게 가문의 기업을 보호하기 위해 살 수 있는 우선권이 있었습니다.(레 25:25~31)

이 우스꽝스러운 제안을 비웃는 대신 예레미야는 하나님이 다시 한 번 말씀하고 계시다는 것을 알았습니다. 유다에게 어떻게 소망을 줄 수 있는지 궁금해하면서 시위대 뜰에 그가 앉아 있는 동안, 하나님은 팔 농장이 있는 사촌을 그에게 보내셨습니다! 예레미야는 모든 일을 합법적으로 처리했습니다. 그래서 상징적인 행동을 극화하기 위해 심혈을 기울였습니다. 그들은 평화로울 때의 그 땅 가치 전액을 현금으로 매매하고 문서를 인봉했습니다. 증인들이 이 매매를 지켜보았습니다. 예레미야는 그의 서기관 바룩을 시켜 문서를 공개적으로 취해 안전한 곳에 보관하라고 지시했습니다.(렘 32:14)

예레미야는 하나님이 사람들을 집으로 돌려보내시고 언젠가 사람들이 땅을 다시 경작하게 될 것이라고 믿었습니다. 가장 깊은 절망의 순간에 하나님은 하나님의 백성을 버리지 않으신다는 말이 수세기를 지나 전해졌습니다.

나는 누군가가 절망 가운데서도 희망을 주는 행동으로 다른 사람들을 격려하는 것을 경험한 적이 있습니까?

....

....

거절당하는 예레미야

성전과 궁정에서 추방당하여 그의 서기관이요 친구인 바룩과 함께 일하면서 유다 백성과 왕을 위한 예언의 두루마리를 준비하고 있는 선지자의 모습을 그려 보십시오(36:1~8). 여후디가 왕의 사실(私室)에서 그 메시지를 크게 읽어 주었을 때 여호야김 왕의 모습을 지켜보십시오. 모든 것을 들은 뒤에 여호야김은 그가 들은 말에 대해 아무 영향도 받지 않고, 면도칼로 두루마리의 부분을 잘라내 그 조각을 불에 던졌습니다(36:21~23). 철저하게 거절하는 모습이 얼마나 적나라합니까? 유다의 온 백성처럼 예레미야가 그 사건에 대해 알게 되었습니다. 그와 바룩은 거의 같은 내용이 담긴 두 번째 두루마리를 준비합니다. 이 사건의 절정은 36장 31절에 나옵니다. "또 내가 그[여호야김]와 그의 자손[을]… 벌할 것이라. 내가 일찍이… 유다 사람에게 그 모든 재난을 내리리라 선포하였으나 그들이 듣지 아니하였느니라."

애굽으로 끌려가는 예레미야

도성을 무너뜨린 후 바벨론인들은 예레미야를 바벨론으로 끌고 가 돌보아 달라고 제안했지만, 그는 그 땅에서 백성들 가운데 거하기를 택했습니다(렘 40:2~6). 백성들의 질문에 대한 대답으로, 예레미야는 그들과 그들의 지도자들이 애굽에 피신처를 찾지 말고 유다에 남아 있어야 한다고 충고했습니다. 그의 충고는 거절되었습니다. 그 후 그의 대적 중 몇몇이 그와 바룩을 다른 사람들과 함께 애굽으로 끌고 갔습니다. 그는 원하지 않았지만 애굽으로 끌려가는 것, 이보다 더 적절한 상징이 어디 있겠습니까? 예레미야에 대해 가장 마지막으로 남긴 기록은 애굽의 폐허 그리고 유다, 다시 말해 유다의 하나님과 그 언약에서 떠나는 길을 선택한 결과에 대한 것이었습니다. 이렇게 바룩과 예레미야는 디아스포라의 유대인이 되었습니다.

예레미야는 영적 관심에 대한 열정을 잃은 적이 없었고, 끝까지 하나님이 통치하신다는 믿음을 잃지 않았습니다. 그는 자기가 예언한 대로 언젠가 사람들이 유다 땅에 돌아와 그들의 자녀들과 농작물을 키우게 될 것이며, '여호와를 알게 될' 그 땅에 여전히 토지를 소유하고 있음에도 애굽에서 죽었습니다.

유다에서 나왔으며 "서기관 네리야후의 아들 베레크야후[바룩]에 (속함)"이라고 적힌 각인이 있는 인에서 나온 불라로 아마 예레미야의 서기관에게 속했을 것이다. 불라는 문서를 봉하기 위해 봉인으로 찍은 작은 진흙 덩어리다.

💗 순종하는 공동체의 모습

우리는 오늘 우리에게 말씀하시는 하나님의 말씀을 듣고 싶어 합니다. 우리 가정과 공동체의 결속을 분열시키는 것은 무엇입니까? 이에 대해 우리가 할 수 있는 것은 무엇입니까?

선지자는 아무리 하나님의 말씀을 지키기 어려워 보여도 희망 없이 말하지 않았습니다. 하나님이 우리에게 미래를 주시기에 우리는 미래가 있는 공동체입니다. 우리는 절대로 소망을 잃지 않습니다.

우리의 소망 속에 깔려 있는, 흔들리지 않는 그 기초는 무엇입니까?

어떻게 경고가 희망에 이를 수 있습니까?

어떻게 고통이 변화를 낳고 소망을 품게 할 수 있습니까?

📷 더 알아보기

■ 예레미야 46~51장의 다른 나라들에 대한 예언을 읽고 경고의 말을 더 찾아 보십시오.

■ 8과에서 시작한 예레미야에 대한 스케치를 완성하십시오.

■ 성서사전에서 느부갓네살과 바로 느고, 바벨론을 찾아보십시오.

순종하는 믿음의 공동체는 하나님의 말씀을 듣고 싶어 하는 마음과, 하나님은 그분의 백성을 버리지 않으실 것이라는 확신 때문에 소망이 솟아난다는 사실을 알고 있다.

10

이 과의 주제

재앙

주의 날이 왔다

이 땅 주민아 정한 재앙이 네게 임하도다 때가 이르렀고 날이 가까웠으니
요란한 날이요 산에서 즐거이 부르는 날이 아니로다
볼지어다 그 날이로다 볼지어다 임박하도다 정한 재앙이 이르렀으니
(에스겔 7:7, 10)

🔊 우리의 모습

우리는 눈물과 고통 가운데 있을 때 우리 자신의 욕망 때문에 정죄받는다는 것을 알게
됩니다. 우리는 돈으로 문제를 해결할 수 없습니다. 다른 사람을 비난할 수도 없습니다.
책임은 우리에게 있습니다.

✝ 내려놓기

성경 공부를 하기 전에 먼저 하나님께 기도를 드립니다. 아래의 시편 말씀이 좋은 길잡
이가 될 것입니다.

> 여호와여 나를 버리지 마소서 나의 하나님이여 나를 멀리하지 마소서 속히 나를
> 도우소서 주 나의 구원이시여 (시편 38:21~22)

이번 주 기도 제목을 구체적으로 적어 기도합시다.

🔊 귀 기울이기

성경을 공부하는 이들 중에는 에스겔서를 건너뛰는 이들이 많습니다. 그 환상은 기괴하
고, 시는 불분명하며, 이미지는 상징적입니다. 그러나 포기하지 마십시오. 형태가 복잡할
지 모르지만 메시지는 간단합니다. 그 예언 말씀 안에 일단 들어가 보면 제사장 선지자의
가르침은 심오하고 확실합니다.

우리는 다른 나라들에 대한 예언을 생략할 것입니다. 그러나 우리는 다른 선지자들과
같이 에스겔도 우리가 하나님이 세상의 모든 나라를 심판하시고 다스리신다는 것을 알기
원했다는 것을 잊지 말아야 합니다. 이미지 안에 담긴 의미와 요점을 찾으십시오. "너희가
나를 여호와인 줄 알리라"라는 반복되는 구절을 주의해서 보십시오.

D1 에스겔 1~3장
(병거와 두루마리의 환상, 이스라엘의 파수꾼)

D2 에스겔 4~7장(포위의 상징, 다가오는 심판)

D3 에스겔 8~11장(성전의 환상, 심판과 약속)

D4 에스겔 12~16장(포로의 상징, 거짓 선지자들과 여선지자들, 쓸모없는 포도나무, 반역한 고아, 하나님께 신실하지 못한 아내)

D5 에스겔 17~18장, 24장(독수리와 포도나무의 비유, 백향목, 개인의 책임, 끓는 가마, 에스겔 아내의 죽음)

D6 '말씀 속으로'와 '순종하는 공동체의 모습'을 읽으라.

✒ 말씀 속으로

예레미야와 동시대 선지자 에스겔은 요시야 왕이 개혁을 시도하던 때에 태어났습니다. 그와 그의 아내는 20대 초반이었을 것으로 추정되는데, 1차 바벨론 포로(주전 597년) 때에 여호야긴 왕과 왕의 수행자들과 함께 끌려갔습니다. 느부갓네살은 '텔아비브'라고 불리는 그발 강가에 위치한 정착지에 에스겔을 살게 했습니다. "우리가 바벨론의 여러 강변 거기에 앉아서 시온을 기억하며 울었도다"(시 137:1). 예레미야가 예루살렘에서 예언을 하는 동안, 에스겔은 바벨론 강가에 정착한 포로들을 가르쳤습니다.

하나님의 기동성

에스겔이 약 서른 살쯤 되고 포로 생활 5년쯤 되는 해에 '여호와의 영광'이 에스겔에게 내려와 임했습니다. 에스겔 1장의 환상을 읽으면서, 에스겔이 하나님을 경험하고 있다는 것을 기억하십시오. 그는 말로 다 표현할 수 없는 것을 묘사하려고 애쓰고 있습니다. 그가 '같다'든지 '~의 형상'이라는 말을 얼마나 자주 쓰는지 주시해 보십시오. 에스겔은 하나님을 본 것이 아니라 불타는 불 병거 위 보좌에 앉으신 '영광'만 보았습니다.

여기 몇 가지 참고할 사항이 있습니다. 4라는 숫자는 모든 사방, 또는 지구의 네 모퉁이와 같이 모든 것을 다 포함합니다. 하나님은 어디든지 가십니다. 황갈색, 보석들, 광낸 구리, 수정, 이 모든 것은 하나님의 보좌의 장엄한 영광을 가리킵니다. 살아 있는 네 생물, 하나님의 종들이 하나님이 명하시는 대로 앞뒤로 쏜살같이 다닙니다. 영이 가는 곳이면 어디든 그들도 갑니다. 사람과 사자, 소와 독수리(겔 1:10) 모양을 가진 네 얼굴은 여러 가지로 해석되어 왔습니다. 그들은 창조, 인간, 동물과 새의 왕국을 암시합니다. 그들은 힘과 능력을 상징합니다.

결정적으로 병거의 바퀴가 중요합니다. 바퀴 안의 바퀴는 자유와 기동성을 나타냅니다. 하나님은 예루살렘에 국한하셔서, 성전에 거하시면서, 제단에 임재하셨습니다. 에스겔은 이제 하나님은 하나님이 가고 싶어 하시는 곳이면 어디나 가실 수 있다는 것을 배웁니다. "그들이[바퀴가] 갈 때에는 사방으로 향한 대로 돌이키지 아니하고 가며"(1:17). 하나님은 포로들과 함께 바벨론으로 이동하셨습니다. 그들은 군대 병거의 삐걱거리는 바퀴 뒤에서 사슬에 묶여 걸었습니다. 하나님은 불 병거를 타시고 공중을 지나 날아 가셨습니다. 하나님의 백성이 이동했습니다. 하나님도 언약궤 같은 상자 속에서가 아니라 모든 나라 위에 높이 들리셔서 그들과 함께 이동하셨습니다.

바퀴 둘레에는 눈이 가득하여(1:18) 모든 곳에 붙어 있고, 바퀴 안에 있는 바퀴와 움직입니다. 하나님은 무엇이나 보실 수 있습니다. 하나님은 모든 것을 보십니다. 숨거나 다른 동네로 옮겨가도 소용없습니다. 하나님이 보고 계시며 알고 계십니다. 하나님이 우리와 함께 계십니다.

나는 한 번이라도 하나님으로부터 떨어져서 멀리 갔다고 느껴 본 적이 있습니까? 언제 나는 모든 것을 보시는 하나님의 임재를 느꼈습니까?

___

극적인 장면으로, 하나님은 에스겔에게 그의 입을 열고 두루마리를 먹으라고 명하셨습니다(3:1). 하나님은 그 두루마리 위에 앞뒤로 애가와 재앙의 말씀을 적어 놓으셨습니다(2:9~10). 해석하거나 더할 여지가 없습니다. 그것을 바로 받아들이십시오. 거기에는 그분이 하고자 하시는 말씀이 다 포함되어 있습니다. 두루마리는 꿀처럼 단맛이었습니다. (3:3)

선지자가 말한 하나님의 말씀은 간단할 것입니다. 예루살렘에 남아 있는 백성이 듣겠습니까? 하나님은 에스겔에게 그들이 회개할지 확실히 알 수 없다고 말씀하십니다. "그들은 패역한 족속이라 그들이 듣든지 아니 듣든지 그들 가운데에 선지자가 있음을 알지니라."(2:5)

저 예루살렘 사람들은 고집 센 마음을 가진 머리가 굳은 자들입니다. 그래서 바벨론에서 하나님은 그들만큼 완강한 선지자를 보내 주셨습니다(3:8~9). 그발 강가의 이상한 환상가보다 더 '이마'가 굳은, 또는 더 완강한 의지를 가진 선지자가 나타난 적이 없습니다. 그는 7일 동안 비몽사몽 중에 있었으나 강력한 발언을 하면서 나왔습니다(3:16~21). 굽힐 줄 모르는 메시지의 표적은 유다였지만, 거기에는 그래도 회개에 대한 일말의 소망이 담겨 있었습니다.

쇠로 된 성벽, 삭발

이사야나 예레미야도 에스겔처럼 예언을 극화해 보여 주지는 않았습니다. 그발 강가의 포로들이 하루 일을 끝내는 저녁이면 선지자 주위에 모여든 것도 당연합니다. 이번에는 그가 무엇을 할까 하면서 말입니다.

주전 593년경, 우리는 두 개의 다른 침략 공백 기간에 예루살렘에서 사람들이 최악은 끝났다고 말하는 모습을 상상할 수 있습니다. "하나님은 다시 한 번 우리를 위해 역사하셨다. 우리는 구원을 받았다"고 말하는 것을 상상할 수 있습니다. 그리고 바벨론에서 많은 포로들은 "이 장소에 적응하려고 노력하는 것은 소용이 없다. 곧 우리는 고향으로 돌아갈 것이다."라고 속삭였습니다. (참조. 렘 29:5~7)

그래서 에스겔은 노예 신세를 상징하기 위해 밧줄로 묶었습니다(겔 3:25; 4:8). 그의 입을 열지 않았으며(3:26), 마른 소똥에다 맛없는 곡식과 콩을 가지고 떡을 만들었습니다(4:9, 15). 살아남을 만큼만 주는 배급량으로 떡과 물의 양을 재었으며(4:10~11), 해에 말린 벽돌 위에 예루살렘 모형 지도를 그렸고, 노는 아이와 같이 거기에 쇠로 된 성벽을 세웠으며(4:1~3), 이스라엘의 심판으로 390일 동안 왼편으로 눕고, 그 다음에는 유다에 대한 벌로 40일 동안 오른편으로 누웠습니다. (4:4~8)

무슨 말인지 이해하겠습니까? 오랜 포위와 무서운 빈곤, 완전한 파괴라는 뜻입니다. 아무도 당분간 고향에 가지 못할 것입니다. 실상은 보다 더 많은 포로들이 바벨론에 있는 자들과 합하게 될 것입니다.

단단한 이마와 고집 센 마음을 뚫지 못한다면 삭발을 할 것입니다. 이제 에스겔이 무엇을 하고 있습니까? 와 보십시오. 아, 그는 불에 자기 머리털의 삼분의 일을 태우고 있습니다. 타는 냄새가 납니다. 그가 자기 머리털의 삼분의 일을 칼로 파슬리처럼 작게 조각내고 있습니다. 그는 자기 머리털의 나머지를 바람에 흩어버립니다. 아니, 잠깐, 그는 그 부분을 쥐고 자기 옷에 숨은 몇 가닥을 제외하고는 그것을 불에 던지기도 합니다. 다만 몇몇 남은 자만 포로로 살아남을 것입니다.

선지자는 그 죄목들을 자세하게 설명하지 않습니다. 유다가 다른 나라들과 똑같이 행동했다고 말할 뿐입니다. 실제로 그들은 아주 더 나쁘게 행동했습니다(5:7). 후에 에스겔은 시드기야 왕이 애굽과 반란 세력에 합세함으로 느부갓네살과 한 맹세를 어긴 것, 그리하여 하나님 앞에서 거짓 증거를 한 것을 놓고 꼭두각시 왕 시드기야를 향해 하나님께서 불같은 진노를 발하실 것이라고 표현했습니

항해할 만큼 깊은 운하인 "그발 강"은 오늘날의 바그다드 가까이에서 유프라테스 강으로부터 흘러 나와, 니푸르를 거쳐서 남동쪽으로 부드럽게 옮겼다가 다시 강을 만난다. 이는 비옥한 메소포타미아의 범람 평야에 티그리스 강과 유프라테스 강 둘의 물을 대어서 사막을 옥토로 만든 거대한 관개 운하 시설의 일부였다.

다. (17:11~16)

신앙인들이 어떠한 심판을 받을 것이라고 생각합니까? 어떤 의미에서 우리가 더 많은 가르침을 받았기 때문에 우리에게 더 큰 책임이 따를 것이라고 생각합니까?

────────────────

때때로 우리는 우리의 약속을 어겨야만 하는 것처럼 생각될 때가 있습니다. 약속을 하고 나서 그 약속을 지키려고 노력하는 일에 대해 어떻게 생각합니까? 우리가 약속을 하고 또 지키는 데 있어 하나님은 어떤 역할을 하십니까?

────────────────

주의 날

많은 선지자들이 보기에, 심판의 날이 다가오고 있었지만 아주 멀리 떨어져 있는 것같이 생각했습니다. 에스겔은 바야흐로 징벌의 시간이 왔다고 말합니다. 아모스가 예언한 무서운 '주의 날'이 도래했습니다. "정한 재앙이 네게 임하도다"(겔 7:7). 하나님이 "네 행위대로 너를 심판"하실 것입니다(7:8). 종종 하나님의 심판은 행위에 대한 결과로서 공정하게 보입니다. 거짓말하는 사람들은 거짓말쟁이로 알려져서 신뢰받을 수 없습니다. 간음하는 사람들은 그들의 결혼 계약을 어겨서 가정이 와해됩니다. 훔치는 많은 사람들이 잡히고 도둑이라 불립니다. 탐욕스럽고 이기적인 사람들은 일반적으로 다른 사람들과 격리된 삶을 삽니다. 항상 그렇지는 않지만 자주 심판은 우리 행위에 따라서 옵니다.

"그들이 그 은을 거리에 던지며"(7:19). 우리 삶에서 대부분 중대한 문제는 돈을 쓴다고 해서 해결되지 않습니다. 반항하는 아이와 무너지는 결혼에 돈을 쓴다고 도움이 되지 않습니다. 치명적인 질병이나 비극적인 사건이 올 때 우리의 금과 은은 무력합니다. 우리는 하나님을 매수할 수 없습니다. 심판이 오면 재물은 "오물같이 여기리니."(7:19)

불안정한 성전

어떤 이들은 에스겔이 바벨론에 있었음에도 그가 어떻게 성전에 대해 속속들이 내용을 알고 있었을까 의아해합니다. 제사장 가족들은 땅을 소유하지 않았다는 사실을 기억하십시오. 그들은 십일조와 헌금으로 보수를 받았으며 기도와 제사를 집례하면서 생활비를 벌었습니다. 제사장직은 상속되었습니다. 그들은 아론의 후손들로 레위 지파 제사장들이었습니다. 그래서 예레미야처럼 에스겔도 어린 시절에 아버지의 손에 이끌려 성전에서 훈련을 받았고, 아직 젊었을 때 제사장으로 섬기게 허락받았을 것입니다. 그는 성전을 자기 손바닥 보듯 훤히 알고 있었을 것입니다.

그래서 여호와의 영이 그의 머리털을 잡고 환상 가운데 그를 들어서 예루살렘으로 옮겼을 때 선지자는 그가 어디에 있었는지 알았습니다(겔 8:2~3). 하나님의 영광이 거기 있었습니다(8:4). 그러나 가증한 것도 거기에 있었습니다(8:6). 그는 기어 다니는 것이 우상으로 전시되어 있는 것을 보았습니다(8:10). 그리고 이스라엘 장로들 70명이 기도하며 우상 위에 향로를 들고 있었습니다(8:11). 그는 존경받는 이 지도자들 가운데서 적어도 한 명의 이름을 알고 있었습니다.

그러나 잠깐! 상황은 그보다 더 나쁩니다. 장로들은 마음 한가운데에 하나님이 이스라엘에서 떠나갔으며 이방 신들이 그들을 구원할 것이라고 믿고 있습니다. 모든 것 중에서 제일 나쁜 것은 그들이 생각하고 있는 바를 하나님이 알지 못한다고 믿는 것입니다.(8:12)

그들은 그들 마음속에 우상을 섬기고 있었습니다(14:3, 7). 그 얼마나 가증한 일입니까! 하나님이 "너희는 마음을 돌이켜 우상을 떠나고 얼굴을 돌려 모든 가증한 것을 떠나라"(14:6)라고 말씀하셨습니다. 전능하신 하나님은 하나님께 마음을 바치는 백성을 원하십니다.

삶과 죽음의 신이 살고 있는 북문에 가보니 담무스 앞에서 여인들이 울고 있었습니다(8:14). 성전 안뜰에는 제사장 같은 남자들이 성전을 등지고 동편을 향해 앉아서 애굽의 태양신이 매일 태어나는 것을 향해 절하고 있습니다(8:16). 우상 숭배와 이방 종교가 하나님의 집에까지 침입했습니다.

개인에게 책임이 있다는 생각이 예레미야에서와 같이 에스겔에서도 생겨납니다. 베옷을 입은 서기관은 성전의 가증한 일에 대해 탄식하며 우는 이들의 이마에 표를 그리면서 개인의 무죄와 유죄에 구별을 둡니다.(9:3~6)

10장과 1장의 유사점에 주의하십시오. 그렇습니다. 여기에 다시 불 병거를 타는 하나님의 영광이 있습니다. 같은 바퀴, 같은 사방, 같은 그룹들, 같은 눈들입니다. 이제 영광이 동문에 머물렀습니다(10:19). 성전 환상에 무엇이 일어나고 있습니까? 주의 영광이 성전을 떠나고 있습니다! 확실합니까? 그렇습니다. "그것은 내가 그 발 강가에서 보던 이스라엘의 하나님 아래에 있던 생물이라"(10:20). 하나님은 이미 바벨론에 다녀오셨고, 이제 하나님은 성전을 아주 떠나십니다. 왜 하나님의 영광이 동편 문을 마지막으로 방문하셨습니까? 그곳은 대문, 곧 행렬하는 문으로 하나님과 왕과 수백 명의 제사장과 수천 명의 예배자들이 큰 절기 날 성전으로 들어오는 길이었기 때문입니다. 하나님은 하나님이 들어오신 길로 나가십니다. 사람들은 기어 다니는 것들, 태양신, 담무스를 원했습니다. 그러니 그 신들이 이제 성전을 지키게 하라는 것입니다.

에스겔은 남은 자가 하나라도 있는지 궁금했습니다(11:13). 유대인의 작은 촌락들이 여러 나라 사이에 흩어져 있기 때문입니다. 하나님이 "그들이 도달한 나라들에서 내가 잠깐 그들에게 성소가 되리라"라고 말씀하셨습니다(11:16). 하나님은 버리지 않으실 것입니다. 하나님은 남은 자가 망하도록 내버려두지 않으실 것입니다. 그러나 그보다 더 하나님은 새 일을 행하고 계셨습니다. "내가 그들에게 한 마음을 주고 그 속에 새 영을 주며… 내 율례를 따르며 내 규례를 지켜 행하게 하리니 그들은 내 백성이 되고 나는 그들의 하나님이 되리라."(11:19~20)

포로의 상징

예루살렘 사람들이 보거나 듣지 않을 것이기 때문에 에스겔은 이미 포로로 잡힌 사람들 대신에 포로로 잡혀가는 일과 왕이 도주하려고 시도하는 것을 극화하여 보이라는 지시를 받았습니다(겔 12:1~16). 선지자는 막대기에 행구를 메고 성벽에 구멍을 뚫어 밤에 기어 나갔습니다. 그런 모양으로 시드기야가 예루살렘을 떠나려고 시도할 것입니다. 그러나 시드기야는 잡혀서 눈이 멀게 되고 바벨론에 끌려가게 될 것입니다.(12:12~13)

개인의 책임

수세기 동안 이스라엘의 가르침에는 부모의 죄가 "삼사 대까지"(출 34:7) 자녀에게 고난을 가져올 것이라는 사상이 포함되어 있었으며 "아버지가 신 포도를 먹었으므로 그의 아들의 이가 시다"(겔 18:2)라는 속담을 인용했습니다. 이제는 이전의 언약법에 기초한다는 것을 의심할 수 없는 일말의 영적 지혜가 종교계를 가로지르며 타오릅니다. 부모이든 자식이든 죄를 짓는 사람이 책임을 집니다(18:3~4). 우리는 조상의 죄에 대해 책임질 필요가 없습니다. 또 우리는 우리 죄에 대해 조상을 탓할 수 없습니다. 돌아서십시오. 돌아오십시오. 하나님의 능력을 통해 죄에서 떠나십시오.

나에게 이 신비가 미결인 채로 남아 있는 것은 왜입니까? 이 가르침이 이 시대를 사는 나에게 주는 말씀은 무엇입니까?

_____

_____

표적으로서의 에스겔

에스겔의 아내가 죽었습니다(겔 24:18). 그녀는 그에게 기쁨이었습니다. 아침에 살아 있었던 아내가, 저녁에 사라졌습니다. 하나님으로부터 온 가혹한 지시는 에스겔이 눈물을 흘리며 슬퍼해서도 안 되고, 장례를 치르게 해서도 안 되며, 곡하는 사람들이 전통적인 애가를 하게 해서도 안 되고, 친구들과 전통적인 장례 음식을 먹어서도 안 된다는 것입니다. 장로들이 그에게 왜 그렇게 이상하게 행동하는지 물었을 때 그는 이렇게 말해야 했습니다. "주 여호와의 말씀에 내 성소는 너희 세력의 영광이요 너희 눈의 기쁨이요 너희 마음에 아낌이 되거니와 내가 더럽힐 것이며 너희의 버려 둔 자녀를 칼에 엎드러지게 할지라. 너희가 에스겔이 행한 바와 같이 행하여 입술을 가리지 아니하며 사람의 음식물을 먹지 아니하며 수건으로 머리를 동인 채, 발에 신을 신은 채로 두고 슬퍼하지도 아니하며 울지도 아니하되 죄악 중에 패망하여 피차 바라보고 탄식하리라"(24:21~23). 도성이 죽을 때 눈물을 흘리는 것조차 고통이 너무 클 것입니다.

♥ 순종하는 공동체의 모습

순종하는 믿음의 공동체는 세상 구조 속에 나타난 깊은 도덕적·종교적 경고에 귀를 기울인다.

수많은 목소리가 사방에서 우리를 향해 외칩니다. 어떤 것들은 경고입니다. 어떤 것들은 간청입니다. 어떤 경고는 하나님의 말씀에서 옵니다. 어떤 것은 인간의 두려움에서 옵니다. 한편 모든 경고에 귀를 기울이면 우리는 겁쟁이가 되어 아침에 일어나는 일조차 두렵습니다. 하나님이 주시는 삶을 마음껏 살지 못하는 그리스도인을 불쌍히 여기십시오. 그러나 하나님은 세상 속에서 깊은 도덕적·종교적 경고를 주십니다. 이 경고를 저버리는 자들은 고난을 당할 것입니다.

세상에서 들려오는 경고에는 어떤 것들이 있습니까?

_____

믿음의 공동체는 경고를 주의 깊게 귀담아 듣되, 인간의 두려움에서 우러나오는 외침과 하나님으로부터 오는 깊은 도덕적·종교적 경고를 구분합니다.

나는 나의 용기를 빼앗는 두려움과 내 영혼을 구하려는 용감한 경고를 어떻게 구분할 수 있습니까?

_____

_____

나는 한 곳에서 다른 곳으로, 한 시기에서 다음 시기로 옮겨가면서 정말로 하나님이 나와 함께 가신다는 것을 얼마만큼 확신할 수 있습니까?

_____

_____

나는 언제 포로된 것을 경험했습니까? 경고를 무시한 후입니까?

_____

_____

언제 그리고 어떻게 나는 다시 고향으로 돌아올 수 있었습니까?

_____

_____

어떠한 모습으로 소망이 내게 찾아왔습니까?

_____

_____

◉ 더 알아보기
■ 따로 읽을 시간이 없었던 에스겔 19장과 21~23장을 읽으십시오.

11

이 과의 주제

약속

하나님이 깨끗하게 하시고 새롭게 하신다

인자야 이 뼈들이 능히 살 수 있겠느냐 하시기로 내가 대답하되
주 여호와여 주께서 아시나이다 또 내게 이르시되 너는 이 모든 뼈에게 대언하여 이르기를
너희 마른 뼈들아 여호와의 말씀을 들을지어다 주 여호와께서 이 뼈들에게 이같이 말씀하시기를
내가 생기를 너희에게 들어가게 하리니 너희가 살아나리라 (에스겔 37:3~5)

⊙ 우리의 모습

포로 생활에서 우리는 어떻게 대처하고 있습니까? 우리는 사람들 앞에 나서고 싶지 않습니다. 우리는 편치가 않습니다. 때때로 불평하고 때때로 회개합니다. 이곳에 정착하여 친구를 사귈 마음이 없습니다. 우리는 곧 고향으로 돌아갈 계획입니다.

⊙ 내려놓기

성경 공부를 하기 전에 먼저 하나님께 기도를 드립니다. 아래의 시편 말씀이 좋은 길잡이가 될 것입니다.

> 주의 종에게 하신 말씀을 기억하소서 주께서 내게 소망을 가지게 하셨나이다 이 말씀은 나의 고난 중의 위로라 주의 말씀이 나를 살리셨기 때문이니이다
> (시편 119:49~50)

이번 주 기도 제목을 구체적으로 적어 기도합시다.

⊙ 귀 기울이기

이해하기 어려운 부분입니다. 그러나 이미지가 애매하다거나 심판의 말씀이 혹독하다거나 지루하리만큼 성전을 상세하게 묘사했다고 해서 에스겔이 주님께로부터 받은 특별한 말씀을 듣지 못해서는 안 됩니다. 마른 뼈들의 골짜기에서 말씀과 성령의 약속을 기뻐하십시오. 성전 보좌로부터 흘러나오는 은혜의 강에 대한 확신을 음미해 보십시오.

D1 에스겔 33~34장(하나님의 정의와 자비, 예루살렘 함락, 이스라엘 목자들, 참 목자 하나님)

D2 에스겔 35~36장
(에돔에 대한 심판, 이스라엘을 깨끗하게 하심)

D3 에스겔 37장
(마른 뼈들의 골짜기, 이스라엘과 유다가 연합함)

D4 에스겔 40~45장
(하나님의 영광이 돌아오다, 레위 제사장들, 거룩한 땅)

D5 에스겔 47~48장(성전에서 나오는 물, 땅의 분할)

D6 '말씀 속으로'와 '순종하는 공동체의 모습'을 읽으라.

◉ 말씀 속으로

잠시 멈추고 주전 587년 후에 유다 사람들에게 정말 무슨 일이 일어났는지 물어봅시다. 우리는 바벨론 역사에 대해 꽤 방대한 자료를 가지고 있습니다. 전쟁이나 기근과 질병으로 죽지 않은 사람들을 제외하고 건장한 젊은 남녀와 장인들, 학자들과 전문직 종사자들 그리고 제사장들이 바벨론으로 끌려가 버렸습니다. 앗수르 사람들과는 달리 바벨론 사람들은 포로들을 이방인으로 대치하지 않았습니다. 그 대신 약탈당한 땅을 흩어져서 가꾸는 가난한 농민들과 폐허가 된 예루살렘의 불순물을 제거하는 데 이용할 소수의 사람들을 유다에 남겨 두었을 뿐입니다. 선지자들이 외친 최악의 예언이 그대로 실현되었습니다.

바벨론

바벨론 사람들은 포로들을 통제하면서 수년에 걸쳐 많은 사람들이 부유해지도록 도와주었습니다. 장인들은 자기 전문 기술을 살릴 수 있었습니다. 학자와 선생들은 학교와 도서관의 교직원이 되었습니다. 유다의 전(前)왕 여호야긴은 왕의 식탁에서 음식을 먹었기에 더 이상 어떤 종류의 반란도 일어날 수 없었습니다.(왕하 25:27~30)

포로로 잡혀간 많은 유대인들이 관개 시설을 관리했으며 농업에 종사했습니다. 그들은 촌락을 이루어 살았으며, 결혼하여 가정을 이루고, 대화와 기도의 자유를 누리는 것이 허용되었습니다. 반란은 불가능한 일이었습니다.

예루살렘이 함락되고 나서는 현실을 받아들이게 되었습니다. 포로가 된 많은 유대인들은 그곳에서 집을 짓고 일하며 그들의 경제 공동체 일부가 되라는 예레미야와 에스겔의 충고를 따랐습니다. (렘 29:5~7)

바벨론의 유대 공동체는 그들의 종교 관습과 문화, 심지어는 언어까지도 변형, 발전시켜서 오늘날에도 접할 수 있는 유산을 남겼습니다. 제사는 더 이상 성전에서 봉헌되지 않았으므로 토라 유대 전통이 논의되었습니다. 백성의 기도가 번제의 제사를 대신했습니다. 그들은 더 이상 성전에서 섬기는 제사장이 필요하지 않았으므로, 랍비라고 불리는 선생들이 등장했습니다. 이 평신도 선생들은 토라가 가르치는 대로 사람들과 아이들을 가르쳤습니다. 그들은 포로 상황을 이해할 수 있도록 하나님이 계획적으로 돌보신 것에 대해 재해석하기 시작했습니다. 그들은 예루살렘에로의 귀환에 대해 이야기했고, 기도와 공부를 하기 위해 정기적으로 소그룹 모임을 가졌습니다. 그들은 옛 찬송을 부르면서, 새 찬송을 작곡했습니다. 또한 조상의 전승을 기억하며, 출애굽의 구원에 대해 토의하고, 선지자의 경고를 숙고했습니다. 디아스포라의 다른 지역에 있던 유대인 정착민들도 연구와 기도를 하기 위해 이와 비슷한 모임을 개발했습니다.

예루살렘의 함락

조금도 과장되지 않은 말입니다! 한 세기 반 동안 선지자들은 일어날 수 있는 난리를 극적으로 보여 주기 위해 최선을 다했습니다. 이제 예루살렘이 폐허가 되었다고 알리는 소식은 한 마디면 충분했습니다. 외롭고 더러워진 피난민은 에스겔에게 와서 단지 "그 성이 함락되었다"라고 말합니다(겔 33:21). 그것이 전부입니다. 감정도 과장도 없습니다.

하나님의 말씀은 놀랍습니다. 하나님의 말씀은 우리같으면 큰 소리를 낼 만한 자리에서 조용하고, 조용히 해야 할 자리에서 큰 소리를 냅니다. 얼마 동안 에스겔은 파멸에 대한 예언 외에는 아무 말도 할 수 없었습니다(3:26~27). 이제 그의 혀가 풀어지고 새로운 말씀이 그 입을 열었습니다(33:22). 애곡하는 이때에 선지자는 해석과 의미와 소망의 말씀을 주었습니다.

우리는 슬플 때 종종 현실을 부인하고 화를 내며 하나님과 다른 사람들을 비난합니다. 그러나 치유하기 위해서는 현실을 인정해야 합니다. 건강하기 위해서는 자기 자신의 행위에 대해 책임을 져야 합니다. 우리는 우리가 하던 대로 살아가지 않아도 됩니다. 하나님은 우리가 절대로 돌아올 수 없게 문을 닫지는 않으십니다. 우리는 삶의 방향을 바꿀 수 있습니다.

나는 언제 의식적으로 삶의 방향을 바꾸었습니까?

지금 그렇게 해야 하지 않겠습니까?

선지자는 경고의 나팔을 부는 일에 충실했습니다. 그렇게 하지 않았더라면 그는 자기 직무에 태만한 셈이 되었을 것이고 죄책감도 느꼈을 것입니다. 그러나 어떤 사람들은 하나님이 의롭지 못하다고 주장합니다(33:17, 20). 선지자는 그들의 죄에 대한 책임을 받아들여야 한다고 주장합니다. 불의한 것은 그들의 방식입니다. 하나님의 공의로운 정의는 정확히 그들이 반대하여 온 것입니다.

이스라엘의 목자들

누가 "이스라엘의 목자들"이었습니까(겔 34:2)? 물론 왕들이었습니다. 왜냐하면 그들은 백성의 복지를 보살피도록 하나님이 세우셨기 때문입니다. 그러나 에스겔 34장에서 목자들은 지도자와 왕손, 성전과 연결된 제사장들과 자기 자신의 이익을 돌보았던 거짓 선지자들을 포함합니다.

이제는 하나님이 스스로 그 임무를 담당하실 것입니다. 하나님이 상처받은 자들과 버림받은 자들, 약자들을 모으실 것입니다. 하나님이 잃어버린 사람들을 찾으실 것입니다. 선지자가 살찐 양과 여윈 양을 구분하고 있는 것에 주목하십시오(34:16, 20). 이제는 더 이상 하나님이 전체 사회를 하나로 심판하지 않으실 것입니다. 에스겔은 개인의 유죄와 무죄를 구분합니다. 에스겔의 새 메시지 중에는 공동체 안에서 개인의 책임이란 내용이 있습니다.

참 목자이신 하나님은 그래도 섬기는 지도자가 필요하실 것입니다. 그는 "내 종 다윗"이 될 것입니다(34:23~24). 하나님이 다윗 왕조를 회복시키시겠습니까? 아니면 이것은 다윗보다 더 위대한 "화평의 언약"으로 다스릴 메시아에 대한 비전입니까(34:25)? 포로가 된 사람들은 이제 새로운 선지자의 말씀, 곧 징벌에 대한 인정과 개인적 책임의 인정, 하나님이 그들의 미래를 돌보실 것이라는 확신에 대해 귀 기울여야 합니다.

애가로 울부짖는 모든 자들과 비극과 징벌로 우는 모든 자들은 이제 이 약속을 굳게 붙드십시오. 하나님이 우리의 참 목자가 되실 것이며, 우리의 상처를 치유하시고 우리를 다시 고향으로 돌아가게 하실 것입니다. 하나님의 구원 목적은 지연될 수는 있어도 패배할 수는 없습니다.

세상적인 관점에서, 바벨론 제국은 고대 태양의 보석과 같이 빛났다. 그 나라는 일찍이 주전 6000년까지 거슬러 올라가고 주전 2000년 후에는 강대국으로서 절정기에 달했던 위대한 역사적 기초 위에 세워졌다. 아브람과 사래가 이 지역을 떠났을 때에, 바로 그들은 상류 문화, 음악과 예술, 수학과 공학, 맛좋은 음식과 섬세한 의상의 도시를 떠난 셈이다. 바벨론의 과학자들은 이사야가 기록한 대로(사 47:13) 천문학과 점성학 양쪽에 관심을 두고 별을 연구한 것으로 유명하다. 유명한 함무라비 법전하에, 주전 18세기에는 당시 알려진, 전 세계에 영향을 미친 법이 집대성되었다. 토라와 같이 법전은 사람들이 보복과 부족 간의 전쟁의 정신에서 벗어나서 그 대신에 '눈에는 눈으로' 정확한 보응만을 요구하게 했다. 그러나 토라는 종종 그것을 약화시켰다.(참조. 출 21:26~27)

느부갓네살 2세(주전 605~562년)는 비옥한 농경과 속국에서 오는 조공, 당시 알려진 세계 전역에 걸친 무역에 기초해 제국을 건설할 계획에 착수했다. 티그리스와 유프라테스 강의 물을 이용한 그의 운하는 보리밭과 밀밭, 종려나무 숲과 싱싱한 정원의 농경 오아시스를 이루었다. 금과 은, 섬세한 피륙과 장식용 선물들이 속국에서 흘러 들어왔다. 인도와 애굽, 마케도냐와 시리아에서 온 상인들이 법석을 떨며 수도를 지나갔다. 그들은 자기들의 물품을 소리치며 팔기도 했고, 통행세를 냈다. 지중해 전역에서 온 여행자들이 바벨론의 궁전과 성전에 경탄하며 서 있었다. 바벨론의 공중정원은 고대 세계의 불가사의 중 하나였다. 평화와 번영이, 적어도 제국의 전성기 동안 반세기 이상을 지배했다.

에돔에 대한 심판

에돔을 치는 예언은 난데없이 나오는 것처럼 보입니다. 아모스와 오바댜, 이사야는 이들 사막에 사는 일가 친척을 치는 예언을 한 적이 있습니다. 우리는 에돔이 바벨론 군대가 유다에서 도망하는 유대인들을 사로잡는 일을 도와준 것을 알고 있습니다. 에돔에게 하나님이 "네가 그들을 미워하여 노하며 질투한 대로 내가 네게 행하여"(겔 35:11)라고 말씀하십니다. 하나님의 말씀은 이스라엘 땅이 언젠가 회복될 것이며, 심지어 에돔 사람들도 밀려나게 될 것임을 보여 주는 데 목적이 있습니다. 하나님이 이스라엘뿐 아니라 모든 나라들을 심판하신다는 사실을 잊지 마십시오.

이스라엘의 영을 깨끗하게 하심

쫓겨난 사람들에게 신학적 문제는 이것이었습니다. 분명히 그들의 하나님은 그들을 저버리셨습니다. 외인들이 그들을 비웃었습니다. 바벨론 신들이 더 강합니까? 그들이 승리한 것입니까? 옛날 사람들은 전쟁은 신들 사이에서 벌어지며 더 힘센 신이 이기고 더 약한 신이 진다고 믿었습니다. 사람들은 이스라엘의 하나님에게 슬픈 날이라고 말합니다. '영원한 성전'은 폐허가 되었습니다. 사실상 유대인의 하나님이 수치를 당하셨습니다. 아니 멸망당했다고 할 만큼 완전한 파괴였습니다. 오늘날 얼마나 많은 사람들이 비극이 닥칠 때 왜 하나님이 그 참사를 막지 않으셨을까 의아해하는 것을 생각해 보십시오. 그들은 종종 하나님이 부재하신다고 느낍니다. 그들은 하나님의 능력에 의문을 제기합니다.

나는 하나님이 무슨 능력이 있으실까 하고 생각해 본 적이 있습니까?

─────────────────────

─────────────────────

에스겔은 심판의 벌에 하나님의 능력이 정확히 나타났다고 주장했습니다(36:16~21). 하나님은 패배하지 않으셨습니다. 바벨론이 그 모든 거짓 우상을 가졌지만 하나님은 사악한 백성을 벌하시려고 바벨론을 사용하셨습니다. 그러나 이제 피로 덮인 땅에 대해 하나님은 다시 능력을 나타내실 것입니다. 하나님은 남은 백성을 정결케 하신 뒤에 고국 땅으로 데리고 가실 것입니다(36:24~25). 그 목적은 단지 이스라엘을 구원하는 것만이 아니라 하나님의 능력을 영화롭게 하는 것입니다. "이스라엘 족속아 내가 이렇게 행함은 너희를 위함이 아니요… 나의 거룩한 이름을 위함이라."(36:22)

하나님은 이런 능력의 일을 어떻게 행하시겠습니까? 그들의 마음을 깨끗하게 하시고 그들을 고향으로 인도하실 것입니다. 이스라엘을 씻기실 것입니다. 형식적으로 정결하지 않은 것들을 다루는 이들에게 상징적인 정결로 처방해 줍니다. 종교적인 의식이란 마술이 아니므로 물론 회개와 순종이 요구됩니다. 하나님은 "[내가] 맑은 물을 너희에게 뿌려서 너희로 정결하게 하되 곧 너희 모든 더러운 것에서와 모든 우상 숭배에서 너희를 정결하게 할 것"(36:25)이라고 말씀하십니다. 땅과 백성은 하나님의 은혜로 깨끗하게 될 것입니다. 왜 하나님은 이러한 능력의 일을 행하십니까? 에스겔은 하나님이 하나님이심을 보여 주기 위해서라고 말합니다.

마음을 깨끗하게 하시는 하나님의 놀라운 능력에 대해 들은 간증을 이야기해 보십시오. 용서하시고 깨끗하게 하시며 회복하시는 하나님의 능력에 대해 들은 이야기가 있습니까?

─────────────────────

─────────────────────

마른 뼈들의 골짜기

가장 무거운 절망에 빠졌을 때 하나님은 강력하게 격려해 주십니다. 하나님은 "이 뼈들이 능히 살 수 있겠느냐?"(겔 37:3)라고 물으셨습니다. 이는 모든 유대인이 하는 질문이었습니다. 이제는 나라도 아니고 이 더럽혀지고 흩어진 나라가 언제 다시 살 수 있겠습니까? 이에 대한 하나님의 대답은 "너는 이 모든 뼈에게 대언하여 이르기를 너희 마른 뼈들아 여호와의 말씀을 들을지어다"(37:4)였습니다. 갑자기 창세기의 창조기사가 회복의 틀이 되었습니다. 생명은 하나님의 말씀으로 시작됩니다. 에스겔은 죽은 이스라엘에게 하나님의 말씀을 전해야 합니다. 그러나 창조된 사람은 하나님이 그들에게 생기를 불어넣어 주시기까지는 생령이 될 수 없는 것과 마찬가지로, 마른 뼈는 소리를 내기 시작했으나 아직 생기가 없었습니다.

하나님의 영 '루아하'(입김, 바람)가 이스라엘에게, 개인에게, 공동체에게 생명을 주실 것입니다(37:9~10). "내가 또 내 영을 너희 속에 두어 너희가 살아나게 하고 내가 또 너희를 너희 고국 땅에 두리니 나 여호와가 이 일을 말하고 이룬 줄을 너희가 알리라 여호와의 말씀이니라"(37:14). 하나님의 거룩한 영은 사람을 다시 태어나게 하고 교회에 새 생명을 줄 수 있습니다. 말씀과 영, 이는 하나님의 백성이 다시 태어나기 위한 하나님의 이중 계획입니다.

거룩한 성전

에스겔이 전한 하나님의 말씀은 종종 괴상하지만 지루한 적은 없습니다. 갑자기 에스겔 40장에서 그는 새 성전을 묘사하기 시작합니다. 이 묘사가 비전이지 청사진이 아니라는 것을 기억하십시오. 에스겔은 아직 바벨론에 있습니다(40:1). 여기서 무슨 일이 벌어지고 있습니까? 예언 말씀은 앞으로의 일을 예측할 뿐 아니라 사람들에게 동기를 부여해 줍니다. 선지자들은 소망의 비전을 가지고 힘을 불어넣어 줍니다.

하나님이 길잡이가 되시어 에스겔에게 예루살렘 새 성전의 구석구석을 다 보여 주십니다. 에스겔은 면밀하고 자세하게 보고합니다. 이때는 주전 570년경, 파괴된 지 12년 이상 되어 유대인들이 영적으로 침체된 상태였고, 자원이 전부 다 떨어져 있었습니다. 환상의 장소는 어디입니까? 이스라엘에서 수백 킬로미터 떨어진 바벨론입니다. 몇 광년처럼 떨어진 아주 먼 곳이었습니다. 수년간 재앙을 선포한 선지자는 극적으로 그의 메시지를 소망과 부활의 메시지로 바꾸었습니다.

그러나 이 성전은 다릅니다. 하나님의 거룩하심을 강조하기 위해 더 높고 더 넓을 것입니다. 그것은 왕궁과 가까이 있지 않고 완전히 분리될 것입니다. 왕들이 죄를 짓고 백성들을 저버렸습니다. 하나님은 그 백성을 다시 통치하실 것입니다. 왕은 별개 인물이 되고 섬기는 자가 될 것입니다.

예배의 순수성에 대한 강조를 주시하십시오. 신실한 제사장들, 사독의 자손들은 제사를 드릴 수 있는 특권을 누릴 것입니다(40:46; 44:15). 이스라엘의 배반에 참여한 다른 레위 제사장들은 성전에서 잡일을 하는 데로 좌천될 것입니다(44:10~14). 이 새 제사장들은 거룩한 예배의 새로운 시작을 상징합니다. 이제 제사장들은 사람들이 죄에서 떠날 수 있도록 도와줄 것입니다. 예배 의식은 새로운 마음에서 우러나올 것이기 때문에 올바로 행해질 것입니다. 이러한 새 시대에 사람들의 생활은 언약과 정의를 반영할 것입니다.

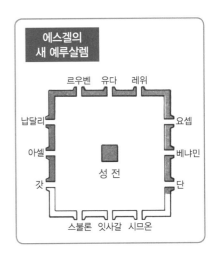

에스겔의
새 예루살렘

르우벤 유다 레위
납달리   요셉
아셀   베냐민
         성 전
갓   단
스불론 잇사갈 시므온

25년 포로생활 이후, 에스겔은 재건된 도시 예루살렘(겔 48:30~35)과 성전(40~44장)에 대한 자세한 환상을 보았는데, 그는 이것이 포로들이 유다로 돌아온 후에 재건되리라고 믿었다.

사독은 아론이 죽었을 때에 대제사장을 이어받은 아론의 큰아들 엘리아살의 자손이었다(민 20:22~29). 누가 다윗을 이어 왕이 될 것인가에 대한 갈등 속에서 역시 아론의 자손이었던 제사장 아비아달은 아도니야를 지지했다. 사독은 솔로몬을 지지했다. 나단 선지자와 함께 그는 솔로몬을 왕으로 기름 부었다. 사독은 솔로몬 밑에서 유일한 대제사장이 되었다. 사독의 자손들은 성전이 지어질 때부터 파괴될 때까지 성전을 관할했으며, 포로 이후에는 사독의 계열에서 나온 제사장만이 회복된 성전에서 섬길 수 있었다.(겔 40:46)

성전에서 나오는 물

주의하여 보았습니까? '여호와의 영광'이 그발 강가에서 에스겔에게 나타났습니다(겔 1:28). 주님이 말씀하시자 서기관이 제단에서 숯불을 취해 성읍에다 뿌렸고, '여호와의 영광'이 성전 파괴 전에 동문에 섰다가 다시 일어나서 성전을 떠나갔습니다(10:1~19; 11:22~25). 이제 여호와의 영광이 하나님의 성전으로 돌아오는 환상을 보았습니다.(43:1~5)

하나님의 구원은 성전에만 제한되지 않을 것이며, 오히려 거기서부터 치유하는 은총이 힘센 강물처럼 흘러나올 것입니다(47:1~12). 그것은 성전 가장 깊은 곳에 머물지 아니하고, 오히려 거기에는 졸졸 흐를 뿐입니다. 구원의 강은 은혜의 보좌로부터 남쪽으로 나와 다시 동쪽으로 흘러내릴 것입니다. 강물은 발목에 오르다가 무릎까지 오르고 다음에는 가슴까지 그 다음에는 너무 깊고 넓어 건너갈 수가 없을 것입니다.(47:3~5)

그것은 길게 갈라진 요르단의 V자 형의 틈으로 흘러 들어가 지구 표면에서 가장 낮고 가장 염분이 많은 사해 바다로 들어갈 것입니다(47:8). 물은 사해를 깨끗하게 할 것입니다. 물고기도 그 신선한 물에서 놀 것입니다(47:9). 이스라엘은, 그리고 우리는 교훈을 배웠습니다. 하나님은 하나님답게 행동하실 수 있습니다. 하나님의 치유하시는 은총은 다시 한 번 속죄소에서 흘러나올 것입니다. 그것은 잃어버린 자들과 영적 사막에 사는 자들, 사해의 소금물같이 죽은 자들에게 흘러갈 것입니다. 치유와 건강이 하나님으로부터, 그리고 하나님 한 분에게서만 쏟아져 나올 것입니다.

영양가 있고 먹을 만한 열매와 치유를 위한 약 재료가 달린 나무가 강 옆에 줄지어 설 것입니다(47:7, 12). 이것들은 일 년 내내 번성할 것입니다. 성전의 환상은 이제 온전한 세상과 세상을 위한 메시아의 꿈으로 활짝 피어납니다.

땅은 처음 분배되었던 것과 같이 백성 사이에 분배되어야 합니다. 이번에는 열두 지파가 모두 똑같이 분배받을 것입니다. 우리는 여기서 이것은 어디까지나 정의의 상징이라는 데 주의해야 합니다. 실상은 모든 지파가 완전히 섞일 것입니다. 사마리아나 유다가 아니라 전과 같이 한 히브리 백성이 됩니다. 각 족속은 그 분깃을 받을 것입니다. 미가 선지자가 내다본 바대로 이루어질 것입니다.

"각 사람이 자기 포도나무 아래와 자기 무화과나무 아래에 앉을 것이라 그들을 두렵게 할 자가 없으니 이는 만군의 여호와의 입이 이같이 말씀하셨음이라."(미 4:4)

미래에 대한 소망은 측정할 수 없는 단계로 들어섭니다. 여기서부터 에스겔이 쓰는 지명은 정확하지 않습니다. 상징적인 언어로 터가 어림잡아 솔로몬 왕국 크기만 합니다(겔 48장). 에스겔의 마음은 하나님의 영으로 가득 차서 에스겔은 하나님의 궁극적인 환상을 보고 있습니다. 언약 백성의 부활은 영광이 가득할 것입니다.

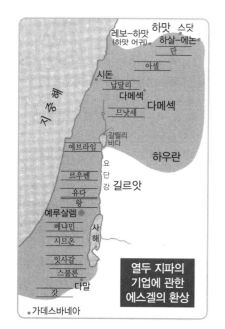

미래에 있을 이스라엘의 땅 분배에 대한 에스겔의 환상(겔 45:1~8; 47:13~48:29)에는 열두 지파를 위한 열두 지역에 더하여 '왕자'와 제사장들과 레위인들을 위해 제외된 거룩한 영역인 중심부가 포함되어 있었다. 원래 지파의 영토 분할에서 레위 지파는 그들 자신에게 지정된 땅이 없었다.

♡ 순종하는 공동체의 모습

우리는 뿌리가 뽑힌 사회에서 살고 있습니다. 우리 중에는 새로운 곳으로 옮긴 사람들도 있습니다. 우리 모두가 추방되어 새로운 삶을 경험했습니다. 우리는 고향으로 돌아갈 수 없습니다. 우리는 포로들입니다. 믿음 안에서 우리 마음이 안정될 수 있도록 도와주는 것은 무엇입니까?

순종하는 믿음의 공동체는 포로생활을 기억하게 도와준다. 우리는 우리의 전통을 반복하여 연습한다. 우리는 우리의 정체성을 찾는다. 우리는 우리가 하나님께 속해 있다고 선포한다.

우리에게는 고국이 있습니다! 우리는 뿌리가 없지 않습니다. 우리는 추억을 간직하고 있습니다. 우리에게는 정체성이 있습니다. 비록 포로이기는 하여도 우리에게는 미래의 고향과 귀향 계획이 있습니다.

우리 사회에서 우리는 고국에서 영원히 끊어져서 포로처럼 느끼는 사람들로 둘러싸여 있습니다. 이 포로들이 고향처럼 느낄 수 있도록, 하나님 안에서 고향처럼 느끼도록 도와주기 위해 우리가 할 수 있는 일이 무엇입니까?

치유와 용서가 있는 은총의 강은 죽음을 상징하는 사해에 이르기까지 흐릅니다. 영적으로 죽은 사람들이 치유의 은총의 능력을 체험할 수 있게 해주기 위해 우리가 할 수 있는 일이 무엇입니까?

언제 우리는 치유의 은총의 능력을 체험했습니까?

🕮 더 알아보기

▪ 바벨론 제국에 대해 더 연구하십시오. 느부갓네살의 공중정원에 대해 할 수 있는 데까지 더 찾아보십시오.

▪ 에스겔 25~32장과 38~39장은 매일 읽는 과제에 포함되지 않았습니다. 시간이 되면 이 장들을 읽으십시오.

12

이 과의 주제

구속자

하나님이 구원하실 것이다

오직 여호와를 앙망하는 자는 새 힘을 얻으리니
독수리가 날개치며 올라감 같을 것이요
달음박질하여도 곤비하지 아니하겠고
걸어가도 피곤하지 아니하리로다 (이사야 40:31)

⟲ 우리의 모습

우리는 모든 것을 잃었습니다. 우리는 고난당하고 있습니다. 아무도 상관하는 것 같지 않습니다. 무엇을 기다리겠습니까? 우리의 상황이 변할 것이라고 어떻게 믿을 수 있습니까?

✿ 내려놓기

성경 공부를 하기 전에 먼저 하나님께 기도를 드립니다. 아래의 시편 말씀이 좋은 길잡이가 될 것입니다.

> 나는 항상 소망을 품고 주를 더욱더욱 찬송하리이다 내가 측량할 수 없는 주의 공의와 구원을 내 입으로 종일 전하리이다 내가 주 여호와의 능하신 행적을 가지고 오겠사오며 주의 공의만 전하겠나이다 (시편 71:14~16)

이번 주 기도 제목을 구체적으로 적어 기도합시다.

⟲ 귀 기울이기

이사야 40장 28~31절을 외울 때까지 매일 크게 읽으십시오. 이사야 40~55장의 처음 단어는 '위로하라'입니다. 왜냐하면 이 메시지는 예루살렘이 멸망한 후에 오기 때문입니다. 때때로 '포로시대의 이사야'라고 불리는 이 부분은 위대한 음악과 미술에 영감을 주었으며 수백만 사람에게 위로를 주었습니다. 여기에 위대한 종의 구절이 포함되어 있습니다. 물을 찾는 목마른 사람처럼 또는 여명의 첫 빛살을 찾아 하늘을 살피는 파수꾼처럼 이 부분을 읽으십시오.

D1 이사야 40~42장(위로하라, 열방의 심판, 주의 종)

D2 이사야 43~45장(회복과 축복, 우상 예배의 어리석음, 하나님께 기름 부음을 받은 자)

D3 이사야 46~48장(바벨론의 굴욕, 구속)

D4 이사야 49:1~52:12(종의 사명, 시온이 회복됨, 종의 굴욕, 구원)

D5 이사야 52:13~55:13(고난받는 종, 확신, 영원한 평화 언약)

D6 '말씀 속으로'와 '순종하는 공동체의 모습'을 읽으라.

⬤ 말씀 속으로

위대한 책 이사야의 역사적 배경은 거의 두 세기에 걸쳐 전개됩니다. 어떤 학자들은 한 선지자의 글로 편집되고 후에 보충되었다고 주장하고, 또 어떤 학자들은 그 스승을 존경했던 이사야 선지학파의 글이라고 말합니다. 어쨌든 모두가 이 불후의 작품의 놀라운 영적 능력에 대해 동의합니다. 높은 봉우리들이 있는 산맥처럼 이 숭고한 책에는 세 선지자의 글이 들어 있습니다. 아모스의 아들 이사야, 즉 '예루살렘의 이사야'(사 1~39장)와 '포로시대의 이사야' 혹은 '바벨론의 이사야'라고도 불리는 제2이사야(40~55장), 그리고 제3이사야, 곧 '포로시대 이후 이사야'(56~66장)입니다. 우리는 우리의 역사 감각을 명확하게 하기 위해 이사야를 세 부분으로 구분합니다. 유대교는 포로시대 경험을 전체 다 다루기 위해 이들을 함께 모아 놓았습니다.

우리가 이사야 40장을 열면 소망의 약속이 이사야 1~39장에서 읽은 재앙의 경고를 대체합니다.

"너희의 하나님이 이르시되 너희는 위로하라 내 백성을 위로하라."(40:1)

충격적이고 황폐하게 하는 심판이 이루어졌습니다. 하나님은 이제 구원하실 준비가 되었습니다. 바벨론의 이사야는 동족인 포로들의 낙담한 얼굴을 보지만, 그의 마음은 기쁨으로 가득 찹니다. 사람들은 모르지만 하나님이 그들을 해방시키실 것입니다. 이전 선지자들, 특히 예루살렘의 이사야를 상기시키듯 그는 생기 넘치는 언어로 하나님을 찬양합니다.

이사야의 소명

우리는 거대한 하늘의 의회실에 앉아 있는 이사야 곁에 있습니다. 하나님의 보좌로부터 목소리가 들립니다. 모든 선지자와 같이 바벨론의 이사야는 소명을 받습니다. 그의 소명은 간단합니다. "외치라!" 보통 선지자들이 주저한 것처럼 이사야는 조심스레 묻습니다. "내가 무엇이라 외치리이까?"(사 40:6) 그는 그가 선포해야 하는 정확한 메시지를 들었습니다.

"풀은 마르고 꽃은 시드나 우리 하나님의 말씀은 영

원히 서리라 하라."(40:8)

다른 모든 것은 일시적입니다. 하나님의 말씀은 그 목적을 이룰 것인데, 이는 하나님의 말씀과 하나님의 목적이 하나이기 때문입니다.

강대한 바벨론은 그 모든 당당한 세력에도 불구하고 마치 사막의 풀과 같습니다. 뜨거운 바람, 하나님의 영의 입김이 그 위에 불면 시들어 죽을 것입니다. 하나님의 말씀이 다스리실 것입니다.

이사야 40장 9절에서 시온은 하나님이 포로들과 함께 돌아오신다는 기쁜 소식을 유다에 전하는 사자입니다. "유다의 마을에, 즉 유다에 살았던 사람들에게 하나님이 오신다고 말하라." 그들은 오랫동안 고난을 충분히 받았습니다. 그들은 필요 이상으로 징벌을 받았습니다.

이제 이사야의 음성은 하나님의 음성과 같습니다. "위로하라. 위로하라"(40:1). 왜입니까? 하나님의 길이 사막을 통해 바로 지나갈 것이기 때문입니다. 하나님의 길은 돌아서 가지 않을 것입니다. 까마귀가 날아가듯이 똑바로 갈 것입니다. 그 길은 가파른 언덕이나 위험한 언덕 없이 평탄할 것입니다(40:3~4). 거기에는 대적이 없을 것입니다. 길을 알고 자기 양 떼를 돌보는 목자와 같이, 넓게 펼쳐진 사막에서도 하나님은 백성을 먹이고 마시게 하실 것입니다.(40:11)

"가련하고 가난한 자가 물을 구하되 물이 없어서 갈증으로 그들의 혀가 마를 때에 나 여호와가 그들에게 응답하겠고… 광야가 못이 되게 하며 마른 땅이 샘 근원이 되게 할 것이며."(41:17~18)

하나님은 그들과 함께 대로를 여행하실 것입니다. 사실상 광야를 지날 때 불과 구름이 모세를 인도했듯이 하나님이 길을 인도하실 것입니다. 이사야는 새 출애굽을 선포합니다! '여호와의 영광'이 포로들과 함께 자유에 이르는 대로를 걸으실 것이며, 세상의 모든 사람이 이를 볼 것입니다.(40:5)

하나님이 새 일을 행하실 것이다

포로들이 할 일이 무엇입니까? 기다려야 합니다. 믿

고 준비해야 합니다. 하늘의 모든 별에 이름을 붙이시고 거대한 제국을 일으키고 무너뜨리시며 역사의 길을 정하시는 하나님이 새 일을 행하실 준비가 되어 있습니다(사 41:4; 42:5~9). 하나님은 이미 페르시아의 고레스가 그 발이 땅에 닿지 않을 만큼 빨리 진군해 오도록 부르셨습니다. 포로들은 하나님이 그들을 잊으셨거나 구원하실 만한 힘이 없다고 두려워했지만, 바벨론의 이사야는 하나님이야말로 그들이 새롭게 시작할 수 있도록 하실 만큼 강한 분임을 그들에게 확신시켜 주었습니다.(43:1~21)

성서적 신앙은 새로운 개념, '헤세드'(hesed)의 개념을 낳았습니다. 이 말은 '계속적인 언약의 사랑'을 의미하는 히브리 단어입니다. 하나님의 언약 사랑은 끊임없는 자비와 공의를 보여 주십니다. 하나님은 세상 나라들에게 어떻게 공의와 사랑의 공동체로 살아야 하는지 가르쳐 주시기 위해 믿음의 백성을 쓰실 것입니다.

"내가… 너를 세워 백성의 언약과 이방의 빛이 되게 하리니."(42:6)

하나님은 절대로 그 계획을 취소하지 않으십니다. 헤세드는 영원합니다. 이사야의 말씀은 이제 확신과 소망으로 노래합니다.

"보라 전에 예언한 일이 이미 이루어졌느니라 이제 내가 새 일을 알리노라 그 일이 시작되기 전에라도 너희에게 이르노라."(42:9)

인생은 운명이나 우연이 아닙니다. 인생은 집의 신상이나 하늘의 별에게 영향을 받지 않습니다(47:13). 기다리기만 하면, 믿기만 하면, 하나님은 우리를 위한 계획을 곧 이루실 것이라고 합니다.(46:10~13)

전능자가 구하러 오신다는 것입니다. "너희가 지쳤느냐? 너희가 낙담했느냐? 너희가 실망했느냐? 두려워 말라."

"오직 여호와를 앙망하는 자는 새 힘을 얻으리니 독수리의 날개치며 올라감 같을 것이요 달음박질하여도 곤비하지 아니하겠고 걸어가도 피곤하지 아니하리로다."(40:31)

폐허가 된 예루살렘의 모습을 생각하고 있던 포로들은 그 말을 믿지 않았습니다. 소망의 말씀은 멸망의 예언이 수년 전에 들렸듯이 그들 귀에 쟁쟁하게 울렸습니다. 이해할 만합니다. 바벨론은 철통같이 통치하고 있습니다. 유다는 더 이상 존재하지 않습니다. 하나님은 무관심하시고 멀리 계신 것처럼 보입니다. 사실 사람들은 히브리인들이 광야에서 불평한 것과 똑같이 불평하고 있습니다. 하나님이 우리의 고통을 잊으셨다고 그들은 생각했습니다. 하나님은 알지도 못하시고 게다가 상관조차 안 하십니다(40:27). 그러나 하나님은 "피곤하지 않으시며 곤비하지 않으십니다."(40:28)

우리는 영적 가르침의 이중 구조를 주시해 보았습니까? 한편으로 이사야는 구체적으로 바벨론과 고레스와 예루살렘으로 돌아가는 것에 대해 말하고 있습니다. 또 한편으론 때와 장소에 상관없이 모든 독자가 소망과 격려를 받습니다. 손쉽게 우리는 우리 자신의 굴레와 연관 지어 볼 수 있습니다. 속히 우리는 우리 자신의 공포를 감지합니다. 하나님이 인생의 사막을 지나 안전한 길로 우리를 인도하신다는 것을 믿기가 얼마나 어렵습니까? 멀리 고레스가 우리를 돕기 위해 서두르고 있는 것을 보기란 얼마나 어려운 일입니까? 우리가 아직 곤경에 처해 있을 때 우리에게 찬양의 노래를 부르라는 하나님의 격려가 얼마나 우리에게 절실히 느껴집니까?

"여호와께 새 노래로 노래하며 땅 끝에서부터 찬송하라… 셀라의 주민들은 노래하며 산꼭대기에서 즐거이 부르라."(42:10~11)

찬양의 노래는 승리가 오기 전에 그것을 선포합니다.

능력 있는 전달자

하나님의 메시지를 이사야처럼 강력하게 전할 수 있는 전달자도 별로 없었습니다. 이사야 41장 1~4절, 21~29장의 법정 장면에서 하나님은 거짓 신들에게 무자비하시고 혹독하십니다. 누가 바벨론의 멍에를 부술 것입니까? 거짓 신들이 아닙니다. 누가 했습니까? "나, 여호와"입니다. 하나님은 모든 보잘것없는 신들에게 그들의 행적에 대해 말하라고 요구하며 소송을 제기하십니다. 디글랏 빌레셀 3세(불)와 그의 맹렬한 앗수르 신들을 기억합니까? 지금 그들은 어디 있습니까? 느부갓네살과 바벨론의 신들은 어디 있습니까? 크게 말하십시오. 그래서 "너희가 신들인 줄 우리가 알리라"(41:23). 침묵입니다. 다른 선지자들은 이방 신의 약함을 비웃었는데, 이사야는 한 걸음 더 나아가 그들이 아주 무능력하다고 말합니다.

"보라 그들은 다 헛되며 그들의 행사는 허무하며 그들이 부어 만든 우상들은 바람이요 공허한 것뿐이니라."(41:29)

이스라엘이 법정에 섰을 때 우리는 앞에서 외쳤던 선지자들의 심판 때보다 훨씬 부드러운 음성을 듣습니다. 이전 선지자들은 이스라엘의 유죄를 선언하고 징역을 언도했습니다. 이사야는 죄의 대가를 약화시킵니다. 42장 18~25절에, 이스라엘은 하나님의 길에 대해 눈이 멀고 귀가 먹었다고 기소됩니다. 그 죄목들을 지적받았을 때 이스라엘은 자기들의 죄를 이해하지 못했습니다.

사실 그가 벌을 받고 있었을 때에 그는 하나님께 학대받고 있다고 생각했습니다. 이제 이스라엘은 하나님이 그를 위해 계획하신 구원을 듣지도 보지도 못합니다. 이사야는 포로들과 하나가 되어 말했습니다. 우리가 "깨닫지 못하며… 마음에 두지 아니하는도다."(42:25)

내가 실제로 하나님의 역사에 의거해 듣고 배운 경험을 묘사하십시오.

구원의 말씀

우리는 멸망에 대한 과거 예언이나 환상에 대해 익숙합니다. 이제 이사야는 구원의 말씀을 외칩니다. 하나님은 자유케 하는 말씀을 선포합니다.

"두려워하지 말라 내가 너와 함께함이라 놀라지 말라 나는 네 하나님이 됨이라 내가 너를 굳세게 하리라 참으로 너를 도와주리라 참으로 나의 의로운 오른손으로 너를 붙들리라."(사 41:10)

하나님은 큰일을 행하실 것이라고 미리 선언하십니다. 이제 이 긴 시에서(44:24~45:13) 이사야는 고레스 왕이 하나님의 도구가 될 것이라고 구체적으로 선포합니다. 하나님은 고레스를 "그의 기름 부음을 받은"이라고 부르십니다(45:1~3). 바벨론이 영원히 다스릴 것이라고 말하는 바벨론의 마술가와 점성가들은 틀렸습니다. 고레스는 하나님의 말씀대로 당분간 목자 같은 왕이 될 것입니다.(44:28)

세상 역사에서 무엇을 알 수 있습니까? 바벨론과 페르시아(바사)의 기록에서 우리는 바벨론이 강한 느부갓네살 왕 후에 점점 쇠퇴해져 갔다는 것을 발견합니다. 주전 553년에 나보니더스 왕은 그냥 바벨론을 떠나 아라비아 사막에서 10년을 살았습니다. 그의 아들 벨사살(단 5:1~2)이 그가 없는 동안 섭정 왕으로 다스렸습니다.

그동안, 고레스라는 이름의 특출한 능력을 가진 사람이 권좌에 올랐습니다. 그의 부친은 페르시아 왕이었고 어머니는 메데의 공주였습니다. 그 조부는 메데의 아스티아지스 왕이었습니다. 주전 550년에 고레스는 조부를 폐하고 현재의 터키를 지나 에게 해까지 세력을 떨쳤습니다. 그가 그리스 도시국가 아테네와 스파르타와 접전한 것은 페르시아와 그리스 간의 두 세기에 걸친 분쟁을 초래하였습니다.

고레스가 그의 군대를 바벨론으로 돌리기도 전에 그가 공평하고 관대한 사람이라는 평판은 이미 알려져 있었습니다. 역사 기록에 보면, 그가 그의 칼집에서 칼도 뽑지 않고서 바벨론에 말을 타고 들어갔다고 되어 있습니다. 문이 활짝 열렸고 피한 방울 흘리지 않았습니다. 주전 539년에 내린 그의 칙령은 유다로 돌아가고 싶어 하는 유대인 포로들이 갈 수 있도록 허락했습니다(스 1:1~3). 이 일이 하나님의 장중에서 일어난 사건임을 유대인들이 알도록 이사야는 미리 앞서 이를 선포했습니다.

성전이 있는 장소로 나아가는 행렬이 지나갔던 입구였던 바벨론의 이스타르 문은 푸른색과 붉은색 유약을 바른 타일 위에 이런 소의 그림과 같은 동물 그림이 200개 이상 그려져 있다.

벨(사 46:1)은 전쟁과 바벨론의 복지의 신, 벨-마둑의 준말입니다. 느보(나부)는 그의 아들이었습니다. 이사야는 신들이 장작더미와 같이 당나귀에 실릴 것이라고 말합니다(46:1~2). 하나님은 아직도 구원 사역을 하고 계십니다. 하나님은 이스라엘을 나면서부터 데리고 다니셨으며 그를 버리지 않으실 것입니다. 고집이 세어도 이스라엘은 하나님이 그분의 이름을 위해 구원해 주실 것입니다.(48:9)

"나는 네게 유익하도록 가르치고 너를 마땅히 행할 길로 인도하는 네 하나님 여호와라."(48:17)

"만일 너희가 나의 계명을 지켰다면, 너희는 이 모든 일을 겪지 않았어도 되었을 것이다." 이제 하나님이 말씀하십니다. "나는 내가 모세를 위해 했듯이(출 17:6), 물이 쏟아져 나와 내 백성이 광야를 지날 수 있도록 바위를 쪼개겠다."(사 48:21)

종의 노래

새 모습과 새 메시지가 나옵니다. 자비로운 종이 구원의 사명을 이루기 위해 하나님의 도구로 일할 것입니다. 이 사람은 고레스 왕이 아닙니다. 고레스 왕은 자유를 위해 정치 군사 요원으로 일할 것입니다. 오히려 네 편의 '종의 노래'에서 종은 영적 치유를 가져옵니다. 첫 번째 노래에서(사 42:1~4), 선택받은 종은 정의를 베풀라는 임무를 받습니다. 다른 세 노래(49:1~6; 50:4~9; 52:13~53:12)의 마지막 구절은 고난받는 위대한 종에 관한 말씀입니다.

수년 동안 이 네 편의 구절에 나오는 종의 정체에 대해 학자들 간에 논란이 있었고, 사람들이 궁금해했습니다. 때때로 종은 이스라엘 나라로, 이스라엘 안에 남은 의로운 자로, 한 사람의 의로운 개인으로, 집단과 개인 둘 다를 뜻하는 복합적 인물로 이해되었습니다.

종의 정체가 무엇이든 종의 이미지는 하나님의 목적 안에서 이스라엘이 맡은 역할의 개념을 담고 있는 것이 확실합니다. 전통적으로 유대인들은 포로시대뿐 아니라 수세기에 걸쳐 그들이 경험한 핍박의 고뇌를 감지하면서, 이스라엘을 고난받는 종으로 이해했습니다.

이사야는 죄 없는 분이 다른 사람 대신에 고난받을 때 구속이 온다는 것을 감지했습니다. 이사야의 이 부분에서 우리는 하나님이 세상 악으로부터 큰 고통을 당하고 계시다는 것을 알 수 있습니다. 곧바로 그리스도인들은 이 예언에서 그리스도의 고통이 묘사되었음을 봅니다.

"그가 찔림은 우리의 허물 때문이요 그가 상함은 우리의 죄악 때문이라 그가 징계를 받으므로 우리는 평화를 누리고 그가 채찍에 맞으므로 우리는 나음을 받았도다."(53:5)

그리스도인들에게 예수 그리스도의 십자가는 갈보리 사건보다 500년 전에 예언적으로 정의되었습니다. 기독교 공동체 안에는 그리스도의 상처가 치유와 용서, 하나님과 누리는 평강을 가져온다는 확신이 있습니다.

이사야가 구체적으로 구주를 예견했는지 우리는 모릅니다. 그러나 하나님이 하나님의 백성을 위해 고난을 받으시고, 무죄한 자의 고통은 다른 사람에게 대속의 치유를 가져오며, 언젠가는 공의와 정의가 이루어진다는 영원한 진리를 그가 이해했다는 것은 우리가 알고 있습니다.

은혜와 평강

구약이 진노의 하나님만을 묘사한다고 말하는 사람들은 이사야 54, 55장을 읽어 본 적이 없는 사람들입니다. 승리와 구원의 외침에 귀를 기울여 보십시오. 언약 신실성의 선포에 대해 귀를 기울여 보십시오.

"산들이 떠나며 언덕들은 옮겨질지라도 나의 자비는 네게서 떠나지 아니하며 나의 화평의 언약은 흔들리지 아니하리라 너를 긍휼히 여기시는 여호와께서 말씀하셨느니라."(54:10)

이사야는 모든 사람에게 구원의 소리를 들려줍니다. 거저 주시는 물과 은혜의 젖과 포도주를 모든 사람이 값없이 얻을 수 있습니다(55:1). 비극은 우리 중에서 그토록 많은 이들이 "양식이 아닌 것"(55:2)에 돈을 낭비하고 있다는 데 있습니다. 이 말씀 가운데 어느 부분이 내게 적용됩니까?

만족을 주지 못하는 일을 위해 애쓴 경험을 나는 어떻게 묘사할 수 있습니까?

선지자는 새롭고 기쁨에 찬 출애굽의 광경으로 결론을 짓습니다.

"너희는 기쁨으로 나아가며 평안히 인도함을 받을 것이요 산들과 언덕들이 너희 앞에서 노래를 발하고 들의 모든 나무가 손뼉을 칠 것이며."(55:12)

♡ 순종하는 공동체의 모습

믿음의 공동체는 고통과 상처, 심지어 징벌까지도 감수하고 또 위로를 받고자 합니다. 우리는 우리에게 구원과 소망의 표적을 가져오는 하나님의 사자의 말씀을 들으려 합니다. 우리는 우리의 눈을 뜨고 하나님의 새로운 가능성을 믿으면서 기다려야 합니다.

나는 위로가 필요한 믿음의 공동체에 속해 본 적이 있습니까?

....

....

"오직 여호와를 앙망하는 자는 새 힘을 얻으리니"(사 40:31). 이 약속은 내게 어떤 의미입니까?

....

....

◉ 더 알아보기

■ 페르시아의 고레스 2세와 우리가 익히 알고 있지는 못했지만 주목할 만한 관계를 가지고 있는 세 왕, 나보니더스와 벨사살, 아스티아지스에 대해 찾아보십시오.

> 순종하는 믿음의 공동체는 하나님은 모든 것이 가능하신 분이라는 것을 알고 위로받으며, 그러한 가능성이 실현되기를 기다리는 동안에도 그분을 믿고 의지한다.

13

이 과의 주제
••••••••••
비전

새로운 세상을 위한 하나님의 비전

또 여호와와 연합하여 그를 섬기며 여호와의 이름을 사랑하며
그의 종이 되며 안식일을 지켜 더럽히지 아니하며
나의 언약을 굳게 지키는 이방인마다 내가 곧 그들을 나의 성산으로 인도하여
기도하는 내 집에서 그들을 기쁘게 할 것이며 (이사야 56:6~7)

◉ 우리의 모습

현실이 우리 기대에 미치지 못하고 우리 꿈이 실망으로 깨어질 때, 우리는 균형을 잃고
절망의 희생물이 됩니다.

◉ 내려놓기

성경 공부를 하기 전에 먼저 하나님께 기도를 드립니다. 아래의 시편 말씀이 좋은 길잡
이가 될 것입니다.

> 하나님이여 주의 도는 극히 거룩하시오니 하나님과 같이 위대하신 신이 누구오니
> 이까 주는 기이한 일을 행하신 하나님이시라 민족들 중에 주의 능력을 알리시고
> (시편 77:13~14)

이번 주 기도 제목을 구체적으로 적어 기도합시다.

◉ 귀 기울이기

마지막 때 환상들을 읽으면서 다른 번역본들과 비교해 보십시오. 이 환상들을 이전 선
지자들의 환상과 비교해 보아도 좋을 것입니다. 이 환상은 만민을 포함하며, 거룩한 산에
이방인과 고자가 포함된다는 사실을 주시하십시오.

D1 이사야 56~57장(순종하는 사람에게 베푸는 언약, 이스라엘의 무용한 우상숭배)

D2 이사야 58~59장(진정한 금식, 친절과 정의, 사람들의 죄, 회개의 필요성)

D3 이사야 60~61장(예루살렘의 회복, 시온에 대한 사명, 영원한 언약)

D4 이사야 62~64장(시온의 구원, 회개하는 사람에 대한 하나님의 자비)

D5 이사야 65~66장(하나님의 의로운 심판, 미래의 소망, 하나님의 통치)

D6 '말씀 속으로'와 '순종하는 공동체의 모습'을 읽으라.

비전

🔸 말씀 속으로

이사야 56장이 시작되면서 분위기가 바뀝니다. 이스라엘 사람들 중 많은 이들이 주의 대로를 걸어 예루살렘으로 돌아왔습니다. 물론 포로들이 다 돌아온 것은 아닙니다. 모든 곳에 있는 유대인 디아스포라와 같이, 어떤 이들은 그곳에 뿌리를 내리고 재산을 모으며 아이들을 키우고 그곳 사람들의 생활방식을 배웠습니다. 관대한 페르시아인 밑에서 느헤미야 같은 몇몇 사람은 왕궁에서 일하기도 했습니다.

에스겔의 성전 환상이나 이사야의 광야를 통해 가는 대로(大路)의 환상으로 흥분한 유대인들은 그들의 소유물을 등에 지거나 수레에 싣고 가쁜한 발걸음과 행복한 마음으로 유다를 향해 걸었습니다. 그들은 예루살렘이 파괴된 이후 억지로 살게 된 바벨론에서 돌아왔습니다. 주전 539년 바벨론에 대한 페르시아의 승리로 페르시아는 인도에서부터 그리스까지 3,220여 킬로미터에 걸치는 지역을 다스리게 되어, 역사상 가장 큰 지중해 연안의 제국이 되었습니다. 고레스의 칙령(주전 538년)으로 포로들이 자녀들과 함께 고향으로 돌아갔습니다.

그러나 50년이 넘게 지난 후 전쟁으로 폐허가 된 고향으로 돌아간다는 것은 어떤 의미일까 한번 생각해 보십시오. 더욱이 많은 이들에게는 한 번도 살아 본 적 없는 폐허의 도시로 가는 일이었습니다. 이 사람들은 하나님께 감사하게도 마침내 자유를 얻었지만 땅의 경계를 표시하는 표가 옮겨진 곳, 낯선 사람들이 살고 있는 곳, 사회와 종교 체제가 완전히 무너진 거친 땅에서 자유를 얻게 되었습니다. 뒤에 남겨진 사람들은 자신들의 조직을 세웠고 버려진 땅을 차지했습니다. 그래서 마찰이 불가피했습니다. 이사야의 자유와 회복의 예언이 이루어졌습니다. 그러나 거리에는 나무가 늘어 서 있지 않았고 정의와 평화로 나라를 다스리지 못했습니다. (사 55:12)

이사야 55~66장은 포로시대 이후 또 아마도 성전 재건 후에 그러나 느헤미야의 성벽 재건 훨씬 이전에 쓰였을 것입니다. 우리는 적어도 세 가지 다른 차원에서 이 말씀을 읽어야 합니다.

• 사자는 그가 당면한 시대와 장소의 구체적인 문제들을 다룹니다. 우리는 귀향한 포로들의 경험에서 우러나오는 말씀을 들으면서 우리 삶에 적용할 교훈을 배울 수 있습니다.

• 사자는 깊은 영적 지혜를 제공해 줍니다. 그의 예언은 모든 세대 사람들에게 신실한 삶을 살도록 심오하고 경건한 지침을 줍니다.

• 하나님이 불어넣어 주신 꿈은 우리를 한결같이 영원으로 이끌어 줍니다. 때때로 예언은 지역적이고 구체적인 것으로 시작하여 모든 인류를 위한 평화와 정의의 마지막 때 환상으로 확장됩니다.

새로운 신앙 공동체는 올바른 삶과 안식일 엄수(56:1~2) 등 옛 믿음을 지켜야 합니다. 그들은 물질적으로뿐만 아니라 영적으로도 옛 기초 위에서 재건해야 합니다(58:12). 그러나 믿음의 문을 다른 사람들에게도 활짝 열어 두어야 합니다. 선지자는 이스라엘이 남을 더 포용할 수 있도록 팔을 넓혀 줍니다.

"여호와께 연합한 이방인은 말하기를 여호와께서 나를 그의 백성 중에서 반드시 갈라내시리라 하지 말며 고자도 말하기를 나는 마른 나무라 하지 말라"(56:3). 이 가르침은 그런 사람들을 여호와의 회중에서 제외한 이전 율법(신 23:1)과 대조를 이룹니다. 거룩한 분을 사랑하는 유대인과 이방인이 거룩한 산에서 예배를 드리는 일이 환영받을 것입니다. (사 56:6~7)

신실한 자들은 정결하고 헌신하는 지도자들이 있는 영적 유토피아를 기대했습니다. 그러나 애석하게도 대중 지도자나 종교 지도자들은 모두 자기 의무를 태만히 했습니다. 집을 지키는 개가 짖지 않는 것처럼 그들은 악의 위험에 대해 사람들에게 경고하지 않았습니다. 그들은 게을렀고 욕심이 많았으며 방종했습니다. 술을 너무 많이 마셨고 또 더 마시고 싶어 했습니다. 그런 식으로 계속한다면 다른 사람들이 야수처럼 와서 그들을 잡아먹을 것이라고 선지자가 외쳤습니다. (56:9~12)

아모스 이래로 아무도 이 선지자처럼 사람들의 성적 부도덕과 우상 숭배를 맹렬하게 훈계하지 않았습니다. 산당의 이방 신 숭배와 생식력을 강조하는 종교 의식, 아이를 제사로 바치는 것은 과거지사가 아니었습니다.

106_제자 Ⅲ

선지자는 옛 가나안 종교가 성행했던 매춘의 언덕에서 간음했던 이들을 정죄했습니다. 새 자유가 옛 금기를 무너뜨렸습니다. 하나님에 대한 반란이 계속되었습니다. 사람들은 사치스런 옷에 값비싼 향수 그리고 거의 지칠 때까지 계속되는 성적 방종에 전심을 다했습니다.(57:3~10)

하나님은 그들이 두려워하지도 않고, 하나님을 "생각하지 아니하며 이를 마음에 두지 아니한다"고 말씀하십니다(57:11). 하나님은 애통하는 자에게 치유와 자비를 베푸신 분입니다(57:18~19). 그러나 우상 숭배와 계속 죄악을 행하는 이들에게는 어떻게 하시겠습니까? 영적 지도자들은 지금까지 잠잠히 있습니다. 그래서 선지자가 "네가 행한 일이 네게 무익하니라"(57:12)고 말하면서 하나님의 심판을 설명했고, 이에 더하여 하나님의 말씀을 전했습니다.

"그러나 악인은 평온함을 얻지 못하고 그 물이 진흙과 더러운 것을 늘 솟구쳐 내는 요동하는 바다와 같으니라 내 하나님의 말씀에 악인에게는 평강이 없다 하셨느니라."(57:20~21)

거룩한 금식

귀향한 많은 사람들이 경건생활에 힘썼습니다. 그들은 타국의 작은 신상이나 우상의 입상을 사용하지 않았습니다. 그들은 안식일의 기도에 대해 좀 더 주의했습니다. 어떤 진지한 유대인들은 공공장소에서 기도했고, 거친 삼베옷을 입었으며, 금식했습니다. 그러나 거침없이 비판하는 선지자 전통 속에서 이사야는 하나님을 감동시키기 위해 마련된 종교 행위는 가치가 없다고 주장했습니다. 어떤 종류의 금식이 하나님을 기쁘시게 합니까? 맞습니다. 불의와 억압을 버리고, 가난한 사람들과 나눌 음식을 모으며, 집 없는 사람들을 자신의 집에 들이며, 또한 적어도 그들이 거할 곳을 찾을 수 있도록 도와주고, 피폐한 사람에게 옷을 제공하며, 친척을 돌보는 것입니다. 내 마음과 행동으로 안식일을 꼭 지키도록 해야 합니다(사 58:6~7, 13~14). 언젠가 모든 사람이 안식일을 건전한 규례로 인정하고 하나님께 정기적으로 나아가 예배를 드릴 것입니다.(66:23)

친척에 대한 배려는 그것이 유대교의 독특한 특징이 될 만큼 계속 강조됩니다. 그러한 배려는 고대 근동 문화에 뿌리내리고 있는데, 다섯째 계명으로 보강됩니다. "네 부모를 공경하라 그리하면 네 하나님 여호와가 네게 준 땅에서 네 생명이 길리라"(출 20:12). 더 나아가 "간음하지 말라"(20:14)는 계명으로 자녀들에게 도덕적인 가치관과 종교 전통을 열심히 강조함으로써(신 6:6~7, 20~25) 더욱 강화되었습니다. 이것이 이스라엘에서 속담이 되었습니다.

"너를 낳은 아비에게 청종하고 네 늙은 어미를 경히 여기지 말지니라."(잠 23:22)

기독교 공동체 안에서 유대교의 이 진리는 매우 기본적인데 그렇지 않다고 생각한다면 언어도단입니다. "누구든지 자기 친족 특히 자기 가족을 돌보지 아니하면 믿음을 배반한 자요 불신자보다 더 악한 자니라"(딤전 5:8). 나는 이 부분을 어떻게 실천하며 살고 있습니까?

믿음이 깊은 사람들이 금식할 때 얻는 상은 무엇입니까? 하나님이 당신의 슬픔을 거두실 것입니다. 주께서 당신의 생각과 결정을 인도하실 것입니다. 당신은 건강할 것이며 물을 잘 댄 동산 같은 느낌을 가질 것입니다(사 58:10~11). 그러나 잠깐, 그보다 더 중요한 것은 당신이 도시 재건의 한 몫을 맡아 정의의 옛 기초 위에 도시를 짓게 되리라는 것입니다. 당신은 건설자, 곧 도시를 살리는 의로운 사람들로 이루어진 건설자로 알려질 것입니다.

"오래 황폐된 곳들을 다시 세울 것이며 너는 역대의 파괴된 기초를 쌓으리니 너를 일컬어 무너진 데를 보수하는 자라 할 것이며 길을 수축하여 거할 곳이 되게 하는 자라 하리라."(58:12)

오늘날 세상에서 부패해 가는 도시를 생각할 때, 내가 사는 지역이나 마을과 도시를 생각할 때, 내가 '거리의 복구자'가 될 수 있는 방편에는 무엇이 있습니까?

거의 두 세기 전의 예루살렘의 이사야같이 선지자는 사람들에게 죄를 짓지 말고 회개하며 거룩한 삶을 살라고 호소합니다. 그러나 예레미야와 에스겔의 영향으로 그는 더 인간적이고 더 개인적이 됩니다. 주목하십시오. 하나님은 "죄과를 떠나는 자"를 용서하시고 구원하십니다(59:20). 공동체는 결속되어 있다 하더라도 더 이상 한 덩어리로 간주되지 않습니다. 하나님은 개인의 행위를 따로 구분하실 것이며, 이에 따라 심판하십니다.

죄는 오늘의 뉴스 방송처럼 공개적인 성격을 띱니다. 거짓말을 하고 폭력을 사용하며 살인을 저지릅니다. 사람들이 사람들을 해치고 나서 법정에서 거짓을 말합니다. 죄 없는 사람들이 파멸당합니다. 아무도 안전하지 않습니다(59:3~8). 마음이 상한 애가의 탄원이 죄의 목록을 따라옵니다. 그것은 자비와 경건한 삶으로 돌아갈 길을 보여 줍니다.(59:9~15)

그와 같은 죄에 대해 하나님이 역사하실 것입니다.

"공의를 갑옷으로 삼으시며 구원을 자기의 머리에 써서 투구로 삼으시며 보복을 속옷으로 삼으시며 열심을 입어 겉옷으로 삼으시고."(사 59:17)

밝은 미래

돌아온 포로들의 삶에 낙담의 구름이 덮였습니다. 할 일이 그토록 많은데 물자가 너무 부족했습니다. 이렇듯 가혹한 환경에 대해 선지자는 하나님이 도와주시는 비전을 보여 주었습니다. '여호와의 영광'이 그들의 슬픔을 거두어 가고 물자도 제공할 것입니다(사 60:1~3). 다른 포로들이 도와주러 올 것입니다. 어떤 이들은 배로 올 것입니다(60:4~5). 통상인들은 먼 땅에서 물자를 가지고 다녀갈 것입니다(60:6). 정말 그랬습니다. 왜냐하면 페르시아의 평화 아래 나일 강과 디그리스 강, 페르시아 만을 연결하는 고대 농업지대가 다시 부흥했기 때문입니다. 돈이 기대하지 않은 곳에서 들어올 것입니다. 고레스는, 그리고 후에 다리오는, 실제로 성전을 재건하라고 원조를 보냈습니다. 하나님은 도시를 개축하는 일을 도와주도록 외국인을 데려오실 것입니다(60:10). 메시지는 분명했습니다. 그들이 처한 상황은 생각했던 것처럼 그렇게 적막하지 않았습니다. 그들이 열심히 일하고 믿음을 지키면 하나님이 그들에게 도움이 될 물자를 보내 주실 것입니다.

그러나 잠깐 기다리십시오. 지금 이 비전은 사실이기에는 너무 훌륭합니다. 하나님의 영광은 아주 밝고 아주 영광스러워서 예루살렘은 해도 달도 필요하지 않게 될 것입니다(60:19~20). 폭력은 끝날 것입니다. 통치자들이 의로울 것입니다. 모든 사람이 분명 올바른 일을 할 것입니다. 하나님은 이름이 화평인 새로운 감독자를 시온 성에 세우실 것입니다(60:17). 하나님은 그 직함이 공의인 새로운 주요 행정관을 임명하실 것입니다. 구원은 강한 성벽이 될 것이며 찬양은 그 문이 될 것입니다(60:18). 모든 이들이 새 옷을 입고 있어서 혼인하기 위해 준비한 신부처럼 아름다울 것입니다. 그러나 멋진 예복은 옷감이 아니라 우리를 구원하시는 하나님의 사랑과 공의로 만들어질 것입니다.(61:10)

다시 일어났습니다. 선지자가 하나님과 가까워졌습니다. 하나님은 희망을 더 높은 차원으로 들어 올리셨고, 좋은 미래를 하늘의 비전으로 변형시켜 보여 주셨습니다. 다시 한 번 선지자가 먼 미래를 내다봅니다.

가서 일하라!

예수께서 그의 고향 회당에 들어가 섰을 때에 장로들이 이사야 두루마리를 건네 주었습니다. 예수께서는 종의 구절을 선택하고 이스라엘의 사명을 그 어깨에 짊어 지셨습니다.

"주 여호와의 영이 내게 내리셨으니 이는 여호와께서 내게 기름을 부으사."(사 61:1)

이스라엘은 제사장의 나라, 곧 하나님의 구원의 말씀을 온 세계에 가르치고 거룩한 백성이 되라는 부르심을 받았습니다. 그리고 그렇게 할 때 하나님은 계속해서 축복하시고 힘을 주십니다.

"낙담하지 말라. 너희는 지금은 패배하여 '황무지'라는 곳에 사는 '버림받은 자'다. 내가 너희와 너희 장소에 새 이름을 주리니, 뿔라(Beulah)의 땅이다. 이는 '주님과 결혼했다'는 의미이다. '황무지'는 '기쁨'이 될 것이다."(62:4)

"하나님을 믿으라. 그리고 소망을 잃지 말라. 좋은 선지자들은 파수대에 서게 될 것이다. 그들은 경고할 것이다. 그들은 평화가 없을 때에 '평화, 평화' 하고 외친 옛 거짓 선지자가 되지 않을 것이다."(렘 6:14; 8:11; 겔 13:10)

"이제, 가서 일하라! 거친 돌을 제거하라. 옛 돌을 치우라. 예배자들이 올 수 있도록 대로를 준비하라. 문과 벽을 지어라. 너희는 더 이상 버림받은 성이 아니다. 너희는 하나님의 도시다. 수축하고 수축하라!"(사 62:10)

왜 하나님의 옷이 붉은 색으로 물들었습니까? 하나님께 대적하는 사람들을 심판의 포도즙 틀에 밟느라고 바쁘셨기 때문입니다.

"내가 노함으로 말미암아 만민을 밟았으며 내가 분함으로 말미암아 그들을 취하게 하고."(63:6)

심판에 대한 생각이 선지자를 엄습합니다. 그는 백성을 위해 중보기도를 합니다. "오, 하나님, 이제 부디 내려오소서(64:1). 지체하지 마소서. 당신은 거룩하신 분입니다. 우리는 죄를 지었습니다. 우리는 진흙이요 주는 토기장이시니(64:8) 우리를 구원하소서."

이란의 페르세폴리스에서 나온 벽의 부조에는 왕위에 앉아서 제국의 지배를 받는 백성들에게 매년 조공을 받는 것 같은 다리오 1세의 모습이 그려져 있다.

새 하늘과 새 땅

하나님은 이제 새 하늘과 새 땅을 창조하려고 하십니다(사 65:17). 새 창조에는 자기 자신의 방안을 따르는 반역한 백성이 설 자리가 없습니다. 새 시대는 새 백성, 곧 하나님을 기뻐하는 백성을 원합니다. 다시 새 땅, 변화된 세계의 비전이 나타납니다. 어린이가 한 명도 죽지 않을 것입니다. 100세에 죽은 자를 젊은이라 할 것입니다. 아무도 울지 않을 것입니다. 자기 집을 짓는 사람들은 그 안에서 살 것입니다. 포도나무를 심는 사람들은 그 열매를 도난당하지 않을 것입니다. 그들은 자기들이 수고한 열매를 즐길 것입니다(65:19~23). 모든 자연이 조화를 이룰 것입니다. 65장 25절의 이리와 어린 양, 사자와 소를 11장 6~9절 환상과 비교해 보십시오. 모든 자연이 죄로 혼돈되었습니다. 따라서 모든 자연이 은혜로 치유함을 받을 것입니다. 다시 한 번 하나님의 마지막 목적이 선지자의 마음을 환상으로 채웁니다.

초조해하지 마십시오. "나라가 어찌 하루에 생기겠으며"(66:8) 하나님은 태를 여시고 해산하게 하십니다.(66:9)

"어머니가 자식을 위로함같이 내가 너희를 위로할 것인즉… 너희가 이를 보고 마음이 기뻐서…."(66:13~14)

선지자는 진리를 강조하면서 그의 메시지를 절정으로 이끕니다. 하나님이 새 하늘과 새 땅을 가져오실 것이며, 모든 이, 곧 모든 나라에서 온 사람들과 모든 혈육이 주 앞에 나아와 예배할 것입니다.(66:22~23)

♥ 순종하는 공동체의 모습

선지자와 같이 믿음의 공동체는 먼 미래를 내다보고 인도하는 비전을 가집니다.

우리는 새로운 미래, 우리 자신, 우리 그룹, 우리 교회, 우리 공동체를 위해 경건한 미래를 구상해 볼 수 있습니까? 이 일에 꼭 필요한 것이 무엇입니까? 기도입니까, 화목입니까, 힘든 일입니까?

순종하는 믿음의 공동체는 비전을 가지고 소망을 잃지 않으며, 멀리 보는 안목을 가지고 미래를 대비하면서 현재에도 충실하다.

만일 내 꿈이 하나님의 꿈과 일치된다면, 하나님이 나를 어떻게 도와줄 수 있습니까? 나는 무엇을 할 수 있습니까? 또 무엇이 내게 필요합니까?

우리는 하나님이 대적의 벽을 무너뜨리고 슬픔의 눈물을 씻겨 버리시며 평화를 가져오시기 위해 일하고 계신다고 믿습니다. 우리는 언젠가 하나님이 정의와 자선과 희락이 널리 퍼지는 새 하늘과 새 땅을 창조하실 것이라고 믿습니다. 우리는 그러한 기대감 속에 살면서 이를 위해 노력합니다.

이러한 비전은 매일의 내 생활에 어떤 영향을 미칩니까?

....

....

이것은 내가 속한 믿음의 공동체에 어떤 영향을 미칩니까?

....

....

기다리는 동안 이를 위해 내가 할 수 있는 일은 무엇입니까?

....

....

소망을 품고 살 때 인간은 위대한 일을 이룰 수 있습니다. 하나님을 확실히 믿고 나 자신과 나의 미래를 확실히 믿기에, 지치지 않고 무언가 좋은 것을 이루려고 일했던 때가 언제였습니까?

....

....

◉ 더 알아보기

■ 요한계시록 21장 1~4절, 22~26절 그리고 22장 5절을 읽고 거기 나오는 하나님의 공의와 평화의 왕국의 비슷한 이미지에 대해 숙고하십시오.

14

이 과의 주제

용기

평안한 하나님의 도시

이 성전이 황폐하였거늘 너희가 이 때에 판벽한 집에 거주하는 것이 옳으냐

… 너희는 너희의 행위를 살필지니라

너희는 산에 올라가서 나무를 가져다가 성전을 건축하라

그리하면 내가 그것으로 말미암아 기뻐하고 또 영광을 얻으리라 (학개 1:4~5, 8)

⚓ 우리의 모습

우선순위를 놓고 결정해야 할 때 우리는 양다리를 걸치는 경향이 있습니다. "때가 좋지 않다. 우리에게는 우리 나름대로 할 일이 있다. 지금은 다른 사람들을 위해 일할 때가 아니다."라고 말합니다. 그러나 올바른 지도자가 주는 올바른 말씀 때문에 우리는 다른 사람을 돕게 될지도 모릅니다.

⚑ 내려놓기

성경 공부를 하기 전에 먼저 하나님께 기도를 드립니다. 아래의 시편 말씀이 좋은 길잡이가 될 것입니다.

> 예루살렘을 위하여 평안을 구하라 예루살렘을 사랑하는 자는 형통하리로다 네 성안에는 평안이 있고 네 궁중에는 형통함이 있을지어다 내가… 말하리니 네 가운데에 평안이 있을지어다 여호와 우리 하나님의 집을 위하여 내가 너를 위하여 복을 구하리로다 (시편 122:6~9)

이번 주 기도 제목을 구체적으로 적어 기도합시다.

⚓ 귀 기울이기

에스라에 관한 자료들은 학개와 스가랴를 이해하는 데 도움이 되는 역사적 배경을 제시합니다. 스가랴의 환상에 담긴 이미지에 매이지 마십시오. 현대어 번역본을 찾아보십시오. 학개와 스가랴 둘 다 다가오는 메시아 시대를 기대하고 있다는 것을 암시하는 부분들을 찾아보십시오.

D1 학개 1장, 에스라 1~3장(성전 재건의 때, 포로들이 돌아오다, 기초가 놓임)

D2 학개 2장, 에스라 4~6장(약속과 축복, 재건에 대한 반대, 유월절)

D3 스가랴 1~3장(회개하라는 말씀, 밤의 환상)

D4 스가랴 4~6장(회복된 공동체의 환상)

D5 스가랴 7~8장(금식이 아니라 인애와 자비, 예루살렘과 유다에게 주시는 하나님의 약속)

D6 '말씀 속으로'와 '순종하는 공동체의 모습'을 읽으라.

🔥 말씀 속으로

학개와 스가랴는 새로운 정치 풍토 시기에 살았습니다(스 6:14). 앗수르는 유다의 사회 구조를 약화시키기 위해 강제로 타민족과 결혼을 시키고 사람들을 이주시켰습니다. 바벨론 사람들은 성전을 폐허로 만들고 가장 명석한 엘리트들을 포로로 잡아갔습니다. 그러나 현명한 정치가였던 고레스는 메데 사람과 페르시아 사람, 바벨론 사람을 함께 모아 그 백성들끼리 관용을 베풀며 살 수 있는 거대한 제국을 이루었습니다. 바벨론을 정복한 후 그가 처음 한 업적 가운데 하나로, 고레스는 포로들이 예배 때 쓸 물품을 가지고 자기 고향으로 돌아가도록 허락했습니다(스 6:3~5). 그의 지론은 페르시아 제국 전역의 자국민들에게 협조를 장려한다는 것이었습니다.

고레스는 포로들 중에서 제1차 그룹이 주전 538년에 예루살렘으로 귀환하도록 허락했습니다(스 1:1~4; 6:14). 고레스의 명령하에 '유다 총독' 세스바살은 거의 5만 명을 이끌고(2:64) 폐허의 잿더미로 돌아왔습니다. 집 없고 뿌리 없는 포로들에게 말만으로는 충분하지 않았습니다. 그들에게는 그들이 만질 수 있는 것들, 그들이 누구인지 기억나게 해주는 것들이 필요했습니다. 이는 그들이 성전 물품을 가져온 이유였습니다. 또한 그들이 성전을 재건하기 시작했던 이유였습니다. 2년 내에(주전 536년) 집을 짓고 생존하기 위해 노력하는 동안에도 그들은 터를 닦고 성전 기초를 놓았습니다(3:8~11). 그러나 갑자기 일이 중단되었습니다. 16년 동안 성전 건축은 더 이상 진행되지 않았습니다.

돌아온 사람들은 엄청난 장애에 당면했습니다. 주민들이 반대를 표명했던 것입니다. 페르시아의 지방 당국은 성전 건축을 위한 그들의 노력이 반정을 꾀하는 일이라고 믿었습니다. 옛 지주와 새 지주들은 소유권을 놓고 논쟁을 벌였습니다. 타민족과 결혼한 이스라엘 사람들과 사마리아 사람들을 포함한 비이스라엘 사람들이 반대안을 내놓았던 것 같습니다. 게다가 자금과 물자가 떨어졌습니다. 심지어 아닥사스다 왕도 그 사업을 중단시켰습니다(4:21). 그러나 다리오 대왕이 주전 521년에 집권했을 때, 그는 더 많은 포로들이 귀환하도록 허락했고, 페르시아의 관리들이 공사를 막지 못하게 했으며, 성전 재건을 지지했습니다(6:6~12). 그는 다윗 자손의 왕 여호야긴의 손자, 스룹바벨을 새로운 총독으로 임명하여 그 사업을 인도하게 했습니다.

학개와 스가랴

두 선지자 학개와 스가랴는 예루살렘 재건에 중요한 인물로 등장합니다(스 5:1~2). 그들은 귀환하는 포로들을 위해 종교와 정치생활의 회복을 촉구했습니다. 응원단장격인 두 선지자는 돌아온 사람들이 그들의 종교 공동체를 조직하고 함께 일하며 성전을 건축하도록 도전했습니다.

학개와 스가랴는 다른 이들이 실패한 데서 성공했습니다. '유대교의 창시자'라고 불리는 두 선지자는 솔로몬 성전 재건을 격려하는 것도 위대한 사업이긴 했지만 그 이상 가는 일을 했습니다. 그들은 총독의 정치적 지위를 강화했고, 대제사장의 종교적 권위를 향상시켰습니다. 그들은 예수 그리스도의 시대까지 500년 동안 계속될 신학을 재편성하기 시작했습니다. 그리고 유대인들이 나라를 재건하기 위해 앞으로 나아가도록 영적으로 용기를 북돋아 주었습니다.

학개는 우리가 아는 한, 주전 520년 8월부터 12월까지 딱 4개월 동안 예언을 했습니다. 그는 사람들에게 물자가 부족하고 결심이 부족한 것을 보았습니다. 모든 사람이 "지금은 적시가 아니다"라고 말했습니다. 물론 정말 어려운 때였습니다. 비가 거의 오지 않아 수확도 형편없었습니다. 재산을 다 낭비했습니다.

학개는 말했습니다. "우리에게 왜 이러한 일이 일어났는지 알지 못하는가? 하나님의 집(성전)이 폐허로 있는 동안 우리는 판벽한 집에 살고 있었기 때문에 하나님이 우리를 축복하지 않으신다"(학 1:4). 상황이 악화된다고 이상하게 여길 것이 없다는 것입니다.

이전 선지자들과 같이 학개는 강력한 말로 사태를 뒤흔들어 놓았습니다. 질서가 문란한 도시의 총독, 스룹바벨이 귀를 기울였습니다. 성전 없는 대제사장, 여호수아가 귀를 기울였습니다. 학개는 주전 520년 8월 29일에 가슴이 후련한 선포를 했습니다. 9월 중순까지는 사람들이 열심히 일에 착수하게 되었습니다. 속삭이는 하나님의 음성을 들은 올바른 시대의 올바른 지도자는 온 백성이 행동을 취하도록 고무시킬 수 있습니다.

기억이 비전이 되다

"너희 가운데에 남아 있는 자 중에서 이 성전의 이전 영광을 본 자가 누구냐?" 하고 학개가 물었습니다(학 2:3). 손드는 사람이 거의 없었습니다. 아마 몇몇 노인만 손을 들었을 것입니다. 학개는 아니었을 것입니다. 여호야긴의 손자 스룹바벨도 분명 아니었습니다. 그러나 선지자는 사람들에게 솔로몬 성전의 기억을 영감을 주는 비전으로 보여 주었습니다. 남녀노소가 일을 이루기 위해 그들의 어깨로 수레바퀴를 밀어야 할 것입니다. 그러나 그들이 생생하게 마음속에 그려볼 수 있다면 성전을 세울 수 있습니다. "스스로 굳세게 할지어다… 스스로 굳세게 할지어다… 스스로 굳세게 하여 일할지어다."(2:4)라고 그는 외쳤습니다. 하나님이 우리와 함께 계시니 두려워하지 말라고 합니다.

학개는 어떻게 확신을 주었습니까? 만일 하나님이 애굽에서 (또 바벨론에서) 나오게 하실 수 있었다면, 하나님은 그들이 성전을 지을 수 있도록 도와주실 것이라고 합니다(2:5). 더욱이 하나님은 더 많은 물자를 공급하기 위해 전 세계를 진동시킬 것이라고 합니다. 하나님은 금과 은이 부족한 적이 결코 없으시니 말입니다. (2:7~8)

문제는 언제나 분배였습니다. 하나님은 몇몇 주머니를 흔들어야 했습니다. 분명히 피난민들 중 어떤 이들은 그 주머니에 금을 넣고 그 마음에는 성전에 대한 사랑을 가지고 돌아왔습니다. 다리오 왕이 돈을 보냈습니다. 목재와 석재 선물과 노동력을 대주겠다는 제의가 기대하지 않은 곳에서 나왔습니다. 성전은 건축하는 데 약 5년 걸려서 주전 515년에 완성되었습니다. 학개는 총독 스룹바벨에게 큰 희망을 걸었습니다. 학개는 마지막 예언에서 스룹바벨을 '하나님의 종'이라고 불렀으며, 또 예레미야가 사용한 표현으로, 하나님의 '인장'(signet ring)이라고 불렀습니다. (참조. 학 2:23; 렘 22:24)

내가 교회나 지역사회 사업에 참가했는데 낯선 사람들과 외부 사람들이 기대하지 않았던 도움을 주었던 때가 있다면 말해 보십시오.

....

....

밤에 본 환상

스가랴는 학개가 소명을 받은 후 몇 달 지나서 하나님으로부터 소명을 들었습니다. 그는 밤에 환상을 보았습니다. 이상한 예언적인 이미지가 가득 차서 예측할

페르시아 시대(주전 6~4세기)의 이 은전에는 페르시아의 한 지방 유다의 아람어 이름인 '여후드'라고 발음되는 'YHD' 글자가 담겨 있다. 한편에는 독수리가, 다른 한편에는 유다의 상징인 백합화가 있다.

주전 960년에 솔로몬이 지은 제1성전은 바벨론 사람들이 주전 587년에 예루살렘을 정복했을 때 파괴되었다.
스룹바벨의 인도로 돌아온 포로들이 세운 제2성전(주전 520~515)은 주전 325년에 그리스 사람들에게 더럽혀지고 손상되었으며, 주전 167년에 다시 셀루시드 왕가의 안티오커스 4세에게 더럽혀진다.
주전 20~19년에 헤롯 대왕은 제2성전에 남아 있는 부분을 재건하고 재정비하여 그 주위에 부속 건물들을 건설하기 시작했다. 공사는 그가 죽은 후에도 계속되었는데 이 성전은 완성된 지 얼마 되지 않아 주후 70년에 로마 사람에게 파괴되었다.

수 없을 정도로 깜짝 놀라게 하는 신의 말씀이었습니다. 예를 들면, 각각 색깔이 다른 네 마리 말은 단지 하나님이 지구의 네 구석을 두루 다니며 순찰을 돌면서 살펴보라고 보내신 사자들을 나타냅니다(슥 1:7~17). 페르시아 사람들이 통치하던 3,220여 킬로미터의 지중해 지역에 대해 그들은 "온 땅이 평안하고 조용하더이다"라고 보고합니다(1:11). 그러나 하나님은 나라들이 평안한 동안 예루살렘이 폐허로 있기 때문에 행복하지 않으시며, 선지자도 행복하지 않습니다(1:15). 네 뿔(1:18)은 이스라엘과 유다 백성을 정복하고 포로로 잡아갔던 세상의 강대국들을 나타냅니다(1:19). 하나님은 뿔들을 치실 것이며(1:21), 그러면 흩어졌던 유대인들이 집으로 돌아올 수 있습니다.

또 다른 밤에 보았던 환상에서는 어떤 사람이 예루살렘을 측량하고 있었습니다(2:1~2). 측량 기사와 기술자들이 일하고 있습니다. 좋은 일입니다. 그러나 어떤 이들은 벽을 재건하는 일이 요원하고 거기 드는 비용이 너무 많아 벌써부터 초조해합니다. 지금 그것에 대해 걱정하지 말라고 선지자가 말합니다. 하나님은 "불로 둘러싼 성곽"이 되시어 그 안에 계셔서 그 도시를 보호하실 것입니다(2:5). 그동안 아직 바벨론에 남아 있는 너희는 집으로 오라고 하십니다. '너희는 나의 눈동자'라고 주께서 말씀하십니다.(2:8)

3장 1~2절에서, 사탄이라는 단어는 그 의미가 신약에 나오는 단어와는 다르므로 '대적하는 자'로 번역하는 편이 더 좋겠습니다. 대적하는 자의 임무는 고발하고 죄과를 지목하는 일로, 이번에는 대제사장 여호수아를 비난합니다. 그러나 하나님이 "이 땅의 죄악을 하루에 제거하리라"(3:9)고 말씀하므로, 유다 전체를 상징하는 여호수아는 정결하게 되었고 쇄신되었습니다. 하나님은 벌하기는 더디 하시고 용서는 빨리 하십니다. 슬픔에 찬 애가는 끝났습니다. 지금은 재건할 때입니다.

하나님의 꿈을 꾸기

스가랴 4장의 환상에서 일곱은 하나님을 나타냅니다. 일곱 개 심지를 가진 일곱 개 등잔은 빛으로 가득 차

서 어디서나 모든 것을 보실 수 있는 하나님을 나타냅니다(4:2, 10). 감람나무 두 그루, 스룹바벨과 여호수아는 등대 곁에 서 있습니다(4:3). 총독과 대제사장의 성전 재건 사업은 솔로몬이 그의 거창한 궁전을 짓는 데 사용했던 노력이나 징집을 요구하지 않을 것입니다. 하나님의 영이 하실 것입니다. "만군의 여호와께서 말씀하시되 이는 힘으로 되지 아니하며 능력으로 되지 아니하고 오직 나의 영으로 되느니라."(4:6)

8장에서 스가랴는 하나님의 꿈을 꿉니다. '영광'이 거하는 신실한 도시입니다. 거리는 다시 늦은 밤에도 안전하고 어린아이들과 노인들에게 평화로울 것입니다. 만방에서 백성이 예루살렘의 평화에 대해 듣고, 한때 거기서 쫓겨났던 것과 같이 예루살렘으로 돌아오게 될 것입니다. "그들은 내 백성이 되고 나는 진리와 공의로 그들의 하나님이 되리라"(8:8). 다시 한 번 환상은 평화(샬롬)의 기쁨에 찬 마지막 때를 시사합니다. 다시 지상으로 돌아와서 너희 일을 하기 위해 앞으로 나아가기를 두려워하지 말라고 하십니다. "손을 견고히 할지니라. 왜냐하면 '내가 너희를 구원할 것'이기 때문이니라."(8:13)

오늘날 우리에게도 하나님의 영광이 거하는 평화의 도시가 얼마나 필요합니까! 노인들의 삶을 질적으로 향상시키기 위해 내가 할 수 있는 일은 무엇입니까?

....

....

어린아이들이 거리에서 안전하게 놀 수 있도록 내가 바로 지금 할 수 있는 일은 무엇입니까?

....

....

♥ 순종하는 공동체의 모습

믿음의 공동체는 우리의 때가 지금이라는 것을 알고 있습니다. 지금이 하나님의 계획을 보고 들을 때입니

다. 우리는 지나간 어제의 기회와 내일의 가능성에 대해 공상하지 않습니다. 우리는 즉각적인 믿음의 응답으로서 하나님이 우리에게 주시는 오늘의 사명을 받아들입니다. 학개는 "스스로 굳세게 할지어다."라고 말했습니다. 스가랴는 "견고히 할지어다."라고 말했습니다.

나는 하나님이 제자 성경공부반에게 바로 지금 하라고 부르시는 것이 무엇이라고 봅니까?

_____

_____

하나님께서는 우리 교회가 지금 무엇을 해야 한다고 말씀하십니까?

_____

_____

그리스도인으로서 사역과 증거, 봉사를 위한 식지 않는 열정을 어디서 찾을 수 있습니까?

_____

_____

◉ 더 알아보기

■ 다른 성전들에 대해 연구하십시오. 이 성전과 솔로몬의 성전을 비교하십시오. 예수께서 가르치셨던 곳인 헤롯 성전이 이 성전과 어떻게 관련 있는지 찾아보십시오.

■ 다리오 대왕과 아하수에로, 메데와 페르시아(바사)에 대해 더 배우기 위해 성서사전을 사용하십시오.

바벨론으로부터 귀환했던 민족의 대이동은 네 차례에 걸쳐 일어났다.
• 고레스 때(주전 약 538년) 세스바살이 인도함
• 다리오 1세 때(주전 521년) 스룹바벨이 인도함
• 아닥사스다 1세 때(주전 464~423년) 에스라가 인도함
• 아닥사스다 2세 때(주전 404~358년) 느헤미야가 두 번 인도함

순종하는 믿음의 공동체는 오늘 하나님이 우리에게 주시는 사명을 믿음으로 응답하면서 즉시 받아들인다.

15

이 과의 주제

회복

하나님이 시온을 회복하실 것이다

보라 내가 내 사자를 보내리니 그가 내 앞에서 길을 준비할 것이요
또 너희가 구하는 바 주가 갑자기 그의 성전에 임하시리니
곧 너희가 사모하는 바 언약의 사자가 임하실 것이라 (말라기 3:1)

🜄 우리의 모습

세상의 모든 것과 모든 사람이 우리를 반대하는 것 같을 때 우리는 종종 희망을 잃습니다. 우리는 이럴 때 의기소침해져서 자신이 잊혔다고 믿기 쉽습니다.

✝ 내려놓기

성경 공부를 하기 전에 먼저 하나님께 기도를 드립니다. 아래의 시편 말씀이 좋은 길잡이가 될 것입니다.

> 주의 빛과 주의 진리를 보내시어 나를 인도하시고 주의 거룩한 산과 주께서 계시는 곳에 이르게 하소서 그런즉 내가 하나님의 제단에 나아가 나의 큰 기쁨의 하나님께 이르리이다 하나님이여 나의 하나님이여 내가 수금으로 주를 찬양하리이다 (시편 43:3~4)

이번 주 기도 제목을 구체적으로 적어 기도합시다.

🜄 귀 기울이기

각 선지자를 액면 그대로 받아들이되 구별하여 별개로 보십시오. 오바댜와 같이 간략하고, 또 스가랴와 같이 심히 종말론적이라도 그 독특한 메시지에 귀를 기울이십시오. 바위, 높은 곳, 에서의 산, 독수리처럼 높이 오르며, 별 사이에 깃들임 등등 오바댜가 사용하는 시적인 말들을 주시하십시오(3~4장). 요엘의 약속(욜 2:28~32)은 베드로의 오순절 설교(행 2:14~42)의 기초가 되었습니다. 말라기는 십일조에 대한 하나님의 약속을 기술합니다. 평화의 왕과 선한 목자에 대한 스가랴의 이미지는 후에 예수 그리스도의 모습으로 우리에게 낯익습니다.

D1 오바댜, 아모스 1:11~12, 에스겔 35장(에돔에 대한 재앙, 주의 날)

D2 요엘 1~2장(메뚜기의 재앙, 회개하라는 말씀, 성령의 부음)

D3 요엘 3장(다른 나라들에 대한 심판, 유다에 대한 미래의 축복)

D4 말라기 1~4장(부패한 제사장직, 다가올 사자, 주께서 임하시는 날)

D5 스가랴 9~14장(오실 왕, 예루살렘의 힘, 흩어진 양 떼, 미래의 복지와 승리)

D6 '말씀 속으로'와 '순종하는 공동체의 모습'을 읽으라.

❂ 말씀 속으로

오바댜는 뜨거운 사막의 바람같이 에돔 백성을 하나의 짧고 신랄한 메시지로 호되게 꾸짖습니다.

"주 여호와께서 에돔에 대하여 이와 같이 말씀하시니라… 내가 너를 나라들 가운데에 매우 작게 하였으므로 네가 크게 멸시를 받느니라."(옵 1:1~2)

에돔 사람들은 누구였습니까? 오바댜가 종종 그들을 '에서'라고 부르는 것을 주목하십시오. 얼굴색이 붉고 털이 많은 야곱의 쌍둥이 형, 리브가와 이삭의 아들 에서를 기억합니까(창 25:23~28)? 에돔 사람들은 에서의 후손들이며(36:1) 사해 남동부의 돌산과 아라비아 사막의 말단에 거주하는 사람들입니다. 언덕 높은 곳에 자리 잡은 그들의 요새 수도는 드만(테마)인데, 이는 '반석'이란 뜻으로 오늘날 남부 요르단의 페트라(반석) 가까이에 있습니다. 대상(隊商)의 오아시스로 드만(옵 1:9)은 '향을 거래하는 길'이어서 다메섹과 인도를 애굽과 지중해로 연결시킵니다.

에돔의 죄는 무엇이었습니까? 친족이 고난당할 때 그들을 돌보지 않은 것입니다! 비록 친족이더라도 수세기에 걸쳐 긴장된 관계였지만 그래도 북쪽에서 온 침략자들이 예루살렘을 약탈할 때 유다를 난데없이 덮치지 말았어야 했습니다(옵 1:10~12). 그들은 유다의 재앙을 고소하게 생각하며 약탈에 합세했고 도주한 사람들을 잡아 적에게 넘겨 주기까지 했습니다(옵 1:13~14). 이는 혈족으로서는 천벌받을 행위이며 하나님의 진노를 받아 마땅하다고 오바댜는 주장했습니다. 선지자는 혈연의 책임과 공명정대에 대한 이해를 어디에서 터득했습니까?

혹여 나는 친척이 고난받을 때 그들을 돌보지 않음으로써 죄를 지은 적이 있습니까?

_____

_____

이 예언은 민족주의 정신에 입각해 유다의 대적을 비난하는 연설에 가깝습니다. 그러나 그것은 "너는 네가 당할 일을 당할 것이다"라는 정의감으로, 그리고 하나님이 유다만 아니라 세상의 모든 나라를 심판하신다는 확실한 개념으로 확대됩니다.

모든 나라가 하나님의 심판 아래 서 있음을 안다는 것이 나의 믿음과 무슨 관계가 있습니까?

_____

_____

돌아가야 할 때

요엘은 농부의 마음과 시인의 감각, 제사장의 영적 감각을 지녔습니다. 땅을 사랑하는 사람은 "씨가 흙덩이 아래에서 썩을 때" 슬퍼합니다(욜 1:17). 메뚜기가 식물을 다 먹어 버릴 때 그는 웁니다.

"예전의 땅은 에덴동산 같았으나 그들의 나중의 땅은 황폐한 들 같으니."(2:3)

요엘은 시인처럼 노래합니다. 외국 군대처럼 습격하는 메뚜기에 대한 그의 묘사를 큰 소리로 읽으십시오.(1:4; 2:4~11)

"그들이 용사같이 달리며 무사같이 성을 기어오르며."(2:7)

요엘의 영적 감각은 모든 세대에 걸쳐 믿음의 백성을 도와주었습니다.

"너희는 옷을 찢지 말고 마음을 찢고 너희 하나님 여호와께로 돌아올지어다 그는 은혜로우시며 자비로우시며 노하기를 더디 하시며 인애가 크시사."(2:13)

회개로 자기 옷을 찢는 사람의 환상은 영적 본질을 확실히 이해시켜 줍니다. 선지자들은 내적 태도에 관심이 있었지 외적 형태에는 관심이 없었습니다.

"마음을 찢고"(욜 2:13)라는 구절이 요구하는 응답이나 행위가 무엇입니까?

_____

_____

요엘이 다가오는 여호와의 날에 대한 예언에 여자와 남자, 늙은이와 젊은이, 종과 자유자를 포함하는 것을 주시하십시오. 이는 하나님의 영의 보편성에 대해 놀랄 만큼 일찌감치 꿰뚫은 그의 통찰력입니다. "내가 내 영을 만민에게 부어 주리니."(2:28~29)

요엘은 메뚜기가 끼친 파괴와 다가오는 여호와의 날을 연결했고, 메뚜기의 재앙을 회개에로의 부름으로 사용했습니다. 그러나 사람들이 모든 자연 현상 속에서 하나님의 손을 보았던 그 당시에도 그들은 용서보다는 구제받기 위해 기도하는 경향이 있었습니다.

오늘날 우리는 질병과 비극적인 자연 재해와 임박한 죽음에서 구제받기 위해 기도하지 않습니까? 오늘날 우리는 자연 재해에 직면했을 때 그 재앙을 우리 길을 바꿔야 한다는 요엘의 외침으로 생각하고 있습니까?

유다와 에돔의 반목은 사울시대부터(주전 1000년 전) 포로시대까지 이어진다. 에돔은 때로는 유다의 통제 아래 있었고, 때로는 자기 왕을 가진 독립국이었다. 오바댜의 예언 말씀은 에돔을 교만의 죄와 유다의 멸망을 기뻐한 죄에 대해 기소한다.

메뚜기 떼가 몰려오는 가운데서도 요엘은 보다 나은 날을 약속합니다(2:21~24). 그러나 더 깊이 들어갑니다.

"내가… 큰 군대 곧 메뚜기[와]… 먹은 햇수대로 너희에게 갚아 주리니."(2:25)

믿음의 백성은 하나님이 비극으로부터 축복을 가져오실 것이라는 약속에 의해 축복을 받았습니다.

하나님이 나를 위해 "메뚜기[의] 먹은 햇수대로" 갚아 주신 적이 있습니까? 함께 그 경험을 나누십시오.

요엘은 메뚜기의 재앙을 하나님의 심판으로 해석한다.

하나님이 회복시켜 주실 것이다

요엘은 비교적 평화로운 때였던 페르시아 대제국 시대(주전 539~331년)에 살았습니다. 앗수르와 바벨론의 대침략에 대한 무서운 예언은 모두 과거지사였습니다. 이제 성전 예언자 요엘에게는 예배에 대한 관심이 있었을 것입니다. 그는 사람들이 하나님을 사랑하고 미래에 대한 희망을 잃지 않기를 원합니다. 작은 유다는 역사의 역류에 시달립니다. 요엘은 하나님이 "유다와 예루살렘 가운데에서 사로잡힌 자를 돌아오게 할" 그날을 기대합니다(욜 3:1). 그는 전쟁과 심판에 대한 준비를 시사하고 있지만 쇄신된 힘과 활력을 강조합니다. 모든 사람이 "여호와께서 그의 백성의 피난처"이심을 알게 될 것입니다. (3:16)

메뚜기는 지나갈 것이고 대적은 사라질 것입니다. 요엘은 신실하게 하나님의 마지막 승리를 세상적인 표현을 써서 약속합니다. 심지어 하나님의 심판의 능력을 강조하기 위해 군사 용어를 사용하기도 합니다. "전쟁을 준비하고 용사를 격려하고"(3:9)라고 말씀한 것이 그 예입니다.

심판은 "여호사밧 골짜기"에서(3:2, 12), "심판의 골짜기"(3:14)에서 일어날 것입니다. 이는 아마도 예루살렘 주위의 어떤 장소에 대한 상징적인 이름일 것입니다. 독자들은 "칼을 쳐서 보습을 만들고"(미 4:3)라고 말한 미가의 평화에 대한 환상을 요엘이 뒤집어 놓은 것을 보고 놀랍니다.

"너희는 보습을 쳐서 칼을 만들지어다 낫을 쳐서 창을 만들지어다."(욜 3:10)

거룩한 전쟁 구호로 보이는 이 구절은 다른 나라들에 대한 하나님의 심판의 때를 가리킵니다.

주께서 임하시는 날

말라기에게 주신 주의 말씀은 진지하고 신실한 예배를 요구합니다. 성전은 재건되었습니다. 제사장들도 마련되었습니다. 도시에는 페르시아 권위 아래 있는 총독이 있습니다. 말라기는 예배가 올바로 드려지기를 원합니다.

모세의 법에는 제사를 위해 오직 온전한 동물만 드리게 되어 있습니다. 사람들은 등급이 낮은 선물, 즉 눈멀거나 병들거나 저는 동물을 드림으로써 하나님을 정말로 속이려고 했을까요? 그러한 풍속은 율법으로 금지되어 있었습니다. "서원제물이나 자원제물로 번제와 더불어 여호와께 예물로 드리려거든 기쁘게 받으심이 되도록 소나 양이나 염소의 흠 없는 수컷으로 드릴지니."(레 22:17~21)

하나님께 헌물을 드릴 때 나는 어떤 면에서 하나님을 속이고 싶은 유혹을 느낍니까?

자발적으로 헌납하기로 했고 또 내가 헌금을 하지 않아도 되는 상황에서도 나는 실제보다 덜 드리는 방법을 찾고 있지는 않습니까?

하나님이 나의 제물을 거절하신다는 증거가 무엇입니까? 아니면 나는 그런 생각을 한 번도 해본 적이 없습니까?

말라기는 제사장들이 정직하게 행하고 그들의 입술은 진리만을 외쳐야 한다고 강조하면서 제사장직에 대해 가차 없이 말합니다. "만일 그들이 언약의 진리를 말하지 않는다면, 그들은 다른 사람을 쓰러지게 하는 것이다"(말 2:4~9). 이와 비슷하게 우리 중에서 가르치고 설교하는 이들이 어떤 면에서 다른 이들보다 더 엄격한 심판을 받게 됩니까?

이혼은 선지자가 자주 언급하지는 않지만 하나님은 말라기를 통해 "나는 이혼하는 것[과]… 미워하노라… 그러므로 너희 심령을 삼가 지켜 거짓을 행하지 말지니라"(2:16)라고 말씀하십니다. 신실하라는 부르심, 즉 언약의 하나님과 언약 공동체와 결혼 계약에 신실하라는 부르심은 말라기의 예언에 가득 차 있습니다. 우리는 이혼이 부부와 자녀들과 가족들, 교회에 해를 끼칠 때가 정말 많다는 것을 알고 있습니다. 결혼 관계를 튼튼히 하기 위해 우리 교회에서는 무슨 일을 하고 있습니까?

사자는 주의 길을 예비할 것입니다(3:1). 종종 사자는 엘리야로 상징됩니다. 말라기에서 사자는 제사장직을 먼저 정화할 것입니다. 그는 "연단하는 자의 불"과 같이 주의 길을 예비하여 공동체를 정화시킬 것입니다.(3:1~3)

말라기는 사람들에게 주께로 돌아오라고 요구하는 선지 전통에 속해 있습니다. 하나님께로 돌아오는 진정한 예배는 하나님의 것을 강도질하지 않는 것입니다. "너희는… 말하기를 우리가 어떻게 주의 것을 도둑질하였나이까"(3:8). 하나님은 주의 창고에 온전한 십일조를 들이지 않았다고 대답하셨습니다. 성경에서 하나님은 율법을 지키는 문제를 놓고 하나님을 시험해 보라고 요구하신 적이 없습니다. 그리고 나머지 전체 부분과 같이 십일조도 언약의 일부였습니다. 그러나 하나님의 도전하심을 보십시오. "나를 시험하여 내가 하늘 문을 열고 너희에게 복을 쌓을 곳이 없도록 붓지 아니하나 보라."(3:10)

나는 언제 하나님을 이 시험에 붙여 보았습니까? 그 결과가 어떠했습니까?

....

....

말라기는 엘리야가 "여호와의 크고 두려운 날이 이르기 전에" 와서 "[사람들이 하나님께 말할 것 같지만 그게 아니라] 그가 아버지의 마음을 자녀에게로 돌이키게 하고 자녀들의 마음을 그들의 아버지에게로 돌이키게 하리라 돌이키지 아니하면 두렵건대 내가[하나님이] 와서 저주로 그 땅을 칠까 하노라" 하고 선포함으로 그의 예언을 결론짓습니다(참조. 4:6; 신 5:16). 이것이 하나님의 방법입니다!

스가랴 9~14장

스가랴의 제자들이 기록한 것으로 보이는 스가랴 9~14장은 스가랴 1~8장을 강화하거나 균형을 이루기 위해 말씀과 기억, 환상으로 구성되어 있습니다. 우리는 이 구절을 상징적으로 생각할 때 가장 잘 이해하게 됩니다. 예를 들어, 종래의 대적 목록은 하나님의 모든 대적을 의미합니다.

스가랴 1~8장은 예루살렘으로 돌아온 이스라엘, 시온 산에서 찬양을 받으시는 하나님의 승리에 대해 구체적인 용어로 말합니다. 그러나 그와 같은 일은 일어나지 않았고, 사람들은 낙심했습니다. 그들은 하나님 나라의 궁극적인 표적을 보지 못했습니다. 그래서 스가랴는 '마지막 때'를 보기 시작했습니다. 하나님은 이스라엘을 구원하실 위대한 용사이십니다(9:13~14). 하나님의 대적은 멸망할 것입니다(9:1~6). 여호와를 사랑하는 이방인들은 구원받을 것입니다(9:7). 그들의 죄 때문에 이스라엘과 싸우신 하나님은 이제 돌아서서 이스라엘을 위해 싸우십니다(9:16). 하나님은 능력으로 마지막 승리를 거두실 것입니다. 이 말씀은 이스라엘을 "갇혀 있으나 소망을 품은 자들"로 만듭니다.(9:12)

메시아 왕

이 어리둥절하게 만드는 예언 속에 영광스런 메시아에 대한 구절이 있습니다. "기뻐하라! 기뻐하라!"

"보라 네 왕이 네게 임하시나니 그는 공의로우시며 구원을 베푸시며."(슥 9:9)

우리는 그것을 들을 준비가 되어 있습니다. 선지자들은 왕과 왕자들을 귀하게 여겨 왔습니다. 유다는 일어나고 있습니다. 총독은 하나님의 '인장'으로 칭송을 받습니다(학 2:23). 그러나 기다리십시오. 이 이상하게 뒤집어진 현상은 무엇입니까? 그는 겸손하여서 나귀를 타고 오십니다(슥 9:9). 메시아에 관한 말씀은 이전의 탐욕스럽고 교만한 유다의 통치자들과 다르게, 평화스러운 왕의 모습을 보여 줍니다. 이제 평강의 하나님이 섬기는 왕, 곧 지극히 겸손하여 그 발이 거의 땅에 닿게 짐을 나르는 가장 낮은 짐승을 타시는 목자 왕으로 오실 것입니다. 세상의 방법이 하나님의 방법으로 뒤집히는 것을 보십시오! 힘센 용사 하나님은 겸손하고 의롭게 섬기는 메시아와 함께 정복하실 것입니다. 섬기는 왕의 모습을 가르쳐 주려는 그 의도적인 노력으로 예수께서는 나귀를 타고 예루살렘으로 들어오심으로써 이 예언을 실제로 이루셨습니다. 스가랴에 나오는 메시아의 겸손한 모습은 얼마나 멋집니까! 예수 그리스도의 메시아적 겸손한 행위가 얼마나 멋집니까!

내 언약의 피

하나님이나 하나님의 종이 찔림을 당할 것입니다(슥 12:10). 피가 흐를 것입니다. 다윗의 집이 애통할 것입니다. 모든 이스라엘이 애통할 것입니다. 유대인에게 피는 생명, 생명의 성스러움, 생명을 주시는 이에 연결된 삶을 의미했습니다. 스가랴는 "[너에 대한 내] 언약의 피"에 대해 언급합니다(9:11). 그것이 갇힌 자들을 해방시켜 줄 것입니다. 속죄제물로 제단에 드리는 피의 제사는 영혼의 평화를 위해 생명을 주신 이에게 울부짖는 생명이었습니다. 그것이 속죄일의 경험이었습니다(레 16장). 이사야 53장의 고난받는 위대한 종에 대한 구절은 무죄한 자의 고난이 다른 사람의 죄를 대속한다는 것을 선포합니다.(사 53:5, 12)

초대 그리스도인들은 예수께서 예루살렘에 입성할 때 메시아 왕이 나귀를 타고 오는 것을 보았습니다. 그들은 또한 스가랴가 선포한, 갇힌 자들을 해방시켜 줄 '[내] 언약의 피'를, 사람들을 죄에서 해방시키기 위해 쏟아진 십자가에 달린 그리스도의 피로 이해했습니다. 그리스도인에게 십자가의 예수는 이사야 53장 5절의 죄 없는 피의 제사를 성취시키고, 예레미야 31장 31절의 새 언약을 도래시키며, 세상의 절박한 요구에 은혜의 강이 쏟아져 나오게 하시는 분입니다.(겔 47:1~12)

메시아 목자는 환영을 받을 수 있습니까? 아닙니다! 양 떼들이 따라 오지 않을 것입니다. 목자는 그의 지팡이를 꺾습니다(슥 11:7~14). 그들이 그에게 줄 고가(雇價)는 은 30세겔인 종의 값이었습니다.(11:12~13)

스가랴가 하는 말이 무엇입니까? 죄는 상상했던 것보다 훨씬 무거웠습니다. 그것은 세상을 거의 목 조르고 있습니다. 왜 의의 왕국이 오지 않았습니까? 이해할 수 없는 인간의 저항 때문입니다. 그래서 스가랴의 이 나중 장들은 깨어진 이전 꿈에 응답합니다. 소망을 버리지 마십시오. 하나님은 죄보다도 더 강하십니다. 하나님은 결국 승리하실 것입니다.

♡ 순종하는 공동체의 모습

민음의 공동체는 소망에 찬 공동체입니다. 우리 젊은이들이 이상을 보고, 노인들이 꿈을 꿀 수 있게 성령이 임하셨습니다. 딸들과 아들들이 하나님의 사랑과 능력을 증언합니다. 우리는 삶이 쉽기 때문이 아니라 하나님이 신실하시기 때문에 하나님을 찬양합니다.

절망은 모든 곳에 있습니다. 많은 젊은이들이 죽음의 노래를 부르고 마약을 하며 자살을 합니다. 어떤 이들은 목적을 잃었습니다. 어떤 이들은 닫힌 문만 바라봅니다. 많은 사람들이 모든 소망을 잃었습니다.

나를 이러한 슬픔에서 지켜 주는 성도의 교제에는 어떤 것들이 있습니까?

....

....

어떻게 하면 나의 소망의 근원을 다른 사람에게 효과적으로 전해 줄 수 있습니까?

....

....

하나님은 신실한 분이기 때문에 순종하는 믿음의 공동체는 소망에 차고, 성령이 충만하며, 비전 있는 삶을 산다.

◉ 더 알아보기

■ 성경 전체에서 십일조에 대한 내용을 찾아보십시오. 십일조의 영적 요소들과 물질적 요소들에 주목하십시오.

■ 성서지도를 사용해서 남방(Negeb)과 평원(Shephelah)을 찾아보십시오. 성서지도나 사전에서 이것들에 대해 무엇을 배울 수 있습니까?

16

이 과의 주제
증거

이스라엘에게 주어진 하나님의 사명

일어나 저 큰 성읍 니느웨로 가서 내가 네게 명한 바를 그들에게 선포하라
(요나 3:2)

🐚 우리의 모습

우리를 가혹하게 대하고 비참하게 만든 사람들을 관대하게 대하기는 어렵습니다. 그리고 그들이 용서받을 수 있게 해줄 메시지를 전하는 자가 되라는 부탁을 받는 일은 생각조차 하기 싫습니다. 우리는 그들에게 가고 싶지 않습니다.

🕊 내려놓기

성경 공부를 하기 전에 먼저 하나님께 기도를 드립니다. 아래의 시편 말씀이 좋은 길잡이가 될 것입니다.

> 나 곧 내 영혼은 여호와를 기다리며 나는 주의 말씀을 바라는도다 파수꾼이 아침을 기다림보다 내 영혼이 주를 더 기다리나니 참으로 파수꾼이 아침을 기다림보다 더하도다 (시편 130:5~6)

이번 주 기도 제목을 구체적으로 적어 기도합시다.

🐚 귀 기울이기

요나를 한 편의 이야기처럼 앉은 자리에서 통독하십시오. 그리고 천천히 생각하면서 하루에 한 장씩 그 상징적인 의미를 숙고하면서 다시 읽으십시오. '말씀 속으로'를 읽은 후 새로운 지혜를 줄 내용을 참고하여 그 이야기 전체를 다시 읽으십시오.

D1 요나 1~4장

D2 요나 1장(하나님의 부르심으로부터 도망가다)

D3 요나 2장(요나의 구원의 찬송)

D4 요나 3장(니느웨가 회개하다)

D5 요나 4장(요나의 분노, 하나님의 자비)

D6 '말씀 속으로'와 '순종하는 공동체의 모습'을 읽으라.

🔥 말씀 속으로

우리가 포로기 이후 시대에 유다에서 사는 한 선지자라고 상상해 보십시오. 학개와 스가랴는 성전 재건을 격려했습니다(학 1:7~8; 슥 8:9). 에스라와 느헤미야는 나중에 성벽을 재건 강화했고 모세의 율법으로 돌아옴으로써 개혁을 가져왔습니다(느 2:17; 8~9장). 돌아온 포로들은 페르시아의 완화된 정책 밑에서 살면서 율법을 지키기 위해 노력했습니다. 그들은 포로생활에서 많은 것을 배웠습니다. 사회적 불의와 종교 관습을 이방 신과 혼합한 일, 외국과 맺은 동맹으로 불장난한 것 등으로 그들은 아주 비싼 대가를 치러야만 했습니다. 고난을 통해 그들은 하나님의 공의가 모든 나라, 심지어 이스라엘과 유다까지도 심판하신다는 것을 배웠습니다. 그들은 또한 하나님이 병거를 타고 순찰하신다는 것을 배웠습니다. 하나님은 바벨론에도 계십니다. 그들이 경험에서 터득한 것은 하나님의 변함없는 자비는 절대로 그들을 저버리지 않을 것이라는 확실한 진리였습니다. 하나님은 이스라엘을 애굽에서 구원하신 것과 같이 두 번째 출애굽으로 그들을 고향으로 데려오기 위해 광야에 대로를 만드셨습니다.(사 40:3)

그들은 성전을 재건했을 뿐만 아니라 성전 의식을 정결하게 보존하려고 노력했습니다. 이방 신들은 없어졌습니다. 주의 깊게 정해진 제사 의식만 드렸습니다. 십일조와 희생제물을 성전에 바쳤습니다.(말 3:10)

이제 그들은 자신들이 성별된 백성이요 거룩한 나라로 살라는 부르심을 받았다는 것을 알았습니다. 그러나 그것은 실제적인 문제를 안고 있었습니다. 왜냐하면 그들은 근동 전역에서 온갖 종류의 사람들 가운데 살고 있었기 때문입니다. 학살에서 살아남고 유다에 남았던 유대인들은 통혼하고 지방 풍속을 발전시켰습니다. 바벨론에서 돌아온 유대인들은 이스라엘의 하나님께 대한 충성에 있어 다른 헌신 때문에 최소한 타협하면서 살았던 사람들과 땅을 함께 쓰고 경제와 사회생활에서 협조해야 했습니다. 그들은 어떻게 하면 오염된 세상에서 더러워지지 않고 거룩한 생활을 할 수 있습니까?

에스라의 대답은 성별된 백성이라는 데에 초점을 맞추는 것이었습니다. 출애굽기와 레위기, 민수기와 신명기의 율법이 정규적으로 읽혀지고 지켜지며 심지어 부연되었습니다. 그들은 순수한 유대인들이 될 것입니다.

증인으로서의 이스라엘

이제 우리가 선지자로서 이스라엘이 그 영적 사명에서 핵심 요소를 놓치고 있다는 것을 감지했다고 합시다. 하나님이 아모스와 예레미야에게 지우신 것처럼 우리에게 무거운 말씀을 지우셨다고 합시다. 우리는 하나님이 아브라함과 사라에게 하신 말씀을 기억해냈습니다. "땅의 모든 족속이 너로 말미암아 복을 얻을 것이라"(창 12:3). 우리는 바벨론에 대한 이사야의 위대한 예언을 기억하거나 읽으면서 하나님이 모든 나라의 하나님이심을 알았습니다.

"나는 하나님이라 나 외에 다른 이가 없느니라 나는 하나님이라 나 같은 이가 없느니라."(사 46:9)

거짓 우상은 우스운 것입니다. 아모스와 예레미야, 오바댜 심지어 나훔까지도 하나님이 모든 나라를 심판하실 것임을 보여 주지 않았습니까!

만일 나라들이 하나님의 심판을 받는다면 그들은 또한 하나님의 구원도 받을 이들이 아닙니까? 이사야는 모든 나라의 통치자들이 하나님의 역사를 보게 될 것이라고 말했습니다(49:7). 하나님은 새 출애굽을 행하고 계셨습니다. 이를 모든 사람이 볼 것입니다.

"여호와의 영광이 나타나고 모든 육체가 그것을 함께 보리라."(40:5)

이스라엘은 구원받은 하나님의 백성으로 살라고 부르심을 받았을 뿐 아니라 온 세상을 위해 하나님의 구원의 심부름꾼이 되라는 부르심을 받았습니다. 이스라엘은 증인이 되고 선교사가 되라는 부르심을 받았습니다. 이사야가 외쳤습니다.

"나 여호와가 말하노라 너희는 나의 증인, 나의 종으로 택함을 입었나니 이는 너희가 나를 알고 믿으며 내가 그인 줄 깨닫게 하려 함이라 나의 전에 지음을 받은 신이 없었느니라 나의 후에도 없으리라."(43:10)

단순히 이스라엘을 포로에서 구원하기는 하나님에게

쉬운 일이었을 것입니다. 그러나 하나님은 더 큰 목적을 마음에 품고 계셨습니다.

"네가 나의 종이 되어… 이스라엘 중에 보전된 자를 돌아오게 할 것은 매우 쉬운 일이라 내가 또 너를 이방의 빛으로 삼아 나의 구원을 베풀어서 땅 끝까지 이르게 하리라."(49:6)

하나님은 무한한 자비로, 헤세드(변함없는 사랑)로, 온 세상이 구원받을 때까지는 만족하지 않으실 것입니다. (45:22~23)

선지자 요나

이제 우리가 선지자로서 기성 종교 세력이 이스라엘의 하나님을 배타적인 하나님으로 생각하고 있다는 것을 알고 있다고 가정합시다. 우리는 온 세상에 구원의 소식을 전하기 위해 무엇을 할 것입니까? 우리는 닫힌 귀를 열게 할 만큼 신랄한 이야기를 할지 모릅니다. 또한 요나라는 선지자에 대해 글을 쓰기 시작할 수 있을 것입니다.

여로보암 2세 때 북왕국에 살았던 요나라는 선지자가 있었습니다. 글쓴이가 이 옛 선지자를 요나서의 중심인물로 선택한 것은 그 이름의 의미 때문이었는데, 이는 훌륭한 선택이었습니다. 요나는 '비둘기'를 뜻합니다. 비둘기는 사자입니다. 노아가 방주에서 비둘기를 내보냈던 것을 기억합니까?(창 8:8~12)

요나의 아버지 이름은 아밋대였습니다. 아밋대는 '진리'를 의미합니다. 때때로 '~의 아들'은 '~의 자식'을 의미하지만 때로는 '~의 정신으로'를 의미합니다. 비둘기는 진리의 영으로 가득 차 있습니다. 요나는 이스라엘에 남아 있기를 바랐을 것입니다. 그러나 그는 다른 나라로, 곧 모든 나라 중에서도 이스라엘의 가장 악한 대적의 상징이며 이방 종교의 원형인 니느웨 성으로 가라는 부르심을 받았습니다. 하나님은 그들이 악으로 가득 차 있음을 부인하지 않으셨습니다. (욘 1:1)

'비둘기' 요나는 진리를 가지고 그의 날개로 동쪽(니느웨)이 아니라 서쪽으로 날아갔습니다. 다시스는, 만일 이 지명이 고대의 탈테셔스라면, 당시에 알려진 세계의 가장자리 끝에서 떨어지기 바로 직전, 지브랄탈 해협의 반대편, 이베리아 반도 서부 해안에 위치했습니다. 요나는 그가 갈 수 있을 만큼 최대한 멀리 갈 의도를 가지고 하나님의 부르심과는 정반대 방향으로 달려갔습니다.

일단 요나가 배를 타자 하나님이 폭풍을 보내셨습니다. 요나는 잠이 들었습니다. 왜 그랬습니까? 그는 자신이 하나님을 피했다고 생각했습니까? 그는 폭풍이 자기 때문이 아니라고 생각했습니까? 모두가 이방인이었던 선원들은 자기들의 신에게 도움을 청하기 위해 기도하던 마음씨 따뜻한 사람들이었습니다. 그들은 요나를 바다에 던지고 싶지 않았습니다. 그러나 폭풍은 계속 기승을 부렸습니다. 그래서 요나가 주장한 대로 그를 바다에 던졌습니다. 그러자 바로 "큰 물고기"가 그를 삼켰습니다(1:17). 요나는 하나님을 피해 도망했습니까? 아닙니다. 시편 104편은 우리에게 하나님이 물고기를 만드셨다는 사실을 상기시킵니다.

'유대인'이라는 단어는 의심할 여지없이 유다. 유다 지파. 포로 이전 남왕국의 이름에서 나온 말이다. 그러나 이 단어는 구약성경에서는 잘 쓰이지 않았다. 포로시대 이후에는 페르시아의 한 지방이 되어 버린 유다의 주민들이 유대인이라고 불렸으며, 이 단어는 언약에 참예하는 이들, 한 분 하나님을 믿는 믿음을 유업으로 받은 이들, 그 생활 방식 때문에 다른 사람들과 따로 구분이 되는 이들을 가리킨다. '유대교'라는 말은 이 유다인들(유대인들)의 종교를 나타낸다. 포로시대는 이스라엘의 믿음에서 완전히 다른 단계를 시작하므로, 유대인이나 유대교라는 단어는 역사의 저 중요한 시점 이후에 믿는 이들과 그들의 종교를 가리키는 말로 국한되어야 한다.

"여호와여 주께서 하신 일이 어찌 그리 많은지요 주께서 지혜로 그들을 다 지으셨으니… 거기에는 크고 넓은 바다가 있고 그 속에는 생물 곧 [주께서 지으신] 크고 작은 동물들이 무수하니이다."(시 104:24~25)

요나는 아직 하나님의 능력의 품 안에 있습니다. 바다 밑바닥에서 요나는 그가 갈 수 있는 만큼 시온 산과 성전, 예루살렘으로부터 멀리 떨어져 나왔습니다. 그러나 하나님은 여전히 그와 함께 계셨습니다.

물고기 뱃속에서 얼마나 있었습니까? 이스라엘의 위대한 예배 시 중 하나를 부를 만큼(욘 2:2~9) 오래 있었습니다. 마지막 구절이 핵심 요절입니다. "구원은 여호와께 속하였나이다"(2:9). 다른 위대한 시편들이 똑같은 승리의 음조를 냅니다.

"여호와께서 우리 편에 계시지 아니하셨더라면… 그때에 물이 우리를 휩쓸며."(시 124:1, 4)

"여호와여 내가 깊은 곳에서 주께 부르짖었나이다… 여호와여 주께서 죄악을 지켜보실진대 주여 누가 서리이까 그러나 사유하심이 주께 있음은 주를 경외하게 하심이니이다."(시 130:1~4)

이방 세계 니느웨

우리는 니느웨가 모든 이방 세계, 모든 외국 나라들을 나타낸다는 것을 깨닫기 시작합니다. 고고학자들은 고대 니느웨 성벽의 거리를 3 내지 5킬로미터일 것으로 추측합니다. 요나에게 그것은 "사흘 동안 걸을 만큼…큰 성읍"입니다(욘 3:3). 이방인들을 향한 선교는 엄청난 일이었을 것입니다.

요나가 니느웨에서 말씀을 전했을 때 모든 이가 베옷을 입고 회개했습니다(3:5). 근동에서, 아랍과 유대 공동체에서, 사람들이 금식할 때 그들은 동물들에게 먹이를 주지 않습니다. 사람들이 자비를 구하기 위해 부르짖는 동안 배고픈 양의 울음소리와 암소의 우는 소리를 상상해 보십시오. 심지어 왕까지 회개했습니다. 이것이야말로 기적이었습니다.

그러나 요나는 니느웨가 회개하자 화를 내었습니다. 왜냐하면 요나는 처음부터 하나님이 어떻게 하실 것인지 알고 있었기 때문입니다. 하나님은 자비를 베푸시고 니느웨를 벌하지 않으실 것입니다. 선지자가 말하고자 하는 것이 무엇입니까? 하나님은 심판하실 뿐 아니라 구원하시기를 원하십니다.

요나는 부루퉁해졌습니다. "여호와여 원하건대 이제 내 생명을 거두어 가소서 사는 것보다 죽는 것이 내게 나음이니이다"(4:3). 하나님은 개의치 않으셨습니다. 그 대신에 또 다른 자비로운 행위로 하나님은 화가 난 요나에게 그늘을 만들어 줄 박넝쿨을 제공하셨습니다. 하나님은 그런 분입니다. 박넝쿨이 죽자 요나는 서운해졌습니다. 요지는 이것입니다. "여호와께서 이르시되 네가… 이 박넝쿨을 아꼈거든 하물며… 니느웨에는… 내가 어찌 아끼지 아니하겠느냐"(4:10~11). 다시 말해 하나님은 하나님답게 은혜로우시고 용서하시는 하나님이 되실 것입니다.

하나님은 진리와 공의의 사자 이스라엘이 "이방의 빛"(사 49:6)이 되기를 원하셨습니다. 왜입니까? "이 큰 성읍 니느웨에는 좌우를 분변하지 못하는 자가 십이만여 명이요"(욘 4:11). 아주 낯설고 때때로 매우 배타적이고 적대적인 이방 세계에서 하나님은 종종 역사하고 계셨습니다. 진리의 비둘기요, 언약, 사랑과 율법의 사자인 이스라엘은 이 세상에서 니느웨 같은 곳으로 가야 합니다. 왜입니까? "나의 구원을 베풀어서 땅 끝까지 이르게"(사 49:6) 하기 위해서입니다.

만일 우리가 주전 400년경 이스라엘의 선지자였다면, 우리는 이스라엘의 사명과 하나님의 궁극적인 목적을 생생하게 보존할 수 있도록 사람들의 마음에 이 놀라운 이야기를 담아 줄 수 있었을 것입니다.

♡ 순종하는 공동체의 모습

우리는 인간을 향한 '닫힌 마음'으로 다른 사람들, 곧 우리가 이해하지 못하는 방식을 가진 사람들이나 우리에게 상처를 준 적이 있는 사람들을 멀리하려는 경향이 있습니다.

우리 교회를 생각해 보십시오. 교회의 어떤 이미지가 밖에 있는 사람들에게 '벽'이라는 인상을 줍니까?

하나님의 용서를 경험한 내가 어째서 다른 사람들이 하나님의 사랑과 용서를 받는 것을 원치 않는지 이유를 말해 보십시오.

어떤 이미지가 하나님의 사랑을 나타내고 하나님의 용서를 본으로 보여 줍니까?

우리의 교회생활을 되살펴 봅시다. 교회의 프로그램이나 사역이 효과적으로 '소외된 자들'을 끌어들이도록 손길을 내밀고 있습니까?

고고학적 증거에 기초한 "이 큰 성읍"(욘 4:11). 니느웨에 관한 이 그림은 주전 633년 앗수르바니팔이 죽기 전의 도성이 어떻게 생겼는지 보여 준다.

니느웨의 산헤립의 궁전에서 나온 이 벽화 부조는 한 여인이 동물의 가죽 부대에서 어린아이에게 물을 주는 장면을 그리고 있다. 여기 좌우를 분변하지 못하는 십이만여 명 중 평범한 인물 두 사람이 있다.

순종하는 믿음의 공동체는 모든 사람에게 하나님의 자비롭고 용서하는 사랑을 베풀고, 심판하는 일은 하나님께 맡긴다.

만일 내가 요나라면, 또 우리 교회에서 20분 운전해서 가는 거리 안에 있는 니느웨 같은 곳에 가라고 한다면, 기꺼이 가겠습니까?

....

....

⊙ 더 알아보기

■ 이 큰 성읍 니느웨에 대해 무엇을 더 발견할 수 있는지 알아보십시오. 지도에서 니느웨를 찾아보십시오.

■ 이방인 선원들이 어떻게 요나의 하나님께 경외심을 가지게 되었는지 보기 위해 요나 1장을 다시 읽으십시오. 어떤 이방인들은 유대교에 매력을 느끼게 되었습니다. 하나님을 경외하는 사람들을 찾아보십시오(행 10:2; 13:16). 성전에서 '이방인의 뜰'이나 '개종자'를 찾아보십시오.

■ 옛 족보를 상기시키는 룻기는 요나와 같이 민족주의에 항거하기 위해 읽혀졌습니다. 룻기 1장을 읽으십시오. 마지막 때에 모든 세상이 하나님께 올 것입니다. 이사야 2장 2~4절, 66장 18~21절을 보십시오.

바울 서신

17

사도

하나님의 은혜로 부르심을 받음

그러나 내 어머니의 태로부터 나를 택정하시고
그의 은혜로 나를 부르신 이가 그의 아들을 이방에 전하기 위하여
그를 내 속에 나타내시기를 기뻐하셨을 때에 내가 곧 혈육과 의논하지 아니하고
(갈라디아서 1:15~16)

☺ 우리의 모습

어떤 사람이 우리의 믿음과 행동에 대해 도전해 올 때 우리는 종종 우리의 견해와 방법들을 더욱 적극적으로 방어하려고 합니다.

✝ 내려놓기

성경 공부를 하기 전에 먼저 하나님께 기도를 드립니다. 아래의 시편 말씀이 좋은 길잡이가 될 것입니다.

> 여호와여 주의 도를 내게 가르치시고 내 원수를 생각하셔서 평탄한 길로 나를 인도하소서 (시편 27:11)

이번 주 기도 제목을 구체적으로 적어 기도합시다.

☺ 귀 기울이기

바울의 정열과 전략, 논쟁들에 주의를 기울이면서 그의 삶을 다시 한 번 살펴봅시다. 왜냐하면 그의 편지들은 그의 삶과 선교활동에서 나왔기 때문입니다. 편지에 나타나는 자서전적인 기록에 유의하십시오.

D1 사도행전 7:51~8:3, 갈라디아서 1:11~24
(스데반의 순교, 바울의 회심)

D2 사도행전 11:19~30, 12:24~14:28
(소아시아의 바울과 바나바, 비시디아 안디옥에서의 설교, 이고니온 지역에서의 사역)

D3 사도행전 15~19장, 갈라디아서 2:1~10
(예루살렘 공의회, 바울과 실라가 수리아와 길리기아를 향해 떠남, 디모데, 소아시아를 지나서 드로아로, 마게도냐 사람의 부름, 빌립보, 데살로니가, 베뢰아, 아덴, 고린도, 에베소)

D4 고린도후서 11:21~33, 사도행전 20~23장
(사도의 고난, 희랍, 에베소 장로들, 예루살렘 방문, 성전에서 공격을 받음, 예루살렘에서의 재판)

D5 사도행전 24~28장(가이사랴에서의 재판, 아그립바 앞에서의 변론, 로마로 가다, 폭풍과 난파, 멜리데와 로마)

D6 '말씀 속으로'와 '순종하는 공동체의 모습'을 읽으라.

말씀 속으로

바울은 언제나 자신의 로마 이름 바울을 사용했습니다. 그러나 다메섹으로 가는 길에서 예수 그리스도는 그를 유대 이름인 사울이라고 불렀습니다. 이 이상하고 놀라운 사람은 유대인이면서 로마인이었습니다. 바울은 로마 시민권을 가진 경건한 유대인 부모에게서 출생했습니다. 그의 고향은 다소였습니다. 바울의 가족은 그 당시 지중해 연안 여러 대도시에 널리 퍼져 있던, 희랍어를 사용하는 수백만 디아스포라 유대인들 가운데 한 가족이었습니다.

예루살렘에 성전이 재건된 지 벌써 500년 이상이 흘렀습니다. 알렉산더 대왕의 군사와 로마 황제가 세계 판도를 바꾸어 버렸습니다. 로마가 지배하던 이 시기는 지극히 평온했습니다. 바다에서는 해적들이 사라지고 육지에서 여행하는 일도 훨씬 안전하게 되었습니다. 유대인들은 상인과 직공, 교사와 노동자, 무역업자들로서 서방 세계 모든 지역에 살고 있었습니다.

안디옥 전체 인구는 50만 명쯤 되었으며, 이 도시에는 유대인들이 약 5만 명 살고 있었습니다. 로마 다음으로 큰 도시인 알렉산드리아 인구는 전성기에는 100만 명쯤 되었는데, 많은 유대인들이 이 도시에 살고 있습니다. 그 중에는 필로와 아리스토블루스 같은 유명한 학자들도 있었습니다. 로마의 유대인 구역에는 적어도 회당이 아홉 개는 있었습니다.

바울의 초기생활

다소는 중요한 도시였습니다(행 21:39). 아구스도(주전 27~주후 14)가 다스리던 황금기에는 지성의 도시로 명성을 날렸습니다. 소아시아 동남쪽 지중해 북쪽에서 16킬로미터 떨어진 비옥한 평야에 위치한 이 도시는 길리기아 지방 수도였습니다. 상업과 교육, 행정의 중심지로서 학교와 극장이 많았고 스포츠가 활발했습니다. 스토아학파 창시자 제노를 포함해 많은 스토아 철학자들이 이 도시에서 가르쳤습니다.

바울은 희랍어를 모국어로 구사했으며, 회당에서는 구약성경을 희랍어로 번역한 70인역을 읽었습니다. 70인역은 이미 200년 전 유대 학자들이 히브리어에서 희랍어로 번역했습니다.

바울은 집에서 장사하는 법을 배웠는데, 이는 그 당시 땅을 소유하지 못하고 항상 다른 곳으로 이주하도록 강요당하며 살던 유대인들에게는 아주 중요한 일이었습니다. 그는 아마도 군인과 목동들을 위해 가죽으로 천막 만드는 일을 했을 것입니다. 바울은 자신의 기술에 자부심을 가졌고, 복음을 가르치며 설교하러 다닐 때 스스로 경제 문제를 해결할 수 있다는 사실을 기뻐했습니다(살전 2:9). 회당이 팔레스타인 전역에 있기는 했으나 민족종교의 중심은 성전이었습니다. 디아스포라 유대인들은 회당에서 율법을 공부하고 기도를 했습니다. 문화가 다르면 거기에 따른 다른 전통이 생깁니다. 랍비들은 율법을 다양하게 해석했습니다. 예루살렘에는 사두개인과 바리새인, 제사장과 열심당원들이 있었습니다. 열심당원들은 예루살렘에 몰려 살지는 않았습니다. 사해사본으로 유명한 에세네파 사람들은 이 세상과 접촉을 끊고 숨어 살았습니다.

바울은 젊은 나이에 공부를 하기 위해 예루살렘으로 갔습니다(행 22:3). 이 사실을 보더라도 그는 아주 헌신된 청년이었고, 어느 정도 경제적 여유가 있었음을 알 수 있습니다. 그의 스승은 유대교의 위대한 학자요 정치가로 알려진 가말리엘이었습니다. 그는 하나님의 자비하심과 가난한 사람들에 대한 동정, 평화에 대한 소망을 강조했습니다. 바울은 가말리엘 문하에서 히브리어 문서를 통해 히브리어로 가르침을 받았습니다. 그들은 아람어로 말했을 것입니다. 그는 바리새인 평신도로서 매일 율법의 가르침대로 살아가는 신실하고 순종을 잘하는 유대 청년이었습니다.

우리는 바울이 왜 스데반을 돌로 쳐 죽이는 성난 유대 지도자들 가운데 있었는지 알 수 없습니다. 또 왜 그가 기독교인들을 없애 버리려 했는지도 정확히 알 수 없습니다. 어쨌든 그는 제사장의 명령에 따라(9:1~2) 다메섹에 있는 유대계 기독교인들을 잡으러 갔습니다.

바울의 선교

기독교인들은 바울이 다메섹 도상에서 가졌던 체험을 회심이라 부릅니다. 물론 그것은 외적인 모습과 신학적인 동기, 삶의 중심의 변화를 가져온 사건이었습니다. 그러나 다른 종교로 개종한 것은 아닙니다. 사도행전을 보면 무슨 일이 있었는지 알 수는 있지만 바울 자신은 그 사건에 대해 언급하지 않습니다. 바울은 그것을 마치 하나님이 이사야와 예레미야에게 주셨던 것과 같은 소명이라고 말합니다(갈 1:17~18). 기독교인들은 바울이 주 예수 그리스도를 만난 사실에 초점을 맞추지만, 바울은 누가가 기록한 사도행전과 자신의 편지에서 항상 그리스도께서 자신을 '복음'을 전하는 선교사로 부르셨다는 사실을 강조합니다.

바울은 예수님이 그에게 말씀하셨을 때 유대계 기독교인들을 찾으려고 서둘러 가는 중이었습니다. 그런 그에게 복음을 전파하게 한 힘은 밖으로부터 왔습니다. "내가 전한 복음은 사람의 뜻을 따라 된 것이 아니니라 이는 내가 사람에게서 받은 것도 아니요 배운 것도 아니요 오직 예수 그리스도의 계시로 말미암은 것이라."(갈 1:11~12)

바울은 하나님이 어머니의 태에서부터 자신을 택했다고 말합니다(1:15). 바벨론의 이사야는 말했습니다. "여호와께서 태에서부터 나를 부르셨고 내 어머니의 복중에서부터 내 이름을 기억하셨으며."(사 49:1)

하나님은 예레미야에게 말씀하셨습니다. "내가 너를 모태에 짓기 전에 너를 알았고 네가 배에서 나오기 전에 너를 성별하였고."(렘 1:5)

바울의 눈을 멀게 만든 빛(행 9:3; 26:13)은 성전 안에서 하나님의 거룩한 광채에 둘러싸였던 이사야의 경험(사 6:1~4)을 떠올리게 합니다. 에스겔은 구름 속에서 불빛이 계속 번쩍이며 빛이 그 사면에 비취는 것을 보았습니다. (겔 1:4)

땅에 쓰러져서 예수님을 핍박한다고 예수께 꾸중을 들은 바울은 "일어나 너의 발로 서라"(행 26:16)는 말씀을 듣습니다. 하나님은 에스겔이 자신의 말을 담대하게 전파할 때가 오자 "네 발로 일어서라"고 말씀하셨습니다. 그리고 하나님은 그를 서게 하셨습니다. (겔 2:1~3)

무슨 일이 있었습니까? 각 사람이 하나님의 메신저, 그분의 대변인으로 부르심을 받았습니다. 바울은 사도로 부르심을 받았습니다. 사도는 '보내심을 받은 사람'이라는 뜻입니다. 후에 성령님의 인도하심에 따라 교회의 인정을 받기는 했지만(행 13:1~3), 바울은 자신이 그리스도로부터 보내심을 받았지 교회로부터 보냄을 받은 것이 아니라는 사실을 강조합니다.

사도

예수님은 바울을 부르실 때 그의 히브리 이름을 사용해 사울이라 불렀습니다.

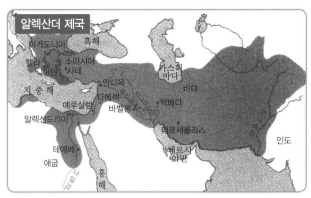

알렉산더 대왕이 주전 323년 죽을 당시 그의 제국은 역사상 가장 큰 제국이었다. 그의 군대가 전파한 희랍문화의 영향은 신약시대의 문화와 사회구조, 경제체계에 두루 나타났다.

스데반이 돌에 맞아 죽은 후(행 7장) 바울은 기독교인들을 잡으러 다메섹으로 향했다. 그는 다메섹으로 가는 도중에 부활하신 그리스도를 만나게 된다. 그는 눈이 먼 채로 다메섹으로 인도되어 거기서 세례를 받았다(9:1~9). 그는 얼마 동안 광야에 있다가 다소의 고향집으로 돌아왔다. 바울은 바나바를 통해 수리아의 안디옥 교회를 소개받고, 거기서 목회를 시작한다.(11:19~26)

베드로의 이름은 바꿔 주셨지만 사울의 이름은 바꾸지 않으셨습니다. 그러나 그를 사도로 만드셨습니다. 하나님이 "그의 아들을 이방에 전하기 위하여" 그분의 은혜로 나를 부르셨다고 바울은 말했습니다(갈 1:15~16). 바울은 그리스도의 종이 되었고, 용서와 정결함을 체험했으며, 성령의 권능과 축복을 받았습니다. 그는 회심을 체험했습니다. 바울에게 가장 중요한 사실은 그에게 주님의 메시지와 임무가 주어졌다는 것입니다. 그는 자신의 편지 첫머리에서 언제나 그가 누구인지를 밝힙니다. 예를 들면, 로마서 1장 1~2절에서 다음과 같이 말합니다. "예수 그리스도의 종 바울은 사도로 부르심을 받아 하나님의 복음을 위하여 택정함을 입었으니 이 복음은 하나님이 선지자들을 통하여 그의 아들에 관하여 성경에 미리 약속하신 것이라."

바울은 목회를 하면서 많은 논쟁에 휩싸이게 됩니다. 그는 자신이 일으킨 갈등 때문에 놀랐습니까? 탄식하며 실망하고 상처를 입었습니까? 물론 그렇습니다. 그러나 놀라지는 않았을 것입니다. 자신도 전에는 유대계 기독교인들을 박해한 적이 있었습니다. 그는 다메섹에 있는 아나니아에게서 세례를 받은 후에 예수님을 증거하기 시작했습니다. 그는 예수님이 하나님의 아들(행 9:20)이라고 말했습니다. 그의 주장을 반박할 수 없었던 다메섹의 유대인들은 그를 죽이려고 했습니다. 그러나 바울의 제자들이 그를 광주리에 달아 성에서 내려 안전하게 피신시켰습니다(9:25). 그 이후로 그는 조롱을 당하며 매를 맞고 감옥에 갇히면서 죽을 기회를 여러 번 모면하다가 결국 순교를 당했습니다. 때로는 복음을 거부했던 유대인들이 비난을 받기도 했지만, 바울의 사역은 거의 모든 사람들에게 공격을 받았습니다.

성령의 능력

사도행전을 통해 누가는 바울의 선교사역에 하나님의 능력이 함께하셨음을 분명히 합니다. 그가 기록한 많은 사건들은 이 점을 드러내기 위한 것입니다. 구브로의 바보에서 거짓 선지자의 눈을 잠시 동안 멀게 한 일이 그 한 예입니다(행 13:6~11). 다른 예들도 주의 깊게 살펴보십시오.

소아시아로 여행을 하면서 그는 내륙에 있는 비시디아 안디옥으로 갔습니다. 그는 즉시 회당에서 설교를 했습니다. 설교(13:16~43)를 통해 유대교 안에서 행하시는 하나님의 구원 사역을 설명하고 예수님의 십자가 죽음과 부활이 구약 예언의 성취임을 강조했습니다. 그는 자신의 주장을 뒷받침하기 위해 시편 2편 7절, 이사야 55장 3절, 시편 16편 10절, 하박국 1장 5절을 인용합니다. 사도행전에서는 이 설교를 바울이 유대인들에게 행한 전형적인 설교의 예로 삼습니다. 그의 설교와 베드로의 설교는 아주 비슷한데, 이것은 바울이 예루살렘교회 지도자들과 일치하고 있었으며, 자기 혼자서 다른 복음을 전파한 것이 아님을 보여 줍니다.

어떤 보수적인 유대계 기독교인들은 예루살렘으로부터 수리아로 와서 모든 이방인 개종자들은 할례를 받아야 한다고 주장했습니다(행 15:1). 이에 대한 토론과 논쟁이 있은 후 교회에서는 바울을 포함한 대표들을 예루살렘에 보내기로 했습니다. 예수님의 형제였던 야고보가 중요한 결정을 내렸습니다. 다른 사도들과 장로들의 지지를 받은 야고보의 결정은 이방인들에 대한 선교는 계속되어야 하고 유대교의 가장 기본적인 가르침은 유지되어야 한다는 것이었습니다. 그들은 다음과 같은 지시를 내렸습니다. "이방인개종자들은 우상에게 드린 제물과 목매어 죽인 것과 피를 먹지 말며, 음행을 멀리 해야 한다"(행 15:20). 그런데 우리는 갈라디아서 2장 1~10절을 읽을 필요가 있습니다. 여기서는 이야기가 약간 다른데, 이방인 개종자들은 예루살렘에 있는 가난한 성도들과 핍박을 받아 가난해진 사람들을 기억해야 한다고 말합니다. 바울은 이 결정을 기쁘게 받아들였습니다. 그는 목회를 하면서 한 번도 이 결정에서 벗어나지 않았습니다. 그러나 할례와 유대인들의 율법 문제는 늘 그를 괴롭혔으며, 그의 서신을 보면 이런 문제가 주를 이룹니다.

바울과 디모데의 연합

소아시아에서 바울은 디모데라는 청년을 만나고 그

에게 도움을 청합니다. 디모데의 어머니는 유대인이었고 아버지는 희랍인이었습니다. 그는 아직 할례를 받지 않았습니다. 이방인들은 개종을 한 후 할례를 받을 필요가 없었지만, 유대인인 디모데는 경우가 달랐습니다. 디모데와 바울은 자신들의 입을 열기도 전에 유대인들의 감정을 상하게 할 수 있었습니다. 바울은 쓸데없는 논쟁을 피하기 위해 디모데가 할례를 받도록 했습니다.

고대 트로이가 있었던 장소에 위치한 드로아에서 바울은 한 사람이 간청하는 환상을 보았습니다. "마게도냐로 건너와서 우리를 도우라"(행 16:9)는 환상이었습니다. 그래서 바울은 마게도냐로 가게 됩니다. 이러한 바울의 결정은 기독교가 유럽(서방)으로 들어가는 계기가 되었고, 북쪽 아시아(동방)에는 천년 후에 기독교가 전파되었습니다. "우리"라는 말을 볼 때 의사인 누가가 바울과 같이 마게도냐로 간 것이 분명합니다.

아덴에서의 설교(17:22~31)는 바울이 이방세계에 한 설교의 한 예입니다. 이것은 사도행전 13장에 있는 유대인들에게 한 설교와 대조를 이룹니다. 바울은 '알지 못하는 신'의 제단을 언급하면서 희랍의 시인들을 인용하고, 이스라엘의 역사를 회상하면서 철학자들의 관심을 끌었습니다. 후에 고린도에서 바울은 자신이 아덴에서 했던 것과 같이 다시는 세상의 지혜로 복음을 전하지 않겠다고 말했습니다. 아마 청중들은 바울이 영혼 불멸에 대해 가르쳤다면 그와 함께 있었을 것입니다. 그러나 그가 하나님이 예수님을 죽은 자 가운데서 다시 살리셨다고 선포하자 고개를 흔들며 가버렸습니다(17:32). 몇몇 사람만이 개종을 했을 뿐입니다.

바울은 아덴 남쪽에 위치한 중요한 무역도시 고린도와 소아시아 서쪽 해안에 위치한 항구도시 에베소에서 교회를 시작했습니다. 그는 언제나 회당에서 가르치는 일을 먼저 시작했습니다. 개종자를 얻는 때도 있었지만 분쟁도 많았고 핍박도 따랐습니다. 바울은 그의 편지에서 사람들에게 자신이 선교를 하기 위해 얼마나 열심히 노력했으며 얼마나 많은 핍박을 받았는지 상기시킵니다. 바울이 다른 곳으로 떠난 후 어떤 사람들이 와서 바울과 그가 전한 복음에 의심을 갖게 함으로써 교회에 문제를 일으켰습니다.

바울의 가장 큰 관심사는 자신이 세운 연약한 교회들이었습니다. "날마다 내 속에 눌리는 일이 있으니 곧 모든 교회를 위하여 염려하는 것이라"(고후 11:28). 그러나 바울은 말년에 그곳에 있는 교회들을 강건하게 만들기 위해 고린도와 빌립보, 에베소로 가지 않고 오히려 예루살렘으로 갔습니다. 사도행전 11장 27~30절에서 볼 수 있듯이 그는 유대의 가난한 사람들을 위해 헌금을 거뒀습니다. 수행원을 보내는 대신 자기 자신이 이 약속을 이행하는 것이 바울에게는 더 중요했습니다. 그 헌금이 받아들여질지 어떨지 바울은 확실히 알지 못했지만(롬 15:28~32), 그것은 자신의 임무를 완수하는 거룩한 일이었습니다. 헌금을 받는 것은 교회의 일치를 의미했습니다. 우리가 그의 편지에서 볼 수 있듯이 바울에게는 교회의 연합이 가장 중요했습니다.

예루살렘으로의 마지막 여행

바울이 예루살렘에 도착하자 야고보와 장로들은 하나님이 이방인 가운데서 어떻게 역사하셨는지 그에게서 듣고 하나님을 찬양했습니다. 그러나 문제가 있었습니다. 어떤 유대계 기독교인들이 바울은 이방인들에게 모세와 십계명을 버리고 할례와 유대인의 전통을 우습게 알라고 가르친다고 주장했습니다. 이러한 누명을 벗기 위해 바울은 지도자들의 건의에 따라 서원을 마친 경건한 유대계 기독교인 네 명과 함께 성전 의식에 참여했습니다. 그것은 가장 거룩하고 경건한 유대인의 의식이었습니다. 그러나 별 소용이 없었습니다. 누군가가 바울이 할례를 받지 않은 이방인을 성전 안 거룩한 정결예식 장소로 데리고 들어갔다고 거짓말을 하자 곧 폭동이 일어났습니다.

바울은 붙잡혔고, 사람들에게 히브리어로 아주 능력 있는 설교를 했습니다(행 22:1~21). 바울은 공회원들에게 자신이 로마 시민임을 밝혔고, 조카(누이의 아들)의 도움으로 생명을 건질 수 있었습니다. 40명의 유대인들은 당을 지어 바울을 죽이기까지는 먹지도 마시지도 않겠다고 선언했습니다(23:12~22). 사태가 이렇게 되자 공회에서는 호송원을 500명 동원하여 그를 보호하고 가이사랴로 보냈습니다. 그는 벨릭스와 아그립바 왕, 베스도에게 재판을 받기 위해 가이사랴에 2년 동안 머물렀습니다.

로마서 15장에서 바울은 그 당시 세계의 끝이라고 믿었던 스페인까지 가서 복음을 전하겠다는 자신의 소망을 말합니다. 그는 로마에 가서 거기에 있는 교회를 권면하고 스페인으로 가고 싶어 했습니다(15:23~28). 바울이 죽음을 모면하기 위해 그랬는지 아니면 로마에 가기 위해 로마 황제에게 상소를 했는지 우리는 확실히 알 수 없습니다. 그러나 하나님은 바울에게 로마 제국 중심부에서 2년 동안 머물면서 가르치고, 무수히 많은 기독교 선교사들과 여행객들을 격려할 수 있는 기회를 주셨습니다. 그리고 마지막으로 자신의 구세주를 로마에서 증거하고 네로 황제에게 순교를 당하도록 허락하셨습니다.

♡ 순종하는 공동체의 모습

우리는 부르심을 받은 공동체 일원으로서 하나님이 우리에게 새로운 생명을 주셨다는 내적 확신을 가지고 있습니다. 하나님이 우리에게 힘을 주시기 때문에 우리는 두려워하지 않습니다. 우리는 하나님이 주신 은혜로 말미암아 희생과 반대가 있을 때에도 다른 사람들에게 담대히 증거할 수 있습니다. 우리 가운데서도 바울과 같이 정열에 불타는 사람이 나올 수 있습니다.

무엇이 우리 모임을 때때로 힘빠지게 만듭니까?

헤롯 대왕이 만든 가이사랴에 있는 이 수로를 통해 갈멜 산에서 가이사랴까지 물을 운반했다.

순종하는 믿음의 공동체는 열정을 가지고 생명의 말씀을 받아들여서 다른 사람들에게 신속히 전달한다.

새로 찾은 기쁨과 신선한 영적 감격이 때로 다른 사람들에게 위협이 되는 이유는 무엇입니까?

많은 사람들이 그리스도 안에 있는 은혜와 용서, 새로운 삶을 거부하는 이유는 무엇입니까?

나는 예수님 안에서 누리는 삶을 사람들에게 어떻게 증거할 수 있습니까?

우리가 사랑을 가지고 예수님이 우리 주님이심을 믿는다고 고백해도 때로는 갈등을 일으키고 맙니다. 많은 사람들은 우리 생각이 너무 좁고 완고하다고 말합니다. 만일 우리가 우리 삶이 그리스도를 믿음으로 건강하고 자유로워진다고 믿는다면, 남을 판단하지 않고 겸손한 자세로 이를 증거하기 위해 어떻게 해야 합니까?

어떻게 하면 다른 종교를 존중하면서 그리스도를 증거할 수 있습니까?

⊙ 더 알아보기
■ 성서사전에서 바울을 찾아 읽으십시오.
■ 바울에 대해 공부할 때 편지를 써보는 것이 좋습니다. 쓴 편지를 반드시 누구에게 보낼 필요는 없습니다. 편지 내용은 그 주에 공부한 것을 기초로 합니다. 이런 연습은 우리가 생각하고 묵상한 것을 글로 적어 볼 수 있는 좋은 기회입니다.
■ 편지: 하나님이 나를 부르신 것을 생각해 보고, 그분의 능력이 나의 삶 가운데서 어떻게 역사했는지 상기하면서 스스로에게 편지를 써보십시오.

18

이 과의 주제

통신

바울의 편지

내가 마음에 큰 눌림과 걱정이 있어 많은 눈물로 너희에게 썼노니
이는 너희로 근심하게 하려 한 것이 아니요
오직 내가 너희를 향하여 넘치는 사랑이 있음을 너희로 알게 하려 함이라 (고린도후서 2:4)

✒ 우리의 모습

우리는 서로 연결되어 있어야 합니다. 우리는 고립되거나 다른 사람을 떠나서는 살 수 없습니다. 우리가 어떤 사람에게 무슨 말을 듣든지 그것은 우리가 여기에 있다는 사실을 그들이 알고 있다는 것을 나타냅니다.

✦ 내려놓기

성경 공부를 하기 전에 먼저 하나님께 기도를 드립니다. 아래의 시편 말씀이 좋은 길잡이가 될 것입니다.

> 주께서 이를 행하셨으므로 내가 영영히 주께 감사하고 주의 이름이 선함으로 주의 성도 앞에서 내가 주의 이름을 의지하리이다 (시편 52:9)

이번 주 기도 제목을 구체적으로 적어 기도합시다.

✒ 귀 기울이기

이번 주 '귀 기울이기'는 약간 특이합니다. 바울의 편지를 읽으면서 그 내용보다는 편지의 구성 요소에 관심을 집중하십시오. 우리는 편지를 하나하나 보면서 서로 비교해 볼 것입니다. 바울은 전통적인 편지 양식을 자신의 선교를 위한 메시지에 맞도록 수정하고 있습니다.

D1 인사: 로마서 1:1~7, 고린도전서 1:1~3,
고린도후서 1:1~2, 갈라디아서 1:1~5,
빌립보서 1:1~2, 데살로니가전서 1:1,
빌레몬서 1:1~3

D2 감사: 로마서 1:8~15, 고린도전서 1:4~9,
고린도후서 1:3~11, 빌립보서 1:3~11,
데살로니가전서 1:2~10

D3 편지의 본문: 고린도전서 1:10~4:21
(하나님의 능력과 지혜가 되시는 그리스도, 교회의 분열)

D4 윤리적인 가르침과 권고: 데살로니가전서 4:1~5:22,
빌립보서 4:1~6
(주 안에서 기뻐하라)

D5 결론: 로마서 15:33~16:27, 고린도전서 16:19~24,
고린도후서 13:11~13, 갈라디아서 6:16~18,
빌립보서 4:7~9, 21~23, 데살로니가전서 5:23~28

D6 '말씀 속으로'와 '순종하는 공동체의 모습'을 읽으라.

🖋 말씀 속으로

바울의 편지는 신약성경의 다른 책들보다 먼저 쓰였습니다. 그는 자신이 개척한 교회에 이 편지들을 보냈습니다. 여기에는 성도들이 겪고 있는 실제 상황을 다루어 여러 생각과 감정들이 들어 있습니다.

전화나 다른 통신 수단이 없던 시대에 편지는 직접 만나는 경우를 제외하고는 가장 중요한 연락 방법이었습니다. 최근 파피루스에 기록한 고대 편지들이 많이 발견되었습니다. 이 편지들은 기후가 건조한 이집트 지역에 보존되어 있었습니다. 이것들은 로마 제국 당시 편지 구조와 양식을 이해하는 데 도움을 줍니다. 바울은 전통적인 편지 양식을 사용했지만 때로는 선교를 할 목적으로 수정을 가하기도 했습니다. 이처럼 바울은 출판을 목적으로 수필이나 논문을 쓴 것이 아니라는 사실을 기억하십시오. 신앙으로 살려고 몸부림치는 사람들을 위해 자신의 마음을 쏟아 놓고 있는 것입니다. 길고 강력한 메시지가 담긴 로마서 역시 그가 아직 방문하지 않았던 로마 교회에 편지 형식으로 쓴 글이었습니다.

가정교회들

바울이 고린도나 로마에 있는 '교회들'에 편지를 썼다고 말해야 더 정확할 것입니다. 왜냐하면 이 당시에는 많은 집들이 교회로 사용되었기 때문입니다(롬 16:3~5). 빌레몬서에 나오는 가정교회는 골로새에 있었습니다(몬 1:2). 아직 교회 건물이나 시설은 없었습니다. 바울은 이 모든 사람을 편지의 인사말에 포함시킵니다. "로마에서 하나님의 사랑하심을 받고"(롬 1:7), "고린도에 있는 하나님의 교회와 또 온 아가야에 있는 모든 성도에게"(고후 1:1). 갈라디아 지역에는 여섯 개 도시가 있었습니다. 바울은 어떤 때는 편지 끝부분에 가정교회의 인사를 첨가시킴으로써 자신의 메시지를 강조했습니다. "아시아의 교회들이 너희에게 문안하고 아굴라와 브리스가와 및 그 집에 있는 교회가 주 안에서 너희에게 간절히 문안하고."(고전 16:19)

바울은 편지를 아무렇게나 쓰지 않았습니다. 굉장히 주의 깊게 그리고 연관성을 생각하며 기록했습니다. 자신의 편지를 큰 소리로 읽게 했는데, 그의 편지는 그가 직접 말하는 소리를 듣는 것 같은 느낌을 줍니다. 그래서 우리가 바울이 사용한 언어의 리듬을 알고 느끼고 싶다면 큰 소리로 편지를 읽어야 합니다. 어느 주일날 디모데나 실라가 예배를 드리고 있는 누군가의 집에 와서 모든 사람이 듣도록 바울의 편지를 읽고 뜻을 해석해 주면서 개인적인 체험을 강조한다고 생각해 보십시오.

청중들의 관심을 집중시킴

바울은 청중들의 관심을 집중시키기 위해 모든 종류의 수사학적인 방법을 사용했습니다. 어느 때는 스토아 철학자들처럼 질문 형식을 사용합니다. "은혜를 더하게 하려고 죄에 거하겠느냐?"(롬 6:1) 이렇게 청중들의 관심을 끈 후 질문에 답변합니다. "그럴 수 없느니라!"(6:2) 그는 율법의 노예된 상태에서 벗어나 자유를 누리는 진리를 설명하기 위해 사라와 하갈(갈 4:21~5:1) 이야기를 하면서 은유법을 사용했습니다. 그는 잘 알려진 성경구절들, 특히 시편과 예언서를 많이 인용합니다. 바울은 그의 편지에서 예언서를 50번 이상 인용하는데, 로마서에서만 27번을 인용합니다. 이는 청중들이 그의 논쟁을 이해하는 데 도움을 줍니다.

바울은 랍비로부터 성경해석법을 배웠습니다. 유대인의 전통을 참조하며, 한 성경구절을 해석하는 데 다른 성경구절을 사용했습니다. 랍비들과 마찬가지로 성경을 자유롭게 해석했습니다. 예를 들어, '자손'이라는 말이 아브라함의 씨 혹은 자손(창 22:18)이라는 의미에서 단수로 사용되었을 때 바울은 그것이 그리스도를 뜻한다고 해석했습니다.(갈 3:16)

바울은 주제를 가리지 않고 세금, 성, 음식, 소송, 결혼, 할례, 방언 등 여러 가지 논쟁을 모두 다룹니다. 그는 운동(고전 9:24~27), 농사(고후 9:9~11), 군사(고후 10:3~6)에 관해서도 언급합니다.

그는 사도로 부름 받은 것을 증명하고 자신의 증거를 뒷받침하기 위해서, 그리고 듣는 사람들의 관심을 끌기 위해서 자서전 형식으로 글을 씁니다(갈 1:13~17의 간증, 고후 11:21~29의 역경). 일반적으로 사람들은 다른 사람에 대해 관심이 있기 때문에 바울은 자신의 편지에서 개인 신상에 관한 소식을 많이 전합니다. 예를 들어, 로마서 16장에서는 30명 이상의 이름을 언급합니다. 바울은 대개 자신의 복음과 권위를 변호하기 위해 자신에 관한 이야기를 하는 적이 많습니다.

바울은 편지를 통해 문제에 대한 해답을 주기도 하지만 보다 중요한 것은 자신의 신앙을 선포하는 것입니다. 예수님의 십자가 죽음과 부활에 관한 복음을 전하는 과정에서 바울은 신앙 문제에 접하게 되며 또 이를 다룹니다. 바울의 모든 글은 구원이라는 주제에서 나왔습니다. 그는 다음의 논리를 전개시킵니다. '하나님이 예수 그리스도 안에서 역사하셨습니다. 그 역사가 현재 우리에게 주는 의미는 이러합니다.'

대부분 고대의 개인적인 편지는 아주 짧았습니다. 그러나 바울은 자신의 선교 목적에 맞도록 편지 양식을 변경했습니다.

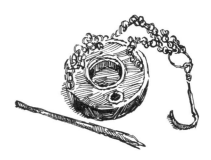

바울의 편지를 받아썼던 사람들은 항상 펜과 잉크병을 가지고 다녔다. 티베르 강에서 발견한 이 펜과 잉크병은 바울 시대 것이다.

인사

일반적으로 개인적인 편지의 '인사' 부분에는 보내는 사람과 받는 사람의 안부가 포함됩니다. 그러나 바울은 안부(greetings)를 은혜(grace)로 바꾸었습니다. 그리고 전형적으로 사용되는 '잘 지내기를 바란다.'라는 문구 대신에 마음과 영적인 평안을 바라는 뜻에서 '평강'이라는 말을 사용합니다. 빌레몬서에서 달아난 노예를 언급하면서 바울은 자기 역시 "예수를 위하여 갇힌 자"(몬 1:1)라고 말합니다.

로마서 1장 1~7절의 긴 인사말에서 바울은 자기에 대해 잘 모르고 의심을 많이 하는 사람들에게 복음의 진실성을 변호하며, 자신을 인정하지 않는 사람들에게 자기가 받은 사도의 직분에 대해 말합니다.

갈라디아서에서는 바로 본론으로 들어갑니다. 그는 갈라디아 성도들을 잘 알고 있었습니다. 바울은 그들이 자기가 전한 복음을 믿어야 할지 아니면 할례를 강조하는 유대계 기독교인들의 말을 들어야 할지에 대해 다룹니다. 그는 자신의 권위를 세우기 위해 시작부터 다음과 같이 말합니다. "사람들에게서 난 것도 아니요 사람으로 말미암은 것도 아니요 오직 예수 그리스도로 말미암아 사도된 바울은." 그리고 인사말 가운데서 그리스도의 권능에 대해 강하게 증거합니다.(갈 1:1~5)

감사

편지의 두 번째 부분인 '감사'는 고대 편지에서는 모든 사람이 잘 지내는 것에 대한 고마움을 신들에게 표시하는 것이었습니다. 바울은 이를 변경하여 자신이 편지를 쓰고 있는 기독교인들을 위해 감사하며, 편지 본론에 나오는 문제들을 암시합니다. 그의 기도를 보면 듣는 사람들의 신실함에 대한 감사가 들어 있고, 그 편지 목적이 나타나 있습니다.

바울이 로마서에서 자신이 알지 못하는 사람들에 대해 지나친 확신을 가지지 않으려고 조심하는 것을 주의하여 보십시오. "내가 너희 보기를 간절히 원하는 것은 어떤 신령한 은사를 너희에게 나누어 주어 너희를 견고하게 하려 함이니 이는 곧 내가 너희 가운데서 너희와 나의 믿음으로 말미암아 피차 안위함을 얻으려 함이라."(롬 1:11~12)

바울은 오직 갈라디아서에서만 감사의 인사말을 하지 않았습니다. 그 이유는 그가 그들을 너무 잘 알고 있었고, 그들이 기독교인의 자유를 저버린 것에 대해 바울이 아주 열을 받았기 때문이었습니다. 갈라디아에서 일어나고 있는 일에 대해 바울은 감사한 마음이 없었습니다. 일반적으로 바울은 '감사' 부분에서 그 지역의 상황과 문제들에 관심을 기울입니다.

편지의 본문

편지의 '본문'은 빌레몬서처럼 간단한 내용과 로마서처럼 복잡한 내용이 있습니다. 바울은 대화 형식을 사용해 사도로서 자신의 역할을 편지를 통해 하고 있습니다. 그의 어조는 아주 다양합니다. 그는 이 작은 가정교회를 위협하기도 합니다. "내가 매를 가지고 너희에게 나아가랴?"(고전 4:21) 때로는 냉소적입니다. "너희를 어지럽게 하는 자들은 스스로 베어 버리기를 원하노라!"(갈 5:12) 어느 때는 감정적입니다. "너희가 할 수만 있었더라면 너희의 눈이라도 빼어 나에게 주었으리라"(갈 4:15). 그는 어린아이를 달래는 아버지 같기도 하고(살전 2:11), 유모와 같이 온순하기도 합니다.(살전 2:7)

바울은 언제나 그리스도를 통한 이 세상의 구원에 대해 증거했습니다. 항상 교회를 강건하게 하고 성숙하게 만들려고 노력했습니다.

그는 다음의 표현을 자주 반복합니다. "너희에게 바라노니", "너희에게 촉구하노니", "너희가 알기를 원하노니", "너희가 알지 못하는 것을 원치 않노니." 그는 이런 말로 시작해서 다시 반복하고, 자신의 여행계획과 장래 소망을 언급하면서 끝을 맺습니다.

바울이 자신에 대해, 그의 상황에 대해 하는 말들은 그의 신학적인 주장과 잘 들어맞습니다. 항상 자신의 상황을 독자들과 연결시킵니다.

앞으로 그의 편지를 하나하나 공부하면서 편지 본문을 자세히 살펴볼 것입니다. 이제 바울이 그의 친구 빌레몬에게 보낸 편지를 봅시다. 이 편지는 아주 단순하지만 가장 구체적입니다. 지극히 사사로운 개인적인 편지임에도 바울은 그 편지가 가정교회의 모든 사람에게 읽혀지기를 원했습니다(몬 1:2). 노예에 관한 문제는 모두에게 적용되기 때문입니다.

이 당시 로마 제국 인구 중 20퍼센트 정도가 노예였으며, 로마나 에베소 같은 무역 중심지에서는 인구의 절반 정도가 노예였습니다. 로마 군대는 전쟁에서 승리를 거둔 후 많은 포로들을 끌고 왔습니다. 또한 가족이 어려운 상황에 처하면 빚을 갚기 위해 자신을 노예로 파는 사람들도 있었습니다.

이 같은 문양은 로마 제국이 다스리는 지역이나 점령지의 공공건물 또는 거리에 전시되기도 하고 군인들 머리에 부착되기도 했다. 이것은 로마 제국의 권위를 상징했다.

편지의 본문(8~20절)은 노예 오네시모가 돌아오는 일에 관해 의논하는 내용입니다.

8~10절: 바울은 빌레몬에게 명령을 할 수도 있었으나 오네시모를 사랑하는 마음 때문에 간구를 합니다. 바울은 오네시모에게 아버지와 같았습니다.

11절: 바울은 오네시모의 이름의 뜻을 사용합니다. 오네시모는 '유용하다'라는 의미인데, 그는 바울에게 아주 유익했고, 빌레몬에게도 다시 유익한 인물이 될 것입니다.

12~14절: 바울은 오네시모와 같이 있고 싶었지만 그를 다시 돌려보냅니다. 그는 빌레몬이 강요 때문이 아니라 자원하는 심정으로 반응을 보이기를 원했습니다.

15~16절: '떠나게 된 것'이라는 말은 도망갔다는 의미입니다. 이것은 빌레몬이 관용을 베풀고 오네시모를 그리스도 안에서 형제로 받아들일 기회를 주었습니다.

17~20절: 바울은 오네시모를 위해 어떤 값이라도 지불할 용의가 있지만, 빌레몬이 자신에게 더 큰 빚을 지고 있다고 말합니다. 바울은 빌레몬이 자신의 말에 '순종'할 것을 기대하면서 끝을 맺습니다.

마지막 권고

바울은 '윤리적인 가르침과 권면'으로 편지를 끝맺습니다. 때로 그는 도덕적인 권면을 합니다. "사랑에는 거짓이 없나니 악을 미워하고 선에 속하라 형제를 사랑하여 서로 우애하고 존경하기를 서로 먼저 하며 부지런하여 게으르지 말고 열심을 품고 주를 섬기라 소망 중에 즐거워하며 환난 중에 참으며 기도에 항상 힘쓰며 성도들의 쓸 것을 공급하며 손 대접하기를 힘쓰라."(롬 12:9~13)

바울은 종종 '그러므로'라는 말을 가지고 교훈이나 권면을 합니다. 그의 교훈은 일반적으로 본문에서 토의된 문제에 초점을 맞추고 있다는 데 유의하십시오. 바울은 항상 장래 소망과 여행계획을 말합니다. 자기가 그들과 같이 있기를 바란다는 사실을 사람들이 알기 원합니다. 바울은 그들에게 자신의 선교사역에 대해 알려주며, 자신을 위해 기도해 달라고 부탁합니다.

결론

일반적으로 개인적인 편지일 경우 희랍 사람들은 '안녕', 유대인들은 '평화'라는 말로 끝을 맺습니다. 그러나 바울은 '은혜'로 시작해서 '은혜'로 끝을 맺습니다. 여기에는 현재뿐만 아니라 미래의 은혜와 평화가 다 포함됩니다. "평안할지어다 또 사랑과 평강의 하나님이 너희와 함께 계시리라"(고후 13:11). 때로 바울은 편지의 본문에서 다룬 주제를 거듭 언급하기도 합니다. 데살로니가 교인들 중 어떤 사람들은 육체를, 어떤 사람들은 영혼을 염려했기 때문에 바울은 다음과 같이 썼습니다. "평강의 하나님이 친히 너희를 온전히 거룩하게 하시고 또 너희의 온 영과 혼과 몸이 우리 주 예수 그리스도께서 강림하실 때에 흠 없게 보전되기를 원하노

라."(살전 5:23)

바울은 기도를 부탁할 뿐 아니라 데살로니가 형제들에게 거룩하게 입 맞추며 그의 편지를 모든 형제에게 읽어 주라는 말과 함께 끝을 맺습니다. 처음 시작과 마찬가지로 예수 그리스도에 대한 증거로 편지를 끝내고 있는 것에 유의하십시오. "우리 주 예수 그리스도의 은혜가 너희에게 있을지어다."(살전 5:25~28)

우리는 로마서에서만 바울의 편지를 받아쓴 사람의 이름을 알 수 있지만, 아마 바울은 모든 편지를 받아 적게 했을 것입니다(롬 16:22). 그러나 다른 사람이 편지를 대신 받아쓴다고 해도 편지를 보내는 사람이 마지막 문장을 쓰는 것이 일반적이었습니다.(고전 16:21~24; 갈 6:11~18; 몬 1:19)

바울이 쓴 편지를 보면 그가 어떤 사람인 것 같습니까?

편지에 대해서

바울의 편지는 40~50년 동안 교회에서 읽혀졌습니다. 복사를 하다가 없어진 부분도 있고 첨가된 부분도 있습니다. 고린도 교인들에게 보내는 편지들 중 학자들이 '책망의 편지'라고 부르는 부분은 없어졌습니다. 고대 사본들은 약간씩 차이가 있습니다. 그러나 교회는 이 편지들의 영적 능력을 인정했기 때문에 수집을 했고, 100~125년경에는 이 편지들이 교회에서 권위 있게 받아들여졌습니다.

학자들은 로마서, 고린도전서, 고린도후서, 갈라디아서, 빌립보서, 데살로니가전서, 빌레몬서, 이 일곱 개 편지는 바울이 쓴 게 확실하다고 믿습니다. 그러나 그 외 편지들은 다른 사상을 다루고, 문법과 신학적인 구조가 다르며, 바울 이후 교회 부흥에 대해 말하고 있기 때문에 학자들은 이 편지들이 바울을 따르는 사람들이 그의 이름으로 썼을 것이라고 생각합니다. 여기에 대한 논쟁은 지금도 계속되고 있습니다. 고대 사회에서는 이런 일들이 많이 있었으며 이것은 속임수라기보다는 경의를 표하는 것으로 받아들여졌습니다. 그래서 우리는 에베소서, 골로새서, 데살로니가후서, 디모데전서, 디모데후서, 디도서, 이 여섯 개 편지는 바울이 죽은 후 그 제자들이 기록했다고 생각할 수 있습니다.

♡ 순종하는 공동체의 모습

신실한 믿음의 공동체는 사람들을 초대하고 도와주며 권면하고 설득합니다. 통찰력과 권능, 선의가 담긴 편지들이 신앙의 교제에서 흘러나옵니다. 교회 주보를 통해 아픈 사람들을 위한 기도와 선교 사역을 위한 권고, 주일 예배의 성경봉독을 요청할 수 있습니다. 이 제자 성경공부반에서 쓴 편지가 선교사들에게 힘을 주고,

순종하는 믿음의 공동체는 사람들을 사랑으로 초대하고 도와주며 권면하고 설득하면서 전도한다.

목사님을 격려하며, 어떤 사람의 기분을 좋게 해줄 수 있습니다. 또는 슬픔을 가라앉히거나 적대감을 없애 주고 낯선 사람을 초청할 수도 있습니다.

강하고 영적인 편지에는 어떤 요소들이 들어 있습니까?

···

···

제자 성경공부반에서 한 사람에게 편지를 쓴다면 누구에게 쓰겠습니까?

···

···

인사, 감사, 본문, 교훈이나 권고, 결론 부분에서 각각 무슨 말을 할지 결정하십시오. 그룹 토의 시간과 편지를 쓰는 데 도움이 될 수 있도록 나의 생각을 적어 놓습니다.

···

···

···

···

···

🍀 더 알아보기

■ 편지: 바울의 편지에서 볼 수 있는 것처럼 다섯 가지 요소를 사용해 내가 사랑하는 사람에게 편지를 쓰십시오.

■ 바울의 편지 가운데 내가 좋아하는 구절을 두세 개 선택해 그가 사용한 언어의 리듬에 관심을 두면서 큰 소리로 읽으십시오. 어떤 면이 매력적으로 들립니까?

19

주님의 재림

주께서 호령과 천사장의 소리와 하나님의 나팔 소리로 친히 하늘로부터 강림하시리니
그리스도 안에서 죽은 자들이 먼저 일어나고 그 후에 우리 살아 남은 자들도
그들과 함께 구름 속으로 끌어 올려 공중에서 주를 영접하게 하시리니
그리하여 우리가 항상 주와 함께 있으리라 그러므로 이러한 말로 서로 위로하라 (데살로니가전서 4:16~18)

⟡ 우리의 모습

매일의 삶 속에 소망이 없는 것 같습니다. 꼭 막다른 골목에 다다른 느낌입니다. 우리는 가정과 직장, 교회에서 위로를 받고 싶습니다. 달라질 수 있을까요?

⟡ 내려놓기

성경 공부를 하기 전에 먼저 하나님께 기도를 드립니다. 아래의 시편 말씀이 좋은 길잡이가 될 것입니다.

> 나는 주께 의지하고 말하기를 주는 내 하나님이시라 하였나이다 나의 앞날이 주의 손에 있사오니 (시편 31:14~15)

이번 주 기도 제목을 구체적으로 적어 기도합시다.

⟡ 귀 기울이기

데살로니가전서는 바울이 처음으로 쓴 편지이며, 신약성경에서 가장 오래된 책입니다. 편지를 큰 소리로 읽으십시오. 데살로니가교회는 로마 사람과 이방인, 유대인들에게 박해를 받았던 연약한 교회라는 사실을 기억하십시오. 바울은 그들의 신앙을 다른 교회들에게 자랑스럽게 전했습니다.

D1 데살로니가전서 1~5장

D2 사도행전 17:1~15, 데살로니가전서 1장
(데살로니가 성도들의 신앙과 모범)

D3 데살로니가전서 2장(핍박 가운데 행한 바울의 사역)

D4 데살로니가전서 3장(디모데가 가져온 위로의 소식)

D5 데살로니가전서 4~5장
(순결할 것을 촉구함, 주님의 재림, 서로를 위로하라)

D6 '말씀 속으로'와 '순종하는 공동체의 모습'을 읽으라.

◉ 말씀 속으로

바울과 실라는 빌립보에 있는 감옥에서 나온 후 루디아의 집에서 작별인사를 하고 디모데와 함께 데살로니가로 갔습니다. 그리스 북쪽에 위치한 이 항구도시는 가장 중요한 무역 중심지였습니다. 데살로니가 항구는 에게 해 북쪽에 있었습니다. 또 중요한 통행로인 이그나시아 도로 중간에 있었으며 다뉴브 강으로 통하는 마지막 지점이었습니다. 데살로니가는 마게도냐의 수도로 로마 지배하에 있었지만 고유한 지폐와 관료를 가진 희랍풍 도시였습니다.

다른 때와 마찬가지로 바울 일행은 안식일에 먼저 회당으로 가서 성경을 가르치고 설교하며 말씀을 해석했습니다. 바울은 예수님이 약속된 메시아라고 선포했습니다. 또한 메시아의 고난(사 53:3~5)과 예수님의 부활(행 17:3)에 대해 설명했습니다. 몇몇 유대인들과 경건한 희랍인들, 그리고 적지 않은 귀부인들이 개종을 했습니다.(17:4)

질투심에 사로잡힌 유대인들과 나쁜 사람들은 소요를 일으켰습니다. 바울 일행을 '천하를 어지럽게 하는 사람들'이며 가이사가 아닌 다른 왕을 선포하고 있다고 비난했습니다(17:6). 바울은 베뢰아로 피신하여 남쪽에 있는 아덴으로 가서 디모데와 합류했습니다. 그 후 고린도로 갔습니다. (17:10, 15; 18:1)

데살로니가에서 온 소식

바울은 아덴에 있는 동안 데살로니가에 있는 연약한 형제들을 위로하기 위해 디모데를 보냈습니다. 그들이 박해를 당하고 있었기 때문입니다. 바울은 자신이 직접 가고 싶었지만 갈 수가 없었습니다. 그래서 디모데를 보냈습니다. "우리 형제 곧 그리스도의 복음을 전하는 하나님의 일꾼인 디모데를 보내노니 이는 너희를 굳건하게 하고 너희 믿음에 대하여 위로함으로."(살전 3:2)

바울은 이 작은 무리가 핍박받다가 없어지지 않을까 두려워했습니다. "너희 믿음을 알기 위하여 그를 보내었노니 이는 혹 시험하는 자가 너희를 시험하여 우리 수고를 헛되게 할까 함이니."(3:5)

바울이 편지를 쓰기 전에 디모데가 돌아왔습니다. 그는 데살로니가 성도들이 믿음 위에 굳건히 서 있다는 디모데의 말을 듣고 매우 기뻤습니다. 그리스도에 대한 그들의 충성과 자기를 생각하는 마음에 위로를 받았고, 그들의 신앙을 통해 자신이 당하는 핍박을 견딜 수 있는 힘을 얻었습니다.(3:7)

위로의 말씀

바울은 데살로니가 성도들의 신앙을 강건하게 하기 위해 여러 가지 방법을 사용합니다. 바울은 그들을 위해 반복해서 하나님께 감사합니다(1:2; 2:13; 3:9). 그들의 사랑의 수고를 기억합니다(1:3). 그들이 어떻게 성령을 받고 희랍과 로마의 신들을 버리고 살아 계신 참되신 하나님을 섬기게 되었는지를 회상시킵니다(1:9). 그는 그들이 아브라함과 그 후손들처럼 하나님의 선택을 받았다고 믿습니다(1:4). 바울은 그들에게 주님의 재림을 확신시킵니다. 그는 그들의 "소망의 인내"를 자랑스럽게 여깁니다.(1:3)

바울은 예수님 앞에서 자랑할 것이 딱 하나 있었습니다. 마지막 심판 날에 내어놓을 것이 하나 있었습니다. 바로 그의 사역을 통해 얻은 회심자들입니다.

고린도와 갈라디아에 있는 교회들은 바울이 참 사도가 아니며 2류급에 속하는 설교자라고 혹평했습니다. 그러나 데살로니가에서는 그렇지 않았습니다. 바울은 복음의 온전성은 그 전달자의 온전함과 언제나 연결되어 있다고 생각했습니다. 그래서 그는 데살로니가 성도들에게 자신의 사랑을 확인시키는 한 방법으로 자기의 수고에 대해 말합니다(2:9). 그는 설교를 할 때 아첨을 하거나 탐심의 탈을 쓰지 않았고 칭찬이나 돈을 구하지 않았습니다. (2:5~6)

바울은 그 누구도 핍박 때문에 흔들리는 것을 원치 않았습니다. 그는 성도들에게 핍박에 대비해야 한다고 말했습니다(3:2~3). 데살로니가 성도들은 유대에 있는 교회들과 똑같은 어려움을 당했습니다. "그들이 유대인들에게 고난을 받음과 같이 너희도 너희 동족에게서 동일한 고난을 받았느니라"(2:14). 바울은 그들의 신앙이 마게도냐와 모든 지역의 교회에 본이 되고 있다고 자랑스러워했습니다(1:7~8). 그들의 믿음은 예수님의 재림에 대한 소망에 근거했습니다(1:10). 바울은 그 희망이 헛되지 않다고 말합니다.

바울은 가장 부드러운 말로 자신의 사랑과 친밀함을 나타냅니다. 그는 데살로니가 성도들과 떨어져 있는 자신이 고아처럼 느껴졌습니다(2:17). 바울과 그의 동역자들은 그들에게 하나님의 복음뿐 아니라 목숨까지도 주고 싶어 했습니다. 그만큼 그들을 사랑했습니다. (2:8)

순결한 삶

바울은 도덕적인 교훈을 말할 때에는(4:1) 아주 구체적입니다. 첫째, 그는 성적인 순결함을 촉구합니다(4:3~8). 이방인들의 세계에서는 성적인 문란함이 아주 심했습니다. 어떤 신비종교에서는 거기에 가입한 순서대로 성적인 교제를 하기도 했습니다. 남자와 여자 창기들이 희랍 신전에서 일했습니다. 어떤 희랍 철학자들은 지나친 정욕을 피하라고 권고했습니다. 유대교에서는 율법에 따라 가정의 순결을 가르쳤습니다. 그러나 현실적으로는 사회적인 유혹이 극심했습니다.

바울은 음란을 버리라고 촉구합니다(4:3). 기독교인 형제나 자매를 이용하지 말라고 합니다. 그의 간구는 단순한 율법이나 규칙이 아니라 우리 삶을 성결하게 하시는 성령의 내재함에 호소하는 것입니다. 내적인 정결함과 내적인 자유가 바울이 경험한 구원과 그가 전한 복음의 일부였습니다. 바울은 성령의 깨끗하게 하시는 권능을 '성화'(거룩하게 되는 것)라고 불렀습니다. (4:3)

세 가지 내적인 힘이 기독교인들이 순결할 수 있도록 도와줍니다. 이는 그리스도의 영의 내재하심과 성령의 열매인 절제의 힘(갈 5:23), 모든 일을 신원해 주시는 하나님을 경외함(살전 4:6)입니다. 예루살렘 공의회에서는 이방인 기독교인들에게 할례는 요구하지 않았으나 성적인 순결함을 요구하고 있다는 사실을 기억하십시오. (행 15:19~20)

오늘날 이 사회는 성적인 순결함에 대해 별로 중요하게 생각하지 않습니다. 교회는 그들로부터 어떤 영향을 받고 있습니까?

성욕과 성의 문제가 우리 사회에서 어떻게 거짓 신의 역할을 하고 있습니까?

데살로니가전서 1장 9~10절 말씀은 이방인들에게 개종의 의미를 알려 주는 데 사용했던 초대교회 신조의 일부분이었을 것이다. "너희가 어떻게 우상을 버리고 하나님께로 돌아와서 살아 계시고 참되신 하나님을 섬기는지와 또 죽은 자들 가운데서 다시 살리신 그의 아들이 하늘로부터 강림하실 것을 너희가 어떻게 기다리는지를 말하니 이는 장래의 노하심에서 우리를 건지시는 예수시니라."

데살로니가전서 2장 14~16절 말씀은 후에 첨가된 것이 아닌가 생각된다. 왜냐하면 여기 나오는 유대인들에 대한 심한 말은 바울이 일반적으로 유대인들에 대해 사용하는 말과 다르기 때문이다. 이 말씀은 예수님을 죽인 일에 대한 하나님의 심판으로서 예루살렘의 멸망(주후 70년)을 가리킨다는 해석도 있다.

우리는 기독교인들에게 성적인 순결함을 어떻게 권장할 수 있습니까?

_____

_____

그리스도의 재림

그리스도가 아직 재림하지 않으셨기 때문에 데살로니가 성도들은 이미 죽은 사람들에 대해 염려했습니다. '그들이 다시 살겠습니까, 아니면 너무 늦었습니까?' 처음에 성령이 충만했을 때는 예수님의 재림이 임박했다고 생각했습니다. 바울은 이들에게 다음과 같은 확신을 줍니다.

첫째, 소망 없는 사람들처럼 근심하지 말라고 합니다. "예수 안에서 자는 자들도 하나님이 그와 함께 데리고 오시리라"(살전 4:13~14). 주께서 호령하실 때에 "그리스도 안에서 죽은 자들이 먼저 일어나고"(4:16), "그 후에 우리 살아 남은 자들도 그들과 함께 구름 속으로 끌어 올려 공중에서 주를 영접하게 하시리니 그리하여 우리가 항상 주와 함께 있으리라"(4:17)고 합니다.

바울은 메시아가 고통을 받고 죽으셨으나 하나님이 그분을 다시 살리셨고 선지자들이 약속한 대로 온전한 평화와 승리 가운데 다시 오실 것이라고 말했습니다. 그렇다면 언제 오십니까? 바울은 예수님의 말씀을 직접 인용하지는 않으나 "그 때는 아무도 모른다"는 것을 분명히 했습니다. 이것이 확신을 주는 두 번째 방법이었습니다. 바울은 죽은 자들이 다시 살아나지 못하는 것이 아니라 오히려 그들이 먼저 부활하고 살아 있는 자들이 그 뒤를 따를 것이라고 말했습니다.

바울은 그리스도의 재림을 두 가지 비유를 들어 설명합니다. "임신한 여자에게 해산의 고통이 이름과 같이" 올 것입니다(5:3). 이는 구약의 선지자들이 자주 사용했던 이미지입니다. "밤에 도둑 같이 이를 것"입니다(5:2). 이는 예수님이 사용하신 이미지입니다. 바울이 강조하는 사실은, 그러므로 영적으로 잠들지 말며 깨어 정신을 차리라(5:6)는 것입니다. 우리는 술에 취하여 잠을 자는 어둠의 자녀들이 아니라 낮에 속한 빛의 자녀들이니(5:5) 준비하고 있어야 합니다. 바울은 우리에게 믿음과 사랑의 호심경을 붙이고 구원의 소망의 투구를 쓰라고 말합니다(5:8). 선지자 이사야의 말을 기억하십시오. 하나님은 "공의를 갑옷으로 삼으시며 구원을 자기의 머리에 써서 투구를" 삼으십니다(사 59:17). 에베소서 6장 13~17절에서는 이것을 로마 군인의 복장에 비유해 말합니다.

그리스도의 재림을 준비한다는 것이 내게 무슨 의미가 있습니까?

_____

바울은 처음 시작과 마찬가지로 주 예수 그리스도의 은혜를 간구하며 편지를 끝맺습니다.(5:25~28)

사해사본 중 하나인 '빛의 자녀와 어둠의 자녀의 싸움'에서는 의로운 자와 악한 자들의 전투를 묘사한다. 여기서는 유다와 베냐민, 레위 지파를 빛의 자녀로, 그들의 적을 어둠의 자녀로 표현한다. 이것은 로마의 유대 점령 초기 문서다. 빛의 자녀들이 어둠의 자녀들을 이기는 것이 메시아 시대의 시작이다. 데살로니가전서에서 바울도 비슷한 말을 사용하고 있다는 데 유의하라.

♡ 순종하는 공동체의 모습

신실한 믿음의 공동체는 언제나 주님의 재림을 대비하며 삽니다. 낙심할 때에도 쓰러지지 않습니다. 하나님의 약속을 기억하며 서로를 격려합니다. 서로 신실하라고 요구하며 서로 책임을 집니다. 어떤 때는 위로도 하고 책망도 하지만 언제나 격려합니다.

가장 좋은 격려는 하나님의 권능을 상기시키는 것인데, 이것이 때로는 설교처럼 들리기도 하고 혹은 경건하게 들릴 때도 있습니다. 어떻게 이것을 효과적으로 할 수 있습니까?

....

....

바울은 그리스도의 부활과 재림에 대해 자주 이야기합니다. 우리는 어떻게 이런 말을 현명하게 할 수 있습니까?

....

....

지금까지 배운 것이 제자 성경공부반과 교회에 새로운 활력소를 제공합니까?

....

....

어떻게 하면 교회를 서로 격려해 주는 공동체로 만들 수 있습니까? 누구에게 위로가 필요합니까? 어떠한 위로입니까? 어떻게 하면 자신들이 공동체의 삶에 기여하는 것이 값진 일임을 모든 사람들이 느끼게 할 수 있습니까?

....

....

◎ 더 알아보기

■ 편지: 어려움을 당하고 있는 사람(가족, 교회 친구, 정부 관리)에게 위로의 편지를 쓰십시오. 도움이 될 수 있는 말을 쓰십시오.

■ 다음과 같은 위로의 말씀들을 암기하여 자신에게 또는 다른 사람들에게 들려주십시오. 이사야 40장 31절, 로마서 8장 28절, 37~39절, 데살로니가전서 5장 9~10절.

순종하는 믿음의 공동체는 언제나 주님의 재림을 대비하며 산다.

155

20

열심히 일하라

어떻게 우리를 본받아야 할지를 너희가 스스로 아나니
우리가 너희 가운데서 무질서하게 행하지 아니하며
누구에게서든지 음식을 값없이 먹지 않고 오직 수고하고 애써 주야로 일함은
너희 아무에게도 폐를 끼치지 아니하려 함이니 (데살로니가후서 3:7~8)

❂ 우리의 모습

우리는 사회가 무슨 일이 가치 있고, 무슨 일이 쓸데없는 것인가를 규정하도록 내버려
두기 때문에, 정작 하나님이 우리에게 주신 시간을 생산적으로 사용하고 있느냐 하는 문제
는 소홀히 하고 있습니다.

✝ 내려놓기

성경 공부를 하기 전에 먼저 하나님께 기도를 드립니다. 아래의 시편 말씀이 좋은 길잡
이가 될 것입니다.

> 주께서 행하신 일을 주의 종들에게 나타내시며 주의 영광을 그들의 자손에게 나
> 타내소서 주 우리 하나님의 은총을 우리에게 내리게 하사 우리의 손이 행한 일을
> 우리에게 견고하게 하소서 (시편 90:16~17)

이번 주 기도 제목을 구체적으로 적어 기도합시다.

❂ 귀 기울이기

당신이 데살로니가후서가 담긴 편지를 새로 기독교인이 된 사람들에게 전달한다고 가
정하십시오. 다른 사람에게 편지를 큰 소리로 읽어 주면서 그 내용을 간단하게 설명하십시
오. 꾸준히 신실하게, 그리고 열심히 일하는 것의 가치를 강조하십시오. 다섯째 날에 데살
로니가전·후서를 읽으면서 편지의 억양과 주제의 유사점과 차이점을 생각해 보십시오.

D1   데살로니가후서 1~3장(그리스도 재림까지의 삶)

D2   데살로니가후서 1장(하나님의 심판)

D3   데살로니가후서 2장(재림의 날이 연기됨)

D4   데살로니가후서 3장(게으름에 대한 경고)

D5   데살로니가전서 1~5장, 데살로니가후서 1~3장

D6   '말씀 속으로'와 '순종하는 공동체의 모습'을 읽으라.

✏️ 말씀 속으로

데살로니가후서는 학자들에게 많은 문제를 제기합니다. 바울의 사상이 많이 담겨 있으면서도, 그의 다른 편지에서는 나타난 적 없는 개념들이 등장하고, 후대에 일어났던 교회의 문제들을 다룹니다. 바울이 이 편지를 썼는지 아니면 바울이 쓴 편지를 후에 제자들이 수정했는지 혹은 그 제자들이 직접 썼는지 우리는 정확히 알 수가 없습니다. 그러나 이것이 권위 있는 말씀인 것은 분명합니다.

처음 시작은 데살로니가전서와 마찬가지입니다. 인사말에 실라와 디모데도 등장합니다. 교회가 하나님 안에 있다(1절)는 표현에 주의하십시오. 편지는 하나님 아버지와 주 예수 그리스도의 은혜와 평강으로 시작해서 같은 표현으로 끝을 맺습니다. 은혜와 평강은 바울이 전하는 복음의 핵심입니다. 은혜라는 말은 옛날 사람들에게든 현대인들에게든 믿기 어려운 말입니다. 우리는 남들에게 존경받고 싶어 하고, 또 그만한 자격이 있다고 생각합니다. 우리는 우리 자신의 이기주의와 하나님과의 깨어진 관계를 알지 못하기 때문에 우리 행위를 통해 스스로를 구원할 수 없다는 것을 이해하지 못합니다. 은혜는 예수 그리스도 안에서 하나님이 우리에게 거저 주시는 선물입니다. 은혜는 모든 것을 바로 세웁니다. 은혜는 아무 공로 없이 우리에게 주어지는 사랑이며, 우리가 자유롭게 하나님을 사랑하도록 인도합니다.

우리는 진노가 무엇인지 알 때까지 평강의 깊이를 깨달을 수 없습니다. 무슨 일이든 하나님이 원하지 않으신다면 그것은 올바른 일이 아닙니다. 예수 그리스도 안에서 역사하시는 하나님으로 인해 진노가 건강하고 올바른 관계로 바뀌었습니다. 평강은 하나님과의 올바른 관계이며, 그 안에서 내적인 평온함이 외적인 조화와 일치하게 됩니다. '그리스도 안에서' 산다는 말은 거저 주시는 은혜를 가지고 하나님이 원하시는 의와 자비의 길을 따라 사는 것입니다.

감사

데살로니가 성도들에 대한 감사의 기도가 계속됩니다. 그들의 신앙이 자라나고 서로를 사랑하기 때문에 바울은 언제나 하나님께 그들에 대해 감사합니다(살후 1:3). 바울 일행은 어디에 가서든 데살로니가 교회를 자랑스럽게 여겼습니다. 왜냐하면 그들이 핍박 가운데서도 흔들리지 않았기 때문입니다. 기도의 내용은 그들이 하나님 나라에 가기에 합당하다는 것입니다. 예수님이 고난을 하나님 나라와 연관시켜 말씀하셨듯이 바울도 마찬가지입니다. "우리가 하나님의 나라에 들어가려면 많은 환난을 겪어야 할 것이라."(행 14:22)

모세의 율법과 이스라엘의 선지자들은 하나님의 심판이 의롭다고 말합니다. 하나님은 의로우신 분입니다. 성도들을 괴롭히는 사람들에게 환난으로 갚아주실 것입니다(살후 1:6). 심판은 주 예수께서 그분의 능력의 천사들과 함께 하늘로부터 불꽃 가운데에 나타나실 때 시작됩니다(1:7). 예언서에 나타나는 주의 날이 바로 그리스도가 재림하시는 날입니다.

그리스도의 재림

이 편지는 그리스도의 재림에 대한 의심의 문제를 다룹니다. 바울과 그 동역자들이 재림에 대해 설교하고 편지를 쓰며 토론을 했지만 많은 사람들은 여전히 혼란스러워했습니다. 바울의 설교를 듣거나 그의 편지를 읽거나 혹은 여기저기 유통되던 다른 편지들을 읽은 데살로니가 성도들 중에 주의 날이 이미 왔다고 믿고 동요를 일으킨 사람들이 있었습니다(살후 2:1~2). 어떤 사람들은 이미 죽은 자들을 염려했습니다(살전 4:13~15). 어떤 사람들은 주님이 재림하지 않으실지도 모른다는 두려움으로 믿음이 연약해졌습니다. 이런 생각은 2천 년 동안 기독교인들을 괴롭혀 왔습니다. "주여, 오시옵소서"라는 고린도전서 16장 22절의 간구처럼 많은 신실한 성도들이 "주 예수여, 오시옵소서"(계 22:20)라고 기도했습니다. 베드로는 말했습니다. "주께는 하루가 천 년 같다." 하나님은 오래 참으사 모든 사람이 회개하기에 이르기를 원하십니다. (벧후 3:8~9)

그러나 데살로니가후서에서는 주님의 재림이 연기되는 이유가 악의 세력 때문이라고 말합니다. 불법한 자가 나타나고 주께서 폐하셔야 합니다(살후 2:8). 그는 사탄과 같이 일을 하지만 사탄은 아닙니다. 아마 불법한 자는 마지막 때에 활동하는 악의 세력을 지칭하는, 고대 유대인들의 이미지였을 것입니다. 바울은 데살로니가 성도들에게 그들이 구원의 첫 열매임을 기억한다고 말합니다(2:13). 그래서 거짓 선생들이 무엇이라고 말하든, 그리고 얼마를 기다리든, 믿음에 "굳건하게 서서 말로나 우리의 편지로 가르침을 받은 전통을 지키라."(2:15)고 바울은 말합니다.

일

그리스도의 재림을 열렬히 기다리는 성도들 중에 오해가 있었습니다. 바울은 선지자들이 말한 메시아의 통치가 가까이 왔다고 전파했습니다. 메시아 예수님은 십자가의 죽음과 부활을 통해 첫 승리를 거두셨습니다. 성도들은 마음속에 성령을 모심으로써 하늘나라에서 있을 하나님과의 교제를 미리 맛볼 수가 있었습니다. 머지않아 곧 하나님은 예수 그리스도를 통해 모든 피조물을 구속하실 것입니다.

그동안에 성도들은 무엇을 해야 합니까? 데살로니가 성도들과 그 후의 많은 사람들은 이 말씀을 아무런 책임감 없이 살아도 된다는 뜻으로 받아들였습니다. 그래서 어떤 사람들은 다른 사람 집에 가서 하루 종일 종교에 관해 말하며 먹고 놀기만 했습니다. 어떤 사람들은 자신의 생계를 내버리고 기도만 하면서 주님의 재림을 기다렸습니다. 이는 아주 잘못된 행동들이었습니다(살후 3:6~13). 사람들은 죄를 섬기거나 구세주를 섬깁니다. 이미 오셨고 그리고 다시 오실 메시아는 성도들이 열심히 일하기를 바라십니다. 구원을 얻기 위해서가 아니라 우리를 구원해 주신 하나님을 사랑하는 마음으로 말입니다. 천국에 들어가기 위해서가 아니라 완전한 자유와 권능을 가지고 그분의 계획에 따라 모든 피조물을 구속하실 하나님을 위해서 말입니다. 기독교인들은 구속을 완성하기 위한 죄악과의 싸움에서 주님의 편에 서 있습니다. 모든 사람을 그리스도에게 인도하는 일이 시급합니다. 성도들은 거룩한 싸움에 동참하여 계속 전진해야 합니다. "그리스도가 오늘 오신다." 혹은 "그리스도가 내일 오신다."라고 말하는 것은 주제넘은 일입니다. 우리는 하나님의 계획을 알 수 없습니다.

우리의 구속이 아직은 완성되지 않았지만 우리는 가르치고 기도하며 회심을 시키고 봉사하며 무엇보다도 열심히 일해야 합니다. 우리는 바울에게서 좋은 본을 볼 수 있습니다. 그는 장막을 만들기 위해 가죽을 자르고 깁는 육체노동을 자랑스러워했습니다. 선교사역을 하면서도 밤낮으로 일했습니다.(3:8)

자존심과 복음의 존귀함 때문에 바울은 스스로 노동을 하여 생계를 해결하고자 했습니다. 그는 일을 귀중히 여겼습니다. 노동은 신성한 것입니다.

우리 사회에서는 육체노동을 어떻게 생각합니까?

데살로니가후서의 저자는 세속사회가 자기가 하는 노동과 복음을 존중해 주기를 바랐습니다. 그는 게으름 피우는 일은 하나님의 뜻에 어긋난다고 생각하며, 교회에 있는 성도들에게 '게으르게' 행하는 모든 형제에게서 떠나라고 촉구했습니다(3:6). 그러나 그들을 원수와 같이 생각하지 말고(3:15) 가르치며 권면하고 그들이 기독교인의 책임을 다하도록 경고하라고 일렀습니다. '바쁜' 사람들은 그리스도의 제자가 되기 어렵습니다. "누구든지 일하기 싫어하거든 먹지도 말게 하라"(3:10). 물론 이는 병자나 노인, 장애인을 두고 하는 말은 아닙니다. 사실 기독교인들은 그들을 도와주기 위해서라도 더욱 열심히 일해야 합니다.

이러한 가르침은 오늘 우리에게 무엇을 말해 줍니까?

특별한 생각이 저자의 마음을 사로잡고 있었습니다. 복음을 전하기 위해 하나님의 부르심을 받은 사도로서 그는 도움을 받을 권리가 있었습니다. 바울은 고린도교회에게 자신의 권리를 언급한 적이 있습니다(고전 9:1~18). 그는 숙식 문제를 해결해 주기를 원했습니다. 실제로 바울 시대 지도자들은 당연히 대우를 요구했고 또 보수를 받았습니다.

왜 자신의 손으로 생계를 해결하는 일이 중요한 문제가 되었습니까? 이것은 남에게 짐이 되지 않고(살후 3:7~8) 복음사역에 방해가 되지 않도록 하기 위해서였습니다. 때때로 종교 지도자들이 돈을 목적으로 일하는 때가 있었습니다. 선지자 미가는 예루살렘의 제사장들과 선지자들이 돈을 받을 때에만 봉사한다고 통렬하게 비난했습니다.(미 3:11)

바울은 오직 복음이 열매 맺기만을 원했습니다. 그런데 그것이 데살로니가 성도들의 회심을 통해 이루어졌습니다. "우리의 소망이나 기쁨이나 자랑의 면류관이 무엇이냐 그가 강림하실 때 우리 주 예수 앞에 너희가 아니냐 너희는 우리의 영광이요 기쁨이니라."(살전 2:19~20)

♥ 순종하는 공동체의 모습

우리는 생계를 위해 일하며, 다른 사람을 도와주고, 교회를 위해 봉사하는 일을 두려워하지 않습니다. 하나님이 일하시므로 우리도 일해야 합니다. 우리는 우리 공동체 안에 모든 종류의 일을 하는 사람들을 포함시키기를 원합니다. 우리는 모든 사람들이 적정한 보수를 받는 직장을 가질 수 있는 사회를 만들기 위해 노력합니다.

내가 살고 있는 곳의 직장 사정은 어떠합니까?

직업(일)에 대해 나와 제자 성경공부반, 교회가 취해야 할 행동이나 목회활동이 있다면 무엇이라고 생각합니까?

우리는 아이들에게 노동은 신성하며 우리에게 즐거움과 만족을 가져다 준다고 가르쳐야 합니다.

노숙인들을 위해 집을 지어 주거나 수리해 주는 등 제자 성경공부반 사람들이 가서 도와줄 수 있는 일들이 무엇인지 토의하고 결정사항을 기록해 봅시다.

막노동을 하는 사람들에게 더 나은 대접을 하기 위해 우리 교회에서 할 수 있는 일은 무엇일까요?

때때로 '자신의 직업을 가지고 있는 사람들'에 의해 복음사역이 이루어질 수도 있습니다. 예를 들자면 개척교회를 시작하는 평신도 같은 경우입니다. 또 다른 예들이 있습니까?

순종하는 믿음의 공동체는 노동자들을 존중하고 노동이 꼭 필요하며 은혜로운 것임을 안다.

더 알아보기

▨ 성서사전에서 '은혜'와 '평강'이라는 말을 찾아보십시오.

▨ 편지: 열심히 일하지만 보수를 받지 못하는 사람에게 편지를 쓰십시오. 그가 하는 일을 인정해 주십시오. 혹은 열심히 일해야 하는데도 목표가 없거나 훈련과 기회가 부족해 일을 못하는 사람에게 편지를 쓰십시오. 기도와 중재, 취미와 인정, 훈련과 정신적인 지지 등 그에게 필요한 것을 제공하십시오.

▨ 또는 내가 하는 일에 관해 받은 편지가 있으면 그룹 사람들과 함께 나누십시오.

21

기뻐하라

선을 바라봄

주 안에서 항상 기뻐하라 내가 다시 말하노니 기뻐하라
(빌립보서 4:4)

✍ 우리의 모습

모든 상황이 항상 좋기는 어렵습니다. 고통당하는 중에도 즐거워할 사람은 없습니다. 다른 사람들이 우리보다 앞설 때에는 그들부터 먼저 가게 하십시오. 좋은 일이 생기면 감사를 표하고, 그 전까지는 현실을 받아들입니다.

✍ 내려놓기

성경 공부를 하기 전에 먼저 하나님께 기도를 드립니다. 아래의 시편 말씀이 좋은 길잡이가 될 것입니다.

> 아침에 주의 인자하심이 우리를 만족하게 하사 우리를 일생 동안 즐겁고 기쁘게 하소서 (시편 90:14)

이번 주 기도 제목을 구체적으로 적어 기도합시다.

✍ 귀 기울이기

가능하면 다른 사람에게 빌립보서를 큰 소리로 읽어 주십시오. 편지에 나타나 있는 친밀감과 애정을 주의해 보십시오. 좋지 않은 상황에서도 선을 바라보는 바울의 모습을 보십시오. 그가 어떻게 고난을 증거와 찬양의 기회로 삼는지 살펴보십시오. 빌립보서를 시와 찬송, 신조라 생각하고 읽으십시오.

D1 빌립보서 1~4장

D2 사도행전 16장, 빌립보서 1장(빌립보에 있는 바울과 실라, 감옥에서도 복음을 전하는 바울)

D3 빌립보서 2장(그리스도의 겸손과 순종을 본받음)

D4 빌립보서 3장(목표를 향해 달려감)

D5 빌립보서 4장(그리스도인의 성숙에 관한 교훈)

D6 '말씀 속으로'와 '순종하는 공동체의 모습'을 읽으라.

◉ 말씀 속으로

바울은 감옥을 잘 알고 있었습니다. 빌립보와 에베소, 가이사랴와 로마에 있는 감옥들의 내부를 잘 알고 있었습니다. 그는 투옥되었어도 복음 전파를 중단하지 않았습니다. 오히려 감옥에서 더 꾸준히 기도하고 간수들과 죄수들에게 복음을 증거했습니다. 그리고 사람들과 편지를 주고받으며 끊임없이 지도하고 교훈하며 격려했습니다. 바울은 빌립보서(여기에는 그가 쓴 다른 편지 일부가 포함돼 있다)를 쓸 당시 재판을 기다리며 옥에 갇혀 있었습니다.(빌 1:7)

학자들과 마찬가지로 우리도 빌립보서를 쓴 장소를 추측해 볼 수 있습니다. 편지가 일찍 쓰였고 방문객들이 많은 점을 감안한다면 에베소가 적합한 장소일 것입니다. 그런 경우 '가이사의 집 사람들'(4:22)은 큰 도시에 주둔하고 있던 로마 정부 행정 관료들을 뜻할 것입니다. 시위대(1:13)는 가이사랴와 에베소, 로마에 있었습니다. 마지막이 가까웠다는 사실과 그의 사역이 끝나 간다는 점, 그리고 황제와 관료, 시위대를 강조하는 점들을 고려하여 일반적으로 이 편지를 쓴 장소를 로마라고 여겨 왔습니다.

빌립보교회는 바울이 유럽에 처음으로 세운 교회였습니다. 로마와 희랍의 신들이 많은 신전 앞에 서 있었고, 제우스 신은 동전에 새겨져 있었습니다. 은퇴한 로마 군인들이 거리를 활보하고 다녔습니다. 로마는 아시아로 통하는 동서의 길을 강화하기 위해 식민지를 건설했으며, 북쪽 마게도냐의 변경을 구축했습니다. 이러한 때에 바울과 디모데, 실라와 누가는 몇몇 여인들과 유대인들, 안식일에 강가에서 기도하던 하나님을 경외하는 자들(회당에 참석하기는 했으나 유대교로 완전히 개종하지 않은 이방인들)과 선교를 시작했습니다.(행 16:11~15)

평화를 깨뜨림

로마 공화국의 관용의 시대(주전 500~주전 60)는 지났습니다. 가이사 아구스도의 개방적이고 진취적인 시대(주전 27~주후 14)도 지났습니다. 이제 황제들은 이전 통치자들보다 더욱 독재적이고 자신을 과장하며 불안정

한 모습으로 신경과민 반응을 보였습니다. 칼리굴라는 자신을 신으로 선언하고(38년) 예루살렘 성전에 자신의 신상을 세우려고 했습니다. 글라우디오는 유대인과 유대계 기독교인들을 로마에서 추방해 버렸습니다(49년). 네로는 로마의 대화재를 기독교인들 탓으로 돌려 수천 명이 순교를 당했습니다(64년). 바울과 베드로도 이때 순교했습니다.

로마 정부가 원하는 두 가지 일이 있었는데, 이것을 유대인들 특히 유대계 기독교인들이 방해했습니다. 첫째로, 로마는 평화를 유지하기 원했습니다. 이 당시에는 반란, 심지어는 작은 소동이나 거리를 혼잡스럽게 하는 일에도 로마 군인들이 출동했습니다. 바울이 빌립보에서 노예 소녀를 고쳤을 때에도 생계에 위협을 느꼈던 주인은 "이 사람들이 유대인인데 우리 성을 심히 요란하게 한다."고 비난했습니다.(행 16:20)

두 번째 관심사는 첫 번째보다 강했습니다. 로마 신들을 숭배하는 것이 질서를 유지하는 데 꼭 필요하다고 생각했습니다. 사람들은 로마 신들을 인정만 하면 많은 다른 신들을 섬기고 신비 종교에 빠지며 스토아 철학자나 에피큐리언 학자들과 철학에 관해 토의할 수 있었습니다. 외국 종교(신봉자들이 다른 지역에서 로마로 들여온 종교)는 처음에 의심을 받고 핍박을 당하며 추방되었지만 어느 정도 시간이 지난 후에는 받아들여졌습니다. 로마의 종교는 공적인 성격이었지 신에 대한 개인적인 헌신의 문제가 아니었습니다. 그러나 특별한 위치가 부여되었는데도 유대인들은 그들의 이상한 관습과 유일신 하나님을 섬기는 것 때문에 언제나 의심을 받았습니다.

기독교인들도 골칫거리였습니다. 그리스도를 주라 부르는 그들의 열광적인 태도가 가이사를 주(lord)로 부르는 문제와 갈등을 일으켰습니다. 기독교인들은 황제 숭배를 거부하여 시민종교에 참여하지 않았습니다. 빌립보에서 바울과 실라에게 주어진 비난은, 그들이 유대인으로서 로마 사람인 자신들이 받아들이지도 못하고 행치도 못할 풍속을 전한다는 것이었습니다.(행 16:20~21)

우리는 빌립보에 있던 관료들이 지진으로 바울과 실

라가 감옥에서 풀려 나왔을 때 얼마나 당황했을지 상상해 볼 수 있습니다. 그런데 로마 간수가 가족들과 함께 세례를 받았으니 그들로서는 더욱 당황스러웠을 것입니다(16:33). 조롱과 경제적 압력, 매 맞음과 핍박은 빌립보 성도들이나 바울에게는 특이한 일이 아니었습니다. 바울은 복음을 위하여 핍박받는 것을 자랑스럽게 여겼기에, 빌립보 교인들에게 이렇게 말했습니다. "그리스도를 위하여 너희에게 은혜를 주신 것은 다만 그를 믿을 뿐 아니라 또한 그를 위하여 고난도 받게 하려 하심이라 너희에게도 그와 같은 싸움이 있으니 너희가 내 안에서 본 바요 이제도 내 안에서 듣는 바니라"(빌 1:29~30). 모두가 다 구속을 위한 싸움을 하는 것입니다. 모두가 순전한 신앙과 사랑 안에서 고통을 받는 것입니다.

조롱을 받으면서도 예수 그리스도를 담대히 증거할 기회가 내게도 있었습니까? 나는 그때 무엇을 했습니까?

빌립보에 보낸 편지
· 감옥에 있는 바울
· 빌립보 교인들은 에바브로디도를 통해 돈을 보냈다.
· 지금 우리에게 전해지지 않는 빌립보 교인들에게 보낸 바울의 편지를 보면 에바브로디도가 병이 났다.
· 바울에게 보내는 빌립보 교인들의 편지
　– 에바브로디도에 대한 관심
　– 그가 더 이상 도와줄 수 없는 사실을 슬퍼함
　– 교회 안의 문제
· 에바브로디도가 가지고 온 바울의 편지
　– 그들의 도움에 감사함
　– 후에 디모데를 보내겠다고 약속함
　– 감옥에서 나오면 자신이 방문하겠다고 약속함

바울은 언제나 어떤 행동과 사건이 복음을 전하는 데 도움이 되는가를 생각했습니다. 감옥 생활이 도움이 됩니까? 그는 그렇다고 말합니다. "내가 당한 일이 도리어 복음 전파에 진전이 된 줄을 너희가 알기를 원하노라"(1:12). 그는 빌립보 교인들에게 로마의 모든 시위대가 자신이 도둑질이나 살인을 했기 때문이 아니라 그리스도를 위하여 감옥에 있다는 사실을 알고 있다는 것을 말하고 싶었습니다(1:13). 감옥이나 다른 가정교회에 있는 많은 형제자매들은 바울이 감옥에 있다는 사실로 더욱 힘을 얻고 강해질 수 있었습니다. 그들은 두려움 없이 하나님의 말씀을 더욱 담대히 전했습니다.(1:14)

복음을 담대히 전하는 사람을 보고 나의 신앙이 더욱 강해진 적이 있습니까?

로마 제국을 41~54년에 다스렸던 글라우디오 황제는 소동을 일으킨 장본인이 유대인들이라고 비난하며, 49년에 유대인 기독교인들을 포함하여 모든 유대인들에게 로마를 떠나라고 명령했다.(행 18:2)

일반적으로 세상 사람들은 하나님이 어떤 사람과 함께하시면 그 사람은 언제나 모든 일이 잘 될 것이라고 생각합니다. 그래서 어떤 사람이 아프거나 문제가 있거나 병이 들면 하나님이 그와 함께하지 않으셨기 때문이라고 말합니다. 또는 그들이 잘못을 했거나 하나님이 힘이 없으시거나 하나님이 계시지 않는다고 말합니다. 그러나 기독교인들은 우리의 문제 가운데 하나님이 거하신다는 사실을 압니다. 하나님은 사람들을 강하게 하시고 그분의 이름을 높이기 위해 그들의 약함과 고통을 사용하기도 하십니다.

오늘날도 많은 사람들이 물질적인 부는 선한 일에 대한 대가이며 가난은 죄악의 결

브라이도리온이라 불리는 장소는 로마의 지배자가 머무르는 곳이었다. 로마에서는 황제의 궁전을, 다른 곳에서는 그 지역을 다스리는 사람이 사는 장소를 그렇게 불렀다. 시위대는 이 장소를 지키는 군인들이다. 위 그림은 그들의 복장과 무기, 방패와 투구의 모습을 보여 준다.

과라고 생각합니다. 이런 증거를 어디에서 볼 수 있습니까?

_____

_____

빌립보에 또 다른 좋은 일이 있었습니다. 교회를 떠나 있던 바울을 대신해 다른 설교자들과 교사들이 그 자리를 메워간 것입니다(1:15~17). 물론 모든 설교자들이 완전한 것은 아니었습니다. 어떤 사람들은 경쟁적이었습니다. 하지만 어떤 사람들은 아주 신실하고 바울에게 협조적이며 사랑으로 복음을 증거했습니다. 바울이 감옥에 갇혀 있는 것을 그를 비난하는 데 이용하는 사람들도 있었습니다. 그러나 바울은 그들이 설교한 내용을 가지고 다투거나 그들의 동기에 신경 쓰지 않았습니다. 그는 은혜롭게 말합니다. "그러면 무엇이냐 겉치레로 하나 참으로 하나 무슨 방도로 하든지 전파되는 것은 그리스도니 이로써 나는 기뻐하고 또한 기뻐하리라."(1:18)

빌립보로부터 온 선물

바울은 빌립보 교인들을 사랑했고, 그들도 바울을 사랑했습니다. 바울은 그들을 "나의 사랑하고 사모하는 형제들, 나의 기쁨이요 면류관"이라고 했습니다(4:1). 어느 도시를 가든 바울은 자신의 생계를 스스로 해결했습니다. 그런데도 빌립보교회는 바울이 데살로니가와 고린도에서 목회를 할 때 그를 돕기 위해 에바브로디도를 통해 사랑의 선물을 보냈습니다. 바울은 그들이 하나님을 깊이 사랑하고 있다는 것을 알았기 때문에 감사했습니다. 빌립보교회는 바울을 도와준 유일한 교회였습니다. (4:15~18)

예루살렘 공의회가 있은 후 바울은 유대에 있는 가난한 유대계 기독교인들을 위해 헌금을 거두었습니다. 그가 마지막으로 로마로 압송되어 감금된 이유는 예루살렘으로 돌아갔기 때문이었습니다. 그는 빌립보와 데살로니가, 고린도와 에베소, 그리고 다른 지역에서 헌금한 것을 예루살렘의 모교회에 가져 가고 싶어 했습니다.

가난한 사람들을 위한 헌금을 하는 데에 누가 가장

앞장섰습니까? 물론 빌립보 교인들이었습니다. 그들은 바울을 위한 사랑의 선물과 아울러 예루살렘의 성도들을 위해 따로 헌금을 마련했습니다. 바울은 고린도 교인들에게 너그럽게 헌금하라고 격려하며 말했습니다.

"형제들아 하나님께서 마게도냐 교회들에게 주신 은혜를 우리가 너희에게 알리노니… 내가 증언하노니 그들이 힘대로 할 뿐 아니라 힘에 지나도록 자원하여 이 은혜와 성도 섬기는 일에 참여함에 대하여 우리에게 간절히 구하니"(고후 8:1~4). 이 얼마나 놀라운 간증입니까! 바울은 계속해서 빌립보 교인들을 모범으로 들고 있습니다.

다른 기독교인들의 좋은 모범은 내가 보다 큰 너그러움을 베푸는 데 어떤 감동을 줍니까?

_____

_____

교회 안의 문제

바울은 사도로서 솔직하게 교회 안의 문제를 언급했습니다. 어떤 사람들은 자신의 구원에 대해 참된 확신을 갖고 싶어 했습니다. 그들은 초인적인 기독교인들이 되기를 갈망했습니다. 만일 그들이 안식일과 주일을 지키고 할례를 받았다면 그들의 확신은 배로 증가했을 것입니다. 바울은 이러한 문제가 갈라디아와 마찬가지로 빌립보에서 일어났을 때 심히 분노했습니다. "개들을 삼가고 행악하는 자들을 삼가고 몸을 상해하는 일(손할례당)을 삼가라!"(빌 3:2~3). 그는 이방인 개종자들에게 할례를 주려는 사람들을 비난했습니다. 그들은 하나님의 값없이 주시는 사랑과 그리스도의 은혜에 자신들의 공로를 추가하려고 했습니다.

"그렇게 하고 싶으면 올바로 하라."고 바울은 말합니다. 그는 자신의 히브리 족보와 아브라함, 이삭, 야곱, 베냐민에 이르는 자신의 가문에 대해 언급합니다. 의로워지고 싶으면 바울과 같이 8일째에 할례를 받으라고 합니다. 그리고 바리새인이 되어 수없이 많은 해석이 가능한 율법들을 지키라고 합니다(3:4~5). 바울은 이 모든 것을 행했고 흠이 없었습니다(3:6). 우리가 얼마나 의로운지 하나님께 자랑하고 싶으면 바울과 같이 되도록 열심히 노력해야 합니다. 그러나 바울은 그리스도 안에서 이 모든 일이 쓸데없다고 말합니다. 그는 훌륭한 전통과 율법, 선지자들에 대해 알고 있었습니다. 이 모든 것은 자랑스러운 선물입니다. 그러나 바울은 이것들을 그리스도를 위해 배설물로 여겼습니다(3:7). 그리스도를 통한 구원은 값없이 주어지며 한 번 이루어지면 완전하고 절대적입니다. 바울은 은혜의 복음을 약화시키지 말라고 경고합니다. 바울은 '율법을 통한 의로움'은 없었으나 '그리스도를 믿는 신앙'을 통해 하나님과 올바른 관계를 유지했습니다. (3:9)

바울은 율법에 순종하는 삶이 실패로 끝났기 때문에 그리스도에게로 돌아선 것이 아니었습니다. 그가 '그리스도 안에' 있었기 때문에 그의 문제는 실패가 아닌 성공으로 끝났습니다.

나는 언제 나 자신을 자랑하게 됩니까? 또 언제 초인적인 기독교인처럼 행동하고 싶은 유혹을 받습니까?

우리의 모범이 되시는 그리스도

바울은 빌립보 교인들이 한 가지 분명한 목표를 가지고 연합하기를 원했습니다. "마음을 같이하여 같은 사랑을 가지고 뜻을 합하며 한마음을 품어 아무 일에든지 다툼이나 허영으로 하지 말고 오직 겸손한 마음으로 각각 자기보다 남을 낫게 여기고… 다른 사람들의 일을 돌보아 주라"(빌 2:2~4). 바울은 자신의 주장을 펴기 위해 한탄하거나 꾸중하지 않았습니다. 대신에 교회에서 널리 사용하는 찬송을 인용했습니다(2:6~11). 이 찬송은 그리스도와 그분의 고통, 그의 낮아짐과 종됨에 관한 것입니다. 그리스도는 서로를 돌보는 일에서 우리의 모범이 되십니다.

메시아이신 그리스도는 하나님의 본체이시며 영원 전부터 존재하셨습니다(2:6). 그러나 예수 그리스도는 거룩함과 권능의 특권을 손에 쥐고 이를 사용하신 것이 아니라 오히려 종이 되셨습니다. 그분은 하나님과 동등됨을 취하지 않으시고 종이 되어 하나님께 온전히 순종하셨습니다. 그와 같은 온전한 순종은 인간의 반역을 바꾸기 위해 이 세상에 필요한 것입니다. 죽기까지 순종하신 그 모습이 신비하고 놀랍게도 믿음을 통해 사람들이 하나님과 올바른 관계를 가질 수 있도록 이끌었습니다.

그리스도의 이러한 낮아지심 때문에 하나님은 그분을 죽은 자 가운데서 살리시고 높이셨습니다. 선지자 이사야의 예언이 그분에게 실현되었습니다.

"땅의 모든 끝이여 내게로 돌이켜 구원을 받으라 나는 하나님이라 다른 이가 없느니라… 내 입에서 공의로운 말이 나갔은즉 돌아오지 아니하나니 내게 모든 무릎이 꿇겠고 모든 혀가 맹세하리라."(사 45:22~23)

예수 그리스도는 우리의 구원이실 뿐만 아니라 그 종된 모습은 기독교인의 삶의 모범이 됩니다. 그래서 바울은 말합니다. "모든 일을 원망과 시비가 없이 하라"(빌 2:14). 그러면 너희는 이 세상에서 빛으로 나타날 것이라고 합니다.(2:15)

항상 기뻐하라

바울의 편지에는 기쁨이 충만합니다. 데살로니가 성도들에게 바울은 항상 기뻐하라고 말합니다(살전 5:16). 상황이 좋지 않을수록 그의 기쁨은 더욱 충만했습니다. "우리가 환난 중에도 즐거워하나니"(롬 5:3). 감옥에서 빌립보 교인들에게 보내는 편지에서도 그는 말합니다. "주 안에서 항상 기뻐하라 내가 다시 말하노니 기뻐하라"(빌 4:4). 바울은 결코 현실을 무시하지 않았고 하나님의 영광스러운 일을 현실의 한 부분으로 보았습니다.

그는 슬픔 가운데서도 찬송을 할 수 있는 능력이 있었습니다. 그리스도의 구원의 은혜에 관한 확신이 매우 강해서, 그는 한밤중에도 소망을 볼 수 있었고 모든 상황에서 그리스도의 사랑을 느낄 수 있었습니다. 그는 빌립보 교인들을 생각하고, 그리스도를 위해 고난을 받으며, 그에게 힘 주시는 자 안에서 모든 일을 할 수 있기 때문에 기쁨을 누릴 수 있었습니다(4:13). 그는 주께서 가까우시니 기뻐하라고 거듭 말합니다.(4:4~5)

♡ 순종하는 공동체의 모습

순종하는 믿음의 공동체는 모든 체험과 상황을 하나님의 변화시키는 능력이 역사하는 기회라고 생각한다.

환난이 닥칠 때 믿음의 공동체는 그 마음가짐을 다시 정립합니다. 우리는 하나님이 그 체험을 보다 값진 것으로 바꾸시는 방법을 기대합니다. 우리는 그 상황 안에서 일어나는 새로운 모습을 찾습니다. 서로 돌보는 가운데 새로운 가능성을 발견할 수 있습니다.

내가 누군가를 기쁘게 할 수는 없습니다. 무엇이 나와 다른 사람들을 기쁘게 만듭니까?

_____

_____

무의미한 경건생활을 하기 때문에 내가 얻지 못하는 기쁨은 무엇입니까?

_____

_____

환난 가운데서 선을 이루시는 하나님을 체험한 경험을 나누어 보십시오.

제자 성경공부반이나 우리 교회가 어려움 가운데서도 찬양을 불렀던 때가 언제입니까?

그리스도의 고난이 나 자신의 고통을 받아들이는 데 어떤 도움을 줍니까?

◉ 더 알아보기

■ 시편에서 기쁨과 즐거운 찬양, 고통 중에서 기뻐하는 모습들을 찾아보십시오.

■ 편지: 나의 삶 속에서 그리스도가 어떻게 역사했는지를 편지로 씁니다. 나의 고통을 부인하지 말고 어려움 가운데 기뻐할 수 있다는 것을 보여 주십시오. 불평을 감사로, 자기 연민을 간증으로 바꾸십시오.

22

이 과의 주제

연합

그리스도의 몸

너희는 그리스도의 몸이요 지체의 각 부분이라
(고린도전서 12:27)

◉ 우리의 모습

우리는 자신의 이익을 찾고 권리를 주장하며 자기 힘으로 출세한 것처럼 보이기 위해 자신의 생각과 이익, 충성심과 배경, 인간적인 성향들을 모두 동원합니다. 이런 우리가 하나가 될 수 있겠습니까?

◉ 내려놓기

성경 공부를 하기 전에 먼저 하나님께 기도를 드립니다. 아래의 시편 말씀이 좋은 길잡이가 될 것입니다.

> 여호와여 주의 백성에게 베푸시는 은혜로 나를 기억하시며 주의 구원으로 나를 돌보사 (시편 106:4)

이번 주 기도 제목을 구체적으로 적어 기도합시다.

◉ 귀 기울이기

바울은 에베소에서 방문객들을 통해 고린도교회 소식을 전해 들었습니다. 그는 고린도교회에 보내는 편지에서 그들이 가지고 있는 질문과 불평, 비난들에 대해 자세히 답변합니다. 성경을 읽으면서 고린도교회에는 여러 종류의 사람들이 있었으며 그들의 배경이 다르다는 사실을 기억하십시오. 이방인들이 대부분이었고 최근에 풀려난 노예들과 몇몇 유대인들과 소수의 지도자들이 있었습니다. 대부분의 사람들은 가난하고 교육을 잘 받지 못했습니다. 연합을 이룬다는 것은 쉬운 일이 아니었습니다. 바울은 자신이 전한 십자가에 달리신 그리스도를 위해 연합을 강조했습니다.

D1 사도행전 18장, 고린도전서 1~2장
(고린도에 있는 바울, 하나님의 권능과 지혜)

D2 고린도전서 3~4장(교회의 분열, 하나님의 영이 거하시는 성전, 그리스도의 종, 바울의 고난)

D3 고린도전서 5~7장(성적인 부도덕, 결혼)

D4 고린도전서 8~11장(우상에게 바친 제물, 사도의 권리, 이스라엘의 역사를 통한 경고, 주의 만찬)

D5 고린도전서 12~16장(영적인 선물, 한 몸, 사랑, 방언, 부활, 예루살렘 교회를 위한 헌금)

D6 '말씀 속으로'와 '순종하는 공동체의 모습'을 읽으라.

🔥 말씀 속으로

고린도는 특이한 도시였고, 고린도교회 역시 특이했습니다. 고린도는 두 항구를 연결하며 에게 해와 아드리아 해 사이 좁은 해협에 위치했습니다. 따라서 고린도에는 로마인과 희랍인, 아시아인과 유대인뿐 아니라 모든 종류의 사람들이 넘나들었습니다. 20만 명의 자유인과 40만 명의 노예가 있었습니다. 고린도는 음주, 매춘, 도둑, 살인이 들끓는 거친 도시로 널리 알려져 있었습니다.

그러나 바울은 고린도에서 큰 성공을 거두었습니다. 모든 종류의 사람들이 개종을 했습니다. 복음이 뿌리를 내리고 아가야까지 전파되었습니다(고후 1:1). 누가는 바울이 안식일마다 유대인들과 이방인들을 설득하기 위해 회당에서 논쟁을 벌였다고 기록합니다.(행 18:4)

회당에서는 신학적인 갈등이 폭발 직전에 이르렀습니다. 바울은 예수님이 메시아라고 선포했지만 많은 유대인들은 이것을 받아들이지 않았습니다. 바울은 회당을 떠나면서 옷의 먼지를 털어 버렸습니다. 그리고 지금부터는 이방인들에게 복음을 전하겠다고 말했습니다(18:6). 바울이 실망에 잠겨 있을 때 하나님이 환상 가운데 그에게 말씀하셨습니다. "두려워하지 말며 침묵하지 말고 말하라."(18:9)

고린도에서 1년 반 동안 있은 후 바울은 그곳을 떠나 에베소에서 3년 반 동안 체류했습니다. 바울은 에베소에서 가장 오래 머물렀습니다. 거기서 그는 고린도교회가 믿음을 지키고 성장하도록 하기 위해 사람과 편지를 보내고, 재방문하기도 했습니다.

글로에가 보낸 사람들

유수한 가문 출신인 글로에는 바울을 개인적으로 만나려고 고린도교회에 있는 사람들을 그에게 보냈습니다. '글로에의 집 편'(고전 1:11)이란 그의 가족이나 노예를 말합니다. 그들은 고린도교회가 당면한 심각한 상황을 보고했습니다. 교회가 바울파와 베드로파, 아볼로파로 나뉘어 있었습니다. 어떤 사람들은 자신들이 그리스도께만 속했다고 주장했습니다(1:12). 영적인 교만에 가득 찬 어떤 사람들은 종교적인 지식을, 또 다른 사람들은 성령의 체험을 특권의식인 것처럼 자랑했습니다.

글로에의 사람들은 혼란스런 예배에 대해서도 보고했습니다(11:17~34). 이 당시 모든 사람이 동시에 일을 끝마치는 것은 아니었습니다. 노예들은 종종 예배에 늦게 왔습니다. 그런데 일찍 온 부유한 사람들은 주의 만찬에 참여하여 친교의 식사를 미리 해버리고, 어떤 때는 술에 만취해 있었으며, 다른 사람들이 먹을 것을 거의 남겨 놓지 않았습니다. 문제는 배고픔이 아니라 부유한 사람들과 가난한 자들을 분리시키는 이기적인 행동이었습니다.

친교의 식사는 그리스도 안에서 모두가 평등하다는 사실을 보여 주는 것이기 때문에 중요했습니다. 노예들도 자유롭게 먹었습니다. 젊은 사람들은 노인들과, 유대인들은 희랍인들과, 여자들은 남자들과 함께 먹었습니다. 오순절의 역사가 나타났습니다. 식사는 성만찬의 빵과 잔을 같이 먹고 마심으로써 끝났습니다. 바울은 랍비들이 말하는 '내가 받았으므로'라는 표현을 사용했습니다. 일반적으로 이 표현 뒤에는 다른 랍비들이 말한 것이 따라 나옵니다(11:23). 그러나 바울의 말 뒤에 나온 것은 그리스도의 말씀이었습니다. "내가 너희에게 전한 것은 주께 받은 것이니 곧 주 예수께서 잡히시던 밤에 떡을 가지사 축사하시고 떼어 이르시되 이것은 너희를 위하는 내 몸이니 이것을 행하여 나를 기념하라"(11:23~24). 바울은 고린도교회 성도들을 가르치기 위해 이 말을 사용하고 있다는 점에 유의하십시오. "그런즉 내 형제들아 먹으러 모일 때에 서로 기다리라"(11:33). 그들은 만날 때마다 친교의 식사와 성만찬을 같이 했습니다. 그러나 문제가 심각해지자 바울은 음식을 집에서 먹도록 했습니다(11:34). 이렇게 해서 주의 만찬과 친교의 식사가 분리되기 시작했습니다.

바울의 문제 해결

분파. 분파에 대해 왜 자랑합니까? "그리스도께서 어찌 나뉘었느냐 바울이 너희를 위하여 십자가에 못 박혔으며 바울의 이름으로 너희가 세례를 받았느냐"(고전 1:13). 하나님의 은혜는 취약하고 겸손하며 연약한 데에 임합니다. 바울은 일부러 세련된 희랍의 수사학이나 랍비들의 논리를 사용하지 않고 단순하게 말합니다. "그리스도의 십자가가 헛되지 않게 하려 함이라."(1:17)

바울은 세 가지 주장을 폈습니다. 십자가 자체는 어리석은 것입니다(1:18, 21). 유대인들은 메시아가 십자가에 달린다는 것을 믿을 수 없었습니다. 희랍인들은 죽은 사람이 다시 살아날 수 있다는 것을 믿을 수 없었습니다. 십자가에 못 박힌 그리스도는 유대인에게는 거리끼는 것이요, 이방인에게는 미련한 것입니다(1:23). 지혜를 자랑하지 말고 하나님의 어리석음으로 구원받음을 자랑하십시오. 하나님의 지혜는 모든 인간의 지혜를 어리석게 만드십니다(1:25). 누가 하나님 앞에서 지혜를 자랑할 수 있겠습니까! 바울은 고린도 교인들의 부요함과 권능과 지혜를 업신여깁니다. 그들 대부분은 노예였습니다. 유대인의 성경을 아는 사람은 많지 않았습니다. "육체를 따라 지혜로운 자가 많지 아니하며 능한 자가 많지 아니하며 문벌 좋은 자가 많지 아니하도다"(1:26). 우리의 약함에 영광이 있습니다! 하나님은 약함 중에 있는 우리를 택하셔서 구원의 능력이 하나님께 있음을 보여 주셨습니다.

바울은 자신을 예로 들었습니다. 고린도에서 그는 겸손하게 설교를 했습니다. "내 말과 내 전도함이 설득력 있는 지혜의 말로 하지 아니하고"(2:4). 사람들은 회개하고 성령을 받았습니다. "너희 믿음이 사람의 지혜에 있지 아니하고 다만 하나님의 능력에 있게 하려 하였노라."(2:5)

바울은 오직 성숙한 사람만이 이해할 수 있는 숨겨진 지혜가 있음을 인정했습니다. 왜냐하면 그것은 이 세상 지혜가 아니기 때문입니다. 성숙한 사람들은 그들이 성령을 통해 신기하고 놀라운 선물을 받았음을 압니다. 그들은 영적이지 않은 사람들에게 이러한 선물과 권능을 설명할 수가 없습니다. 그러나 그리스도의 영을 받은 사람들은 이해할 수 있습니다.(2:6~16)

유감스럽게도 우리는 아직도 젖 먹는 어린아이들처럼 행동한다고 바울은 말합니다(3:1~2). 우리가 어린아이와 같은데 어떻게 성숙한 가르침을 이해할 수 있겠습니까? 바울은 교회를 시작했고 아볼로는 돌보았으나 그것을 자라게 하신 이는 하나님이셨습니다(3:5~6). 지도자들은 종이며 자신들의 수고에 대해 상을 받을 것입니다(3:8). 그러나 영광을 받으시는 분은 하나님이십니다. 그리스도 안에 있는 영광을 위해 같은 마음으로 일하십시오. "형제들아 내가 우리 주 예수 그리스도의 이름으로 너희를 권하노니 모두가 같은 말을 하고 너희 가운데 분쟁이 없이 같은 마음과 같은 뜻으로 온전히 합하라."(1:10)

성적인 부도덕. 에베소에 도착해서 바울은 고린도교회 내의 문제에 대해 다시 편지를 씁니다. 이 편지는 유실되고 말았는데 바울은 두 가지 일, 즉 잘못된 열성과 성적인 부도덕에 관해 경고했습니다. 그러나 사람들이 이 편지 내용을 잘못 이해했기 때문에 5장 9~13절에서 바울은 다시 분명히 말합니다. "내가 너희에게 쓴 편지에 음행하는 자들을 사귀지 말라 하였거니와 이 말은 이 세상의 음행하는 자들이나 탐하는 자들이나 속여 빼앗는 자들이나 우상 숭배하는 자들을 도무지 사귀

바울과 고린도교회의 관계

- 바울이 고린도교회를 세움.
- 그는 고린도에 1년 6개월 동안 체류함.
- 그는 에베소에 3년 동안 체류함.
- 지금은 전해지지 않지만 고린도에 보내는 첫 번째 편지를 에베소에서 씀.
- 고린도교회 성도들이 바울에게 편지를 보냄.
- 글로에 집 사람들이 에베소에 있는 바울을 방문함.
- 편지에 있는 문제들과 방문객들의 질문에 답하며 고린도교회에 두 번째 편지를 씀.
- 고린도로 '가슴 아픈 방문'을 함.
- 디도 편에 그들을 나무라는 편지를 보냄.
- 디도를 만나기 위해 마게도냐로 감.
- 화해하게 하기 위해 고린도 성도들에게 네 번째 편지를 보냄.
- 예루살렘교회에 보낼 헌금을 모으기 위해 고린도를 방문함.

지 말라 하는 것이 아니니 만일 그리하려면 너희가 세상 밖으로 나가야 할 것이라 이제 내가 너희에게 쓴 것은 만일 어떤 형제라 일컫는 자가 음행하거나 탐욕을 부리거나 우상 숭배를 하거나 모욕하거나 술 취하거나 속여 빼앗거든 사귀지도 말고 그런 자와는 함께 먹지도 말라 함이라"(고전 5:9~11). 바울은 세 가지 일을 했습니다. 첫째, 그는 세상에 있는 사람들을 하나님이 판단하실 것이라고 믿었기 때문에 세상을 판단하지 않았습니다(5:13). 둘째, 그는 일상생활에서 기독교인들이 믿지 않는 사람들을 피하면서 살기를 기대하지 않았습니다(5:10). 셋째, 그는 성적인 죄가 다른 심각한 죄들보다 더 강조되는 것을 원치 않았기 때문에 일부러 여러 죄들을 열거했습니다.

사람들이 너무나 부도덕했기 때문에 고린도에서 성적인 문제는 언제나 끊임없는 유혹이었습니다. 바울은 사회의 죄악에 관해 설교하지 않았습니다. 그는 교회 사람들에게 말했습니다. 부끄러움 없이 자신의 계모를 취하는 사람들은 교회 밖으로 축출해야 한다고 주장했습니다. 고린도전서 5장 2절을 보면 이러한 자들이 아주 자유로운 사람으로 간주되고 그리스도인의 자유를 최대 한도로 누리는 사람처럼 여겨졌습니다. 바울은 그리스도인들이 이 같은 방종과 성적인 부도덕을 물리치고 살아야 하며, 이 기준에 따라 사는 사람들은 내쫓으라고 말합니다.(5:12~13)

결혼. 바울이 항목별로 문제를 다루고 있음을 주시하십시오. 이제 새로운 문제를 다루기 시작합니다. 그는 남자가 여자를 취하지 않는 편이 더 좋다고 말합니다. 그는 이 점을 분명히 합니다. 하지만 이 말은 사람들이 결혼을 하지 말아야 한다거나 결혼한 사람들이 성적인 관계를 갖지 말아야 한다고 주장하는 것이 아닙니다.(7:1~6)

바울은 동등한 입장에서 아내와 남편이 서로를 사랑해야 한다고 말합니다. 서로 이해하는 가운데 기도나 금식을 하기 위해 성적인 관계를 금할 수는 있으나 너무 오래 지속되어서는 안 됩니다. 사탄이 그들을 유혹할 수 있습니다. 유대인의 전통에 입각하여 바울은 성관계가

나쁘다거나 사악하다고 생각하지 않았습니다. 그러나 이방인들의 혐오스러운 부도덕과 죄악이 가득 찬 행동은 받아들일 수가 없었습니다.

그리스도가 곧 오신다면 왜 변화가 필요합니까? 독신인 사람은 혼자 살고 결혼한 사람들은 그대로 있으십시오(7:26~27). 그러나 바울은 사람들이 죄 짓는 것을 원치 않았기에 결혼하고 싶으면 그렇게 하라고 합니다. 그러면서 바울 그 자신은 죽어 가는 이 세상에 복음을 전하려고 모든 것으로부터 자유했습니다(7:7, 32~34). 바울은 두 가지 적과 싸웠습니다. 하나는 간음하며 불륜을 저지르고 신전에 있는 남녀 매춘부들이나 거리의 매춘부들과 성관계를 갖는 자유방임주의자들이었습니다. 그러한 성행위는 그리스도를 매춘부와 한 몸이 되게 하는 것입니다. "너희 몸은… 성령의 전인 줄을 알지 못하느냐."(6:19)

또 다른 적은 모든 성적인 관계가 잘못되었다고 주장하는, 헬라어를 말하는 영지주의자들과 유대인 금욕주의자들이었습니다. 바울은 그렇지 않다고 주장합니다. 결혼을 통해 남편과 아내는 그리스도 안에서 한 몸이 됩니다. 신자와 불신자의 결합도 마찬가지입니다. 상대방을 통해 거룩하게 됩니다.(7:8~16)

우상에게 드린 제물. 바울은 음식뿐만 아니라 교회를 강건하게 하는 일에 대해서도 말합니다(8:1). 이방 신전에서는 동물을 희생 제물로 드리려고 죽여서 피와 지방을 불살랐습니다. 제사장들이 그 일부를 취하고 대부분 고기들은 신전에서 운영하는 시장에서 매매되었습니다. 친구 집이나 어떤 모임에서 식사하는 이들은 그 고기가 어디서 왔는지 알지 못했을 것입니다.

그리스도인들은 더 이상 희생 제물을 드리기 위해 신전에 가지 않았습니다. 그들은 일부러 희생 제물로 드린 고기를 먹는 일도 없었습니다. 어떤 성도들은 신전에서 운영하지 않는 가게에서 고기를 사며, 희생 제물로 드리지 않은 고기만을 먹고, 그들이 어떤 집에서 식사를 할지 세심하게 신경을 썼습니다. 그들은 우상을 숭배하는 일은 어떻게든 피하려 했습니다. 몇 달 전만 해도 그들은 우상에게 바친 고기를 먹었으나 이제는 완전히 멀리

했습니다. 그들은 우상에게 바친 고기를 먹는 성도들에 대해 비판적이었습니다.

교회 안의 어떤 사람들은 그들을 비웃었습니다. "우상은 돌과 나무에 불과하다. 희생 제물은 어리석은 것이다. 고기는 단지 고기일 뿐이다. 우상에게 바친 고기를 두고 염려하는 사람들은 아주 사소한 일에 사로잡힌 도덕주의자들이다. 그리스도가 우리를 자유롭게 하셨다. 그러므로 자유를 누리자"고 말했습니다.

바울의 관심사는 존경과 사랑이었습니다. 그는 자신의 자유가 다른 사람들에게 걸림돌이 되는 것을 원치 않았습니다(8:9). 우상 숭배, 도박, 술 취함, 방탕함으로 죄를 지은 사람들이 그런 것에 대항하기 위해서는 거기에서 완전히 벗어나야 합니다. 다른 사람들도 자기들의 형제자매가 열심히 노력하는 것에 존경을 표할 수 있겠습니까? 바울은 모든 것이 가하지만 모든 것이 이로운 것은 아니라고 말합니다(10:23). 자유로운 사람들은 아주 민감한 사람들에게 신경을 써야 합니다. 바울은 고기를 먹는 사람들을 이해하지만(8:8) 그렇게 하라고 주장하지는 않습니다. 다른 사람들에게 방해가 된다면 고기를 멀리 해야 할 것이라고 했습니다. 바울은 사람들의 신앙에 관심이 있었습니다(8:9~13). 복음을 전하기 위해 모든 일을 했습니다. "내가 여러 사람에게 여러 모습이 된 것은 아무쪼록 몇 사람이라도 구원하고자 함이라."(9:22)

내가 어떻게 하면 '마음이 약한 사람들'을 거스르지 않고 자유를 누릴 수 있겠습니까?

바울은 신실했으며, 다른 사람들을 격려하도록 자신을 훈련시켰습니다. 다른 기독교인에게 도움이 된다면 자신의 권리를 양보했지만, 그것이 자신의 자유를 포기하는 일이라고는 생각하지 않았습니다.

예배의 공동체. 고린도교회의 어떤 성도들은 그리스도 안에서는 남녀의 구별이 없다는 바울의 말을 잘못 이해하여 모든 사회의 관습들을 저버리는 데까지 나아갔습니다. 그들은 정상적인 머리 모양을 버리고 의복과 예의를 무시했습니다. 고린도에 일대 혁신이 일었습니다. 노예와 일반 시민들이 같이 식탁에 앉아 식사를 했습니다. 여자와 남자들이 같이 기도하고 간증하며 가르쳤습니다. 어떤 사람들은 그리스도 안에서 성은 문제가 되지 않는다고 주장했습니다. 남자들은 머리를 자르지 않았고, 여자들은 매춘부와 같이 머리를 길게 늘어뜨렸습니다. 혼란이 왔습니다. 바울은 사회 관습과 남자와 여자 사이의 일반적인 차이가 지켜져야 한다고 촉구했습니다. 그 이유는 방종함을 피하기 위해서였습니다.(11:16)

'여자는 교회에서 잠잠하라'(14:33~36)는 말은 아마 후대에 제자들이 첨가했을 것입니다. (이 점에 대해서는 학자들마다 의견이 다릅니다.) 이 구절은 바울이 방언에 대해 말하고 있는 이야기의 흐름을 방해하며, 평등에 대해 강조하던 바울의 모습과도 일치하지 않습니다. 남자와 여자의 머리 모양, 그리고 수건을 쓰는 일에 관한 문제는 결국 남자와 여자가 같이 큰 소리로 기도하며 예언하도록 허락하는 것으로 일치를 보았습니다(11:5, 13). 만일 여자는 교회에서 잠잠하라는 말을 바울이 했다면 활기찬 기운이 감돌지만 때로는 갈등에 쌓인 성도들에게 사회적인 예의를 지키게 하기 위해서였을 것입니다.

영적인 은사. "형제들아 신령한 것에 대하여 나는 너희가 알지 못하기를 원하지 아니하노니"(12:1). 때때로 성령이 사람에게 임하시면 그들은 방언을 합니다. 알 수 없는 언어로 하나님께 기도하며 말하는 일이 고린도에서 일어났습니다. 이러한 일이 복음을 모든 나라에 전하기 위해 사도들이 알아들을 수 있는 언어로 말했던 오순절 사건과 혼동되어서는 안 됩니다. (행 2:6~8)

바울도 때로는 방언으로 말했지만(고전 14:18), 방언은 성령의 은사 중 가장 작은 것이며(12:28) 조심스럽게 행해야 합니다. 그러나 예배를 어지럽히거나 남을 비판하지 않는다면 방언을 말하는 사람들을 비난할 필요는 없습니다. 올바른 정신을 가지고 말하며, 불신자들이 믿을 수 있도록 진리를 예언하십시오. 성령이 하시는 중요한 일은 성도들이 "예수를 주시라 할 수"(12:3) 있도록 도와주는 것입니다. 그러면 다른 놀라운 선물들을 주실 것입니다(12:28). 모든 사람들이 이러한 선물들을 받는 것은 아닙니다(12:11, 29~30). 그러나 자신의 마음을 완전한 신뢰로 채워서 예수님께 순종하면 누구나 그리스도의 영인 성령을 받을 수 있습니다. 가장 큰 은사는 사랑의 은사입니다(13:1). 무엇보다도 교회를 그리스도의 몸으로 생각하십시오. 교회는 다양한 부분으로 구성되어 있고, 다른 사람들이 주님을 만날 수 있도록 도와주며, 사랑과 조화를 가지고 함께 일하는 곳입니다. (12:12~27)

부활

부활에 관한 혼란스러운 가르침이 새로 회심한 사람들에게 의심을 불러 일으켰습니다(고전 15:1~5). 바울은 그들에게 자신이 한 설교와 그가 받았던 메시지를 상기시킵니다. 그는 그리스도가 죽으시고 장사되어 죽은 자 가운데서 다시 살아나셨다고 전했습니다. 그리스도는 많은 사도들에게 나타나셨으며, 마지막에는 만삭되지 못하여 난 자 같은 자신에게도 나타나셨다고 말했습니다(15:8). 그러나 고린도 교인들은 의문이 생겼습니다. "어떻게 죽은 사람이 살아날 수 있는가? 그들은 어떤 몸으로 다시 살아나는가?"(15:35)

바울은 이에 대해 답변했습니다. "그리스도가 먼저 살아나셨습니다." 그분을 믿는 성도들의 부활은 그분이 재림하실 때 일어날 것입니다. 죄가 그리스도 안에서 정복되었습니다. 하나님이 우리에게 새 나라에 맞는 새로운 몸을 주실 것입니다. 하나님이 모든 원수들을 정복하실 때 파멸되어야 할 마지막 원수는 육체의 죽음이 될 것입니다. 그때 우리는 예수 그리스도의 능력으로 이렇게 소리칠 것입니다. "사망을 삼키고 이기리라."(15:54)

고린도전서 15장 3~7절은 우리가 가지고 있는, 기독교 전통에 관한 가장 오래된 말씀이다. 바울은 자신이 기독교인이 되었을 때 이 말씀을 받았다. 이는 주후 35년경 일이었다. 그때는 이미 이 말씀이 확고히 뿌리를 내리고 있었다.

♡ 순종하는 공동체의 모습

사람들은 서로 조화를 이루려면 비슷한 점이 있거나 같아야 한다고 생각합니다. (우리는 모두 비슷하기 때문에 잘 지냅니다.) 그래서 여러 종류의 사교 모임들이 생깁니다. 믿음의 공동체도 다양함 가운데 일치를 추구합니다. 중요한 것은 경험과 은사가 다양할 때 섬길 수 있는 능력이 더욱 많아진다는 사실입니다. 우리의 연합은 언제나 복음을 전하기 위한 것입니다. 다르다는 사실은 풍요로움을 더해 줄 뿐 아니라 여러 가지 다양한 은사를 제공합니다. 그러나 우리를 같이 묶어 주는 것은 예수 그리스도의 사랑입니다.

제자 성경공부반을 생각해 봅시다. 일치와 다양성의 모습들을 볼 수 있습니까?

우리 교회는 여러 종류의 사람들을 어느 정도까지 받아들이고 있습니까? 어떤 사람들이 아직도 배제되어 있습니까?

다른 사람들을 위해 나의 권리를 포기할 준비가 어느 정도 되어 있습니까?

다양한 가운데 일치해야 한다는 메시지가 우리 교회에서는 얼마나 분명하게 십자가에 달리신 그리스도와 연관되어 있습니까?

> 순종하는 믿음의 공동체는 복음을 위해 다양한 가운데 일치를 추구한다.

⬚ 더 알아보기

■ 편지: 연합에는 화해가 필요합니다. 갈등을 빚었던 일에 대해 사과하거나 슬픔을 나타내는 편지를 쓰십시오. 화해를 청하십시오. 이 일을 잘할 수 있도록 계획을 세우십시오.

23

이 과의 주제

고통

신뢰의 위기

내가 갈 때에 너희를 내가 원하는 것과 같이 보지 못하고
또 내가 너희에게 너희가 원하지 않는 것과 같이 보일까 두려워하며
또 다툼과 시기와 분냄과 당 짓는 것과
비방과 수군거림과 거만함과 혼란이 있을까 두려워하고 (고린도후서 12:20)

🎧 우리의 모습

우리는 오해하기도 하고 오해받기도 합니다. 그래서 상처를 받습니다. 우리는 자신을
방어하려 들고 신뢰하지 못합니다. 이 역시 고통스러운 것입니다.

💡 내려놓기

성경 공부를 하기 전에 먼저 하나님께 기도를 드립니다. 아래의 시편 말씀이 좋은 길잡
이가 될 것입니다.

> 주여 나는 외롭고 괴로우니 내게 돌이키사 나에게 은혜를 베푸소서 내 마음의 근
> 심이 많사오니 나를 고난에서 끌어내소서 나의 곤고와 환난을 보시고 내 모든 죄
> 를 사하소서 (시편 25:16~18)

이번 주 기도 제목을 구체적으로 적어 기도합시다.

🎧 귀 기울이기

바울 서신과 고린도교회의 문제가 계속됩니다. 10~13장은 책망하는 편지로, 바울이 꾸
중을 합니다. 1~9장은 화해의 편지로, 바울이 다리를 놓습니다. 겸손을 구하고 청지기직
에 대해 공부하십시오.

D1 　고린도후서 10~13장(자신의 목회와 사도로서의 고충, 약할 때의 강함을 변호하며 자신을 점검하는 바울)

D2 　고린도후서 1~2장(감사, 교회에 대한 관심)

D3 　고린도후서 3~4장(새 언약의 사자들, 질그릇에 담긴 보배)

D4 　고린도후서 5~6장(하늘의 집, 화해의 사역, 지금이 구원의 때)

D5 　고린도후서 7~9장
　(교회가 회개하여 기뻐하는 바울, 풍성한 헌금)

D6 　'말씀 속으로'와 '순종하는 공동체의 모습'을 읽으라.

🔥 말씀 속으로

고린도전서에 따르면, 글로에 집 식구들 이외에도 스데바나와 브드나도, 아가이고가 바울을 방문했습니다 (16:17). 비록 이 사람들을 통해 바울은 나중에 편지에 언급되는 문제들에 대해 듣게 되지만, 그들의 방문은 그 자체로 바울의 기분을 전환시켜 주었습니다. 고린도교회의 친구들로부터 떨어져 있으면서 느꼈던 바울의 외로움을 그들이 덜어 주었습니다. 그들 중 누군가가 바울이 쓴 편지(고린도전서)를 에베소에서 고린도로 가지고 왔음이 분명합니다.

서로 연락은 계속되었지만 관계는 더 악화되었습니다. 글로에 집 식구들의 말을 듣고 바울은 고린도교회의 상황을 파악하고 사태를 안정시키기 위해 디모데를 보냈습니다. 그가 도착했을 무렵은 그들이 바울의 편지를 받아 읽고 난 후였습니다. 바울의 편지는 교회의 싸움을 진정시키거나 그에 대한 의혹을 없애 주지 못했습니다. 바울이 고린도전서 16장 5~7절에 언급한 방문 계획은 실현되지 않았습니다. 자기 대신에 디모데를 보내는 것으로는 충분하지 않았습니다. 교회는 이중으로 비판적이었습니다. 바울은 오지 않았고, 바울이 자신의 계획에 동요를 일으킨 것처럼 보였습니다.

디모데는 에베소에 돌아와 바울에게 슬픈 소식을 전해 주었습니다. 그의 방문이나 바울의 편지가 화해를 이루는 데 도움이 되지 못했다는 것입니다. 바울은 상처를 치유하기 위해 서둘러 고린도를 방문했습니다. 그러나 불행하게도 그의 방문은 아주 짧았고 고통스러웠습니다(고후 2:1). 오히려 적대자들에게 도움이 되었습니다. 바울은 그들에게 고통을 주고 싶은 마음은 없었습니다. "내가 마음에 큰 눌림과 걱정이 있어 많은 눈물로 너희에게 썼노니 이는… 오직 내가 너희를 향하여 넘치는 사랑이 있음을 너희로 알게 하려 함이라"(2:4). 이 방문으로 바울은 상처를 입었습니다. 그는 성도 가운데 한 사람에게서 비난을 받았습니다(2:5~8; 7:12). 그러나 바울은 교회가 이 사람을 다시 받아들이고, 자신과 같이 그를 용서해 주기를 바랐습니다. 우리는 사탄에게 속아서는 안 됩니다. (2:11)

책망의 편지

어떤 학자들은 고린도후서가 두 개의 편지, 곧 책망하는 내용을 담은 편지(고후 10~13장)와 화해를 촉구하는 편지(1~9장)로 되어 있다고 주장합니다. 바울은 세 번째 글인 책망의 내용을 담은 편지를 아주 고통스러운 마음으로 썼습니다. 디도 편으로 편지를 보냈는데, 그 반응이 너무 궁금한 나머지 드로아로 가서 디도의 배를 기다렸습니다. 디도가 돌아오지 않자 가만히 앉아 기다릴 수만은 없어 그를 만나려고 마게도냐로 다시 배를 타고 갔습니다(2:12~13). 바울은 네압볼리에서 디도를 만났습니다. 좋은 소식이었습니다. 바울에 대한 태도가 변했고 고린도 교인들은 그를 보고 싶어 했습니다. 그들은 교회를 어지럽힌 사람을 징계하고 디도를 따뜻하게 맞이했습니다. 바울이 그들을 자랑한 것이 결코 헛되지 않았음이 증명되었습니다. 바울은 뛸 듯이 기뻐했습니다. 고통과 슬픔, 책망의 편지와 회개, 이 모든 것들이 합력하여 선을 이루는 순간이었습니다(7:5~13). "하나님의 뜻대로 하는 근심은 후회할 것이 없는 구원에 이르게 하는 회개를 이루는 것이요 세상 근심은 사망을 이루는 것이니라."(7:10)

책망하는 편지를 살펴보십시오(10~13장). 바울의 말은 아주 신랄하며 조롱과 비웃음이 섞여 있습니다. 마치 싸우고 있는 듯합니다. 바울이 그리스도께로 인도한 새로운 개종자들을 뒤집어 없애는 사람들이 있었습니다. 그들은 구원을 잘못 가르치고 있었습니다. 이 편지에는 주소와 안부, 감사의 내용이 빠져 있습니다. 그래서 세 번째와 네 번째 편지를 하나로 묶을 수 있었을 것입니다. 바울은 겁이 많고 연약하며 능력 없는 사람이라고 비난을 받았습니다. 바울의 적대자들은 다음과 같이 주장했습니다. "그의 편지들은 무게가 있고 힘이 있으나 그가 몸으로 대할 때는 약하고 그 말도 시원하지 않다"(10:10). 그는 돈을 요구하는 2류급 사도라고 비난받았습니다.

바울의 변호

바울은 교회를 위해 자신의 사도직과 자신이 전했던

복음을 변호해야 했습니다. 그는 거짓 선지자와 잘못된 사상들에 대해 전쟁을 선포했습니다(고후 10:3~5). 그리고 자신의 편지를 통해 그들을 놀라게 하려는 것이 아님을 분명히 밝혔습니다(10:9). 그는 하나님이 보내신 곳에서 일하고 있었습니다. 다른 사람의 영역에 들어간 것이 아니었습니다. 왜냐하면 고린도에 그리스도의 복음을 처음으로 전한 사람이 그였기 때문입니다(10:14). 대담한 말입니다. 그는 다른 사람의 공로를 차지하려고 하지 않았고, 자신의 일을 자랑스럽게 생각했습니다(10:12~16). 신부의 아버지처럼 그의 목적은 처녀와 같은 교회를 신랑되신 그리스도께 드리는 일이었습니다(11:2). 그러나 그는 이러한 자신의 목적이 다른 복음과 다른 예수를 전하는 사람들에게 위협을 받는 것이 두려웠습니다.(11:4~5)

바울을 비난하는 사람들에게는 그가 생계를 유지하기 위해 장막을 만들었던 일이 수치스럽게 보였습니다. 그러나 바울은 다음과 같이 말합니다. "내가 너희를 높이려고 나를 낮추어 하나님의 복음을 값없이 너희에게 전함으로 죄를 지었느냐"(11:7). 그는 자신을 비난하는 사람들에게 굴복하고 싶지 않았습니다. "나는 내가 해 온 그대로 앞으로도 하리니 기회를 찾는 자들이 그 자랑하는 일로 우리와 같이 인정받으려는 그 기회를 끊으려 함이라."(11:12)

자랑의 어리석음

바울은 자랑이 어리석은 것이라고 말합니다. 그리고 어리석게 행동하는 자신의 적대자들이 그 우둔함을 깨닫게 합니다(고후 11:1, 17, 21). "너희는 어리석은 자들이다. 너희는 지혜롭다고 말하면서도 유대인들의 관습을 너희 스스로 요구하며 너희를 노예로 만들려는 사람들을 받아들이고 있다. 그들은 너희를 해치고 돈을 요구하며 가장 뛰어난 사도들인 것처럼 허풍을 떨고 있다." 바울은 냉소적으로 말합니다. "우리는 그들과 같이 그런 일을 할 만큼 뻔뻔하지 못하다!" 그리고 자신의 배경에 대해 말합니다. "그들이 히브리인이냐 나도 그러하며 그들이 이스라엘인이냐 나도 그러하며 그들이 아브라함의 후손이냐 나도 그러하며"(11:22) "그들이 그리스도의 일꾼이냐"(11:23). "나는 그들보다 더 열심히 일하였고, 감옥에도 더 많이 갔으며, 매도 더 많이 맞았다." 누가 약합니까? 바울은 자신이 당한 고통을 열거하며(11:23~28) 이렇게 주장합니다. "내가 부득이 자랑해야 한다면 나의 강함이 아니라 약함을 자랑할 것이다." 그는 너무나 약해서 (그러나 사실은 너무나 담대했기에) 광주리를 타고 다메섹을 빠져 나와야 했습니다.(11:30~33)

그들이 환상과 영적 체험을 자랑합니까? 바울은 자신이 셋째 하늘과 낙원에 갔던 일을 말합니다. 그러나 하나님이 십자가의 연약함을 통해 역사하셨듯이, 하나님이 연약함 속에서 어떻게 역사하시는지를 보여 주기 위해 그에게 육체의 가시를 주셨습니다(12:7). 여기서 우리는 적대자들에게 약하다고 비난받던 바울이 자신의 더 큰 약점을 보여 주고 있다는 데 놀라지 않을 수 없습니다. 바울이 하나님께 간구했지만 그 육체의 가시는 제거되지 않았습니다. 그는 하나님의 능력이 자신의 연약함 가운데 온전해졌다고 말합니다(12:9). 바울이 주장하는 바가 무엇입니까? 바로 구원은 십자가의 연약함에 근거한다는 것입니다. 바울은 사도로서 겸손하게 자신의 연약함을 드러냈습니다. "내가 아무것도 아니나 지극히 크다는 사도들보다 조금도 부족하지 아니하니라."(12:11)

바울은 다음과 같이 반문하면서 자신이 교활하게 행동한 적이 없음을 분명히 합니다. "내가 너희에게 보낸 자[디모데, 디도] 중에 누구로 너희의 이득을 취하더냐?"(12:17) 그런 일이 없습니다. "사랑하는 자들아 이 모든 것은 너희의 덕을 세우기 위함이니라"(12:19). 이제 그는 그들에게 초점을 맞춥니다. "너희가 원하지 않는 것과 같이 보일까 두려워하며 또 다툼과 시기와 분냄과 당 짓는 것과 비방과 수군거림과 거만함과 혼란이 있을까 두려워 하고"(12:20). 바울은 자신이 그들을 방문할 때 신앙과 사랑으로 하나가 되어 강건해진 그들의 모습을 보고 싶다고 말했습니다.

화해의 편지

책망하는 편지를 쓰고 난 후 마게도냐에서 디도를 만난 바울은 그를 통해 좋은 소식을 듣고 안도하며, 네 번째 편지(고후 1~9장)를 써서 디도와 다른 두 사람 편으로 고린도교회에 보냈습니다(8:16~24). 이것이 화해의 편지입니다. 위기는 지나갔습니다. 바울은 다시는 고통스러운 방문을 하고 싶지 않았습니다. 이제 그는 기쁜 마음으로 고린도에 가서 예루살렘에 있는 가난한 형제들을 위한 헌금을 받을 수 있게 되었습니다. 놀라운 위로의 말씀을 주의하여 보십시오. 모든 위로의 하나님이 바울을 위로하셨고, 그는 또 다른 사람을 위로했습니다(1:3~4). 그리스도의 고통이 우리 모두를 위로하시며, 그리스도를 통해 우리는 서로를 위로할 수 있습니다. 우리가 서로의 고통을 나눈다면 서로를 위로할 수 있을 것입니다.(1:7)

바울의 여정은 때때로 바뀌었으나 하나님의 사자로서 그분 뜻에 따르려는 마음은 결코 변하지 않았습니다. 그는 그리스도에 관한 문제만큼은 주저하지 않았습니다. 하나님은 변치 않으시며 신실하십니다. 우리는 그것을 선지자들을 통해 알 수 있습니다. 그리스도 안에서는 예(Yes)와 아니오(No)가 동시에 있을 수 없습니다. 언제나 '예'여야 합니다(1:17~19). 생각해 보십시오. 하나님은 예수 그리스도 안에서 영원히, 그리고 언제나 우리에게 '예'라고 말씀하십니다. 우리는 믿음으로 그 '예' 안에 거하며, 세례를 통해 인침을 받고, 성령을 통해 온전한 구원을 받습니다. 그 '예'는 결코 없어지지 않을 것입니다.

나는 그리스도의 그 '예'를 어떻게 경험합니까?

바울은 고린도후서 3~4장에 있는 자신의 설교로 다시 돌아갑니다. 그는 종이나 돌에 쓰인 메시지의 비유를 가지고 설명합니다. 어떤 사람들은 로마서 16장 1~3절의 뵈뵈 경우처럼 종이에 쓴 추천서를 가지고 다녔습니다. 그러나 고린도교회 성도들은 바울의 편지였습니다. 왜냐하면 그리스도의 영이 그들 마음에 쓰여져 있기 때문입니다(고후 3:2~3). 바울은 랍비의 전통을 따라 율법 조문과 옛 언약으로부터 살리는 영과 새 언약으로 옮겨 갑니다(3:6). 하나님이 선지자 예레미야를 통해 약속하지 않으셨습니까! "내가 이스라엘 집과 유다 집에 새 언약을 맺으리라… 내가 나의 법을 그들의 속에 두며 그들의 마음에 기록하여 나는 그들의 하나님이 되고 그들은 내 백성이 될 것이라."(렘 31:31~33)

규범은 차갑고 관계는 따뜻하다는 것을 바울보다 잘 아는 사람은 없었습니다. 율법은 일반적이지만, 그리스도를 아는 일은 지극히 개인적입니다. 모세가 받은 돌비도 영광스럽지만, 성령의 역사는 훨씬 더 영광스럽습니다(고후 3:8). 출애굽기 34장 29~35절에 보면, 모세가 시내 산에서 내려올 때 하나님의 영광이 그의 얼굴에 너무나 빛나고 있어 백성들이 가까이 하기를 무서워했기 때문에 그는 얼굴에 수건을 썼습니다. 바울은 이 성경을 자신의 목적에 따라 재해석합니다. 모세는 율법의 한계성을 감추기 위해 얼굴에 수건을 썼습니다. 마찬가지로 유대인들은 율법을 이해하는 데 한계가 있습니다. 그러나 그리스도가 그 수건을 벗기셨기 때문에 우리는 하나님의 영광을 볼 수 있습니다.(고후 3:12~14)

이제 바울은 영감을 받아 말합니다. "우리가… 낙심하지 아니하고"(4:1). 만일 어떤 사람이 복음의 수건을 통해 보지 못하고 듣지 못한다면 이는 믿지 않는 사람들의 잘못입니다(4:4). 복음을 담고 있는 모든 것(사도와 선생, 교회)은 인간적이며 연약하여 깨지기 쉽습니다. 그러나 그렇다고 해서 복음이 약화되지는 않습니다. 왜냐하면 복음은 하나님의 의에 근거하기 때문입니다. "우리가 이 보배를 질그릇에 가졌으니 이는 심히 큰 능력은 하나님께 있고 우리에게 있지 아니함을 알게 하려 함이라"(4:7). 설교자가 아무리 연약하고 교회가 아무리 약해도 우리는 하나님의 능력을 의지하기에 결코 파괴될 수 없다고 바울은 주장합니다. "우리가 사방으로 우겨 쌈을 당하여도 싸이지 아니하며 답답한 일을 당하여도 낙심하지 아니하며 박해를 받아도 버린 바 되지 아니하며 거꾸러뜨림을 당하여도 망하지 아니하고"(4:8~9). 바울이 항상 직면하고 있었던 죽음마저도 우리를 이길 수 없습니다. 이 땅에 있는 장막이 무너지더라도 우리에게는 하늘에 새 집이 있습니다(5:1). 우리는 그곳에 가기를 사모합니다. 죽음이 두렵지 않습니다.

헌금

바울은 예루살렘에 있는 성도들을 위한 헌금에 관심이 있었습니다. 그는 이 일을 여러 편지에서 언급합니다. 헌금을 전하기 위해 예루살렘으로 가는 일은 위험했습니다. 그 자신도 이를 알고 있었고, 선지자 아가보도 바울의 띠를 가지고 그의 손과 발을 묶음으로써 그 사실을 보여 주었습니다. "예루살렘에서 유대인들이 이같이 이 띠 임자를 결박하여 이방인의 손에 넘겨주리라"(행 21:11). 그가 헌금을 가지고 예루살렘에 도착했을 때 환영을 받을 것인지도 의문이었습니다(롬 15:30~31). 그런데 왜 헌금이 그렇게 중요했습니까? 세 가지 이유가 있습니다.

첫째, 예루살렘 공의회에서 결정된, 가난한 자를 기억하라는 요청 때문이었습니다(갈 2:10). 그는 이 결정을 꼭 따르고 싶었습니다. 어떤 희생을 치르더라도 헌금만큼은 자신이 전해 주고 싶었습니다.

둘째, 어떤 사람들은 바울이 헌금의 일부를 자신을 위해 떼어 놓았을 것이라고 주장했습니다. 그러나 바울은 자신을 위해서뿐만 아니라 복음을 위해서도 자신이 순결하다는 것을 보여 주고 싶었습니다. 그래서 세 사람을 자신과 동행하도록 했습니다. 흠잡을 곳이 없는 디도와 다른 두 사람이었는데, 그 중 하나는 교회가 택한 사람이었습니다. 그는 동전 하나까지 남김없이 전하고자 했습니다. 자신의 충실한 청지기 모습을 온 세계에 알리고자 했습니다. "이는 우리가 주 앞에서뿐 아니라 사람 앞에서도 선한 일에 조심하려 함이라."(고후 8:21)

세 번째 이유가 가장 중요합니다. 그것은 교회의 연합이었습니다. 유대인 기독교인들과 이방인 기독교인들이 하나가 될 수 있습니까? 기독교는 유대교의 한 분파에 지나지 않습니까? 아니면 기독교는 유대교의 뿌리에서 나와 또 다른 희랍-로마의 종교가 되겠습니까? 모교회인 예루살렘교회는 고난 중에 있었습니다. 이제 이방세계에 있는 사람들이 희생적인 사랑으로 보답을 해야 할 때입니다. 바울과 야고보가 예루살렘 공의회에서 보였던 우정 관계가 바울이 그에게 헌금을 전할 때 더욱 강화될 것입니다. 그리고 유대인과 이방인 사이의 언약이 인정될 것입니다. 사도들은 이방인들에 대한 선교를 허락했습니다. 기독교인의 사랑하는 마음에서 우러나온 헌금은 바울의 목회와 이방인 선교를 견고케 했습니다.

새로운 호소

고린도 교인들은 처음에는 헌금을 거두는 일에 열정적이었으나 점점 흥미를 잃어 갔습니다. 바울도 그들과 같이 있지 않았으며, 성도들도 이 일에 대해 회의를 느꼈고, 내적인 분란으로 결국 헌금 거두는 일이 중단되었습니다. 교회의 안정이 위태롭게 되자 바울은 다시 새롭게 호소를 했습니다. 호소의 주된 내용은 예수 그리스도가 그들을 위해 가난하게 되셨고, 육체를 입으시고 십자가에 달리셨으며, 그들이 그분이 주시는 구원을 통해 부요하게 되었다는 것을 확신시키는 일이었습니다(고후 8:9). 이러한 바울의 말은 후에 찬송이 되었습니다. "말할 수 없는 그의 은사로 말미암아 하나님께 감사하노라."(9:15)

그들이 헌금하는 것을 돕기 위해 바울은 유대인들의 경건생활에 근거한 제안을 합니다. 바로 헌금을 감정에 따라 하지 말고 규칙적으로 하라는 것입니다. 그는 먼저 쓴 편지에서 매주일 규칙적으로 헌금을 드리는 일에 관해 말했습니다(고전 16:2). 이는 첫 열매를 드리는 관습에 의한 것입니다(출 23:19). 우리를 축복해 주신 하나님께 물질을 드리는 행위는 십일조에 근거합니다(말 3:10). 우리에게 필요한 것을 제공해 주시리라는 믿음은 광야에서의 만나를 생각나게 합니다.(출 16:18)

바울의 노력은 성공을 거두었습니다. 그는 로마 교인들에게 다음과 같이 썼습니다. "그러나 이제는 내가 성도를 섬기는 일로 예루살렘에 가노니 이는 마게도냐와 아가야 사람들이 예루살렘 성도 중 가난한 자들을 위하여 기쁘게 얼마를 연보하였음이라."(롬 15:25~26)

♡ 순종하는 공동체의 모습

순종하는 믿음의 공동체는 연약함 가운데서 복음을 증거하며, 그 약함을 극복하기 위해서 하나님의 능력에 의지해야 한다는 것을 안다.

믿음의 공동체는 싸우지 않고, 서로 의견이 다를 수 있다는 것과 갈등을 일으키지 않고 서로의 차이점을 전달할 수 있는 방법을 배웁니다. 사람들이 그리스도와 같이 자신을 비울 수 있다면, 자신을 높이는 일을 피하고 다른 사람들을 존경할 것입니다. 기독교인들은 선교의 열정이 있을 때 같이 일하기 시작합니다. 성공을 거두려면 일치단결하는 정신이 필요합니다. 관계가 건전하면 서로 싸우지 않고도 차이점을 해결할 수 있습니다.

교회 안에서 지도자와 평신도 혹은 평신도와 평신도들 사이에 서로 믿지 못하는 불신을 가져다 주는 요인은 무엇입니까?

....

....

문제를 일으키는 사람들이 분열을 조장할 때 어떻게 해야 합니까?

....

....

어려운 결정을 해야 할 때가 있습니다. 사람들은 다른 의견들을 가지고 있습니다. 성격이 강하면 충돌을 일으킵니다. 심각한 문제와 지도력의 결핍은 조화를 깨뜨립니다. 분열을 일으키지 않고 어떻게 어려운 결정을 할 수 있습니까?

....

....

성도들 사이에 갈등이 있을 때 바울은 어떻게 해결하라고 가르칩니까?

....

....

◉ 더 알아보기

▨ 예수님이 즐거운 마음으로 헌금하라고 말씀하신 예를 복음서에서 찾아보십시오. 그것들을 열거해 보십시오.

▨ 청지기로서 한 일이나 십일조에 관한 간증을 써보십시오.

▨ 편지: 선교와 관계된 일로 헌금을 호소해 보십시오. 어떤 특별한 선교사역을 위해 왜 헌금을 해야 하는지 그 이유를 교회나 공동체 사람들에게 편지로 쓰십시오. 나의 간증이나 다른 사람들의 간증을 첨가하십시오.

24

이 과의 주제

믿음

하나님의 구원의 의

내가 복음을 부끄러워하지 아니하노니 이 복음은 모든 믿는 자에게
구원을 주시는 하나님의 능력이 됨이라… 복음에는 하나님의 의가 나타나서
믿음으로 믿음에 이르게 하나니 기록된 바 오직 의인은 믿음으로 말미암아 살리라
(로마서 1:16~17)

🔊 우리의 모습

우리는 때때로 죄책감 때문에 아주 괴로워합니다. 그러나 우리 자신이 그것을 조절할
수 있다고 생각하며, 궁극적으로는 우리 자신들의 착한 행위를 통하여 죄책감에서 자유로
워질 수 있다고 믿습니다. 하지만 이런 생각은 커다란 위기를 가져옵니다.

✝ 내려놓기

성경 공부를 하기 전에 먼저 하나님께 기도를 드립니다. 아래의 시편 말씀이 좋은 길잡
이가 될 것입니다.

> 여호와여 내 기도를 들으시며 내 간구에 귀를 기울이시고 주의 진실과 의로 내게
> 응답하소서 (시편 143:1)

이번 주 기도 제목을 구체적으로 적어 기도합시다.

🔊 귀 기울이기

로마서는 모든 편지 가운데 가장 깊이 있는 서신입니다. 말씀 한 마디 한 마디를 천천히
반복해서 읽으십시오. 은혜, 평강, 죄, 의, 진노, 복음, 자유, 칭의, 구원 같은 중요한 단어
들을 찾아보십시오. 예언서와 율법서, 시편에서 인용한 말들에 주목하십시오.

D1 로마서 1:1~17(복음의 능력)

D2 로마서 1:18~2:16(의로운 심판)

D3 로마서 2:17~3:31(유대인의 특권, 믿음을 통한 의)

D4 로마서 4장(아브라함의 믿음)

D5 로마서 5장(칭의의 결과, 하나님과의 평화, 아담과 그리스도)

D6 '말씀 속으로'와 '순종하는 공동체의 모습'을 읽으라.

◐ 말씀 속으로

로마서는 바울의 다른 편지들과는 다릅니다. 바울은 로마 제국의 수도에 있는 유대계 기독교인들과 기독교로 개종한 이방인들에게 이 편지를 썼습니다. 그들은 가정교회에서 모였습니다. 그는 데살로니가에 체류한 적도 있었고, 빌립보에서는 옥에 갇혔으며, 고린도의 회당에서 설교한 적도 있었습니다. 그러나 로마 교회는 그가 시작한 것도 아니었고 개인적으로 알지도 못하며 따로 방문한 적도 없었습니다. 그래서 그의 인사말은 아주 장황합니다. 그는 로마의 기독교인들이 복음에 대해, 그리고 자신의 사도직의 정당화에 대해 의심을 할까 걱정이 되었습니다.

바울의 사도직과 그의 사역은 인간이 아니라 하나님께로부터 왔습니다. 바울은 그들을 위한 은혜와 평강을 구하기 전에 자신을 부름 받은 사도라고 말합니다(롬 1:1). 로마서는 바울이 먼저 그들에게 쓴 편지입니다. 바울은 그들이 요청하지는 않았지만 로마에 있는 믿음의 공동체에 자신의 메시지를 전했습니다.

바울은 그들이 하나님의 부르심을 받았다는 것을 알기를 원했습니다. 그는 하나님의 복음을 위해 택함을 받았습니다(1:1). 바울은 자신이 독단적으로 행동하는 사람이 아니라는 것을 보여 주기 위해 그가 전하는 복음을 강조합니다(1:8). 그는 자신의 권리를 주장합니다.

그는 로마 교인들의 믿음을 인정했습니다. "내 하나님께 감사함은 너희 믿음이 온 세상에 전파됨이로다"(1:8). 이미 그들을 위해 기도하고 있었으며 하나님께 그들을 방문할 기회를 달라고 간구했다고 합니다. 바울은 고린도에서 이 편지를 썼는데, 그 당시 헌금을 모금하고 있었습니다. 그는 헌금을 예루살렘에 전한 뒤 서쪽으로 여행을 떠나고 싶었습니다. 마침내 그의 소원대로 되었으나 그는 쇠사슬에 묶여 끌려갔습니다.

복음에 빚진 자

바울은 빚진 자였습니다. 자신의 구원을 예수 그리스도께 빚지고 있었기 때문에 모든 이방인들, 곧 헬라인과 로마인, 미개인과 현명한 사람, 어리석은 사람에게 복음을 전해야 한다고 믿었습니다. 그렇게 해야 하나님이 자신에게 맡겨 주신 일을 완수하는 것이라고 생각했습니다.(롬 1:14~15)

바울과 그가 전한 복음은 조롱과 비웃음을 당했습니다(행 17:18, 32). 그러나 바울은 말합니다. "내가 복음을 부끄러워하지 아니하노니"(롬 1:16). 세상 기준으로 본다면 복음은 미련한 것이며 오히려 세상과 반대가 됩니다. 그러나 바울은 비방을 받으면서도 복음을 부끄러워하지 않았습니다. 복음에는 구원하는 능력이 있습니다. 복음은 처음에 유대인(베드로, 야고보, 요한, 바울, 유대의 성도들)들에게, 그리고 후에는 이방인들에게 전해졌습니다. 하나님은 예수 그리스도를 믿는 자들에게 그분의 의로운 사랑을 나타내셨습니다.

선지자 하박국은 하나님께 약속된 하나님 나라가 왜 지연되는지 그 이유를 물었습니다. "어느 때까지리이까?"(합 1:2) 하나님이 대답하셨습니다. "비록 더딜지라도 기다리라 지체되지 않고 반드시 응하리라."(2:3)

"의인은 그의 믿음으로 말미암아 살리라"(2:4). 바울은 하박국의 이러한 메시지를 로마서에서 다시 언급합니다(롬 1:17). 로마서의 주제는 분명합니다. 그리스도를 순종하며 따르는 모든 사람들은 유대인이든 이방인이든 신실하신 하나님의 사랑을 의지할 수 있습니다.

진노

선지자들은 진노의 의미를 알고 있었습니다. 하나님의 진노는 때때로 폭발하는 변덕스러운 다른 신들의 분노와 같은 것이 아닙니다. 진노는 천지가 온전하기를 바라는 하나님의 거룩하심입니다. 선이 악에게 짓밟히고 사랑이 미움으로 변할 때 진노가 옵니다. 그것은 죄를 대항하며 정죄하고 궁극적으로는 물리칩니다. 우리 삶에 조화가 없고, 서로 증오하며, 영혼이 편안하지 않을 때 진노를 경험합니다.

누가 하나님의 진노 아래 있습니까? 경건하지 않은 사람들입니다(롬 1:18). 누가 경건하지 않습니까? 모든 사람이 여기에 포함됩니다. 그 이유는 그들이 더 잘 알고 있습니다. 이 세상에 있는 사람들은 온 천지를 볼 수 있습니다. 우리는 모두 진리가 무엇이고, 정당하게 싸우는 것이 무엇이며, 이웃을 돌보는 것이 무슨 의미인지 잘 알고 있습니다. 인간들은 천지가 웅장함을 보며 하나님을 생각합니다. 어떤 이방인들은 모세를 통해 배우지 않았는데도 병자와 노약자를 돌보고, 부모를 공경하며, 간음을 정죄하고, 기본적인 법을 지킴으로써 유대인들을 놀라게 했습니다. 그들은 의로운 것과 잘못된 것을 압니다. 그들에게는 변명의 여지가 없습니다(1:20). 바울은 우리가 창조 세계로부터 하나님을 알 수 있다고 말합니다. 그리고 이방인들의 양심에 호소합니다. 바울은 어떤 주장을 펴고 있습니까? 그는 율법을 지킴으로써 하나님과의 관계가 의롭게 될 수는 없다고 말합니다(3:20). 따라서 양심을 따르는 이방인들이나 율법을 지키는 유대인들은 하나님 앞에서 같은 처지에 놓여 있습니다. 모두가 죄인입니다. 그러나 예수 그리스도를 믿음으로써 하나님 앞에 의롭게 될 수 있습니다.

진노의 역할은 무엇입니까? 욕심이 많은 사람은 편히 쉴 수 없습니다. 이웃을 부끄럽게 하는 사람들은 본인이 부끄러움을 당할 것입니다(합 2:15~16). 폭력은 폭력을 낳고(2:17), 욕심은 타락의 욕망으로 사람을 이끕니다(롬1:26~27). 하나님은 불순종하는 자들이 자신들의 욕망에 따라 살도록 내버려 두십니다. 이것이 바로 형벌이니, 그들은 끝내 멸망하고 맙니다. 바울은 하나님의 진노로 겁을 주려는 것이 아닙니다. 그런 상황이 바로 하나님의 진노입니다.

진노에 대한 위의 설명을 듣고 새롭게 깨달은 사실이 있습니까?

....

....

요단강 동편에 있는 이 같은 이정표(마일스톤)는 거리를 표시하기 위해 로마가 지배했던 전 지역에 세워 놓았다. 그 당시 로마 마일은 1.6킬로미터 거리인 오늘날의 마일보다 조금 짧았다.

죄는 하나님을 하나님으로 인정하지 않으려는 자신의 타락에서 온다는 것이 요점입니다. 상태는 더욱 비참합니다. 바울은 편지를 써내려가면서 이 사실을 분명히 합니다. 인간은 자신의 이익을 추구하기 때문에 하나님과의 관계가 잘못되어 있고 노예상태에 빠져 있습니다. 해적이 가득 찬 배와 같이 우리 마음은 그 힘에 사로잡혀 있습니다. 죄는 문제를 일으키며 우리 가운데 거합니다. 죄는 단순한 오류가 아닙니다. 만일 그렇다면 우리는 자중함으로써 그 오류를 멈출 수 있을 것입니다. 그러나 그것은 불가능한 일입니다. (롬 7장)

보다 심각한 문제는 죄에 우리 모두를 악하게 만드는 특성이 있다는 사실입니다. 우리는 사회악에 동참합니다. 죄는 하나님의 진노를 가져오며 아담에게 약속한 대로 영혼을 죽음에 이르게 합니다(5:14). 죄는 우리를 구속하며 우리의 선한 의도와는 반대의 일을 하게 만듭니다. 하나님의 거룩한 율법에 어긋나는 일을 하게 합니다.

변명의 여지가 없음

진노는 하나님께 속한 것입니다. "원수 갚는 것이 내게 있으니 내가 갚으리라고 주께서 말씀하시니라"(롬 12:19). 우리는 남을 정죄하면서 우리 자신이 깨끗하다고 생각하지만 그렇지 않습니다. 사실은 남을 판단함으로써 우리 자신이 판단을 받는 것입니다. 우리 자신이 흠이 없기 때문에 남에게 손가락질할 수 있다고 생각합니까? 그러한 태도는 교만 때문에 생기며 진노를 쌓는 일입니다. 바울은 의로움이 행위에서 오는 것처럼 말하는 잠언의 한 구절을 인용합니다. 그러나 전체 문맥을 주의 깊게 살펴보면 이는 사실이 아닙니다.

"네가 말하기를 나는 그것을 알지 못하였노라 할지라도 마음을 저울질 하시는 이가 어찌 통찰하지 못하시겠으며 네 영혼을 지키시는 이가 어찌 알지 못하시겠느냐 그가 각 사람의 행위대로 보응하시리라."(잠 24:12)

하나님은 외모로 사람을 취하지 않으십니다(롬 2:11). 악은 진노와 화로 갚음을 당하고, 선은 영생을 얻을 것입니다. 사랑과 온유의 하나님은 우리의 중심을 아십니다. 우리가 벌거벗은 채로 하나님 앞에 섰을 때 우리는 서로를 판단할 수 없습니다. 하나님의 온유하심에 따라 오직 회개할 뿐입니다.

이방인들은 옳은 것과 그른 것을 알았습니다. 이에 따라 심판을 받게 될 것입니다. 유대인들에게는 모세의 율법이 있었습니다. 그들은 그 법에 따라 심판을 받을 것입니다. 유대인과 이방인 모두가 하나님 앞에서는 죄인입니다.

바울은 특권을 주장하는 무리들을 보며 화가 났습니다. 율법을 아는 유대인들은 그것을 지키지 않았습니다(2:17~23). "율법을 자랑하는 네가 율법을 범함으로…하나님의 이름이 너희 때문에 이방인 중에서 모독을 받는도다"(2:23~24). 모세의 율법을 어긴다면 할례가 무슨 소용이 있습니까? 선지자들이 말한 대로 외적이고 육체적인 것은 하나님 앞에 아무 소용이 없습니다. 하나님은 마음을 보십니다. 이제 바울은 충격적인 말을 합니다. "오직 이면적 유대인이 유대인이며 할례는 마음에 할지니 영에 있고 율법 조문에 있지 아니한 것이라"(2:29). 만일 이방인이 율법이 말하는 바를 행하면, 즉 하나님의 뜻을 행하면 그 이방인이 참 유대인이며, 율법을 행하지 않는 육체적인 유대인은 이방인이나 다름없습니다. 바울의 이 말이 어떤 영향을 끼쳤을지 상상해 보십시오.

신실하신 하나님

바울이 "유대인의 나음이 무엇이냐?"는 물음에(롬 3:1) 우리는 그가 "아무것도 없다."고 말하기를 기대합니다. 그러나 그는 정반대로 "아주 많다."고 대답합니다(3:2). 어떤 것들입니까? 그들은 족장과 모세, 선지자를 통해 하나님의 말씀과 약속을 받았습니다. 그것이 헛일이 되고 말았습니까? 그렇지 않습니다. 인간은 그렇지 못해도 하나님은 신실하십니다. 모든 사람이 거짓을 말하여도 하나님의 말씀은 참됩니다. 불의한 사람들도 있습니다. 그러나 하나님은 공의로우시다는 말씀은 진실입니다. 성경은 하나님이 이스라엘을 선택하셨다고 말합니다. 하나님이 이스라엘을 거짓으로 대하셨습니까? 이것은 하나님의 도덕성에 관한 문제입니다. 바울은 다윗이 쓴 시편 51편을 인용합니다. (롬 3:4)

"내가 주께만 범죄하여 주의 목전에 악을 행하였사오니 주께서 말씀하실 때에 의로우시다 하고 주께서 심판하실 때에 순전하시다 하리이다."(시 51:4)

인간은 신실하지 못하나 하나님은 신실하시며, 하나님의 의로우심은 변함이 없습니다. 하나님이 세상을 심판하실 것입니다(롬 3:6). 그러나 어떤 사람들은 이런 사실을 오해한다고 바울은 지적합니다. 그들은 죄가 하나님의 공의를 보여 주고 영광을 가져다 주기 때문에 우리가 더 많은 죄를 지어야 한다고 주장합니다. 그들이 정죄받는 것은 당연합니다. (3:8)

바울은 모든 사람이 죄인이며 하나님의 진노 아래 있다는 것을 보여 주고 싶었습니다. 그는 전도서와 잠언, 이사야와 여섯 편의 시편 말씀을 인용합니다. (롬 3:10~18)

"선을 행하는 자가 없으니 하나도 없도다."(시 14:3)

하나님은 모든 사람에게 공평하게 책임을 물으시기

때문에 그들 모두에게 올바른 관계를 맺을 수 있는 은혜를 주십니다. 문제에 대한 해결책은 다음과 같습니다. 모든 사람이 예수 그리스도를 믿음으로 의롭게 될 수 있습니다. 거기에는 차별이 없습니다(롬 3:22). 예수님의 희생의 죽음에는 구원의 능력이 있습니다. 그리스도 안에서 하나님은 우리가 전에 지은 죄를 간과하십니다 (3:25). 그러나 자랑할 것은 없습니다. 자랑한다는 것은 참된 신앙의 모습이 아닙니다(3:27~28). 칭의는 믿음을 통해 할례자와 무할례자 모두에게 주어집니다. 그러면 율법은 쓸데없는 것이 되었습니까? 그렇지 않습니다. 그리스도 안에 사는 사람들은 오히려 율법을 더욱 굳게 세웁니다.(3:31)

아브라함

바울은 아브라함을 예로 듭니다. 그는 할례를 받기 전에 하나님의 은혜로 의롭다 함을 받았습니다. 그는 믿음으로 순종했으며, 그것으로 하나님께 의롭다 하심을 받았습니다(롬 4:3). 할례는 단지 칭의의 표시였습니다. 사실 유대교는 족보뿐만이 아니라 하나님을 믿는 신앙 면에서도 아브라함에게 뿌리를 둡니다. 그는 유대인이든 이방인이든 하나님을 믿고 순종하는 모든 사람의 조상입니다. 유대인의 구원의 역사는 할례나 율법에서 시작된 것이 아니라 순종하는 아브라함을 하나님이 의롭다 부르신 데서 시작되었습니다. 칭의는 믿음에 달렸습니다(4:16). 아브라함은 많은 민족의 조상이 되기를 바랐으며, 복음이 온 세상에 전파됨으로 그의 소망이 실현되고 있습니다. 아브라함에게서 볼 수 있듯이 신앙이란 하나님과의 올바른 관계이며, 우리는 예수 그리스도를 통해 그러한 관계를 가질 수 있습니다. "예수는 우리가 범죄한 것 때문에 내줌이 되고 또한 우리를 의롭다 하시기 위하여 살아나셨느니라"(4:25). 우리가 하나님과 올바른 관계를 맺도록 해주신 것입니다. 예수 그리스도를 통해 의로움을 보여 주신 하나님은 이스라엘과 아브라함의 하나님이십니다.

값없이 주시는 선물

'의롭다 칭하다' 또는 '바르게 하다'라는 말은 어떤 사람이 아무런 벌을 받지 않고 무죄로 판결되는 법정을 연상시킵니다. 이 말은 올바른 관계가 수립되었다는 뜻입니다. 칭의란 하나님과의 관계가 바르게 되었다고 인정받는 것입니다. 하나님은 그리스도 안에서 우리에게 값없이 은혜를 주시고, 하나님과 평화를 이루게 하셨습니다. 그리스도를 통해 하나님은 우리를 진노에서 평강으로 옮기셨으며, 하나님의 영광을 바라고 즐거워하게 하셨습니다.(롬 5:2)

다음과 같은 바울의 말은 아주 놀랍습니다. 그리스도의 죽음은 바로 하나님의 사랑입니다. 우리가 누구냐에 상관없이 하나님은 우리를 사랑하십니다. 우리가 죄인이며 선한 것을 행할 능력이 없고 하나님의 원수들인데도 우리를 사랑하십니다. 우리에게 있는 그 어떤 것으로도 하나님의 사랑을 얻을 수는 없습니다. 그러나 "우리가 아직 죄인 되었을 때에 그리스도께서 우리를 위하여 죽으심으로 하나님께서 우리에 대한 자기의 사랑을 확증하셨느니라"(5:8). 이제 우리는 예수님을 자랑할 수가 있습니다.(5:11)

이 말씀을 읽으면서 어떤 생각이 듭니까?

....

....

....

바울은 아담과 그리스도를 비교합니다. 아담의 죄가 우리의 죄보다 더 큰 것이 아니었습니다. 그러나 그는 첫 인간이었고, 모든 인간은 그 이후로 하나님께 반역하는 존재가 되었습니다. 아담은 죽음을 가져오는 인간의 죄를 상징합니다(5:12). 율법으로 인해 죄가 더욱 분명해졌습니다. 율법 아래서 인간들은 더욱 반역했고 죄는 계속되었습니다. 아담으로 인해 불순종이 시작되었고 죽음이 오게 되었습니다. 우리는 모두 죄인이기 때문에 아담이 지은 죄의 영향권에서 벗어날 수 없습니다.

그러나 이와는 반대로 그리스도는 순종하는 삶을 사셨습니다. 그분의 순종은 하나님이 값없이 주시는 은혜입니다. 아담의 죄가 지속적인 힘을 가지고 모든 인간들을 반역하게 하듯이, 그리스도는 죽기까지 복종하심으로 우리 모두가 하나님과 평화를 누리며 살 수 있는 힘을 제공해 주십니다. 이 값없이 주시는 은혜는 아담의 죄보다 더 큽니다. 왜냐하면 우리는 그것을 통해 예수 그리스도 안에서 영생을 누릴 수 있기 때문입니다.(5:21)

왜 바울은 아담을 선택했습니까? 그가 유대인도 아니요 이방인도 아닌 모든 인류를 대표하기 때문입니다. '사람'이라는 의미를 가진 아담은 모든 사람을 뜻합니다. 하나님의 구원 사역을 행하신 예수 그리스도도 온 인류를 위한 분입니다.

유대인을 위한 복음과 이방인을 위한 복음이 따로 있는 것이 아닙니다. 바울은 유대인과 이방인 모두가 가라앉는 배에 타고 있다고 생각합니다. 그는 모든 사람에게 유일한 구세주와 오직 한 복음을 제시합니다.

♥ 순종하는 공동체의 모습

믿음의 공동체는 칭의의 체험을 알고 그것을 받아들입니다. 우리는 공동체 안에서, 그리고 다른 사람들에게 그것에 대해 말하는 방법을 배웁니다. 우리가 예수 그리스도를 통해 어떻게 하나님과 올바른 관계를 맺게 되는지를 설명하는 방법을 연구합니다.

순종하는 믿음의 공동체는 믿음을 통해 하나님과의 관계가 올바로 될 수 있다고 주장하며 다른 사람들이 이를 경험하도록 초대한다.

하나님의 구원하시는 의에 대해 어떻게 생각합니까?

....

....

'하나님과 올바른 관계를 맺는다.'는 말을 내 방식대로 바꾸어 써봅시다.

....

....

왜 나는 때때로 복음이 가진 구원의 능력에 대해 다른 사람들에게 말하는 것이 어렵다고 느낍니까?

....

....

다른 사람들에게 복음을 증거할 기회는 어떻게 준비할 수 있습니까?

....

....

로마서 1장 17절 말씀을 내 방식대로 바꾸어 써보십시오.

....

....

....

◉ 더 알아보기

■ 편지: 다른 사람에게 간증의 편지를 쓰십시오. 내가 은혜에 대해 어떻게 생각하는지 설명하십시오. 가벼운 마음을 가지십시오. 나 자신을 변호하려고 노력하지 않아도 됩니다. 나는 사랑받고 있습니다. 편안한 마음을 가지고 죄의식 없이 일하십시오. 평화를 얻으려고 애쓰지 않아도 됩니다. 하나님은 벌써 예수님을 통해 내게 평화를 주셨습니다. 예수 그리스도 안에서 하나님의 은혜를 찬양합시다.

■ 바울 서신에 나타나는 아담과 아브라함에 관한 부분들을 공부하십시오. 이들에 대해 어떤 식으로 말합니까?

25

만인을 위한 구원

이 과의 주제
은혜

유대인이나 헬라인이나 차별이 없음이라 한 분이신 주께서
모든 사람의 주가 되사 그를 부르는 모든 사람에게 부요하시도다
누구든지 주의 이름을 부르는 자는 구원을 받으리라
(로마서 10:12~13)

🐚 우리의 모습

우리는 늘 두 마음을 가지고 삽니다. 옳은 일을 하고 싶지만 우리 행동은 마음대로 되지 않습니다. 선을 행하고 싶지만 악으로 끝나는 경우도 있습니다. 결심은 하지만 그대로 실천하지 못합니다. 그러면서도 우리는 온전해지고 싶어 합니다.

🔔 내려놓기

성경 공부를 하기 전에 먼저 하나님께 기도를 드립니다. 아래의 시편 말씀이 좋은 길잡이가 될 것입니다.

> 주를 찾는 자는 다 주 안에서 즐거워하고 기뻐하게 하시며 주의 구원을 사랑하는 자는 항상 말하기를 여호와는 위대하시다 하게 하소서 (시편 40:16)

이번 주 기도 제목을 구체적으로 적어 기도합시다.

🐚 귀 기울이기

바울의 말은 아주 논리정연합니다. 천천히 주의 깊게 그의 글을 읽으십시오. 유대인과 이방인의 구원에 관한 바울의 설명을 이해하도록 노력하십시오. 유대인과 이방인 모두가 아브라함의 후손들로서 그리스도 안에서 하나가 될 것입니다.

D1 로마서 6장(죄에 대해 죽고 그리스도 안에서 살아감)

D2 로마서 7장(율법과 죄, 의지와 행함 사이의 갈등)

D3 로마서 8장
(육과 영의 생활, 하나님의 자녀, 소망의 근거와 확신)

D4 로마서 9~10장(이스라엘에 대한 하나님의 약속 이행, 이스라엘과 이방인의 구원, 믿음으로 의롭다 함을 받음)

D5 로마서 11장(돌감람나무의 접붙임, 하나님의 은사와 부르심은 바꿀 수 없음)

D6 '말씀 속으로'와 '순종하는 공동체의 모습'을 읽으라.

◉ 말씀 속으로

세례는 바울에게 있어서 교회에 들어오는 예식이 아니었습니다. 8일째에 행하는 할례와 같은 것도 아니었습니다. 세례는 교회의 권위로 사람들에게 베푸는 은혜의 성례가 아닙니다. 세례는 부모들이 감사하는 마음으로 하나님께 아이를 바치는 것이 아닙니다. 세례는 그리스도를 믿는 상징도 아닙니다.

바울에게 세례는 무덤에 들어가고, 자신을 낮추며, 죄의 근원인 자기중심의 모습을 죽이는 일이었습니다. 바울은 용서에 대해 거의 말하지 않습니다. 그것은 마치 아이 얼굴에서 먼지를 씻어 내는 부모와 같이 너무 깊이가 없고 피상적입니다. 사실 인간의 죄의 뿌리와 반역의 질병은 너무나 깊고 지속적입니다. 하나님으로부터 무한한 은혜를 받는 우리는 그분의 거룩하심 앞에서 예수 그리스도의 아버지 되시는 하나님께 온전히 충성해야 합니다.

죽음은 상징적인 것이 아니라 실제적입니다. 자아의 영적인 죽음은 겟세마네 동산에서 하신 예수님의 기도처럼 실제적입니다. "나의 원대로 마시옵고 아버지의 원대로 하옵소서"(마 26:39). 바울은 우리가 자아와 죄에 대해 죽는 것은 우리 자신이 그리스도와 함께 십자가에 못 박히는 것을 의미한다고 말했습니다. 우리는 순종하는 믿음으로 그분과 같은 죽음을 경험하며 십자가에 동참하는 것입니다.

우리는 단지 깨끗함을 받거나 씻김과 용서를 받는 차원이 아니라 소망을 가지고 살아납니다. 그리스도의 부활과 자유, 죄와 죽음에 대한 승리 가운데 살아갑니다. 그리스도를 통해 하나님과 올바른 관계를 맺고 자유롭게 신뢰하며 사랑하고 순종하며 봉사하기를 원합니다.

구원은 시간표에 맞춰 이루어지는 것이 아닙니다. 바울이 물로 세례를 받은 것도 사실은 그의 회심과 소명을 확인하는 행위였다고 볼 수 있습니다(행 9:18). 우리는 성경과 체험을 통해 어떤 사람의 물세례와 입교, 회심과 성령을 받는 일들이 각기 다른 시점에 일어나는 것을 알 수 있습니다. 바울은 이렇게 주장합니다. "그리스도의 구원 사역은 어떤 사람의 자아가 그리스도의 희생적인 사랑 안에서 죽고 그리스도의 영광스러운 부활을 신뢰할 때 그 마음속에 실질적으로 이루어지는 것이다."

자아가 죽는 경험에 대해 어떻게 생각합니까?

....

....

....

그리스도의 종

그 다음에 무슨 일이 일어납니까? 우리는 스스로 그리스도의 종이 됩니다. 바울은 우리가 피조물을 섬기는 죄의 노예가 되거나 아니면 하나님을 섬기는 구세주의 종이 될 수밖에 없다고 분명히 말합니다. 우리는 어떤 물질이나 사람을 순종하거나 따를 수밖에 없습니다. 독립적인 자아란 있을 수 없으며 언제나 어떤 제약 가운데 있게 마련입니다.

이러한 교리가 옛날 유대인들과 이방인들에게 그러했듯이 자유에 관한 사람들의 개념을 형성합니다. 어떤 유대인들은 자신들이 아브라함의 자손으로서 자유하다고 말하며 예수님께 대항했습니다. 그러나 예수님은 그들이 죄의 노예라고 말씀하셨습니다. 오직 하나님의 아들이 그들을 자유하게 할 때만이 그들은 진정으로 자유로워질 것입니다. (요 8:31~36)

죄에 빠지는 것은 우리가 누구에게 속해 있는가를 잊어버리는 것입니다. "내가 사람의 예대로 말하노니 전에 너희가 너희 지체[몸, 마음, 정신]를 부정과 불법에 내주어 불법에 이른 것 같이 [너희가 자기중심의 노예가 되었을 때] 이제는 너희 지체를 의에게 종으로 내주어 거룩함에 이르라"(롬 6:19). '거룩함'이라는 말에 주의하십시오. 바울에게 구원이란 하나님께 가까이 가는 과정을 뜻합니다. 바울의 편지에서 우리는 그가 '구원되었다', '구원받고 있다', '구원될 것이다'라는 표현을 쓰는 것을 봅니다. 우리가 죄에 대해 죽고 그리스도 안에서 다시 살 때 성령이 우리 안에서 선한 일을 시작하십니다. 그러나 우리도 모든 피조물처럼 완전한 구속을 기다리며 신음하고 있습니다(8:22~23). 우리는 성화되어 가는 과정에 있는 것입니다.

율법

그러면 율법과 조상들, 모세와 선지자들의 가르침과 랍비들의 구전에 따른 전통은 어떻게 되는 것입니까? 바울은 비유를 사용합니다. 로마법이나 우리 율법에 따르면, 결혼은 우리를 법적인 계약관계에 놓이게 합니다. 그러나 배우자가 죽으면 그 법적인 관계가 끝이 납니다. 더 이상 법이 효력을 미치지 못합니다. 마찬가지로 이제 우리는 더 이상 죄와 죽음, 율법에 얽매여 있지 않습니다. 우리는 그것들에 대해 죽고 새로운 배우자와 결혼했습니다. 성령 안에서 새로운 삶을 시작하는 것입니다.(롬 7:6)

유대인으로서 바울은 아직도 율법과 유대인의 전통에 대해 걱정하고 있습니다. 하나님의 온전성이 위기에 처해 있습니다. 율법은 나쁜 것입니까? 결코 그렇지 않습니다(7:7). 우리에게 문제가 되는 것은 율법이 아니라 죄입니다. 규칙에 당면했을 때 죄는 무엇을 합니까? 죄는 더욱 반역을 합니다. 계명은 나쁜 것입니까? 아닙니다. 바울은 죄가 기회를 탄다고 말합니다(7:8). 율법은 우리가 법에서 벗어나 살도록 우리의 정열을 자극합니다. 율법은 우리가 허점을 찾고 제약에서 벗어나도록 유혹합니다.

율법은 부모님의 충고처럼 거룩하고 선하며 지혜롭고, 속도위반 표시처럼 정당한 것이지만 죄를 극복하게 하는 힘은 없습니다. 바울은 다음 고백을 통해 자신의 갈등을 토로합니다. "원함은 내게 있으나 선을 행하는 것은 없노라 내가 원하는 바 선은 행하지 아니하고 도리어 원하지 아니하는 바 악을 행하는도다"(7:18~19). 하나님의 진실된 가르침은 선한 것입니다. 그러나 더 필요한 것이 있습니다. 더 큰 힘만이 죄의 뿌리를 파괴할 수 있습니다. 율법이 부족하다는 말은 그것이 잘못되었다는 뜻이 아니라 죄를 근절할 수 있는 힘이 없다는 뜻입니다. 자신을 추구하는 옛 우상은 바뀌어야만 합니다. 새로운 성령의 힘이 우리 마음에 자리 잡아야 합니다(8:15~17). 바울은 우리를 죽음에 이르게 하는 노예상태에서 벗어나 생명을 주는 새로운 형태의 삶의 모습을 가져야 한다고 말합니다. 선하시고 은혜가 풍성하신 성령이 우리 안에 거하실 때 우리는 하나님을 자유롭게 사랑할 수 있습니다.

성령 안에서

바울이 말하는 '영', '하나님의 영', '성령'은 언제나 예수 그리스도의 영을 뜻합니다. 욕심을 버리며 자아에 대해 죽고 그리스도 안에서 새 삶을 시작하십시오. 그리하면 그리스도가 우리 안에 거하실 것입니다. 그리스도의 영은 공동체 안에 거하십니다. 고립된 상태에서는 성령을 체험할 수 없습니다. 그리스도 안에 있다는 것은 믿음의 형제자매들과 하나님 안에서 화목을 이루며, 생명과 평안을 위해 성령에게 우리 마음을 맡기는 일입니다(롬 8:6). 다른 선택은 존재하지 않습니다. 우리는 우리 자신을 위해 하나님으로부터 격려되어 이웃과의 관계를 단절하고 내적인 갈등을 겪으며 살거나 또는 그리스도 안에서 순종하며 믿고 살아가는 길밖에 없습니다. "무릇 하나님의 영으로 인도함을 받는 사람은 곧 하나님의 아들이라."(8:14)

성령 안에서 우리는 더 이상 하나님과 세상, 삶과 죽음에 대해 싸움을 하지 않으며 "아빠 아버지"라 부릅니다(8:15). 그러한 태도 역시 은사입니다. 왜냐하면 기도는 우리 안에서 우리 영과 하나가 되어 있는 예수님의 영에게서 오기 때문입니다(8:16). 우리는 하나님의 자녀요 후사이며 그리스도와 더불어 상속자가 되었습니다. 우리는 자녀로서 온전한 유업을 받을 것입니다.

천지만물이 신음함

우리는 죄와 진노가 인간들에게만 국한되었다고 생각합니다. 그러나 죄 때문에 땅과 물이 오염되고 공기와 우주의 대기도 부패되었음을 알아야 합니다. 바울은 창세기 3장 17절에 근거해 이러한 저주에 대해 언급합니다. 온 우주가 부패했습니다. "피조물이 다 이제까지 함께 탄식하며 함께 고통을 겪고 있는 것을 우리가 아느니라"(8:22). 장차 올 구원은 산과 강, 식물과 동물, 곧 하나님이 만드실 새 하늘과 새 땅에도 영향을 미칠 것입니다.

우리는 소망 가운데 기다립니다. 우리는 "우리 주여 오시옵소서!"라고 기도합니다(고전 16:22). 우리는 지금 완전히 구원을 받지는 못했으나 소망으로 구원을 얻었습니다(롬 8:24). 우리는 너무나 연약하여 때로는 하나님께 어떻게 말해야 하는지도 알지 못합니다. 그러나 성령이 말할 수 없는 탄식으로 우리를 위해 친히 간구하십니다.(8:26)

만인을 위한 구원

유대인 중의 유대인으로서 이방인의 사도였던 바울은 이방인들이 복음을 받아들이는 반면 유대인들이 복음을 받아들이지 않는 사실에 대해 고민했습니다. "나에게 큰 근심이 있는 것과 마음에 그치지 않는 고통이

있도다"(롬 9:2). 이 세상에서 바울에게 가장 귀중한 것은 무엇이었습니까? 그것은 자신의 구원과 예수 그리스도의 소명이었습니다. 그는 그리스도를 위해 모든 것을 포기했습니다. 그러나 그는 유대인들이 구원을 받을 수 있다면 자신의 구원을 포기할 수도 있었습니다(9:3)! 이스라엘 백성은 너무나 많은 은혜를 받았습니다. 선택과 조상들, 출애굽과 시내 산, 시편과 희생제물, 선지자들의 증거, 이 모든 것들이 메시아와 연관되어 있었습니다(9:4~5). 하나님이 실패하셨습니까?

아닙니다. "이스라엘에게서 난 그들이 다 이스라엘이 아니요"(9:6). 바울이 말하는 바가 무엇입니까? 아브라함의 자손들이 모두 선민이 아니란 말입니까? 아닙니다. 그는 선조들의 이야기를 빌려서 선택받았다는 것은 단순히 출생 문제가 아니라는 점을 강조합니다. 아브라함에게 다른 자식들이 있었으나, 이스마엘이 아닌 이삭이 약속의 자녀였습니다(9:8). 리브가는 쌍둥이를 낳았으나 그들이 태어나기 이전에, 야곱이 자신의 지위를 획득하기 이전에, 하나님은 에서 대신 야곱을 선택하셨습니다. 야곱은 언약의 자식이었고, 에서는 그렇지 않았습니다.

무슨 의미입니까? 하나님은 불공평한 분입니까? 바울은 그렇지 않다고 말합니다. 하나님은 그분이 원하시는 대로 그분의 목적을 이루어 가십니다. 바울은 모세의 율법을 인용합니다. "내가 긍휼히 여길 자를 긍휼히 여기고"(9:15; 출 33:19). 하나님은 히브리인들이 자유를 얻을 수 있도록 바로의 마음을 강퍅하게 하셨습니다(롬 9:17; 출 9:16). 공평하지 않아 보입니다. 그러나 바울은 예레미야의 토기장이와 진흙 비유를 사용해 하나님의 위대하심과 자유의 신비로움을 설명합니다(롬 9:21; 렘 18:4). 토기장이가 그릇의 모양을 결정하는 것이지 진흙에게 달려 있는 것이 아닙니다. 흙덩이를 빚고 또 다듬는 토기장이의 사랑의 손길로 아름다운 그릇이 만들어집니다.(롬 9:19~23)

자비하신 하나님

바울은 하나님이 유대인들과 이방인들에게 자비를

베푸신다고 말합니다. 그는 하나님이 이방인들을 그분의 백성으로 만들 것이라는 호세아 선지자의 말을 기억하고 있었습니다. 그리스도의 관점에서 호세아의 말을 이해하며, 이전에는 이방인들이 하나님의 백성이 아니었으나 지금은 그분의 백성이 되었다고 말합니다(롬 9:25~26; 호 1:10; 2:23). 바울이 주장하는 바는 무엇입니까? 그는 영적 이스라엘인과 육적 이스라엘인을 구별하고 있습니다. 자유롭게 자비를 베푸시는 하나님을 찬양하며 이방인들도 하나님의 백성이 될 수 있도록 문을 열어 놓고 있는 것입니다. 모세는 아담의 죄로부터 그 누구도 구원할 수가 없습니다. 하나님은 예수 그리스도의 사역을 통해 구원을 얻도록 신실함을 베푸십니다.

이런 바울의 주장은 이미 율법에서도 언급되어 있습니다. 선지자 이사야가 하나님의 말씀이 이방인의 모든 나라에 선포될 것이라고 예언하지 않았습니까?(사 49:6)

이스라엘은 어떻게 되었습니까? 그들은 자신들의 전통만 의지하고 '선택'의 개념을 잘못 이해했습니다. 믿음이 아니라 율법 준수를 통해 올바른 관계와 의로움을 추구했습니다. 바울은 여기에서 커다란 모순을 발견했습니다. 이방인 기독교인들은 복음을 믿음으로써 의롭게 되었습니다. 그러나 유대인들은 의로움을 얻으려 했지만 실패했습니다. 그들 앞에 걸림돌이 있었기 때문입니다. 그 걸림돌은 과연 무엇입니까? 순종하는 믿음입니까(합 2:4), 아니면 그리스도의 십자가입니까? 혹은 둘 다입니까?

바울은 이스라엘이 구원받기를 원했습니다. 그들은 하나님께 열심이 있었으나 이는 올바른 지식을 따른 것이 아니었습니다(롬 10:2). 예수 그리스도가 율법의 마지막입니다. 그러나 '마지막'이라는 말은 '목표' 또는 '종말'을 의미하기 때문에 문제를 일으키는 표현이라고 볼 수도 있습니다. 많은 사람들은 바울의 이 말을 그리스도가 신자들을 위해 율법의 마지막이 되셨으며 율법의 종말을 가져왔다고 받아들였습니다. 그러나 아마도 바울은 그리스도를 조상들과 출애굽, 계명과 군주제, 성전과 약속의 땅, 선지자들의 완성이요 성취라고 보았을 것입니다. 그리스도는 모든 언약 역사의 중심이신 하나님의 의로움입니다. 율법을 통해 하나님과 올바른 관계를 가지려고 노력하는 사람들 또는 자신들이 태어날 때부터 그것을 가지고 있다고 믿었던 이스라엘 백성은 그리스도 안에서 새롭게 행하시는 하나님의 행위를 믿음으로 받아들일 수가 없었습니다.

바울은 자신의 말을 뒷받침하기 위해 모세의 말을 인용합니다(10:6; 신 30:11~14). 모세의 말은 우리에게 가까이 있는 율법에 관한 것입니다. 우리는 그것을 찾을 필요가 없습니다. 우리 가까이 있기 때문입니다. 그리스도 역시 마찬가지입니다. 우리는 그분을 찾을 필요가 없습니다. 주님은 우리와 가까이 계십니다. 바울이 모세의 말을 직접 인용하는 것을 주의해 보십시오. "오직 그 말씀이 네게 매우 가까워서 네 입에 있으며 네 마음에 있은즉"(신 30:14), "네가 만일 네 입으로 예수를 주로 시인하며 또 하나님께서 그를 죽은 자 가운데서 살리신 것을 네 마음에 믿으면 구원을 받으리라"(롬 10:9). 하나님의 진노에 차별이 없는 것처럼 구원에도 차별이 없습니다. 죄에 구별이 없는 것과 같이(3:22~23) 구원에도 구별이 없습니다(10:12~13). 바울은 요엘 2장 32절 말씀대로 주님의 이름을 부르는 것은 그리스도 안에서 행하신 하나님의 역사를 신뢰하는 것이라고 믿었습니다. 유대인이든 이방인이든 생명을 얻는 자는 조상의 유업이 아니라 성령으로 얻을 것입니다.

돌감람나무

그러면 하나님이 이스라엘을 버리셨습니까? 바울은 그렇지 않다고 분명히 말합니다(롬 11:1). 바울은 유대인이면서 동시에 사도입니다. 엘리야가 자기 혼자 남았다고 생각했을 때 하나님은 그에게 7천 명의 신실한 자들이 남아 있다고 말씀하셨습니다(11:2~4; 왕상 19:10, 18). 이스라엘과 유다가 멸망했음에도 남은 자들이 고향으로 돌아올 수 있었던 것은 하나님이 광야에 길을 내셨기 때문이었습니다(사 40:3). 이 모든 일은 하나님의 은혜로 이루어졌습니다.(롬 11:6)

이스라엘 백성 중에 하나님의 은혜를 아는 자들도 있었지만, 이를 거부하는 자들도 있었습니다(11:7~8). 그러나 하나님은 항상 선을 위해 일하십니다. 이스라엘이 하나님의 은혜를 거부함으로써 다른 사람들에게 문이 열렸습니다. "그들이 넘어짐으로 구원이 이방인에게 이르렀다"(11:11). 하나님의 언약의 백성은 옛 감람나무와 같습니다. 어떤 가지들은 잘려졌고, 돌감람나무에서 나온 새 가지(이방인 기독교인들)가 참감람나무에 접붙여져 그 깊은 뿌리(전통)를 공유하게 되었습니다. 이 가지는 원래 거기에 접붙여질 자격이 없었습니다. 그러나 바울은 이방인들에게 자랑하지 말고 그저 그리스도를 통해 접붙여진 사실을 감사하라고 말합니다(11:18~19). "높은 마음을 품지 말고 도리어 두려워하라"(11:20). 만일 네가 교만하다면 하나님이 너도 잘라 버리실 것이라고 합니다.(11:21~22)

우리도 불순종했지만 하나님이 우리를 언약의 백성에 접붙여 주셨습니다. 따라서 이스라엘 중에 불순종한 사람들이 있기는 하지만 그들도 언젠가는 다시 접붙여질 것입니다. 그들이 하나님을 대적하므로 이방인들에게 기회가 주어졌습니다. "그들이 너희로 말미암아 원수 된 자들이다"(11:28). 유대인이 아닌 자들은 그 구원의 신비에 대해 하나님을 찬양해야 합니다. 그러나 아직도 유대인들은 선민입니다. 그리고 그들은 사랑을 받고 있습니다(11:28). 하나님이 그들을 부르신 것에는 후회함이 없으십니다(11:29). 구원의 신비는 우리의 이해를 넘어섭니다. 하나님의 판단은 헤아리지 못하며 그분의 길은 찾지 못할 것입니다.(11:33)

♥ 순종하는 공동체의 모습

하나님과의 올바른 관계는 의로워지려고 하는 우리의 노력이 아니라 예수 그리스도를 통한 하나님의 구원 사역을 믿음으로 받아들임으로써 가능합니다. 유대인과 이방인이 하나님의 이 구원의 신비에 포함되어 있습니다.

순종하는 믿음의 공동체는 하나님이 그분의 뜻에 따라 목적을 이루어 가시는 자유로운 분임을 인정한다.

나의 노력을 통해서는 의로워질 수 없다고 느꼈던 경험을 말해 보십시오.

그러한 경험이 어떤 의미에서 자유롭게 하나님을 사랑하도록 나를 이끌었습니까?

바울은 우리에게 하나님이 이스라엘에게 하신 약속을 지키고 계시며 또한 지키실 것이라는 점을 확신시킵니다. 이러한 사실은 하나님의 신실하심에 대한 나의 믿음을 어떻게 강화시킵니까?

기독교는 유대교에 그 뿌리를 두고 있습니다. 그래서 얻는 유익은 무엇입니까?

기독교와 유대교가 서로 연결되어 있다는 사실은 기독교인들과 유대인들 사이에 있는 오해와 적대감의 장벽을 허무는 데 어떤 도움을 줍니까?

🔘 더 알아보기

■ 바울이 사용한 감람나무 비유에서 배울 수 있는 내용을 적어 보십시오.

■ 편지: 성경공부반 전체 이름으로 편지를 씁니다. 랍비나 유대인 친구를 초대하여 유대인들이 당면한 문제에 대해 듣거나, 율법과 유대인들의 명절에 대해 듣거나, 현대 유대교에 대한 이야기를 듣도록 합니다.

그리스도 안에서의 새로운 삶

그러므로 형제들아 내가 하나님의 모든 자비하심으로
너희를 권하노니 너희 몸을 하나님이 기뻐하시는
거룩한 산 제물로 드리라 이는 너희가 드릴 영적 예배니라
(로마서 12:1)

◉ 우리의 모습

우리는 자유로운 몸이 되었습니다. 모든 제약은 사라지고 규율은 옛것이 되었습니다. 구속은 불편합니다. 우리는 경쟁사회에 살고 있으며, 우리 마음대로 하고 싶어 합니다.

✝ 내려놓기

성경 공부를 하기 전에 먼저 하나님께 기도를 드립니다. 아래의 시편 말씀이 좋은 길잡이가 될 것입니다.

> 여호와여 내가 주를 불렀사오니 속히 내게 오시옵소서 내가 주께 부르짖을 때에 내 음성에 귀를 기울이소서 나의 기도가 주의 앞에 분향함과 같이 되며 나의 손드는 것이 저녁 제사같이 되게 하소서 (시편 141:1~2)

이번 주 기도 제목을 구체적으로 적어 기도합시다.

◉ 귀 기울이기

'그러므로'라는 말은 아주 중요합니다. 그것은 신학에서 도덕으로의 전환을 의미합니다. 로마서 1~11장은 우리를 향해서, 우리 안에서 행하신 하나님의 역사를 설명합니다. 로마서 12~16장은 우리의 믿음이 행위를 통해 어떻게 나타나야 하는지를 말합니다.

D1 로마서 12장(그리스도인의 모습)

D2 로마서 13장
(권위에의 복종, 서로 사랑하라, 그리스도로 옷 입으라)

D3 로마서 14:1~15:6(판단하지 말라, 주님을 위해 살라, 다른 사람을 실족하게 하지 말라)

D4 로마서 15:7~33
(서로 대접하라, 유대인과 이방인을 위한 복음, 여행 계획)

D5 로마서 16장(개인적인 인사)

D6 '말씀 속으로'와 '순종하는 공동체의 모습'을 읽으라.

❶ 말씀 속으로

바울은 윤리적인 행동이란 맑은 물이 산에 있는 샘에서 솟아나오는 것처럼 믿음에서 흘러나온다고 생각합니다. '그러므로'라는 말은 아주 강력한 뜻으로, 하나님이 그리스도 안에서 우리를 위해 하신 일과 우리가 그리스도 안에서 하나님을 위해 해야 할 일을 연결시킵니다.

바울에게는 두 종류의 대적자들이 있었습니다. 한 그룹은 이방인들로서, 그리스도를 체험했기 때문에 도덕적인 책임에서 자유롭게 되었다고 믿고 싶어 하는 사람들이었습니다. 그들은 자신들이 구원을 받았기 때문에 모든 것이 가능하다는 생각을 가지고 있었습니다(고전 6:12; 10:23). 다른 그룹은 유대인들로서, 하나님과 올바른 관계에 있다는 것을 확신하기 위해 더욱더 율법과 전통에 얽매이는 사람들이었습니다. 바울은 이 두 그룹의 사람들과 싸워야 했습니다. 그는 그리스도를 통해 하나님이 값없이 주시는 은혜로 말미암아 우리가 하나님과 올바른 관계를 가지게 되며, 새 시대의 새 공동체에서 새로운 삶을 살도록 부름을 받았다고 주장합니다.

로마서 12장 1절과 갈라디아서 5장 1절의 '그러므로'가 그가 말하는 바의 요점입니다. "하나님의 모든 자비하심으로"(롬 12:1)라는 표현은 그가 로마서 1~11장에서 말하는 의로움과 은혜, 화해와 믿음에 관한 모든 것을 의미합니다. 이제 그의 윤리적인 가르침이 시작됩니다. "그러므로… 너희 몸을 하나님이 기뻐하시는 거룩한 산 제물로 드리라 이는 너희가 드릴 영적 예배니라."(12:1)

바울은 율법에 따라 드려졌던 동물의 제사를 기억합니다. 희생제물이 하나님께 선물로 드려졌습니다. 이는 살육과는 구별되었는데, 왜냐하면 생명의 근원인 동물의 피가 제단에 뿌려졌기 때문입니다. 동물은 백성들의 생명을 위해 하나님께 드려졌습니다(레 17:2~7). 바울이 편지를 쓸 당시에도 예루살렘 성전에서는 이스라엘 백성들을 위한 동물의 제사가 드려지고 있었습니다. 그러나 바울은 동물의 제사가 의롭고 자비로운 삶을 위한 대체물이 될 수 없다는 것을 알고 있었습니다.

희생적인 삶

예수님의 희생을 통해 자기만족의 노예생활에서 해방된 기독교인들은 희생적인 삶을 위해 매일 자신을 드리도록 요청받고 있습니다. 바리새인으로서 바울은 매일같이 순종하는 것이 율법 준수의 본질이라고 배웠습니다. 율법을 철저히 지키려고 부지런히 노력했던 바리새인들은(마 5:18) 일상생활의 가장 작은 부분에서도 율법을 지켜야 한다고 강조했습니다. 하나님은 어디든지 계십니다. 따라서 모든 일에 순종해야 합니다. 그리스도 안에서의 순종은 끝도 없는 규칙에 대한 의무가 아니라 사람을 사랑하며 기쁜 마음으로 봉사하는 것입니다. 이제 그러한 기쁨과 희생적인 봉사가 삶의 모든 영역에 스며들어야 합니다. 우리의 육체와 정신, 영의 모든 부분들이 한때는 사악함의 도구였습니다. 이제 우리는 같은 몸을 의의 병기로 드립니다. (롬 6:12~13)

지금 율법은 우리 마음에 새겨져 있습니다. 우리 마음이 바뀐 것처럼 우리 행동도 바뀌어야 합니다(12:2). 불신자들은 거룩한 행동에서 건강과 기쁨을 맛볼 수가 없습니다. 그들의 마음이 가려져서 알지 못하기 때문입니다(고후 4:4). 그러나 기독교인들은 그들의 마음이 새로워졌기 때문에 다르게 생각합니다. 믿음은 우리가 생명에 이르게 할 뿐 아니라, 그것이 곧 생명입니다. 사랑이 증오보다 낫고, 정직함이 거짓보다 나으며, 자기 자신을 주는 것이 탐욕보다 낫습니다. 거룩한 삶을 살 수 있는 힘은 그리스도의 십자가와 부활에 우리가 참여함으로써 가능합니다. 그것은 당신을 우리에게 주시는 하나님의 통치와 우리 마음에 있는 예수 그리스도의 영으로부터 옵니다. 변화를 받은 사람은 하나님의 뜻을 보고 듣고 알 수 있습니다. (롬 12:2)

한 몸 안의 많은 지체

교회는 인간의 몸에 비유됩니다(롬 12:4~5). 고린도 교인들에게 바울은 다음과 같이 말합니다. "눈이 손에게 '내가 너를 쓸 데가 없다'고 말할 수 없다"(고전 12:21). 로마 교회 성도들은 스스로 마땅히 생각해야 하는 것 그 이상으로 생각해서는 안 됩니다(롬 12:3). 바울은 교회 안에서 누가 중요하냐 하는 것보다 몸을 세우는 일에 더 신경을 썼습니다. 어떤 은사가 더 중요합니까? 치유입니까? 가르침과 지도력입니까? 헌금입니까? 더 중요한 것은 아무것도 없습니다. 그것들은 우리 눈과 귀, 손과 발이나 다름없습니다. 모든 것이 필요합니다. 온전한 몸을 이루는 데는 모든 은사가 필요합니다. 따라서 우리는 서로 사랑하며 우애하고 존경하기를 먼저 해야 합니다(12:10). 모든 기독교인들은 성도의 몸을 이루는 귀한 부분입니다. 어떤 사람도 혼자서는 신실하게 살 수 없습니다.

왜 바울은 성도의 교제에서 화합을 강조합니까(12:16)? 그 이유는 믿음의 공동체는 메시아 잔치를 미리 맛보기 때문입니다. 만일 하나님이 모든 것이 평화롭게 살 수 있는 새 하늘과 새 땅을 창조하고 계시다면, 우리는 가능한 대로 지금 여기서 그렇게 살도록 해야 합니다.

바울은 하나님의 진노가 악을 대항하고 심판하며 정죄하고 파멸할 것이라는 사실을 알고 있었습니다. 따라서 우리는 악을 악으로 갚아서는 안 됩니다(12:17). 우리는 하나님의 진노의 때를 기다려야 합니다(12:19). 그뿐만이 아닙니다. 우리는 원수들에게 선을 행하며 그들이 주렸을 때 먹여야 합니다(12:20). 바울은 이것을 어디서 배웠습니까? 자신의 전통을 통해서였습니다.

"네 원수가 배고파하거든 음식을 먹이고 목말라하거든 물을 마시게 하라 그리하는 것은 핀 숯을 그의 머리에 놓는 것과 일반이요 여호와께서 네게 갚아 주시리라."(잠 25:21~22)

친절을 베풂으로써 원수를 이길 수도 있습니다.

지배자들

우리는 바울이 권력층과 잦은 마찰을 일으켰기 때문에 그들에게 불순종하라고 사람들을 가르쳤다고 생각할 수도 있습니다. 그러나 사실은 그렇지 않습니다. 왜냐하면 그는 죄를 이해하고 있었기 때문입니다. 어느 사회도 무정부 상태를 용납할 수 없습니다. 인간의 탐욕을 그대로 두면 모든 것이 파멸되고 말 것입니다. 지진이나 태풍으로 도시가 파괴되고 권력층 사람들이 아무런 힘을 쓰지 못할 때 발생하는 약탈이나 폭력행위를 보십시오. 사람이 타락하면 제 정신이 아닙니다. 로마 시민으로서, 곧 옥에 갇히게 될 바울은 세속정부를 사회 질서를 지키기 위해 필요한 하나님의 '종'이라고 생각했습니다(롬 13:4, 6). 그러므로 존경하고 그 명예를 인정하며 세금을 내라고 합니다. 기독교인들은 오해를 받고 박해를 당해도 권세 가진 사람들을 존중해야 합니다.

그들에게 불순종할 수도 있습니까? 물론입니다. 하나님의 뜻을 이루고 복음을 전파하는 일이 방해를 받을 때는 가능합니다. 바울은 매질을 당하고 돌에 맞으면서도 복음을 전하고 가르치며 치유를 하다 옥에 갇혔습니다. 그러나 그는 자신의 사역을 계속했습니다.

바울은 자신이 유대인의 법이나 로마의 법을 어기고 있다고 믿지 않았습니다. 관리들 앞에서 언제나 정중한 태도로 말했고 그들이 주는 모든 벌을 달게 받았습니다. 유대인 지도자들과 성난 군중들이 바울을 죽이려고 한 적이 여러 번 있었습니다. 그러나 로마 군인들과 권력층이 그를 보호했습니다. 40여 명의 유대인들이 바울을 죽이겠다고 맹세했을 때 500여 명의 군사들이 밤에 그를 예루살렘에서 가이사랴로 호송했습니다(행 23:12~13, 23). 로마 제국이 군중들을 물리칠 수 있었습니다.

바울은 하나님의 사자로서 로마 제국에서 자신이 겪었던 고통을 세 가지로 해석했습니다. "내가 복음을 위해 고난을 당함으로 회심을 한 사람들이 생겼다. 이것은 하나님께 영광을 돌리는 일이었다. 고난을 통해 그리스도와 다른 성도들과 하나가 될 수 있었다. 현재 고난은 장차 올 영광과 비교할 수 없다"(롬 8:18). 따라서 바울은 법을 준수하며 권력을 가진 사람들을 존경하고 세금을 내라고 했습니다(13:5~7). 그러면서 치유와 기도, 설교와 가르치는 일을 계속했습니다. 후에 로마 정부의 핍박이 심해지자 이를 참을 수 없었던 기독교인들은 악의 제국, 곧 요한계시록에 나오는 바벨론이 멸망하도록 기도했습니다. 그러나 그들은 칼을 가지고 싸운 것이 아니라 순교자가 흘린 피로 대항했습니다.

하나님의 율법이 폐기되었습니까? 아닙니다. 십계명은 영원히 유효합니다. 율법과 예수님, 그리고 바울이 말한 대로 모든 계명은 다음의 말씀으로 요약할 수 있습니다. "네 마음을 다하고 목숨을 다하고 뜻을 다하고 힘을 다하여 주 너의 하나님을 사랑하라"(막 12:30; 신 6:5). "네 이웃을 네 자신과 같이 사랑하라"(막 12:31; 레 19:18). "사랑은 율법의 완성이니라."(롬 13:10)

바울의 말을 기억하십시오. 낮에와 같이 단정히 행하십시오(13:13). 하나님이 정하신 때에 구원이 올 것입니다. 유대교와 기독교 사상에는 어둠과 빛 사이에 갈등의 개념이 있습니다(13:11~13). 성도들은 방탕하게 살며 어둠의 일을 해서는 안 됩니다. 그리스도 안에서 산다는 것은 보다 높은 곳에서 빛 가운데 사는 것을 말합니다.

하나님의 어린 양 그리스도는 세상에 빛을 가득 가지고 오실 것이기 때문에 해나 달이 필요 없을 것입니다. 밤이 없을 것입니다(계 21:23~25). 그러므로 빛의 갑옷을 입으십시오. (롬 13:12)

종교적인 관습

음식과 거룩한 날에 관한 종교적인 관습을 둘러싸고 유대계 기독교인들 사이에 의견 차이가 있었습니다. 바울은 친교의 기쁨과 사랑을 강조했습니다. "판단하거나 비판하지 말며 서로를 비방하지 말라." 어떤 사람들은 그때까지도 안식일날 해가 지면 촛불을 켰습니다. 속죄일이나 유월절에 특별 기도를 하는 사람들도 있었습니다. 어떤 사람들은 장례식에서 유대인들의 애가를 낭송했습니다. 어떤 사람들은 매주일 부활절에 관한 기도를 드리기 위해 일찍 일어났습니다. 채식주의를 고집하며 고기를 먹지 않고, 술을 마시지 않는 사람들도 있었습니다. 바울은 그들을 내버려 두라고 합니다(롬 14:4). 관습이 어떠하든 그것을 존중하라고 한 바울의 주장은 이러합니다. 각 사람이 하나님의 영광을 위해 그렇게 하기 때문이라는 것입니다. (14:6)

거리낌이나 관습을 잘못 다루면 공동체를 해칠 위험이 있습니다. "어찌하여 네 형제와 자매를 비판하느뇨?"(14:10) 바울은 한 사람이 다른 사람의 구원을 잃게 할 수도 있다고 말합니다. 그 스스로 자유롭다고 생각하지 않는데도 의심을 가지고 있는 그 사람으로 하여금 먹게 만드는 것이 그 예입니다. 우리는 하나님의 심판대 앞에 설 것입니다(14:10). 하나님이 자비하신 것같이 우리도 자비를 베풉시다.

그런즉 비판하지 말고 도리어 부딪칠 것이나 거칠 것을 형제 앞에 두지 아니하도록 주의하십시오(14:13). 우리 자신의 양심을 거스르지 마십시오. 우리의 양심이나 형제의 연약함을 짓밟지 마십시오. "무엇이든지 네 형제로 거리끼게 하는 일을 아니함이 아름다우니라"(14:21). 그리스도께서 신앙과 관습의 차이에도 불구하고 유대인들과 이방인들을 받아들이신 것을 기억하고 너희도 서로 받아들이라고 합니다(15:7). 바울은 구원이 모든 사람을 위한 것임을 보이기 위해 시편(지혜서)과 신명기(율법서), 이사야(예언서)를 인용합니다(15:9~12). 하나님은 종일 자신의 손을 벌리고 계십니다.(10:21; 사 65:1~2)

스페인으로의 선교여행

바울은 자신이 만나 보지도 못한 사람들에게 담대히 편지를 썼습니다(롬 15:15). 왜냐하면 그는 이방인을 위해 그리스도 예수의 일꾼이 되어 하나님의 복음의 제사장 직무를 하도록 부르심을 받았기 때문입니다(15:16). 로마 교회는 바울에게 편지나 그의 충고를 요청하지 않았습니다. 그저 바울이 주님께서 주신 자신의 사역을 하고 있을 뿐이었습니다.

이제 우리는 전에 알지 못했던 바울의 모습을 보게 됩니다. 그는 그리스와 소아시아 전역에서 복음을 전했습니다(15:19). 그는 새로운 일을 시작하려는 계획을 가지고 있었으나, 다른 사람이 이미 닦아 놓은 터 위에 집을 짓고 싶어 하지는 않았습니다(15:20). 그는 전도자요, 선교사였습니다. 아직까지 복음을 접하지 못한 사람들을 가르치고 싶어 했습니다. 그는 이사야 52장 15절 말씀을 인용합니다.

"주의 소식을 받지 못한 자들이 볼 것이요 듣지 못한 자들이 깨달으리라."(롬 15:21)

우리는 바울이 서방을 향한 전진기지를 만들기 위해, 그 어떤 전도자도 가본 적이 없는 곳에 가기 위해, 스페인에 복음을 전하기 위해, 로마에 가고 싶어 했음을 알 수 있습니다.

스페인에 대한 선교계획이 없었다면 바울은 로마 교인들에게 이 편지를 쓰지 않았을 것입니다. 그런데 왜 하필이면 스페인입니까? 그곳은 이방인 지역이었고, 그의 최종 목적지였습니다. 스페인에는 유대인들이 많지 않았습니다. 그곳으로 떠나는 선교여행은 이방인의 사도로서 자신의 소명을 완수하는 길이 될 것입니다. 이방인들의 회심은 유대인들의 질투를 불러일으켜 결국 그들도 회심하게 될 것입니다. 바울은 이렇게 하나님의 백성을 그리스도 안에서 다시 하나님께로 데려오면 자신의 영적인 목표가 달성될 것이라고 생각했습니다.

로마에서 서방교회를 위한 기지를 구축하는 데에는 두 가지가 필요했습니다. 바로 건전한 신학(롬 1~11장)과 유대인과 이방인 간의 화목이었습니다(롬 14~16장). 로마 교회가 바울의 선교사역을 영적으로 도울 수 있을 것입니다. 그는 땅 끝까지 가서 온전한 이방인 교회를 세움으로 자신의 삶을 마치고자 했습니다.

복음을 전혀 들어보지도 못하고 알지도 못하는 사람들에게 복음을 가르친 경험이 있으면 말해 보십시오.

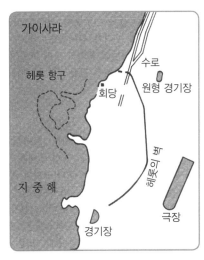

주전 22~10년부터 헤롯 대왕은 가이사랴를 건설하기 시작했다. 이곳은 옛 페니키아의 자리로서 여기에 돌로 된 새 항구가 건설되었다. 600년 이상 팔레스타인 지역의 로마 제국 수도였던 가이사랴는 바울 시대에 융성한 무역로였으며, 바울의 선교여행 출발점과 종착역이었다. 그는 로마로 가기 전 이곳에 있는 감옥에서 2년을 보냈다.(행 23:31~35; 24:27)

바울은 자신의 여행 계획을 설명하고(15:28~29) 기도를 부탁하며 편지를 맺습니다. 하나님이 허락하시면 그는 헌금을 예루살렘에 전하고 스페인으로 가는 길에 로마에 들를 것입니다. 그는 보통 복음을 담대히 전할 수 있도록 해달라고 기도를 부탁하는데, 지금은 그 당시 상황과 사람들의 태도를 위해 기도를 부탁합니다. 예수님의 이름으로, 성령의 사랑으로 자신과 같이 기도하기를 간구합니다. "나로 유대에서 순종하지 아니하는 자들로부터 건짐을 받게 하고 또 예루살렘에 대하여 내가 섬기는 일을 성도들이 받을 만하게 하십시오"(15:30~31). 바울은 이방인들이 낸 헌금을 유대에 있는 기독교인들이 받지 않음으로써 단결이 깨지지 않을까 두려워했습니다. 얼마나 아름다운 기도의 부탁입니까!

결과는 어떠했습니까?(참조. 행 21:7~28:31)

....

....

바울의 인사말

로마서 16장 1~16절에는 27명의 이름이 적혀 있습니다. 우리는 그들 대부분에 대해 모르거나 부분적으로 알 뿐입니다. 바울은 자신을 위해 거룩한 입맞춤으로 서로 문안하라고 부탁합니다(16:16). 바울의 수행원이었던 더디오도 문안 인사를 하고 있습니다. 그는 한 교회 안에서의 화합뿐 아니라 전 세계 모든 교회와 친교를 갖고 싶어 했습니다.

바울은 복음증거와 권면의 편지를 맺으면서 다음과 같이 축복했습니다. "지혜로우신 하나님께 예수 그리스도로 말미암아 영광이 세세무궁하도록 있을지어다 아멘."(16:27)

♥ 순종하는 공동체의 모습

믿음의 공동체는 이 세상 사람들과 다르게 보고 행동합니다. 우리는 하나님의 은혜로 금전적인 문제를 깨끗하게 다루고, 성 문제에 있어서 순결을 지키며, 협상을 할 때에 정직하게 합니다. 우리는 어린아이들의 복지와 가정생활의 증진에 관심을 갖습니다. 우리는 우리 몸이 성령의 전임을 알기 때문에 몸을 해치는 모든 유혹에 대항합니다. 우리 재산은 물질이 필요한 사람들을 돕는 데 사용합니다.

세례와 성만찬, 결혼과 장례 같은, 우리의 거룩하고 특정한 기회들은 우리의 가르침과 관습을 뒷받침합니다. 우리는 그리스도의 모습대로 살지 못할 때가 많지만, 그럼에도 계속해서 노력합니다.

믿음의 공동체가 이 세상 사람들과 다르게 생각하고 행동하는 방식에는 어떤 것들이 있습니까?

마음을 새롭게 하여 목표의식이 달라진 순종하는 믿음의 공동체는 사람들을 날마다 기쁨으로 섬기며 그리스도께 향기 나는 순종의 제사를 드린다.

나는 때때로 어떤 부분에서 옛 습관과 기독교인이 아니었을 때 했던 행동으로 돌아
갑니까?

마음을 새롭게 함으로써 변화를 받은 경험을 말해 보십시오.

마음을 새롭게 함으로써 변화를 받은 교인이 있으면 그 사람에 대해 말해 보십시오.

나이가 들수록 어떤 일에서 기독교인으로 살아가는 데 있어 새로운 도전과 유혹을
받습니까?

로마서 12장 말씀대로 사는 데 가장 도움이 되는 것은 무엇입니까?

🏛 더 알아보기

※ 편지: 기독교인의 삶의 특성에 관해 생각나는 대로 글을 써보십시오. 그리고
그것을 젊은 사람에게 보내는 편지 형태로 바꾸어 보십시오.

27

이 과의 주제
....
성장

성령의 열매

오직 성령의 열매는 사랑과 희락과 화평과 오래 참음과 자비와
양선과 충성과 온유와 절제니 이 같은 것을 금지할 법이 없느니라
(갈라디아서 5:22~23)

🎧 우리의 모습

우리는 우리 삶에 평화와 만족을 가져다 주는 인생의 의미와 힘, 목적을 찾습니다. 우리는 열심히 노력하지만 기쁨이 없는 때가 많습니다.

💡 내려놓기

성경 공부를 하기 전에 먼저 하나님께 기도를 드립니다. 아래의 시편 말씀이 좋은 길잡이가 될 것입니다.

> 주께서 생명의 길을 내게 보이시리니 주의 앞에는 충만한 기쁨이 있고 주의 오른쪽에는 영원한 즐거움이 있나이다 (시편 16:11)

이번 주 기도 제목을 구체적으로 적어 기도합시다.

👂 귀 기울이기

갈라디아는 소아시아 중앙에 있는 로마의 도시였습니다. 바울은 바나바와 1차 전도 여행을 할 때 그곳에 교회를 몇 개 개척했습니다. 이 편지는 그 지역에 있는 연약한 교회들을 위해 쓰였습니다. 그리스도 안에서 자유를 누리며 성령의 영광스러운 열매를 맺도록 간구하는 바울의 편지를 열정을 가지고 읽어 보십시오. 갈라디아서 5장 1절 또는 5장 22~23절을 암기하십시오.

D1 사도행전 13~14장; 15:36~16:10; 18:22~23
(갈라디아 지역의 전도여행)

D2 갈라디아서 1~2장(바울의 사도직 변호, 예루살렘에서 인정을 받음, 베드로를 꾸짖음)

D3 갈라디아서 3장(믿음 또는 율법에 의한 구원, 아브라함에 대한 약속, 율법의 목적)

D4 갈라디아서 4장
(율법 아래에서의 노예생활, 하갈과 사라의 비유)

D5 갈라디아서 5~6장(자유에로의 부름, 성령의 열매)

D6 '말씀 속으로'와 '순종하는 공동체의 모습'을 읽으라.

🔥 말씀 속으로

성도들은 수리아의 안디옥에서 처음으로 '기독교인'이라고 불렸습니다(행 11:26). "주를 섬겨 금식할 때에 성령이 이르시되 내가 불러 시키는 일을 위하여 바나바와 사울을 따로 세우라 하시니 이에 금식하며 기도하고 두 사람에게 안수하여 보내니라."(13:2~3)

바울은 구브로, 소아시아(터키)의 남쪽을 지나 갈라디아에 이르렀습니다. 두 번째와 세 번째 전도여행에서 수리아의 안디옥을 떠나 고향인 다소를 지나 '길리기아의 문'이라 불리는 산악지대를 통과해 풍요로운 갈라디아 지역에 이르렀습니다. 바울은 옛 도시인 더베와 루스드라, 이고니온과 비시디아 안디옥에 교회를 세웠습니다. 이 교회들은 그의 사역의 첫 열매였습니다. 바울이 이 교회들을 지극히 사랑한 것은 놀라운 일이 아닙니다. 바울은 그들을 생각할 때 자식을 낳은 어머니의 심정이었습니다. (갈 4:19)

갈라디아서

우리는 로마서보다 먼저 갈라디아서를 공부할 수도 있습니다. 왜냐하면 갈라디아서가 먼저 쓰여졌기 때문입니다. 그러나 로마서를 공부하고 난 지금 우리는 바울 신학을 깊이 있게 이해할 수 있고 이것이 큰 도움이 됩니다. 갈라디아서는 다른 편지와는 아주 다릅니다. 이 편지를 보면 바울이 몹시 분개하고 있습니다. 갈라디아서는 알지 못하는 사람에게 보내는 정중한 편지라기보다는 영적인 아버지가 자녀에게 보내는 화가 담긴 편지입니다. 바울은 갈라디아 교인들을 사랑했습니다. 그래서 편지를 좀 더 부드럽게 쓰고 싶으나 그럴 수가 없었습니다. (갈 4:20)

이 편지는 그 시작부터 다릅니다. 바울은 자신의 관심사를 인사말에서 언급합니다. 그리고 일반적인 감사와 기도를 생략하고 격한 감정을 가지고 본론으로 들어갑니다.

다른 사람들이 자신이 공들여 전했던 복음의 내용을 변질시키고 있었습니다(1:6). 바울은 만일 그들이 복음에 신실했다면 그들이 허망하고 경쟁적이며 자신의

욕심을 채우는 사람들이라도 용서할 수가 있었습니다(빌 1:15~18). 그러나 그들이 기독교인의 자유를 왜곡시키며 사람들을 다시 규율과 죄와 진노의 노예로 만드는 것에 대해 바울은 다음과 같이 썼습니다. "너희를 어지럽게 하는 자들은 스스로 베어 버리기를 원하노라."(갈 5:12)

왜 할례가 그렇게 중요합니까? 바울에게 그것은 구원의 문제였습니다. 유대계 기독교인들은 이방인들이 유대교로 개종해야 하며 그리스도도 믿어야 한다고 주장했습니다. 이방인 남자들이 할례를 받는 것이 좋다고 주장했습니다. 그렇게 되면 그들도 유대인들과 같이 약속의 자녀가 될 수 있다고 말합니다. 그것은 일류 기독교인이 되는 손쉬운 방법처럼 보였습니다.

온전한 율법

유대계 기독교인들은 자신을 의롭다고 정당화시키는 도덕주의자들일 뿐만 아니라 다시 율법 아래로 되돌아가고 있었습니다(갈 5:3). 누구든지 율법을 지키기를 원하면 율법 전체를 준수해야 하고 그렇지 못하면 저주 아래 놓이게 됩니다. "누구든지 율법 책에 기록된 대로 모든 일을 항상 행하지 아니하는 자는 저주 아래에 있는 자라"(3:10; 신 27:26). "네가 네 하나님 여호와의 말씀을 삼가 듣고 내가 오늘 네게 명령하는 그의 모든 명령을 지켜 행하면" 의롭게 될 것이라 합니다(신 28:1). 자신의 의를 의지하는 사람들은 율법을 온전히 지켜 의롭게 되지 않는 한, 죄와 진노 아래에 놓이게 됩니다. 바울은 우리가 둘 중 하나를 선택해야 한다고 말합니다. 중간 지점은 존재하지 않습니다. 타협을 하거나 자신의 의와 은혜를 둘 다 조금씩 갖는 일은 불가능합니다. (갈 2:16)

율법으로 구원이 가능하다면 그리스도가 헛되이 죽으신 것입니다(2:21). 바울은 율법이 하나님의 진노를 죽음과 연관시키고 있다는 사실을 회상시킵니다. "나무에 달린 자는 하나님께 저주를 받았음이니라"(신 21:23). 예수님이 그 저주를 받으셨습니다. "그리스도께서 우리를 위하여 저주를 받은 바 되사 율법의 저주에서 우리를 속량하셨으니"(갈 3:13). 만일 우리가 스스로 의롭게 될

수 있다면 그분의 죽음이 헛된 것입니다. 예수님의 십자가가 헛될 뿐 아니라 그분을 믿는 우리의 죽음 또한 그러합니다. 바울의 설교 역시 헛된 일입니다!

아브라함과의 약속

문제는 이것입니다. 어떻게 이방인들이 아브라함과 그 자녀들에게 한 약속에 포함될 수 있습니까? 유대인들은 할례를 받고 하나님의 백성이 됨으로써 가능하다고 말합니다. 그러나 바울은 세례를 받고 그리스도와 합하여짐으로써 가능하다고 말합니다.(갈 3:26~27)

초대 교회에서 성만찬을 거행할 때 사용했던 이 은잔은 수리아의 안디옥에서 발견됐다. 여기에는 그리스도와 사도들의 모습이 새겨져 있다. 4세기나 5세기경 것이다.

바울은 갈라디아 교인들에게 아브라함이 믿음으로 의롭다 함을 받았다고 말합니다(3:6). 아브라함의 자손은 그리스도를 가리킵니다(3:16). 아브라함의 믿음과 예수 그리스도는 온 세상의 이방인들을 위한 것입니다(3:8, 14). 법적인 유언은 한 번 발효가 되면 다른 사람들이 바꿀 수가 없습니다. 거룩한 모세의 율법은 아브라함이 죽고 430년 후에 주어졌지만 언약의 약속은 무효화되지 않습니다(3:17). 율법은 타락을 막기 위해 주어졌습니다. 그러나 구원은 약속된 대로 아브라함의 자손인 예수님과 믿음을 통해서만 가능합니다.(3:19, 29)

바울은 다음과 같은 비유로 말합니다. "후사이기는 하지만 아직 유업을 받지 못하고 부모의 규율 아래 있는 어린 자녀들은 마치 노예와도 같다. 율법아래 있는 자들도 마찬가지다. 그러나 그리스도 안에서 우리는 더 이상 죄의 노예가 아니다. 우리는 하나님을 아바, 아버지라 부르며 하나님 나라의 모든 영광을 이어 받을 후사다(4:6~7). 또다시 율법 아래로 돌아가고 싶은가? 우리는 이미 어떤 유대인의 명절을 지켜야 하고, 무슨 음식을 먹으며, 어떤 전통을 따라야 하는지 걱정하고 있다. 내가 너희를 위하여 수고한 것이 헛될까 두려워하노라."(4:11)

길리기아의 문은 다소 산맥을 통과하는 좁은 길로서 아주 오래 전부터 도로로 사용되어 왔으며, 지중해와 소아시아 내륙을 연결하는 통로였다. 이 길을 통한 무역으로 바울의 고향 다소가 부유해질 수 있었다.

사라와 하갈에 대한 긴 이야기는 우리를 혼동시킵니다(4:21~31). 바울이 지적한 대로 이것은 하나의 비유입니다. 보다 더 깊은 의미가 그 내면에 담겨 있습니다. 따라서 원래 이야기보다는 바울이 말하는 요점에 귀를 기울이십시오. 노예 신분으로 아브라함의 부인이 되었던 하갈과 그의 아들 이스마엘은 율법 아래 있는 종의 상태를 상징합니다. 약속을 받은 사라와 그의 아들 이삭은 복음 아래 있는 자유를 상징합니다. "여종과 그 아들[노예, 율법주의]을 내쫓으라"(4:30). 우리는 노예가 아니라 자유로운 여인(은혜)의 자손입니다. 자유를 위해 그리스도께서 우리를 해방시키셨습니다.(4:31~5:1)

바울은 한때 기쁨이 충만하고 열심히 기도하며 유대인과 이방인이 하나가 되었던 그의 교회가 이제는 잘못된 길로 가는 것을 보고 실망했습니다. "너희가 달음질을 잘하더니 누가 너희를 막아 진리를 순종하지 못하게 하더냐?"(5:7)

바울이 화가 난 이유는 예루살렘 공의회에서 이방인에 대한 할례가 무효화되었고(행 15장), 그가 수리아의 안디옥에서 베드로를 만났을 때 이 문제가 해결되었다고 생각했는데(갈 2:11~14), 이제 예루살렘이나 다메섹에서 온 유대계 기독교인들의 영향으로 갈라디아에서 다시 유대인의 율법이 지켜지고 있었기 때문이었습니다.

바울이 육체를 따라 산다고 말할 때 이는 단순히 성적인 죄나 폭력과 같은 정욕의 죄만을 의미하는 것은 아니었습니다. '육체'란 죄의 율법과 죽음에 복종하여 피조물을 섬기며 살아가는 옛 아담을 의미합니다. 바울이 말하는 육체의 죄에는 정신적·물질적·영적 죄들도 포함되어 있다는 사실에 유의하십시오. 이것은 교만한 마음을 가지고 정욕으로 육체의 죄악을 행하며 영적인 죄를 소홀히 하는 사람들에 대한 경고입니다. 우리가 그리스도의 영 안에서 산다면 우리는 이기적인 욕심을 가질 수 없습니다.

바울은 모든 성도가 그리스도 안에서 살 수 있도록 성령을 받았다고 믿었습니다. 죄에 대해 죽고 부활의 소망을 가진 성도들은 영적으로 충만하여 새로운 세계에 사는 것입니다.

갈라디아 교인들은 믿을 때 성령을 받았습니다. 이 사실이 바울에게는 중요했습니다. "너희가 성령을 받은 것이 율법의 행위로냐 혹은 듣고 믿음으로냐?"(갈 3:2) 물론 그들도 성령을 중요하게 생각했습니다. 그러나 바울은 말합니다. "너희가 만일 성령의 인도하시는 바가 되면 율법 아래에 있지 아니하리라"(5:18). 육체의 욕심을 다스리는 것은 율법이 아니라 성령이라고 말합니다.(5:16)

성령의 열매

바울은 다른 서신에서 성령의 '열매'는 공동체를 섬기기 위한 것이라고 말했습니다. "우리에게 주신 은혜대로 받은 은사가 각각 다르니 혹 예언이면 믿음의 분수대로, 혹 섬기는 일이면 섬기는 일로, 혹 가르치는 자면 가르치는 일로, 혹 위로하는 자면 위로하는 일로, 구제하는 자는 성실함으로, 다스리는 자는 부지런함으로, 긍휼을 베푸는 자는 즐거움으로 할 것이니라"(롬 12:6~8). 이와 비슷한 성령의 열매, 곧 사도, 선지자, 교사, 기적을 베푸는 자, 병 고치는 자, 방언으로 말하는 자, 영적 체험을 해석하는 자에 관한 내용이 고린도전서에도 나

옵니다.(고전 12:28~30)

바울은 성령의 '열매'를 강조합니다(갈 5:22~23). 성도들의 삶 속에서 성령이 자유롭게 열매를 맺는다고 말합니다. 그러나 이런 열매를 성도들이 선택하는 가치나 자신의 힘으로 만드는 미덕과 혼돈해서는 안 됩니다. 성령의 열매란 성령을 선물로 받을 때 같이 따라오는 것입니다. 성도들이 성령을 받으면 거기에서 열매가 자라고 성장을 합니다. 그러나 열매 자체는 성령과 함께 주어지지는 않기 때문에 성도들은 그것을 가지고 있다고 주장할 수 없습니다. 오히려 그들이 성령을 따라 살 때 그분이 그들의 삶 속에서 열매를 맺게 하심을 알게 될 것입니다.

성령이 나의 삶 속에서 어떤 열매를 맺었습니까?

....

....

성령은 나무 안에 있는 진액처럼 열매를 맺습니다. 바울 자신의 삶과 편지를 보면 성도들의 삶의 특징을 이루는 이런 열매들의 모습을 볼 수 있습니다.

사랑. 모든 편지에 교회를 향한 깊은 사랑이 담겨 있습니다. 바울은 사랑이 감정이 아니라 태도라고 말합니다. 사랑은 느낌이 아니라 삶을 바라보는 방법입니다. "사랑은 오래 참고 사랑은 온유하며 시기하지 아니하며 사랑은 자랑하지 아니하며 교만하지 아니하며 무례히 행하지 아니하며 자기의 유익을 구하지 아니하며 성내지 아니하며 악한 것을 생각하지 아니하며 불의를 기뻐하지 아니하며 진리와 함께 기뻐하고 모든 것을 참으며 모든 것을 믿으며 모든 것을 바라며 모든 것을 견디느니라."(고전 13:4~7)

성령의 첫 '열매'인 사랑은 성령의 모든 다른 '은사'들이 완전한 조화를 이루도록 합니다(13:1, 8). 우리가 사랑을 받지 않았는데 사랑을 할 수 있습니까? 아닙니다. 우리가 그리스도의 사랑을 깊이 체험할 때만이 더욱 사랑할 수 있습니다. "사랑은 여기 있으니 우리가 하나님을 사랑한 것이 아니요 하나님이 우리를 사랑하사… 사

랑하는 자들아 하나님이 이같이 우리를 사랑하셨은즉 우리도 서로 사랑하는 것이 마땅하도다."(요일 4:10~11)

희락. 바울과 실라가 빌립보 감옥에서 한밤중에 불렀던 찬송보다 더 기쁜 것은 없습니다(행 16:25). 바울은 다른 감옥에서 빌립보 교인들에게 편지를 썼습니다. "주 안에서 항상 기뻐하라 내가 다시 말하노니 기뻐하라"(빌 4:4). 바울은 기독교인들이 어떤 상황에서든 감사하도록 격려했습니다. 찬양과 감사는 기쁨과 분리할 수 없습니다.(살전 5:18)

화평. 세상적인 관점에서 본다면 바울은 한시도 편할 날이 없었습니다. 그러나 그는 영적으로는 하나님과 화평을 누리며, 자신의 소명에 만족하고, 모든 일에 감사했습니다. "어떠한 형편에든지 나는 자족하기를 배웠노니 나는 비천에 처할 줄도 알고 풍부에 처할 줄도 알아 모든 일 곧 배부름과 배고픔과 풍부와 궁핍에도 처할 줄 아는 일체의 비결을 배웠노라 내게 능력 주시는 자 안에서 내가 모든 것을 할 수 있느니라"(빌 4:11~13). 성령이 우리 삶에 내적 평안을 주십니다. 왜냐하면 올바른 관계는 조화를 가져오기 때문입니다. 평화란 삶의 주류로부터 피신하여 후미진 곳에 침체되어 있는 상태가 아닙니다. 화평은 우리가 하나님이 원하시는 대로 살 때 생기는 삶의 감격입니다.

"공의의 열매는 화평이요 공의의 결과는 영원한 평안과 안전이라."(사 32:17)

오래 참음. 어떤 사람들은 바울이 본래 성격이 급한 사람이라고 합니다. 학생이었을 때, 그는 동년배의 많은 사람들보다 유대교에 더욱 열심이었습니다(갈 1:14). 젊은 바리새인으로서 성도들을 핍박하는 데도 열심이었습니다. 또한 될 수 있으면 많은 장소에서 복음을 전하려 했습니다. 성령이 충만한 그는 감옥에 있을 때 간수를 원망하거나 혹은 기회의 문이 닫혔을 때 하나님의 섭리에 불평하지 않았습니다. 로마 교인들에게 그는 이렇게 말합니다. "환난 중에 참으며"(롬 12:12). 바울은 매일 예수 그리스도가 영광 중에 오시기를 기대했습니다. 그러나 그는 오실 날짜를 예언하는 일에 대해 조심스럽게 경고했습니다. 인내는 하나님의 선한 때를 기다리는 것입니다.

자비. 바울이 보여 준 자비로운 행동 중 하나는 노예였던 오네시모를 그 주인인 빌레몬에게 보내면서 편지를 쓴 일이었습니다. 그의 편지는 은혜와 사랑과 관용이 넘쳐흘러 빌레몬은 오네시모를 용서하고 그리스도 안에서 한 형제로 받아들였습니다. 사랑은 온유하다고 바울은 말합니다(고전 13:4). 온유함은 작은 일들을 통해 나타나며, 율법으로 그것을 금할 수 없습니다(갈 5:23). 모든 사람이 온유한 일을 할 수 있습니다.

양선. 바울은 결혼을 하지 않았고 자신을 온전히 복음전파에 바쳤습니다. 그는 어디에서든 호의를 베풀었습니다. 예루살렘의 가난한 형제들을 위해서는 고린도 교인들이 관용을 베풀어 달라고 호소했습니다. "하나님은 즐겨 내는 자를 사랑하시느니라"(고후 9:7). 비록 어려운 일이 기다리고 있었지만 그는 이 헌금을 가지고 예루살렘으로 돌아왔습니다.

충성. 이 말은 신실함을 뜻합니다. 모든 열매 가운데 바울은 변치 않는 신실함을 가지고 있었습니다. "나는 선한 싸움을 싸우고 나의 달려갈 길을 마치고 믿음을 지켰으니"(딤후 4:7). 성경에서 신실함이라는 말은 대개 하나님을 두고 사용합니다. 시편 기자는 하나님의 신실하신 사랑을 아침과 밤마다 찬송했습니다(시 92:2). 성도들은 믿음으로 하나님의 신실하심을 전적으로 의지합니다.

온유. 이 말은 겸손함 또는 다른 사람과의 관계에서 나타나는 부드러움을 뜻합니다. "형제들아 사람이 만일 무슨 범죄한 일이 드러나거든 신령한 너희는 온유한 심령으로 그러한 자를 바로잡고"(갈 6:1). 바울은 갈라디아서에서 보는 것처럼 불같은 성격도 있으나 어린아이를 돌보는 유모처럼 온유한 면도 있습니다.(살전 2:7)

절제. 하나님도 일을 하시고 우리도 일을 합니다. 우리는 사람의 궤술과 간사한 유혹에 빠져 모든 교훈의 풍조에 밀려 요동치 않아야 합니다(엡 4:14). 분노와 충동 때문에 잘못된 길로 가서는 안 됩니다. 바울은 군인이나 운동선수처럼 자기 절제를 철저히 했습니다. "이기기를 다투는 자마다 모든 일에 절제하나니… 나는 달음질하기를 향방 없는 것 같이 아니하고 싸우기를 허공을 치는 것 같이 아니하며 내가 내 몸을 쳐 복종하게 함은"(고전 9:25~27). 우리는 성령 안에서 방종하며 무책임하게 행동하는 것이 아니라 자기 절제를 해야 합니다.

바울은 자신의 주장을 아주 분명히 말합니다. 지금까지 말한 성령의 열매 중 그 어떤 것도 율법에 어긋나지 않습니다(갈 5:23). 더욱 큰 성령의 열매를 맺도록 하십시오.

♡ 순종하는 공동체의 모습

순종하는 믿음의 공동체는 성령께서 공동체 안에서 마음껏 역사하시도록 모든 것을 개방한다.

믿음의 공동체에 속한 우리는 성령을 하늘에서 내리는 단비와 같이 받습니다. 성령은 우리를 율법주의에서 해방시키며 그리스도와 같은 성령의 열매를 맺게 합니다.

무엇이 나의 자유를 빼앗아 가며 나를 율법주의에 다시 빠지게 할 수 있습니까?

_____

_____

오늘날 교회에 더 큰 위협이 되는 것이 무엇인지 자유롭게 말해 보십시오. 율법주의입니까, 도덕의 방종입니까?

_____

_____

우리 교회가 성령으로 새롭게 될 수 있는 길은 어디에 있습니까?

....

....

성령의 열매 가운데 어느 열매가 나의 삶 속에서 자라기를 바랍니까?

....

....

성령의 열매가 내 안에 자라나도록 하기 위해 내가 해야 할 일은 무엇입니까?

....

....

◉ 더 알아보기

■ 아주 특별한 방법으로 성령의 열매를 나타내는 기독교인을 살펴보십시오. 그 사람과 대화를 나누고, 열매가 어디에서 오며, 어떻게 성장하는지 물어보십시오.

■ 편지: 친구에게 성령에 관한 편지를 쓰십시오. 성령의 은사와 열매에 관해 설명하십시오. 내가 성령을 어떻게 받았으며, 성령이 나를 성장시키는 데 어떤 도움을 주었는지 말하십시오. 또는 내가 성령을 체험하고 싶어 한다는 것을 말하십시오.

28

이 과의 주제
새 생명

만유의 그리스도

위의 것을 찾으라 거기는 그리스도께서 하나님 우편에 앉아 계시느니라
위의 것을 생각하고 땅의 것을 생각하지 말라 이는 너희가 죽었고
너희 생명이 그리스도와 함께 하나님 안에 감추어졌음이라 (골로새서 3:1~3)

◐ 우리의 모습
우리는 오늘의 운세와 뉴 에이지적 사고방식, 바이오리듬과 미래를 점치는 수정구슬, 그리고 포괄적인 영성에 매혹을 느낍니다. 우리는 우리 삶의 질서가 어떻게 결정되는지, 오늘이 좋은 날인지 아닌지 알고 싶어 합니다. 우리 삶을 인도하는 비밀스러운 지혜가 어디엔가 있다고 생각합니다.

◑ 내려놓기
성경 공부를 하기 전에 먼저 하나님께 기도를 드립니다. 아래의 시편 말씀이 좋은 길잡이가 될 것입니다.

> 여호와여 주께서 지으신 모든 것들이 주께 감사하며 주의 성도들이 주를 송축하리이다 그들이 주의 나라의 영광을 말하며 주의 업적을 일러서 주의 업적과 주의 나라의 위엄 있는 영광을 인생들에게 알게 하리이다 주의 나라는 영원한 나라이니 주의 통치는 대대에 이르리이다 (시편 145:10~13)

이번 주 기도 제목을 구체적으로 적어 기도합시다.

◑ 귀 기울이기
우리가 두기고라고 가정해 봅시다(골 4:7). 우리는 이전에 노예였던 오네시모(4:9)를 데리고 에베소로부터 와서 소아시아에 있는 교회들에게 이 편지를 전하고 읽어 줍니다. 어느 한 사람이 골로새서를 큰 소리로 읽으십시오. 철학적인 논쟁과 그리스도의 우주적인 권위에 대해 살펴보십시오.

D1 골로새서 1~4장

D2 골로새서 1:1~2:5(그리스도의 우월성)

D3 골로새서 2:6~23(거짓된 가르침에 대한 경고), 시편 81편(축제와 같은 예배에로의 부름)

D4 골로새서 3~4장(그리스도 안의 새 생명, 새 생명의 의무)

D5 빌레몬서(오네시모를 위한 바울의 간청)

D6 '말씀 속으로'와 '순종하는 공동체의 모습'을 읽으라.

말씀 속으로

골로새는 소아시아의 리커스 강변에 위치한 조그마한 도시였습니다. 이곳은 다른 중요한 도시인 라오디게아와 히에라볼리에서 몇 킬로미터 떨어져 있었습니다. 골로새는 양모 무역 중심지였습니다. 라오디게아는 후리기아 지방 수도였고, 히에라볼리는 미엔더와 리커스 강이 만나는 전략적 위치에 있는 무역 도시였습니다.

바울은 선교여행을 하면서 이 도시들을 수없이 지나갔습니다. 그는 동쪽의 갈라디아 평야에 있는 많은 도시들과 서쪽에 있는 항구도시 에베소를 개척했습니다. 이 세 도시들은 바울에 의해 회심을 하고 그와 동역했던 에바브라가 전도했습니다(골 4:12~13). 그는 에베소 부근에서 선교 활동에 참여하고 있었습니다.

기독교 전통에 따르면, 이 편지는 바울이 나이가 들어 선교여행 막바지에 접어들었을 때 로마의 한 감옥에서 기록했다고 전해집니다. 갈라디아에 있는 친한 친구들에게 보였던 것과 같은 분노를 이 편지에서는 찾아볼 수 없습니다. 여기서는 이방인들에 관한 문제가 많이 대두되었습니다. 골로새서 1장 15~20절에 있는 새로운 신학적인 내용은 바울이 빌립보서 2장에서 인용한 찬송과 같이 그리스도를 영광스럽게 하는 초대 기독교인들의 찬송입니다.

어떤 학자들은 바울이 아닌 다른 사람이 골로새서와 에베소서를 썼다고 주장합니다. 이 두 편지는 비슷한 문제들을 다룹니다. 학자들은 바울 사상이 그를 따르는 사람들에게 전수되어, 그가 죽은 지 10~20년 후에 제자들이 스승을 기리고 교회 문제를 다루기 위해 이 편지를 썼다고 합니다. 그래서 이 편지에는 바울 사상이 잘 나타나 있습니다. 골로새서가 없었다면 성경은 분명 더 풍요롭지 못했을 것입니다. 왜냐하면 여기에는 그리스도에 관한 교리가 총체적으로 잘 드러나 있기 때문입니다.

골로새의 문제

바울과 디모데가 골로새에 있는 하나님의 백성들에게 은혜와 평강을 기원합니다. 그들이 드리는 감사 기도에 자신들의 신앙과 사랑이 들어 있습니다. 언제나 그렇듯이 바울은 기도로 편지를 시작합니다. 회심자들은 새로운 지혜와 특별한 지식과 철학을 접합니다. 바울은 그들을 위해 다음과 같이 기도합니다. "너희로 하여금 모든 신령한 지혜와 총명에 하나님의 뜻을 아는 것으로 채우게 하시고"(골 1:9). 그들은 하나님이 우리를 흑암의 권세에서 건지셨다고 말합니다(1:13). 사탄의 세력이 그리스도께 정복되었습니다. 바울은 '죄 사함'(1:14)이라는 표현을 자주 사용하지는 않지만, 이 말은 복음에 온전히 드러나 있으며, 칭의에 내포되어 있고, 예수님의 사역을 통해 강하게 드러납니다.

골로새의 문제는 여러 가지가 복합된 형태였습니다. 그들은 다양한 사상들에 영향을 받고 있었습니다. (선지자들이 이스라엘 종교와 이방 종교가 섞이는 혼합주의에 대해 경고했던 것을 회상해 보십시오.) 이제 그 사상들을 살펴봅시다.

신 플라톤 철학(2:8)에 따르면 하나님은 완전하고 초월적이며 순수한 실체이나 접근할 수 없는 존재였습니다. 그리고 하나님은 세상에 그분과 비슷한 존재들을 보여 주셨습니다. 천사들이나 하나님을 나타내는 신적 존재들이 그 예입니다. 예수님도 그 한 예라고 볼 수 있습니다.

영지주의는 '지식'을 뜻하는 희랍어 그노시스(gnosis)에서 유래되었습니다. 1세기와 2세기에 왕성했던 이 철학은 영이신 하나님과 악한 존재인 물질과의 단절을 주장했습니다. 피조물 세계가 악하다면 영의 역할은 거기서 벗어나는 것입니다. 육체가 악한 것이라면 영혼은 자유롭게 되어야 합니다. 이미 수세기 전 플라톤은 성욕과 감정, 배고픔과 고통 같은 육체와 연관된 것들이 우리를 사로잡고 있다고 말했습니다. 이런 것들은 하나님께로부터 온 것이 아닙니다.

이런 사상은 하나님이 창조주이심을 인정하는 유대교와 기독교에서는 아주 새로운 주장이었습니다. 영지주의자들은 기독교인들에게 두 가지 잘못된 영향을 주었습니다. 첫째, 그들은 육체가 억압되고 부인되어야 한다고 말했습니다. 바로 여기서 일종의 금욕주의가 생겨났습니다. 엄격한 금식, 고기와 술을 멀리함, 성적인 순결, 단순한 옷차림이 금욕적인 기독교인들의 상징이었습니다. 이런 생활은 그들의 자유를 빼앗았을 뿐 아니라 그들의 영적 교만과 자기도취를 부추겨서 공동체로부터 그들을 분리시켰습니다. 둘째, 영지주의 때문에 어떤 사람들은 우리 육체가 중요하지 않다고 주장했습니다. 우리는 영적으로 구원받기 때문에 무엇을 먹든 마시든, 성관계를 가지든 안 가지든, 이런 것들은 더 이상 문제가 아닙니다. 이런 것을 핑계 삼아 방탕한 기독교인들은 실컷 술을 마시며, 탐욕스럽게 먹고, 음행을 저지르며, 간음을 행했습니다.

희랍의 신비종교는 여러 가지 철학에서 온 지식과 비밀스러운 지혜를 혼합한 것입니다. 특별한 의식과 비밀스러운 입교행사에 참여함으로써 사람들은 더 높은 경지에 도달합니다. 또 이런 경험은 불멸을 보장하기도 합니다. 이러한 지식으로 기독교인들은 엘리트 의식에 사로잡히게 되었습니다.

해와 달, 별을 연구하는 **천문학**은 옛 페르시아와 이집트에 그 뿌리를 두고 있습니다. 천문학에서는 징조를 읽고, 생일에 근거해 한 사람의 운명을 알며, 인간에게 미치는 영향을 감지하기 위해 천체 현상을 연구합니다. 희랍 사람들은 점성술을 과학으로 생각했으며 별과 달, 위성과 징조들을 색깔과 식물, 신체 일부와 값진 보석에 연관시켰습니다. 별은 신으로부터 온 메신저였습니다. 스토아 철학은 운명적인 모습을 그리기 위해 천문학을 이용합니다. 현대 바이오리듬 개념과 유전 이론, 그리고 사회과학 환경도 비슷한 작용을 합니다. 하나님이 모든 것을 정하시고 섭리하신다는 신학적 견해도 마찬가지입니다. 우리에게 영향을 미치는 어떤 힘에 의해 우리가 완전히 통제당한다면 모든 인간의 자유는 빼앗기고 책임은 없어져 버릴 것입니다.

마지막 영향은 유대인들에게서 왔습니다. 이는 천문학과 음력, 음식법에 관한 것입니다. 지식과 율법, 관습을 이상하게 혼합한 그들의 사고는 그리스도를 통한 구원도 좋지만 우리가 진실로 구원받기 위해서는 다른 것도 필요하다는 태도를 보입니다. 이런 태도가 기독교인들 사이에서 거듭 나타납니다.

골로새 교인들의 반응

그들은 전면적으로 신학적인 공격을 가합니다. 예수 그리스도는 하나님의 형상입니다. 그분은 인간의 모습으로 나타나신 하나님입니다. 하나님은 그분을 통해 모든 것을 창조하셨습니다. 영지주의자들과 대결한 요한도 다음과 같이 말했습니다. "태초에 말씀이 계시니라… 그(말씀)가 태초에 하나님과 함께 계셨고 만물이 그로 말미암아 지은 바 되었으니 지은 것이 하나도 그가 없이는 된 것이 없느니라"(요 1:1~3). 요한은 태초에 하나님이 천지를 창조하셨다는 것을 다시 확인하고 있습니다(창 1:1). 어떤 천사보다도 위대하신 예수님은 영원 전부터 계셨으며, 하나님은 말씀이신 그리스도를 통해 우주를 창조하셨고, 이 우주는 하나님이 보시기에 좋았습니다(1:31). 그리스도가 창조한 것은 하늘과 땅에서 보이는 것과 보이지 않는 것, 왕권들이나 주권들이나 통치자들이나 권세들이십니다(골 1:16). 그분이 이 모든 것을 창조하셨기 때문에 그들을 지배하십니다. 따라서 참된 지식을 얻기 위해서는 그들에게 갈 것이 아니라 예수님께로 가야 합니다. 하나님이 예수님 안에 충만하게 거하십니다.(1:19)

골로새인들은 말씀에 대해 언급은 하지 않지만 생각은 마찬가지입니다. 1장 18절에 언급된 영원한 아들은 인간의 모습으로 오신 예수님이시며, 그분 안에 하나님이 충만히 거하셨습니다. 영원 전부터 계신 분이 모든 것을 붙들고 계십니다. 이 우주의 힘이 그분에게 반역했으나 예수님은 성육신과 십자가, 부활을 통해 이 모든 것을 화해시키셨습니다. 따라서 이 우주는 더 이상 적대적인 장소가 아닙니다. 기독교인들은 더 이상 권세자들(1:16)을 달랠 필요가 없으며, 그들의 점성술을 멀리 할 수 있게 되었습니다.

그리스도의 비밀

인간의 육체는 나쁜 것이라고 믿어 왔던 기독교 영지주의자들은 예수님이 완전한 인간일 수 없다고 말합니다. 그분은 인간처럼 보이지만 사실은 신이요, 하나님의 모습을 가진 환상적인 존재이기에, 신의 영은 십자가 고통이 있기 전에 인간의 몸에서 떠나 버렸다고 봅니다. 그러나 바울과 복음서 기자들은 그것이 사실이 아니라고 말합니다. 예수님은 여자의 몸에서 태어나셨고(갈 4:4), 겟세마네 동산에서 땀을 피처럼 흘리셨습니다(눅 22:44). 십자가 위에서는 "목마르다"(요 19:28)라고 소리치셨으며, 십자가의 피로 화평을 이루셨습니다(골 1:20). 또한 그분의 육체의 죽음을 통해 우리를 하나님과 화목하게 하셨습니다.(1:22)

하나님의 지혜와 진리가 이 세상을 창조하셨을 뿐 아니라, 그분은 이 세상에 인간의 모습으로 오셔서 고통과 죽음을 당하셨습니다. 이는 영광스러운 메시아를 기다리던 유대인들에게는 혐오스러운 일이었고, 하나님은 인간의 연약함을 접하거나 체험할 수 없으시며 그들로부터 멀리 떨어져 계시다고 믿었던 희랍인들에게는 생소한 주장이었습니다.

우리는 이 비밀에 대해 어떻게 말합니까? 그리스도의 비밀은 온 세상에 분명히 선포되었습니다. "이 비밀은 만세와 만대로부터 감추어졌던 것인데 이제는 그의 성도들에게 나타났고… 이 비밀은 너희 안에 계신 그리스도시니 곧 영광의 소망이니라"(골 1:26~27). 이 비밀이 곧 그리스도입니다(2:2). 인간의 모습으로 오신 하나님, 십자가, 부활, 그리스도 안에서 맞는 신자의 죽음과 부활, 신자의 마음에 거하는 성령의 힘, 그리스도의 최후 승리에 참여할 것이라는 약속, 이 모든 것이 비밀입니다. 그 안에는 지혜와 지식의 모든 보화가 감추어져 있습니다.(2:3)

우리가 지식을 얻기 위해 다른 곳으로 갈 필요가 있다고 생각합니까? "누가 철학과 헛된 속임수로 너희를 사로잡을까 주의하라"(2:8). 유치한 영적인 힘에 의지하지 마십시오. 희랍인들과 같이 땅, 불, 공기, 물, 네 가지 요소는 아니더라도 이 땅의 삶에 영향을 미치는 천사, 영적인 비밀, 달력의 흐름, 별자리들과 같은 하늘의 영이나 권세에 의지하지 마십시오. 그리스도 안에 하나님이 충만히 거하십니다(2:9). 그리스도는 완전한 분이며 천사와 별, 달과 유성의 흐름을 포함하여 모든 통치자와 권세의 머리이십니다(2:10). 우리가 영적으로 할례를 받고(2:11) 세례를 받으면(2:12) 과거와 미래에 대한 모든 두려움과 좌절, 걱정을 멀리할 수 있습니다. 그리스도는 모든 율법의 요구와 미래에 대한 두려움을 십자가에 못 박으셨습니다.(2:14)

따라서 우리는 우주의 힘을 성공적으로 극복하고 으뜸가는 종교인이 되기 위해 음식을 멀리하거나 월삭과 절기들을 지키게 하는 사람들에게 현혹될 필요가 없습니다.(2:16)

"그러므로 너희가 그리스도와 함께 다시 살리심을 받았으면… 위의 것을 생각하고"(골 3:1~2). 자아를 추구하고, 자신을 영화롭게 하는 옛 성품은 죽어야 합니다. 옛 자아는 타락한 성적인 욕망과 분노에 찬 태도를 가지고 있으며 권력과 돈, 정욕을 탐욕스럽게 추구합니다(3:5). 새 자아는 어떠합니까?

골로새서 3장 17절을 보면 무엇을 하든 그리스도를

위해 살라고 합니다. 우주의 힘은 우리와 아무런 상관이 없습니다.

기독교인의 가정

골로새서는 사회 질서를 형성하는 결혼과 가정, 노예 제도, 이 세 가지 요소를 언급합니다. 그 당시 널리 알려진 희랍-로마 문화 패턴을 이용해 부인과 남편, 노예와 자녀들의 의무에 대해 언급합니다. 에베소서와 베드로전서에도 같은 내용이 있습니다. 신약성경 저자들은 그리스도와 기독교인의 동기를 자주 언급하면서 전통을 수정해 갑니다.

개혁이 너무 지나쳤습니까? 이방인들 가운데는 그리스도의 재림이 임박하여 결혼이 필요 없다고 생각하는 사람도 있었습니다. 남자와 여자가 교회와 그리스도 안에서 함께 존재합니다. 그리스도의 재림은 연기되었습니다. 따라서 이제 질서가 필요하게 되었습니다. 결혼은 존중되어야 합니다. 사회 규범도 지켜져야 합니다. 아내는 남편을 주님 대하듯 해야 하며, 남편은 아내를 사랑해야 합니다.(골 3:18~19)

어린아이들이 소홀한 대접을 받고 부모의 절대적 영향력 아래 있었던 이방인 세계에서 가정은 유대인들에게는 성스러운 존재였습니다. 자녀들은 주 안에서 (3:20) 순종해야 합니다. 그러나 균형이 이루어져야 합니다. 부모들은 자녀들을 노엽게 해서는 안 됩니다. 그들이 낙심할 수 있기 때문입니다.(3:21)

노예와 주인

바울이 빌레몬에게 그의 노예였던 오네시모를 돌려보내면서 다시 받아들이라고 말했을 때 빌레몬의 집은 골로새에 있었습니다(골 4:9). 바울은 오네시모를 위해 빌레몬에게 은혜와 용서를 구했습니다(몬 10). 바울의 말을 들어보십시오. "네게 그를 돌려보내노니 그는 내 심복이라"(12절). 그는 다음과 같이 논리를 전개합니다. "그가 잠시 떠나게 된 것은 너로 하여금 그를 영원히 두게 함이리니 이후로는 종과 같이 대하지 아니하고 종 이상으로 곧 사랑받는 형제로 둘 자라 내게 특별히 그러하거든 하물며 육신과 주 안에서 상관된 네게랴."(15~16)

노예제도는 구약과 신약 시대에 널리 퍼져 있었습니다. 도망가는 노예는 벌을 받고 죽임을 당했습니다. 바울은 노예제도를 비난하지 않았으나 다음과 같이 말합니다. "거기에는… 종이나 자유인이 차별이 있을 수 없나니 오직 그리스도는 만유시요 만유 안에 계시니라"(골 3:11). 이런 진리는 언젠가는 성취되겠지만, 지금 바울은 여기서 노예들에게 주님을 섬기듯이 진심으로 주인을 섬기라고 말합니다 (3:22~24). 심판의 때가 오면 우리가 저지른 잘못에 대해 벌을 받게 될 것입니다. 하나님은 공평하시기 때문에 우리 모두는 그리스도 앞에 설 것입니다(3:25). 바울은 또다시 공평함을 강조합니다. "상전들아 의와 공평을 종들에게 베풀지니 너희에게도 하늘에 상전이 계심을 알지어다."(4:1)

학자들은 에베소서 5장 21절~6장 9절을 '가정의 규칙'이라고 부른다. 이 규칙들은 올바른 행동을 가르치기 위해 1세기와 2세기에 널리 사용되었다. 신약성경 저자들은 전통적인 형식을 사용했지만, 그리스도인들의 행동을 위해 이 규칙들을 보다 구체적으로 만들었다. 골로새서 3장 18절~4장 1절과 베드로전서 2장 18절~3장 7절에도 이런 규칙들이 있다. 디모데전서 2장 8~15절, 5장 1~2절, 6장 1~2절과 디도서 2장 1~10절, 3장 1절에도 비슷한 규칙이 있다.

바울 시대에 로마 제국 인구의 20퍼센트가 노예였다. 1세기 로마 제국의 노예 명찰에는 "내가 도망가면 나를 잡아서 내 주인에게 돌려보내 주시오"라고 쓰여 있었다.

모든 기회를 선용하라

골로새서는 도덕적인 교훈으로 끝을 맺습니다. "깨어 기도하라. 지혜롭게 행동하라. 세월을 아끼라."(4:5) 이것은 행운을 기다리며 점성술을 연구하는 사람들에 대한 공격입니까? 우리는 언제 좋은 일을 해야 할지 알기 위해 징조를 읽을 필요가 없습니다. 오늘 전심을 다해 열정을 가지고 그리스도의 일을 하십시오.

마지막 인사말은 아주 흥미롭습니다. 마게도냐에서 사도 바울과 같이 있었던(행 20:4; 골 4:7) 신실한 종 두기고가 이 편지를 전하고 위로의 말을 하며 골로새와 라오디게아, 히에라볼리에서 읽을 것입니다. 오네시모가 그와 동행할 것입니다(4:9). 오네시모가 이전에는 골로새에 있는 빌레몬의 노예였다면, 이제는 자유의 몸이 된 주 안에서 한 형제입니다. 바울이 빌레몬에게 부탁했던 것 이상으로 빌레몬은 행했습니까(몬 1:21)? 아리스다고는 바울과 같이 감옥에 있었습니다(4:10). 첫 번째 전도여행에서 바울과 바나바를 버렸던 마가 요한도 지금 바울과 함께 있습니다. 그는 바울로부터 용서를 받고 새롭게 되어 온전히 헌신하는 사람이 되었습니다. 유스도를 포함한(4:11) 이 모든 사람은 유대계 기독교인들이었습니다. 에바브라가 그들을 맞이합니다(4:12). 그는 언제나 교회를 위해 기도했습니다(4:13). 의사 누가와 데마가 안부를 전합니다(4:14). 모든 사람이 눔바와 그녀의 집에 있는 사람들에게 안부를 전합니다(4:15). 이들은 이방인 기독교인들이었습니다.

♥ 순종하는 공동체의 모습

믿음의 공동체는 그리스도 안에서 우리가 누리는 자유를 빼앗아 가려고 하는 고대와 현대의 철학 사조들을 조심해야 합니다. 우리는 이런 이단들을 이해하고 설명할 수 있어야 합니다. 우리는 그리스도 안에 있는 새 생명에 관해 건전한 교리를 가르치고, 다른 사람들이 그 자신들을 얽어매는 함정에 빠지지 않도록 도와주어야 합니다. 제자들은 현명한 자들이라기보다 배우는 자들입니다.

별자리(zodiac)는 기독교인의 사고방식을 어떻게 혼란시킵니까?

....

....

'뉴 에이지'(new age) 영성은 어떤 식으로 기독교 교리와 윤리에 피해를 줍니까?

....

....

순종하는 믿음의 공동체는 하나님의 지혜인 그리스도에게 영적인 중심을 두며, 모든 일에서 그리스도에게 우선권을 둔다.

우리가 유전과 환경에 의해 결정되지 않았는데 그것에 영향을 받는 것이 어떻게 가능합니까?

....

....

오늘날 사람들을 현혹시키는 사상이나 가르침에 대해 말해 보십시오.

....

....

나는 그리스도의 몸을 세우기 위해 '새 자아'를 입을 때 생기는 성령의 은사를 어떻게 사용할 수 있습니까?

....

....

◉ 더 알아보기

■ 바울 시대의 사회적인 대변혁을 이해하기 위해 로마 제국의 가정생활에 관해 읽으십시오.

■ 편지: 바울이 언급한 이단과 현재 널리 퍼져 있는 철학적인 사고를 비교하는 편지를 그룹 사람들이나 나 자신에게 쓰십시오.

29

이 과의 주제
서라

하나님의 전신 갑주

그러므로 하나님의 전신 갑주를 취하라 이는 악한 날에
너희가 능히 대적하고 모든 일을 행한 후에 서기 위함이라
(에베소서 6:13)

우리의 모습

우리는 지금 질서 있는 안전한 세상이 아니라 증오와 폭력이 난무하고 오존층에 구멍이
생기며 유성이 충돌하고 새와 동물들이 불도저에 쫓기며 강들이 화학물질에 오염되어 노
랗게 되거나 땅의 침식으로 빨갛게 되어 버린 세상에 살고 있습니다. 태풍과 폭풍우, 지진
과 화재가 인간의 생존을 위협합니다. 우주는 혼란 가운데 있는 것입니까?

내려놓기

성경 공부를 하기 전에 먼저 하나님께 기도를 드립니다. 아래의 시편 말씀이 좋은 길잡
이가 될 것입니다.

> 그러나 주께 피하는 모든 사람은 다 기뻐하며 주의 보호로 말미암아 영원히 기뻐
> 외치고 주의 이름을 사랑하는 자들은 주를 즐거워하리이다 여호와여 주는 의인에
> 게 복을 주시고 방패로 함같이 은혜로 그를 호위하시리이다 (시편 5:11~12)

이번 주 기도 제목을 구체적으로 적어 기도합시다.

귀 기울이기

에베소서에 있는 문장들은 길고 복잡합니다. 구절들을 짧게 나누십시오. 여러 번역본을
사용해 특정한 구절들을 비교하십시오. '말씀 속으로'에서 다시 언급하겠지만 보다 깊은
의미를 알려면 각 문장과 구절을 자세히 읽어야 합니다. 에베소서 1~3장은 하나님의 역
사, 4~6장은 거기에 대한 우리의 반응입니다.

D1 에베소서 1장(영적인 축복과 힘)

D2 에베소서 2장
(죽음에서 생명으로, 그리스도 안에서 하나가 됨)

D3 에베소서 3장(지혜를 위한 기도, 이방인들을 위한 복음)

D4 에베소서 4:1~5:20(그리스도의 몸의 연합)

D5 에베소서 5:21~6:24
(기독교인의 가정, 하나님의 전신 갑주)

D6 '말씀 속으로'와 '순종하는 공동체의 모습'을 읽으라.

🕯 말씀 속으로

에베소서는 신약의 면류관이요 절정입니다. 에베소서는 하나님과 예수 그리스도, 인간의 구원과 교회, 우리 삶을 파괴하는 사탄의 세력을 물리치시는 하나님의 승리와 예수님의 사랑의 힘을 통한 우주의 통일, 하나님의 백성들을 위한 궁극적인 유업에 대해 말합니다.

인사말(1:1~2)과 감사기도(1:15~23) 사이에 우리 주 예수 그리스도의 아버지이신 하나님을 찬양하는 부분이 있습니다(엡 1:3~14은 희랍어로는 한 문장입니다). 찬송과 기도, 고백과 초대 기독교인들의 예배의식이 이 찬양 노래에 다 포함되어 있습니다. 하나님 아버지(1:3)와 우리를 구속하시는 예수 그리스도(1:4~13), 우리 유업의 보증이 되시는 성령(1:13~14), 이러한 삼위일체 구조를 주의하여 보십시오.

에베소서는 어떤 특정한 문제를 가진 교회에 보낸 편지가 아니라 소아시아 전역에 있는 교회들에게 보낸 편지입니다. 에바브라가 골로새와 라오디게아, 히에라볼리에 복음을 전했듯이, 다른 선교사와 교사, 전도자와 기독교인 사역자들이 에베소에 와서 그 지역 이방인과 유대인들을 회심시켰습니다. 초대 교회의 어떤 문서들을 보면 '에베소'(1:1)라는 지명이 나오지 않는데, 그 이유는 이 편지가 여러 도시에서 널리 읽혔기 때문입니다.

이 편지에는 바울 사상이 잘 나타나 있지만, 그의 기존 사상과는 다른 문체의 글과 새로운 신학적인 개념들도 포함되어 있습니다. 골로새서와 마찬가지로 이 편지에는 우주적인 전쟁이 언급되어 있으며, 선재하신 그리스도를 높이고 있습니다. 바울의 설교를 기억하며 그의 편지를 읽었던 에베소에 있는 제자들이 바울의 영향을 받았던 교회들에게 이 글을 보냈을지도 모릅니다. 어떤 학자들은 에베소서가 바울이 쓴 모든 편지의 서두에 해당한다고 주장합니다.

창세 전에 선택됨

에베소서는 악(evil)에 대한 언급이 아니라 예수 그리스도로 시작합니다. 그리고 '우주적인 힘'(6:12)이 아니라 하늘로부터 영적인 축복을 가져오시는 그리스도께 초점을 맞춥니다(1:3). 그리스도는 하나님의 계획을 나타내십니다. 하나님은 창세 전에 우리를 택하셨고(1:4) 예수 그리스도로 말미암아 우리를 그분의 자녀로 삼으셨습니다(1:5). 이런 주장은 쉽게 이해되지 않을 수도 있습니다. 이것은 자신이 복중에 있을 때 부르심을 받았다는 예레미야의 주장보다 더합니다(렘 1:5). 그러나 예수님을 통한 구원은 어떤 역사적인 상황 속에서 갑자기 생긴 것이 아니라 하나님의 영원하신 계획이 실현된 것입니다. 이러한 무조건적인 사랑이 우리에게 값없이 주어졌습니다(엡 1:6). 그리스도를 통해 우리는 하나님의 자녀가 되었습니다. 이런 관계는 '이 땅이 혼돈 속에 있을 때'(창 1:1)부터 하나님이 계획하신 일이었습니다.

하나님의 비밀이 나타남

신비종교가 난무하는 이 세상에서 에베소서는 '비밀'에 관해 말합니다. 영적인 '지식'을 추구하는 사회에서 에베소서는 이전의 숨겨진 진리에 관해 말합니다. 하나님이 '그 뜻의 비밀'을 우리에게 알려 주셨습니다(엡 1:9). 사람들은 언제나 '하나님의 뜻'에 관해 질문하며 그 뜻을 알고자 고심합니다. 에베소서는 우리에게 이는 온 우주를 조화롭게 하는 것이라고 말합니다. 하나님의 뜻은 '때가 이르면' 하늘과 땅 위에 있는 '모든 것들'이 완전한 조화를 이루도록 하는 것입니다.(1:10)

에베소서는 초대 기독교인들에게 그들이 복음의 첫 열매이며, 그들은 자신의 소망을 그리스도께 둔 사람들이라고 분명히 말합니다(1:12). 그들은 그리스도의 구속의 사랑을 나타내는 사람들입니다. 어떻게 그것을 압니까? 그들은 마치 왕이 도장을 찍는 것처럼 성령의 인치심을 받았습니다(1:13). 그들은 장사를 하면서 정직하게 돈을 버는 것처럼 하나님이 약속하신 유업을 보장하는 '보증'을 받았습니다.(1:14)

교회의 머리 되신 그리스도

하나님은 그리스도를 "하늘에서 자기의 오른편에 앉히사 모든 통치와 권세와 능력과 주권과 이 세상뿐 아니라 오는 세상에 일컫는 모든 이름 위에 뛰어나게"(1:20~21) 하셨습니다. 그리스도는 우주적인 싸움에서 승리를 거두셨고, 거두고 계시며, 또한 최후 승리를 거두실 것입니다. 이전에는 초점이 '때'(time)에 맞춰져 있었음을 기억하십시오. 그리스도의 재림이 가까웠습니다. 준비하십시오. 그러나 이제는 '장소'(space)가 강조됩니다. 그리스도의 권위가 이 우주를 다스리십니다. 그분이 교회와 만물의 머리이시기 때문입니다(1:22~23). 머리는 권위와 지도력을 뜻합니다. 머리는 또한 인물들을 뜻하기도 합니다. 무슨 의미입니까? 이 혼란한 세상에서 그리스도는 사람들이 의미 있는 관계를 맺게 하십니다.

그리스도는 이 엄청난 일을 어떻게 하십니까? 교회를 통해 하십니다! 바울은 교회에 대해 말하면서 너희는 '그리스도의 몸'이라고 합니다(고전 12:27). 또한 에베소서에서는 '그리스도의 몸인 교회'라는 표현을 사용합니다(1:23). 그리스도는 교회의 머리이십니다. 이러한 지도력은 그리스도가 우리를 죄에서 구하실 때 이루어집니다. 그 이전에 우리는 '공중의 권세 잡은 자'(사탄)를 따랐습니다(2:2). 그러나 이제는 그리스도의 인도 아래 '그리스도와 함께 살고 있습니다.'(2:5)

새로운 인류

고대 사회에서 유대인과 이방인의 관계는 좋지 않았습니다. 이는 단지 사회적인 편견이 아니라 신학적인 이유 때문이었습니다. 유대인들은 종교적인 율법과 전통, 관습에 따라 자신들을 구별하여 이방인들과의 접촉을 피했습니다. 그러나 이방인들에게는 문제가 달랐습니다. 언약의 관점에서 볼 때 그들은 밖에 있는 사람들이었습니다.

이방인들은 한때 그리스도를 모르고 하나님과 떨어져 살았으며 이스라엘에 속하지 않았습니다(엡 2:12). 그러나 하나님이 그리스도 안에서 그들을 아브라함과 그의 후손인 감람나무에 접붙이셨습니다.(롬 11:17~18)

이방인들은 한때 멀리 있었습니다(엡 2:13). 그러면 무엇이 그들을 가까워지게 했습니까? 그것은 그리스도의 피입니다(2:13). 하나님이 그리스도 안에서 유대인과 이방인 사이의 막힌 담을 허시고 하나로 만드셨습니다(2:14). 하나님의 은혜로운 사랑을 상징하는 그리스도의 피가 화평을 가져왔습니다.(2:15)

이제 유대인과 이방인이 하나가 되어 새로운 인류가 탄생했습니다. 이방인과 유대인 사이에 흐르던 적대감이 화평으로 바뀌었습니다. 유대인과 이방인이 함께 우상이나 율법이 아닌 하나님께 성령 안에서 나아갈 수 있게 되었습니다(2:17~18). 이방인들은 더 이상 외인이 아닙니다. 그들은 유대인들과 같이 하나님 나라의 시민이며 그분의 백성입니다.(2:19)

신약 전체를 볼 때 교회에 대한 가장 자세한 모습이 에베소서에 나타나 있습니다. 그리스도의 영으로 충만한 교회는 모든 인류의 연합을 이루는 도구입니다. 유대교가 성전을 중심으로 이루어졌듯이, 교회는 그리스도를 모퉁이 돌로 하여 새로운 인류의 중심이 되었습니다.

우리의 책임

에베소서 전반부는 하나님이 하신 일을, 후반부는 우리가 해야 할 일을 다룹니다.

또다시 4장 1절의 '그러므로'라는 말이 연결 역할을 합니다. 하나님이 하신 일은 다음과 같은 축복의 말씀 속에 잘 드러납니다. "우리 가운데서 역사하시는 능력대로 우리가 구하거나 생각하는 모든 것에 더 넘치도록 능히 하실 이에게 교회 안에서와 그리스도 예수 안에서 영광이 대대로 영원무궁하기를 원하노라 아멘."(3:20~21)

내가 구한 것보다 하나님이 더 넘치게 주신 예를 들어봅시다.

─────────────────────

─────────────────────

이제 우리는 쓸데없는 유대인들의 전통과 관습을 버리고 그리스도 안에서 새 생명을 누리며 복음에 합당한 삶을 살아야 합니다. 우리는 그 차이점이 무엇인지를 압니다.

'그리스도의 선물'(4:7)이라는 표현은 시편 68편 18절을 생각나게 합니다. 시편에서는 하나님이 선물을 '받으신다'고 말하지만, 에베소서에서는 하나님이 선물을 '주시기' 위해 보좌에 오르신다고 표현합니다. 에베소서 저자는 시편에서 그리스도를 보는 것입니다. 그는 "사로잡혔던 자들을 사로잡으시고"(엡 4:8), 인간들을 억류하고 있는 모든 우주의 힘과 영적인 악의 세력(6:12)을 물리치셨습니다. 이런 세력을 물리치기 위해 그리스도는 죄와 죽음까지 맛보셨습니다(4:9~10). 그리고 하나님은 그리스도의 백성들에게 성령을 선물로 주셨습니다.(4:11~12)

하나님은 그리스도의 몸을 세우기 위해 여러 다양한 은사를 주십니다(4:12). 에베소서에 나오는 은사들은 고린도전서 12장에 있는 것과 다릅니다. 고린도전서에서는 성령의 은사가 교회 안에서 나타나는 기능과 능력을 뜻하지만, 에베소서에서는 교회 내의 특정한 직분을 뜻합니다. "어떤 사람은 사도로, 어떤 사람은 선지자로, 어떤 사람은 복음 전하는 자로, 어떤 사람은 목사와 교사로 삼으셨으니"(4:11). 목사와 교사는 한 직분이라는 사실에 유의하십시오. 물론 이 당시 교회는 조직되어 가는 중에 있었습니다. 이런 조직은 단지 목회를 하기 위해서뿐 아니라 성도를 온전하게 하며 봉사의 일을 하고 그리스도의 몸을 세우려는 데 그 목적이 있습니다.(4:12)

오늘날 많은 교회에서 전문인들만이 사역을 합니다. 우리는 하나님의 백성들이 사역할 수 있도록 그들을 어떻게 훈련시키고 온전하게 하며 활성화시킬 수 있습니까?

─────────────────────

─────────────────────

성경을 모르고 건전한 가르침을 받지 못한 사람들은 다른 사람들의 궤술과 간사한 유혹에 빠지고 모든 교훈의 풍조에 밀려 요동을 합니다(4:14). 우리는 어떻게 교만한 모습 없이, 그리고 상대방의 비위를 거스르지 않으면서 사람들이 그리스도의 몸의 지체로서 자신들의 역할을 할 수 있도록 도와주며, 사랑 가운데 진리를 말할 수 있습니까?(4:15~16)

─────────────────────

─────────────────────

그리스도를 본받으라

우리는 더 이상 이 세상 사람들처럼 어두운 눈과 완고한 마음을 가지고 살지 않습니다. 옛 욕심, 탐욕, 무신경, 성적인 부도덕, 거짓말, 도둑질, 험담, 비난, 불평, 이 모든 것들을 버리고 우리의 마음과 자아가 새롭게 되었습니다(4:22~24). 분노는 지극히 인간적이며 때로는 정당화될 수도 있습니다. 그러나 에베소서에서는 이해와 용서를 강조합니다. "해가 지도록 분을 품지 말고"(4:26). 그러면 어떻게 해야 합니까? 우리를 위해 자신을 내주신 그리스도를 통해 하나님을 본받아야 합니

다. (5:1~2)

남편과 아내, 자녀들은 그리스도를 경외함으로 피차 복종해야 합니다(5:21). 가부장적인 로마 사회에서 에베소 교인들은 균형과 상호존중을 요구했습니다. 우리는 그들이 아직까지도 계층적인 구조로 생각하고 있다는 것을 인정해야 합니다. 5장 21절을 다른 말로 바꾸면, '다른 사람들의 필요에 민감하라'는 뜻입니다. 그리스도는 사랑의 참 모습인 겸손함으로 행하셨습니다. 남편은 아내를 사랑으로 이끌고, 아내는 남편에게 그리스도에게 하듯 존경과 사랑을 보여야 합니다. 둘은 한 몸이기 때문에 서로를 돌보는 것은 자신의 몸을 돌보는 것과 같습니다. 그리스도가 사랑으로 그분의 몸 된 교회를 돌보시지 않으셨습니까. "사람이 부모를 떠나 그의 아내와 합하여 그 둘이 한 육체가 될지니."(5:31; 참조. 창 2:24)

에베소서에서는 결혼과 교회의 이미지가 같이 사용됩니다. 예수님이 그분의 신부인 교회를 거룩하고 흠 없게 보전하듯이, 남편은 아내를 돌보아야 합니다. 남편과 아내는 서로 사랑하고 존경해야 합니다. (5:33)

서라

성도들은 분명 우주적인 싸움에서 승리할 테지만 그 싸움이 아직 끝난 것은 아닙니다. 계속해서 혼자 또는 공동체와 함께 싸워야 합니다. 물론 하나님이 능력을 주시지만 성도들도 용감해야 합니다(6:10). 우리는 다른 사람들이 아니라 하늘에 있는 악의 영들과 싸웁니다(6:12). 그들도 힘을 가지고 있습니다. 따라서 우리는 모든 영적 자원들을 사용해야 합니다.

에베소서 저자의 마음은 군인의 옷을 입은 구세주의 모습으로 가득 차 있습니다. 그는 성도들에게 "하나님의 전신 갑주를 입으라"(6:11)고 권합니다. 서라. 서라. 서라.

"진리로 너희 허리띠를 띠고"(6:14). 진리는 하나님으로부터 옵니다. 진리를 붙드십시오.

"나 여호와는 의를 말하고 정직한 것을 알리느니라"(사 45:19). 하나님이 싸움에 나가십니다. 하나님은 그 싸움에서 의와 정의로 승리를 거두실 것입니다. 하나님은 '의의 호심경'(breastplate of righteousness)을 붙이고 계십니다(엡 6:14; 사 59:17). 하나님의 군사는 의로 옷을 입고 그 마음을 보호합니다.

"평안의 복음이 준비한 것으로 신을 신고"(엡 6:15). 에베소서 저자는 성도들에게 군인의 신발을 신고 평안의 복음을 선포하라고 권면합니다. 모든 기독교인들은 증인이 되어야 합니다.

방패(6:16)는 방어하는 데 필요합니다. 물에 적신 가죽으로 덮인 커다란 로마 군인들의 방패는 불이 붙은 화살로부터 그들을 보호해 주었습니다.

머리를 보호하기 위해 하나님은 구원의 투구를 쓰고 계십니다(사 59:17). 성도들도 그래야 합니다. (엡 6:17)

에베소서 4장 7~10절은 영원 전부터 존재하셨던 그리스도가 하늘에서 내려오셨다가 다시 올라갈 것이라고 말합니다. 4장 9절은 그리스도가 음부에 내려가셨다고 말한다(참조. 벧전 3:19). 신약의 이러한 구절들이 사도신경의 근거가 된다.

바울 시대에는 평화를 유지하고 사람들이 로마 제국 아래 살고 있다는 사실을 잊지 않게 하기 위해 로마 군인들이 어느 도시에나 주둔하고 있었다. 에베소서를 읽는 초대 기독교인들은 전신 갑주, 곧 호심경과 띠, 신발과 방패, 투구에 대해 쉽게 이해할 수 있었다.

로마 군인들이 사용한 이 투구는 헤브론 근처에서 발견되었는데 약 2세기경 유물이다.

검은 공격하는 데 필요합니다(6:17). 증인의 말은 위력이 있습니다. 말을 잘함으로써 사람들을 구원할 수 있습니다. 그가 "내 입을 날카로운 칼같이 만드셨다"(사 49:2). 성경은 무한한 능력을 가지고 있습니다. "하나님의 말씀은 살아 있고 활력이 있어 좌우에 날선 어떤 검보다도 예리하여 혼과 영과 및 관절과 골수를 찔러 쪼개기까지 하며 또 마음의 생각과 뜻을 판단하나니."(히 4:12)

나는 이런 성경의 능력을 어떻게 발견했습니까?

이러한 전신 갑주 비유는 기독교인이라면 구원에 대해 확신이 있어야 하며 영적인 세력과 싸울 수 있어야 한다는 점을 나타내기 위한 것입니다.

♡ 순종하는 공동체의 모습

하나님이 '그 뜻의 비밀'을 우리에게 알리셨습니다(엡 1:9). 그 목적은 하늘에 있는 것이나 땅에 있는 것이 다 그리스도 안에서 통일되게 하기 위해서입니다. **내가 어떻게 도울 수 있습니까?**

순종하는 믿음의 공동체는 진리와 의, 평화, 신앙, 구원, 하나님의 말씀으로 무장하여 악에 대항해 싸운다.

우리는 그리스도의 몸인 교회의 친교를 강화하고 보강하기 위해 새로운 영감과 새로 회심한 사람, 그리고 다양한 은사를 사용합니다. 우리는 몸이 목적이 아니라 수단이며, 이 세상에서 예수님의 일을 하기 위한 하나님의 종이지 목표가 아님을 기억해야 합니다. 우리의 작은 공동체는 시대를 초월하여 이 세상에 존재하시는 그리스도의 몸의 일부입니다.

'교회'가 무엇인지 보여 주기 위해 우리는 무슨 일을 함께할 수 있습니까?

내가 지금 그리스도의 몸으로서 효과적으로 하지 못하는 일을 예수님은 이 세상에 계실 때 어떻게 하셨습니까?

어떤 힘든 장소에 두려움 없이 갈 수 있으려면 무엇으로 무장을 해야 합니까?

하나님의 전신 갑주를 입은 군인들을 여러 명 그려 보십시오. 이러한 전신 갑주가 필요한, 우리가 당면한 싸움은 무엇입니까?

◉ 더 알아보기

■ 해로(sea routes)를 포함한 소아시아 서쪽 지역 지리를 공부하면서 에베소가 선교활동 중심지로서 어떠했는지 살펴보십시오.

■ 편지: 일치하는 일이 하나님의 뜻이라면 사람들을 하나로 묶기 위해 내가 할 수 있는 일은 무엇입니까? 인종간의 조화를 인정하며 사회정의를 뒷받침하는 편지를 쓰십시오. 또는 적대감을 허무는 보다 개인적인 편지를 한 교회를 섬기는 성도에게 쓰면서 용서와 화해, 관계 회복을 이끌어 내십시오.

30

교회의 지도력

네가 이것으로 형제를 깨우치면 그리스도 예수의 좋은 일꾼이 되어
믿음의 말씀과 네가 따르는 좋은 교훈으로 양육을 받으리라
(디모데전서 4:6)

◑ 우리의 모습

우리의 비전이 희미해져 갑니다. 우리는 분명치 않은 기대와 신뢰와 협조의 결핍, 모험을 하지 않으려는 태도 때문에 힘이 빠져 있습니다.

✦ 내려놓기

성경 공부를 하기 전에 먼저 하나님께 기도를 드립니다. 아래의 시편 말씀이 좋은 길잡이가 될 것입니다.

> 주여 내게 은혜를 베푸소서 내가 종일 주께 부르짖나이다 주여 내 영혼이 주를 우러러보오니 주여 내 영혼을 기쁘게 하소서 주는 선하사 사죄하기를 즐거워하시며 주께 부르짖는 자에게 인자함이 후하심이니이다 (시편 86:3~5)

이번 주 기도 제목을 구체적으로 적어 기도합시다.

◑ 귀 기울이기

디모데전서와 후서, 디도서는 목회자들이 당면하는 문제와 의무들을 다루기 때문에 목회서신이라고 불립니다. 전통적으로 이 세 서신은 바울이 기록했다고 알려져 있습니다. 그러나 최근에는 바울이 죽고 그 제자가 썼다는 주장도 있습니다.

우리가 속회(구역회), 성경공부 그룹, 교회의 지도자이며 그리스도의 열심 있는 종이라면, 바울이 자신의 체험을 바탕으로 쓴 이 편지들을 공부하며 그와 지혜를 함께 나누도록 하십시오.

D1 디모데전서 1장(진리의 수호)

D2 디모데전서 2~3장(기도, 교회 지도자의 자격)

D3 디모데전서 4장(좋은 목회자)

D4 디모데전서 5장(과부와 장로들을 존경하라)

D5 디모데전서 6장(만족할 만한 경건함)

D6 '말씀 속으로'와 '순종하는 공동체의 모습'을 읽으라.

📖 말씀 속으로

디모데전서와 후서, 디도서는 오랫동안 '목회서신'이라 불려 왔습니다. 이 편지들은 그 문제와 느낌이 바울의 여느 서신들과는 다릅니다. 여기에는 새로운 문제가 언급됩니다. 교회가 새로운 싸움에 직면해 있다 보니, 이 편지들에서는 교회 초기의 열정적인 전도보다는 양육과 질서가 더 중요하게 다루어집니다. 이전에 쓴 편지는 교회에 보낸 것이었으나 목회서신은 목회자들을 위한 것입니다. 교회를 어떻게 돌볼 것인가 하는 문제는 모든 성도에게 영향을 미칩니다. 그리스도의 재림에 대한 강조는 뒷전으로 물러나고 신조에 근거한 신학과 건전한 기독교인의 행동, 교회의 질서문제가 새롭게 떠오르고 있습니다.

제3세대의 서신

디모데는 할머니 로이스와 어머니 유니게로부터 양육을 받았습니다. 이 당시 많은 성도들이 기독교인 부모에게서 태어났습니다. 이 편지는 오늘날 우리 상황과 비슷한 처지에서 써졌기 때문에 우리에게 많은 도움이 됩니다.

디모데와 디도는 바울의 영적 아들이었습니다. 그들은 서로 닮았지만 차이점도 있었습니다. 유대인인 디모데는 회당에서 일할 때 바울의 권면으로 할례를 받았습니다(행 16:1~3). 이방인인 디도는 바울이 베드로와 야고보를 예루살렘에서 만났을 때 그들에게 보여 주었던 신앙인의 본보기였습니다(갈 2:1~3). 이 두 젊은 목회자는 유대인과 이방인에게 전해진 복음의 본을 보여 줍니다. 바울은 디모데를 에베소로 보냈고, 디도는 그레데로 보냈습니다.

바울과 바나바는 제1차 전도여행 때 루스드라에서 디모데를 만났습니다. 디모데의 아버지는 희랍인이었고 어머니는 유대인이었습니다. 그는 바울과 마찬가지로 어렸을 때부터 히브리 성경을 잘 알고 있었습니다. 바울이 루스드라로 돌아왔을 때 그는 많이 성장해 있었습니다. 디모데는 재능이 있었으며, 루스드라와 주변 사람들에게서 큰 칭찬을 듣고 있었습니다. 바울은 그를 유럽으로 데리고 갔습니다. 디모데전서 4장 14절에 따르면, 그는 안수를 받았고 바울이 죽을 때까지 아버지와 아들의 관계가 계속되었습니다. 디모데는 유럽 땅에 발을 디딘 첫 기독교인 중 하나였습니다. 바울이 마게도냐에 새로운 교회를 개척할 수 있도록 도와주었고, 바울이 아덴에 갔을 때에는 교회들을 돌보기 위해 거기에 머물렀습니다. 바울은 위기가 닥칠 때면 디모데를 불렀습니다. 데살로니가와 에베소, 고린도와 빌립보에 디모데를 보냈습니다. 바울은 그를 예루살렘에 데리고 갔으며, 로마에 있을 때 그가 옆에 머무는 것을 감사했습니다.

에베소에 있는 디모데

에베소에 있는 기독교인들의 공동체는 비록 작았지만 소아시아에서의 선교사역을 위해 중요한 공동체였습니다. 이 당시 모든 종류의 희랍 철학과 유대 신화, 페르시아 신비주의가 에베소에 만연했습니다. 디모데전서의 목적은 잘못된 사상이 만연한 가운데 올바른 가르침을 주고, 교회를 치리하는 법을 알려 주는 데 있습니다.

잘못된 가르침으로 두 가지 결과가 발생했습니다. 기독교사상이 혼란스러워졌고, 이 때문에 사람들은 비도덕적인 행동을 했습니다. 이단사상을 가진 교사들이 에베소교회에 침투해 끝없는 사설과 유대인들의 묵시적인 신화, 유대인 조상들의 이상한 족보와 의미 없는 말을 가지고 논쟁을 일삼았습니다.

디모데도 다른 목회자들과 마찬가지로 다른 곳으로 가고 싶었지만, 바울의 권고에 따라 에베소에 머물며 가르쳤습니다(딤전 1:3). 잘못된 사상들은 날카로운 말이 아니라 건전한 가르침으로 대항하고, 인내심을 가지고 끈기 있게 선한 싸움을 싸우라고 하였습니다.(1:18)

교회 안에 계속되는 문제들

이 당시 '지식' 또는 '영지주의'가 이상하게 왜곡되었습니다. 만일 물질이 악한 것이라면 사람들은 영적으로 되기 위해 노력하지 않겠습니까? 어떤 사람들은 그렇게 되려고 노력했고, 다른 사람들은 이 세상을 거부했습니다. 세속적인 모든 것이 죽음을 의미했습니다. 그들은 마약을 복용하며 삶을 부정하였고, 술에 취해 현실을 거부했습니다. 그리고 성적인 순결을 간음으로 바꾸어 버렸습니다. 오늘날 많은 사람들이 삶을 부정하는 음악 리듬이나 정신을 바꾸어 놓는 화학물질에 넋을 잃고 있습니다. 그러한 음악은 종종 절망과 죽음에 초점을 맞춥니다. 이 시대의 문제는 단지 세속적이라는 데에 있지 아니하고 삶을 부정하는 영지주의적이라는 데 있습니다.

삶을 부정하는 태도와 행동을 보여 주는 다른 예들에는 어떤 것이 있습니까?

초대 기독교인들에 대한 가장 혹독하고 광범위한 박해 중 하나가 네로 황제(54~68년) 때 일어났다. 이 금화는 그가 다스리던 시기 것인데 거기에 그의 모습이 새겨져 있다. 네로는 바울이 순교를 당할 때 (64년경) 로마 황제였다.

구약의 선지자들은 우상 숭배를 첫 번째 계명을 어기는 가장 큰 죄로 보았습니다. 우상 숭배란 창조주 대신에 피조물을 섬기는 일입니다(롬 1:25). 어떤 사람들은 피조물을 숭배하도록 인도하는 인간적인 철학에 얽매입니다. 이런 사상은 옛날 바알처럼 성도들이 하나님의 의로우심을 의지하지 못하게 합니다. 철학은 우상의 한 형태가 되어 자기 스스로 규정한 행동을 하게 합니다. 세상을 부인하는 철학은 우리를 절망이나 부도덕으로 이끕니다.

어떤 사람들은 금욕주의의 길을 선택했습니다(딤전 4:1~3). 이 세상은 악한 것이라는 사상에 영향을 받은 스토아 철학자와 유대인, 열심 있는 기독교인들은 특정한 음식과 술을 멀리하고 결혼을 하지 않았습니다. 디모데 역시 이런 것에 너무 신경을 쓴 나머지 깨끗하지 않은 물을 먹고 병이 들었습니다. 바울은 디모데에게 다음과 같이 권면했습니다. "네 위장과 자주 나는 병을 위하여는 포도주를 조금씩 쓰라"(딤전 5:23). 디모데는 유대인들과 기독교인들이 믿는 창조주 하나님에 대해 인내를 가지고 가르쳤습니다. 감사하는 인생은 좋은 것입니다. 음식도 감사하는 마음으로 먹어야 합니다. 성관계는 결혼을 통해 즐기게 되어 있습니다. 하나님이 세상을 창조하시고 보시기에 좋았다고 하셨습니다. (4:4; 창 1:31)

예배와 기도에 관한 가르침

혁명이 있은 다음에는 잠잠하게 마련입니다. 유대인 여자들이 회당에서 말을 못하고 이방인 여자들이 집에만 틀어 박혀 있던 당시에 여신도들이 예배에 함께 참여한다는 사실은 사회적인 충격이었습니다. 고린도에서와 마찬가지로 기독교인들의 모임에서는 머리를 단정히 하고 옷을 얌전하게 입어야 했습니다(딤전 2:9~10). 남자들은, 화나게 하려는 것처럼 보이는, 기도하면서 손을 드는 유대교 방식으로 기도하는 것이 알맞지만 분노보다는 찬양을 강조해야 합니다(2:8). 여자들은 예배드릴 때 단정히 옷을 입어야 하고 사치품이나 쓸데없는 교만함을 보여서는 안 됩니다.

이 당시 여성들에게 엄격한 규율이 가해지기는 했지만(2:11~12; 고전 14:33~36)

그들도 기도와 간증을 했습니다. 예배가 아수라장이 된 때도 있었습니다. 온유함의 은사가 칭찬을 받았습니다. 침묵은 영혼이 조용하고 평화스러움을 뜻하는 것이지 반역적인 영이 제재를 받는 것이 아닙니다. 여성들은 '가르치지 말라'는 뜻이 아닙니다. 왜냐하면 여성들이 가르치는 경우도 교회에서 있었기 때문입니다. (브리스가는 아볼로를 가르쳤고, 로마서 16장은 사역을 잘하는 여러 명의 여성을 언급합니다.) 이러한 사회적 환경에서 여성들은 주도권을 잡으려 할 것이 아니라 은혜로운 모습을 보여야 합니다. 가정의 순결함을 파괴하려는 사람은 어머니의 권위를 기억하고 존경해야 합니다. 믿음과 사랑, 거룩함을 가지고 기뻐하십시오. 겸손히 행동하며 교회가 일치되기 위해 노력하십시오.

이러한 충고가 시대에 뒤떨어지고, 어떤 사람들에게는 반감을 줄지 모르지만 이 편지의 요점은 교회의 온전함을 위해 노력하라는 것입니다.

섬기는 사람들

우리는 초대 교회가 얼마나 일찍 직분제도를 만들고 지도자들을 세웠는지 알 수 없습니다. 고린도전서 12장 27~28절(치유와 가르침)에 있는 성령의 은사들을 보면 직분이 명시되어 있지 않습니다. 그러나 에베소서 4장 11절에 있는 성령의 은사는 직분으로 되어 있습니다(목사와 전도자). 빌립보서에 있는 인사말을 보면 '감독과 집사'라는 말이 나옵니다. 어떤 학자들은 이런 명칭이 편지가 돌아다니는 중에 첨가되었을 것이라고 말합니다.

감독(장로)은 '돌보는 사람'이라는 뜻입니다(딤전 3:1~2). 그는 권위를 가지고 돌보며 감독하고 목양하며 가르칩니다. 따라서 목사라는 명칭과 목자의 이미지는 적절합니다. 그들이 해야 할 일도 아주 분명합니다(3:2~7). 성도들은 감독을 존경했기 때문에 새로 입교한 사람은 감독이 될 수 없었습니다(3:6). 그들은 그리스도를 경외함으로 피차 복종하는 마음을 가지고 서로 존경했습니다(엡 5:21). 가정을 돌보는 일과 교회를 섬기는 일 사이의 관계를 주의해 보십시오. (딤전 3:4~5)

친교는 가족과 같은 분위기여야 하며, 성과 돈은 그

리스도의 강력한 통제 아래 있어야 합니다. 외인들은 감독의 온전함과 은혜를 존중해야 합니다. 그렇게 함으로써 교회의 사명이 강화됩니다.

집사는 '섬기는 사람'이라는 뜻입니다(3:8). 제자들의 발을 씻기신 예수님이 좋은 본보기입니다. 수건은 상징입니다. 집사에는 뵈뵈와 같은 여자 집사도 있고(롬 16:1), 스데반과 같은 남자 집사도 있습니다(행 6:5, 8). 최초의 집사들은 음식을 나눠 주는 일을 맡기 위해 예루살렘에 있는 성도들이 뽑았습니다(6:1~6). 열두 사도들이 가르치고 설교하며 기도하고 치유하는 데 전념하도록 하기 위해 집사들을 선출했습니다. 집사들은 말을 함부로 하거나 술 취하거나 돈을 밝히고 성적으로 문란하며 자기 규율이 엄격하지 못하면 안 되었습니다. 집사들에게 더 큰 일을 맡기기 이전에 조그마한 일이 먼저 주어졌습니다. 집사의 직분을 잘 감당한 사람들은 아름다운 지위와 그리스도 예수 안에 있는 믿음에 큰 담력을 얻습니다. (딤전 3:13)

잘못된 가르침에 대항하기 위한 신조

'전파하는 자'(herald, 딤전 2:7)는 왕이나 높은 지위를 가진 사람의 특사를 의미합니다. 그는 여기저기 다니면서 특별한 메시지를 전해 주었지만, 그 메시지에 자신의 말을 더하거나 그 내용을 변경하지 않았습니다. 디모데전서에 예배의 신조가 나타나 있습니다(2:5~6). 이것은 거짓 교사들과 싸우는 데 도움이 됩니다.

"하나님은 한 분이시다." 그분은 영과 물질의 창조주이십니다.

"하나님과 인간 사이에는 한 분의 중보자가 계시다." 예수님은 우리에게 오시기 위해 인간이 되셔야 했습니다. 또한 예수님은 우리를 구원하시기 위해서 하나님이셔야 했습니다.

"그는 자신의 몸을 모든 사람들을 위한 대속물로 주셨다." 그분의 십자가는 죄와 진노 아래 있는 모든 사람들을 구속하고 의롭게 합니다. 다른 신조는 '비밀'을 나타냅니다. (3:16)

"그는 육신으로 나타나셨다"(3:16). 이는 성육신을 말하며, 영지주의자들에게 대항하기 위한 것입니다. 하나님이 물질세계에 들어오시고 인간이 되셨습니다. 따라서 물질은 악한 것도 아니고 거부할 수도 없습니다.

"영으로 의롭다 하심을 받았다." 하나님의 아들로서 예수님의 모습이 부활을 통해 나타났습니다.

"천사들에게 보이시고." 천사들이 예수님의 승천을 증거했습니다.(행 1:9~11)

"만국에서 전파되시고." 복음은 모든 나라와 모든 사람을 위한 것입니다.

"세상에서 믿은 바 되시고." 놀랍고도 감사한 현실입니다.

"영광 가운데서 올리우셨음이니라." 우리 주님이신 예수님은 권능과 승리 가운데 다시 오실 것입니다.

영적 훈련

바울은 디모데에게 그 자신을 운동선수와 같이 영적·정신적으로 훈련하도록 권면합니다. "육체의 연단은 약간의 유익이 있으나 경건은 범사에 유익하니 금생과 내생에 약속이 있느니라"(딤전 4:8). 만일 너희가 강한 선생이 되고 싶다면 훈련을 받아야 합니다(4:11~16). 계속해서 가르치고, 성경을 읽지 못하거나 이해하지 못하는 사람들에게 성경을 읽어주십시오. 권면하고 설교하며 증거하십시오. 감독들이 너희의 특별한 '은사'를 알기 때문에 너희에게 안수한 것입니다(4:14). "네게 부탁한 것을 지키라"(6:20). 나이가 적다고 해서 다른 사람들이 당신을 업신여기지 못하게 하십시오. 오직 말과 행실, 사랑과 믿음, 정절에 대하여 믿는 자에게 본이 되십시오(4:12). 이런 은사는 특정시대에만 국한되는 것은 아닙니다.

돌봄

디모데전서 5~6장은 유대계 기독교인들을 위한 실제적인 가르침을 담고 있습니다. 이런 가르침은 거의 모든 교회에 절실하게 필요했습니다.

노인을 공경하십시오(5:1~2). 디모데전서 5장 3~16절은 과부들을 잘못 대하는 교회에 대한 반응입니다. 이 말씀은 과부들을 공정하게 돌보는 일에 대해 안내역할을 해줍니다.

너희 가족과 이웃들을 돌보십시오(5:3~8, 16). 과부와 고아들을 친척처럼 보호해 주십시오. 그들을 교회의 보호나 공공 복지시설에 의지하도록 버려두지 마십시오. 불신자들도 그렇게 하지는 않습니다. 디모데가 살던 사회에서 여자들이 살아남기 위해서는 가족에게 붙어 있어야 했습니다. 오순절 후 예루살렘교회는 불쌍한 히브리파 과부들과 헬라파 과부들을 위해 사랑을 베풀고 음식을 제공했습니다(행 6:1~3). 가족이나 먼 친척이라도 과부를 돌볼 수 있다면 그렇게 해야 합니다. 교회는 이미 막중한 일을 담당하고 있습니다. 젊은 과부들은 가능하면 재혼을 해서 아이를 낳고 가정을 이루어야 합니다(딤전 5:11~14). 최종 목적은 모든 여자들이 보호를 받아 자신을 노예나 창녀로 파는 사람이 없도록 하며, 그리스도에 대한 신앙을

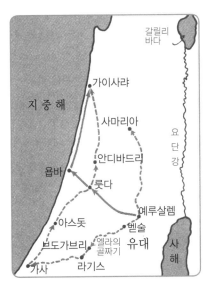

오순절 후 기독교의 복음은 사도들과 다른 성도들의 노력으로 예루살렘에서 급격히 펴져 나갔다(행 8:1, 4). 점선은 사도행전 8장 5~40절에 있는 빌립의 전도를 나타내고, 굵은 선은 9장 32절~10장 33절에 있는 베드로의 행적을 표시한 것이다.

잃지 않도록 하는 것입니다.

돈

교회를 위해 일하는 사람들은 당연히 보수를 받아야 하지만 욕심이 지나쳐서는 안 됩니다. 그들을 무턱대고 비방하지 않도록 조심하십시오. 그러나 그들의 죄에 대해 두세 명의 증인이 있을 때는 그들을 공적으로 나무라야 합니다(딤전 5:19~20). 장로들과 집사들을 안수하기 전에 심사숙고하십시오.(5:22)

바울은 디모데와 모든 성도에게 만족하며 살라고 권면합니다. 우리는 이 세상에서 아무것도 가지고 갈 수 없기 때문에 욕심을 부려서는 안 됩니다(6:7). 돈에 대한 욕심은 사람들을 파멸과 멸망에 빠지게 하니, 돈을 사랑함이 일만 악의 뿌리가 됩니다(6:9~10). 데마와 같은 복음전도자와 몇몇 사람들은 이 세상 것을 사랑해 바울을 떠나고 말았습니다.(딤후 4:9)

"영생을 취하라 이를 위하여 네가 부르심을 받았고 많은 증인 앞에서 선한 증언을 하였도다"(딤전 6:12). 시간이 흐를수록 교회 봉사자들이 처음 가졌던 뜨겁던 열정은 식어가고 잊어버리며 대신에 음식과 의복에 관한 걱정에 사로잡힐 수 있습니다. 부자를 부러워하지 마십시오. 그들에게는 막중한 책임이 있습니다. 그들은 자신들의 재산보다도 하나님을 신뢰해야 합니다. 그들은 매일매일 주저함 없이 선한 일에 힘쓰고 항상 너그러우며 다른 사람들과 나눌 수 있어야 합니다(6:17~19). 이것이 그들 자신들을 위해 참된 생명을 취하는 길입니다.(딤전 6:19)

나는 언제 물질과의 관계를 생각하면서 초조하고 질투를 느끼며 불안해합니까? 균형을 유지하고 있다는 표시가 내게 있습니까?

....

....

♥ 순종하는 공동체의 모습

순종하는 믿음의 공동체는 지도자들을 존경하고, 책임감을 가지며, 격려하고 양육한다.

믿음의 공동체는 지도자들을 존경하며 신뢰합니다. 우리는 그들을 위해 기도하고 격려하며 위로함으로 도와줄 수 있습니다. 책망할 때에도 교훈을 주는 마음을 가지고 온화한 자세로 합니다. 우리는 그들의 영적·물질적 필요가 충족되어 있는지 확실히 알아야 합니다.

우리는 영적 지도자들이 외로움을 느끼도록 그들을 고립시키는 경우가 가끔 있습니다. 어떻게 이런 일이 일어납니까?

....

....

거룩함이란 무엇입니까? 거룩한 지도자를 어떻게 묘사할 수 있습니까?

....

....

어떻게 하면 목사, 직분자, 교사, 그리고 그룹 지도자들과 우리가 서로 기대하는 바를 효과적으로 논의할 수 있습니까?

....

....

제자 성경공부반 학생들이 담임목사를 격려하기 위해 할 수 있는 일은 무엇입니까? 영성 훈련과 가족 휴가, 친교를 위한 시간을 마련해 줄 수 있습니까? 목회자 자녀를 돌보는 일이나 여행 경비를 마련해 줄 수 있습니까? 담임목사에게는 기도를 위한 시간이 필요하다는 것을 알고 있습니까?

....

....

믿을 만한 친구를 통해 목회자에게 필요한 것을 파악하고 이를 충족시켜 줄 수 있다면 목회자가 영적으로 더 강건해질 수 있을 것입니다.

◉ 더 알아보기

■ 편지: 목회를 격려하거나 목회자와 그 가족들에게 필요한 것을 충족시켜 줄 수 있는 내용이 담긴 편지를 담임목사에게 쓰십시오.

■ 성도들은 안수에 대해 어떻게 생각하는지 알아보십시오. 안수할 때 사용하는 예문을 구해 읽어 주십시오. 가능하면 안수예식에 참석해 보십시오.

31

이 과의 주제
....
가르치라

한 세대에서 다음 세대로

너는 그리스도 예수 안에 있는 믿음과 사랑으로써
내게 들은 바 바른 말을 본받아 지키고 우리 안에 거하시는
성령으로 말미암아 네게 부탁한 아름다운 것을 지키라
(디모데후서 1:13~14)

⊙ 우리의 모습

과거를 기억하지 않으면 우리의 정체성을 잃게 됩니다. 우리는 누구입니까? 무엇이 우리의 모습을 형성합니까? 무엇이 우리를 인도합니까? 우리는 무엇에 기반을 둘 수 있습니까?

⊙ 내려놓기

성경 공부를 하기 전에 먼저 하나님께 기도를 드립니다. 아래의 시편 말씀이 좋은 길잡이가 될 것입니다.

> 여호와여 주로부터 징벌을 받으며 주의 법으로 교훈하심을 받는 자가 복이 있나니 (시편 94:12)

이번 주 기도 제목을 구체적으로 적어 기도합시다.

⊙ 귀 기울이기

디모데전서와 디모데후서, 디도서에 있는 중요한 내용들을 비교하십시오. 신명기 6장에서처럼 가르침과 배움, 교리와 성경에 관해 강조합니다. 마치 교회가 유산을 전수하는 학교와 같습니다. 선지자들의 글처럼 이 목회서신은 우리가 누구인지를 기억하는 데 도움이 됩니다.

D1 디모데후서 1장(감사와 격려)

D2 디모데후서 2장
(은혜 가운데 강건하라, 하나님이 인정하시는 일꾼)

D3 디모데후서 3장(말세의 거룩함, 성경의 능력)

D4 디모데후서 4장(믿음의 선한 싸움)

D5 디도서 1~3장
(건전한 교리를 가르치라, 목자와 양, 기독교인의 행동)

D6 '말씀 속으로'와 '순종하는 공동체의 모습'을 읽으라.

🔵 말씀 속으로

디모데후서는 목회서신 중에서 가장 친밀한 책입니다. 바울은 디모데에게 헤어질 때의 '눈물'을 기억하며, 겉옷과 가죽 종이에 쓴 것과 책을 가져오라고 부탁합니다(딤후 4:13). 그리고 디모데의 할머니와 어머니에 대해 친절하게 말합니다(1:5). 이 편지에는 바울의 심오한 신학적 사고가 나타나 있습니다. 1장 8~10절이 그 예입니다. 그리고 아마 후대 선교사들이 첨가했을 가능성이 있는 새로운 사상들도 들어 있습니다.

이 당시 디모데는 에베소에 있었습니다(딤전 1:3). 이미 공부한 대로 에베소는 로마의 항구도시로 복음전파의 중심지였습니다. 디모데는 소아시아에 있는 교회들을 섬겼습니다. 이 교회들은 외적으로 아주 무서운 박해를 받고 있었고, 내분의 문제도 있었습니다. 바울은 디모데에게 담대하고 흔들리지 말며 계속해서 가르치라고 말합니다.

디모데후서에서는 능력과 용기, 담대함이 여러 가지 말과 비유를 통해 강조됩니다. 성령이 디모데에게 힘과 사랑, 그리고 근신하는 마음을 주실 것입니다(딤후 1:7). 디모데는 어리석은 변론이나 이상한 철학적인 토론에 정신을 빼앗기지 말고, 그리스도의 군사로서(2:4), 훈련받은 운동선수처럼(2:5), 열심히 일하는 농부와 같이(2:6) 자신의 일에 충실하도록 권면을 받고 있습니다. 물론 고통이 따를 것입니다. "하나님의 능력을 따라 복음과 함께 고난을 받으라."(1:8)

철학적인 우상들

디모데는 사도의 전통을 흐리거나 타협하는 자들과는 달리 그것을 고수해야 했습니다. 어떤 사람들은 심각한 죄에 빠졌습니다. 데마는 돈을 사랑했고, 고린도교회의 몇몇 성도들은 성적으로 문란해졌습니다. 그러나 보다 심각한 유혹은 사람의 마음을 혼돈케 하며 부도덕으로 유인하는 인간적인 철학이었습니다. 인간적인 철학 사상은 돌이나 나무의 이미지처럼 눈에 보이지는 않으나 우리에게 우상이 될 수 있습니다. 옛 이스라엘의 선지자들은 그것을 즉시 알아낼 수 있었습니다. 하나님

의 계시가 아니라 인간이 만들어낸 이러한 철학은 사람들의 주의와 힘을 끌고 경배를 받았습니다. 그리고 경배하는 사람들에게 율법이나 그리스도를 위한 그 어떤 헌신도 요구하지 않았습니다. 여기서 말하는 철학적인 우상이란 무엇입니까? 이런 것들은 우리 사회에도 널리 퍼져 있습니다. 현대 용어를 사용하여 살펴보기로 합시다.

• 어떤 사람들은 둘러앉아 종교에 관해 몇 시간씩 이야기를 나눕니다. 그들은 시인과 철학자를 인용하고 동방의 종교를 언급하며 신학적인 견해에 관해 토의합니다. 어떤 신학생들은 잘못된 철학자들처럼 쓸데없는 잡담에 많은 시간을 낭비합니다(딤후 2:16~18). 사도행전에 보면 그런 사람들이 매일 아덴에 몰려들었다고 합니다. 회심을 한 사람들은 그렇게 많지 않았습니다. "모든 아덴 사람과 거기서 나그네 된 외국인들이 가장 새로운 것을 말하고 듣는 것 이외에는 달리 시간을 쓰지 않음이더라"(행 17:21). 그들은 집 없는 사람들을 위해 일하지도 않았고 기도하지도 않았으며 어린아이들을 가르치지도 않았습니다. 그들의 신은 끊임없는 말장난의 연속이었습니다. 디모데여, 이런 사람들을 피하십시오.

• 후메내오와 빌레도 같은 사람들은 부활이 이미 이루어졌거나, 하나님의 아들인 예수님에게는 부활이 가능하지만 우리에게는 부활이 없다고 주장했습니다(딤후 2:17~18). 그들은 우리가 이미 부활의 삶을 살고 있기 때문에 도덕적인 지침이 필요 없다고 주장했습니다. 희랍철학의 영향을 받아 영혼의 불멸성은 믿었으나 육체의 부활은 믿지 않았습니다. 믿지 않는 사람들에게 그러한 태도는 이해할 만한 일이었습니다. 십자가의 죽음과 부활이 유대인에게는 거리끼는 것이요 이방인에게는 미련한 것이었습니다(고전 1:23). 그러나 초대 교회 성도들에게는 예수님의 십자가와 부활, 승천이 계시의 중심이었습니다.

• 어떤 도덕주의자들은 기독교의 신앙에 무엇인가를 첨가하려 했습니다. 어떤 사람들은 유대인의 규율이나 의식을 추가했습니다. 그들 중에는 할례주의자도 있었습니다(딛 1:10). 그들은 갈라디아에 있는 사람들처럼 유

대인들의 관습을 따르는 이방인들이었습니다(갈 2:12~13). 그들은 비성경적인 유대인들의 신화에 대해 말했습니다(딤전 4:7; 딛 1:14). 또한 유명한 유대인들의 추상적인 족보를 만들어 냈습니다. 어떤 이들은 자신의 육체를 괴롭히기도 했고, 어떤 이들은 특별한 지식이나 신비한 경험을 한 사람들을 모아 그룹을 형성하기도 했습니다. 거짓 교사들이 교인의 가정에 침투해 연약한 성도들을 괴롭히고, 금전적인 목적을 위해 그들의 마음을 혼란스럽게 했습니다.

디도

믿음 안에서 바울의 참 아들이 된 디도(딛 1:4)는 이방인 부모에게서 태어난 헬라인이었습니다. 바울과 바나바는 야고보와 베드로를 만나기 위해 예루살렘 공의회에 참석했을 때(행 15장; 갈 2장) 디도를 데리고 갔습니다. 바울은 그가 할례받는 것을 원치 않았습니다. 디도는 유대인들의 율법에서 자유함을 받은 첫 번째 사람이었습니다. 그와 연관된 이러한 사건은 기독교를 온 세계로 전파하는 분수령이 되었습니다. 예루살렘의 기독교인들이 디도를 받아들인 것은 복음에 대한 바울의 견해를 인정한다는 뜻이었습니다.

바울은 디도를 고린도에 두 차례 긴급한 일로 보냈습니다. 첫 번째는 심각한 내용의 편지를 전달하기 위해서였고(고후 7:6~16), 두 번째는 예루살렘에 있는 가난한 사람들을 위해 헌금을 모으기 위해서였습니다(8:16~24). 바울은 디도를 그레데에도 보냈는데 그곳에는 가난하고 멸시받는 이방인들이 있었습니다(딛 1:12~16). 그레데는 그 어떤 목회자도 가고 싶어 하지 않는 곳이었습니다. 그러나 바울은 가장 좋은 목사들 중 한 명을 선택해 가장 어려운 교회에서 봉사하게 했습니다.

그리스 남쪽에 위치한 그레데 섬은 에게 해 남쪽 경계였습니다. 청동기 시대(주전 3,000~1,200년)에는 미노아 사람들이 이곳에 정착해 높은 문화수준을 유지하며 찬란한 벽화가 있는 아름다운 궁전을 건설하기도 했습니다. 그레데 사람들은 해양민족으로 알려져 있습니다. 그러나 주전 1450년, 큰 지진 후 산토리니 부근에서 있었던 화산 폭발로 그레데는 완전히 파괴되고 사람들이 흩어지면서 문화가 급격히 쇠퇴했습니다. 많은 사람들이 팔레스타인으로 이주했으며, 그들이 후에 가사의 블레셋과 두로의 뵈니게인이 되었습니다.

신약시대에 주변 민족들은 그레데인을 업신여기고 도덕성이 결여된 무례한 사람들로 간주했습니다. 그들은 이방인 취급을 받았고, 소외된 빈곤층이 되었습니다. 그레데의 시인 에피메니데스는 동족인 그들을 "거짓말쟁이며 악한 짐승이며 배만 위하는 게으름뱅이"로 묘사했습니다(딛 1:12). 희랍인들은 그들을 야만인으로 취급했습니다. 그레데인들은 제우스 신이 그 섬에 묻혀 있으며 자신들이 그의 무덤을 발견했다고 주장했습니다. 그러나 희랍인들은 이것이 거짓이라고 말합니다.

어떤 그레데인들은 오순절 날 회심을 체험했지만, 그레데에 있는 교회가 새로워진 것은 아니었습니다(행 2:11). 그런데도 그 교회는 어려움을 겪고 있었습니다.

교회가 그레데 섬에 만연해 있었던 잘못된 사상에 넘어가는 것을 막기 위해 나이는 적지만 경험이 풍부했던 이방인 선교사 디도는 문제를 정면으로 공격했습니다. "네가 그들을 엄히 꾸짖으라 이는 그들로 믿음을 온전하게 하고"(딛 1:13). 교회 역사를 보면, 그레데처럼 타협하기 어려운 사회에서 기독교는 뿌리를 내리고 위대한 전통을 이루어 왔습니다.

믿음을 가르치라

이렇게 자리가 잡힌 교회에서 디모데와 디도는 무엇을 했습니까? 그들은 건전한 교리를 가르쳤습니다(딤전 4:6~11; 딤후 3:14~17; 딛 2:1). 그들은 자신들에게 구원을 가져다 준 사도들의 믿음을 가르쳤습니다. "우리 구주 하나님의 자비와 사람 사랑하심이 나타날 때에 우리를 구원하시되 우리가 행한 바 의로운 행위로 말미암지 아니하고 오직 그의 긍휼하심을 따라 중생의 씻음과 성령의 새롭게 하심으로 하셨나니 우리 구주 예수 그리스도로 말미암아 우리에게 그 성령을 풍성히 부어 주사"(딛 3:4~6). 디도는 바울이 예루살렘에서 군중들에게 했던 설교를 들었을 것입니다. 바울은 다메섹에서 아나니아가 자신에게 한 말을 증거했습니다. "일어나 주의 이름을 불러 세례를 받고 너의 죄를 씻으라 하더라"(행 22:16). 디도여 "너는 이 여러 것에 대하여 굳세게 말하라."(딛 3:8)

디모데와 디도는 무엇을 강조했습니까? 교회는 바울에게서 정통적인 가르침을 받았으며, 이러한 가르침은 초대 교회 신조에 고백되어 있습니다. "내가 전한 복음대로 다윗의 씨[영지주의자들에 대한 반박]로 죽은 자 가운데서 다시 살아나신[영혼불멸을 주장하는 사람들의 잘못을 지적함] 예수 그리스도를 기억하라."(딤후 2:8)

목회서신은 확실한 증거와 확고한 신학 전통을 강조합니다(딛 3:8). 디모데후서에는 예문적인 고백이 담겨 있습니다.

"우리가 주와 함께 죽었으면 또한 함께 살 것이요 참으면 또한 함께 왕 노릇 할 것이요 우리가 주를 부인하면 주도 우리를 부인하실 것이라."(딤후 2:11~12)

히브리 선지자들의 말을 기억하는 사람들은 다음과 같은 결론을 내릴 것입니다.

"우리는 미쁨이 없을지라도 주는 항상 미쁘시니 자기를 부인하실 수 없으시리라."(2:13)

하나님은 우리가 무슨 일을 하든지 언제나 의로우시고 자비로우십니다. 디모데여, "그들로 이 일을 기억하게 하라."(2:14)

교사로서의 목사

목사는 설교자이면서 교사입니다. 왜 그렇습니까? 이 시대 상황 때문입니다. 다음과 같은 아모스 선지자의 말을 상기해 보십시오.

"내가 기근을 땅에 보내리니 양식이 없어 주림이 아니며 물이 없어 갈함이 아니요 여호와의 말씀을 듣지 못한 기갈이라."(암 8:11)

교사는 "진리의 말씀을 옳게 분별하며 부끄러울 것이 없는 일꾼으로 인정된 자로 자신을 하나님 앞에 드리기를 힘쓰라"(딤후 2:15). 교사의 역할을 하는 목사는 공부를 해야 합니다. 디모데는 자신이 안수를 받으면서 느꼈던 정열을 되찾고, 하나님이 주신 은사를 사용했습니다(1:6). 목사들은 영적·육체적으로 정열이 있어야 하며, 교사들은 하나님의 말씀을 먹어야 합니다. 목사와 교사들은 진리를 오류로부터, 복음을 이단으로부터 구별해 낼 줄 알아야 합니다. "너희를 위하여 하늘에 쌓아둔 소망으로 말미암음이니 곧 너희가 전에 복음 진리의 말씀을 들은 것이라… 너희 중에서와 같이 또한 온 천하에서도 열매를 맺어 자라는도다."(골 1:5~6)

목수가 자재로 조심스럽게 집을 짓듯이, 노련한 숙련공이 감독자에게 자랑스럽게 자신의 작품을 내보이듯이, 복음의 교사들은 자신이 가르친 신앙의 제자들을 하나님께 선물로 드려야 합니다.

그러나 디모데와 디도가 혼자 일을 할 수는 없습니다. 목사에게는 교사들이 필요합니다. "또 네가 많은 증인 앞에서 내게 들은 바를 충성된 사람들에게 부탁하라 그들이 또 다른 사람들을 가르칠 수 있으리라."(딤후 2:2)

노인들은 젊은 사람들을 가르쳐야 합니다. 청소년들도 어린아이들을 가르칠 수 있습니다. 어머니들은 자녀들에게 무엇인가를 가르쳐야 합니다. 아버지 역시 마찬가지입니다. 무엇을 가르쳐야 합니까? 디도서에서는 다음과 같이 말합니다. "너는 바른 교훈에 합당한 것을 말하여"(딛 2:1). 디모데는 다행스럽게도 믿음이 좋은 할머니와 어머니에게 양육을 받았습니다. 그는 성경에 대해 배웠습니다. 다음과 같은 말씀을 모든 아이들에게 들려줄 수 있다면 얼마나 좋겠습니까? "또 어려서부터 성경을 알았나니 성경은 능히 너로 하여금 그리스도 예수 안에 있는 믿음으로 말미암아 구원에 이르는 지혜가 있게 하느니라"(딤후 3:15). 모세도 이렇게 말했습니다. "네 자녀에게 부지런히 가르치며 집에 앉았을 때에든지 길을 갈 때에든지 누워 있을 때에든지 일어날 때에든지 이 말씀을 강론할 것이며"(신 6:7). 디모데후서에 있는 말씀이 우리에게 확신을 줍니다. "모든 성경은 하나님의 감동으로 된 것으로 교훈과 책망과 바르게 함과 의로 교육하기에 유익하니 이는 하나님의 사람으로 온전하게 하며 모든 선한 일을 행할 능력을 갖추게 하려 함이라"(3:16~17). 오늘날 하나님의 말씀을 가르칠 수 있는 교사들이 얼마나 절실히 필요합니까!

어떤 교사도 자신이 모르는 것을 가르칠 수는 없습니다. 자신이 경험하지 않은 세계로 사람들을 인도할 수는 없습니다. 바울의 말을 들어보십시오. "내가 믿는 자를 내가 알고"(딤후 1:12). 디모데와 디도는 복음을 가르치는 모든 사람에게 반드시 필요한, 그리스도에 대한 믿음이 있었습니다. "우리 안에 거하시는 성령으로 말미암아 네게 부탁한 아름다운 것을 지키라."(1:14)

가르치는 것은 어려운 일입니다. 강한 정신력과 헌신, 자기 훈련과 열정이 있어야 합니다. 나 자신을 드릴 준비가 되어 있습니까? 어떤 사회에서는 교사가 높이 존경을 받습니다. 내가 살고 있는 지역에서는 교사들이 존경을 받고 있습니까?

_____

_____

어떤 교회에서는 교사들이 높이 존경을 받습니다. 우리 교회에서는 어떠합니까?

_____

_____

가르치는 데 어려움이 있더라도 놀라서는 안 됩니다. 우리는 이미 경고를 받았습니다. "사람들이 자기를 사랑하며 돈을 사랑하며 자랑하며 교만하며 비방하며 부모를 거역하며 감사하지 아니하며 거룩하지 아니하며 무정하며 원통함을 풀지 아니하며 모함하며 절제하지 못하며 사나우며 선한 것을 좋아하지 아니하며 배신하며 조급하며 자만하며 쾌락을 사랑하기를 하나님 사랑하는 것보다 더하며 경건의 모양은 있으나 경건의 능력은 부인하니 이 같은 자들에게서 네가 돌아서라"(딤후 3:2~5). 그레데나 에베소에서, 그리고 지금 우리가 있는 곳에서 성경을 가르치는 교사가 된다는 것은 얼마나 많은 시간이 걸리는 일입니까!

♡ 순종하는 공동체의 모습

순종하는 믿음의 공동체는 복음의 보화를 간직하고 있으며, 그 복음을 자녀들과 후손들에게 가르친다.

교회는 탐구와 공동연구, 검증된 경험들이 언제나 계속되는 배움의 공동체입니다. 신명기 6장 4절 쉐마("이스라엘아 들으라 우리 하나님 여호와는 오직 유일한 여호와이시니")의 계명이 유대인 공동체 안에서 기억되고 후손들에게 전수되듯이, 교회도 미래 세대들에게 복음을 가르쳐야 합니다. 이 일은 결코 중단되어서는 안 됩니다. 우리 모두가 노력을 더해야 합니다.

열심히 '배우는' 교인들에게는 어떤 특성이 있습니까?

....

....

나는 배우는 사람으로서, 또한 교사로서 어떻게 성장하고 있습니까?

....

....

사람들로 하여금 가르치고 싶은 욕구가 생기게 하는 것은 무엇입니까?

....

....

나에게 맡겨진, 다음 세대에게 전해야 할 '보화'는 무엇입니까?

....

....

우리 교회에서는 어린이와 청소년, 어른들에게 건전한 교리를 가르치기 위해 무엇을 합니까?

....

....

무엇이 배움의 공동체를 강화시킵니까? 방과 후 학교입니까? 입교반입니까? 가정을 위한 프로그램입니까? 과외수업입니까? 장년반입니까? 청소년 모임입니까? 성경공부입니까? 교리공부입니까?

📷 더 알아보기

■ 시편 78편 1~7절을 읽으십시오. 이 시편은 하나님의 가르침이 다음 세대로 전수되는 것의 중요성을 아름답게 표현하고 있습니다.

■ 우리의 자녀나 손자 손녀를 가르칠 수 있는 방법을 계획해 보십시오. 그들은 기독교 신앙에 대해 흥미를 가질 것입니다.

■ 교회에 있는 어린 디모데들에게 교회학교에서 무엇을 배웠는지 물어 보십시오. 그들이 선생님을 도와줄 수 있습니까?

■ 편지: 내가 다니는 교회의 교육 프로그램에 도움을 줄 수 있다는 내용의 편지를 쓰십시오. 청소년들을 위한 제자반을 가르치겠다고 제의하십시오. 어린이들을 가르치는 일을 돕겠다고 말하십시오.

32

이 과의 주제

질그릇

너희가 누구인지를 기억하라

우리가 이 보배를 질그릇에 가졌으니 이는 심히 큰 능력은
하나님께 있고 우리에게 있지 아니함을 알게 하려 함이라
(고린도후서 4:7)

🦻 우리의 모습

우리는 다른 사람들에게 그리스도 안에 있는 하나님의 사랑을 말하는 데 부족함을 느낍니다. 확신이 없습니다. 우리 자신을 너무 많이 드러낼까 봐 두려워합니다. 다른 사람들의 사생활을 침해할까 봐 두려워하기도 합니다. 우리는 그들을 불쾌하게 할 수도 있습니다. 반박을 당할 수도 있습니다. 혹은 성공했을 수도 있습니다. 그렇다면 우리는 어떻게 해야 합니까?

🕯 내려놓기

성경 공부를 하기 전에 먼저 하나님께 기도를 드립니다. 아래의 시편 말씀이 좋은 길잡이가 될 것입니다.

> 곧 여호와의 일들을 기억하며 주께서 옛적에 행하신 기이한 일을 기억하리이다
> 또 주의 모든 일을 작은 소리로 읊조리며 주의 행사를 낮은 소리로 되뇌이리이다
> (시편 77:11~12)

이번 주 기도 제목을 구체적으로 적어 기도합시다.

🦻 귀 기울이기

이 과의 '귀 기울이기'는 성경 전체를 포함합니다. 우리의 목적은 전파자와 증인, 이 보화와 같은 복음의 전달자로서 우리 능력을 강화하는 일입니다. 각 성경 말씀이 이 주제에 어떻게 적용되는지를 주의해 보십시오. 이 과의 주제는 하나님의 신실성에 대한 확신과 그것을 전하도록 부름받은, 전파하는 자의 소명입니다.

D1 예레미야애가 3:1~40(귀환),
신명기 4:15~40; 5:1~6:9(기억하라),
신명기 30장(순종하라)

D2 이사야 6장(증인으로 부르심을 받음),
예레미야 1:4~10(용기를 내라),
에스겔 1장; 3:1~15; 33:1~9;
37장(파수꾼이 되라)

D3 이사야 52장(전파하는 자의 발),
이사야 53장(고난받는 종),
이사야 55장(하나님을 찾으라),
이사야 56:1~8(순종하는 모든 사람들에게 해당되는 언약)

D4 로마서 5장(넘치는 은혜),
로마서 8장(주님 되신 그리스도),
로마서 10장(전파하는 자가 필요함),
고린도후서 4장(질그릇에 담긴 보화)

D5 에베소서 1:15~23(교회-그리스도의 몸), 2~3장(하나님
의 백성), 4:1~5:20(항상 감사하라)

D6 '말씀 속으로'와 '순종하는 공동체의 모습'을 읽으라.

말씀 속으로

귀환

황폐해진 예루살렘에 남아 있던 사람들은 자신들에게 닥친 비극을 보며 울었습니다. 그들은 그 눈물 속에서 벌을 내리셨지만 아직도 자신들을 사랑하시는 하나님의 손길을 볼 수 있었습니다. 그들은 나라가 멸망당하기 전에 선지자들이 끊임없이 너무도 분명하게 부르짖었던 하나님의 부르심을 들을 수 있었습니다. "기억하라. 회개하고 돌아오라." 예레미야는 다음과 같이 말합니다. "우리가 스스로 우리의 행위들을 조사하고 여호와께로 돌아가자"(애 3:40). 단순한 회한의 눈물이나 후회의 기도, 참회의 행동이 아니라 공의와 사랑을 되찾는 것이 하나님이 바라시는 일입니다.

기억하라

우리는 하나님이 바라시는 일을 알 수 있습니까? 물론입니다. 신명기에서는 모세를 통해 선지자들이 내렸던 공의의 정의를 분명하게 밝힙니다. "나 외에는 다른 신들을 네게 두지 말지니라"(신 5:7). 하나님은 모든 우상을 그 보좌에서 물리치십니다. 우상 숭배는 사악함의 기초입니다. 바울은 우리에게 하나님을 떠나 우리 자신을 경배하려는 경향이 있음을 알고 있었습니다. 그는 모든 사람이 창조주보다 피조물을 섬기려 한다고 말합니다(롬 1:25). 그리고 탐심은 우상 숭배이니 이를 죽이라고 말합니다(골 3~5). 우상 숭배는 끝없이 소유하려는 욕망과 우리를 즐겁게 하려는 마음, 우리 생각대로 모든 일을 하려는 경향을 말합니다. 이것을 기억하십시오.

모세가 말했고 예수님이 다시 강조하셨던 거룩함의 중요성을 가르치십시오. "이스라엘아 들으라 우리 하나님 여호와는 오직 유일한 여호와이시니 너는 마음을 다하고 뜻을 다하고 힘을 다하여 네 하나님 여호와를 사랑하라"(신 6:4~5; 막 12:29~30). "너는 마음에 새기고 네 자녀에게 부지런히 가르치라"라는 이 말씀을 공동체가 기억하는 것도 한 방법입니다. 공동체의 역할은 사람들이 잊지 않도록 끊임없이 신앙의 이야기를 들려주는 것입니다.

순종하라

순종은 생명에 이르게 하고, 불순종은 죽음을 낳습니다. "보라 내가 오늘 생명과 복과 사망과 화를 네 앞에 두었나니 곧 내가 오늘 네게 명령하여 네 하나님 여호와를 사랑하고 그 모든 길로 행하며 그의 명령과 규례와 법도를 지키라 하는 것이라 그리하면 네가 생존하며 번성할 것이요… 그러나 네가 만일 마음을 돌이켜 듣지 아니하고 유혹을 받아 다른 신들에게 절하고 그를 섬기면… 너희가 반드시 망할 것이라."(신 30:15~18)

바울은 올바른 삶이 없는 믿음과 신뢰를 결코 원하지 않았습니다. 예수 그리스도를 통해 하나님과 올바른 관계를 이루라는 그의 말은 언제나 인간의 본성과 행동의 변화에 맞춰져 있었습니다. "너희는 이 세대를 본받지 말고 오직 마음을 새롭게 함으로 변화를 받아 하나님의 선하시고 기뻐하시고 온전하신 뜻이 무엇인지 분별하도록 하라."(롬 12:2)

증인이 되도록 부르심

하나님은 보지 못하는 이 세상에 빛을 비추시고, 듣지 못하는 사람들에게 말씀하십니다. 어떤 방법으로 그렇게 하십니까? 하나님은 전파하는 자를 부르시고, 그들의 마음을 진리로 향하게 하시며, 그들을 말하도록 보내십니다.

이사야에게 어려운 임무가 주어졌습니다. 그는 사람들에게 보지 못하는 실체를 알려주며, 듣지 못하고 이해하지 못하는 진리를 말해야 했습니다. 메시아가 오심을 예언했던 이사야가 흑암 가운데 거니는 사람들에게 하나님의 말씀을 전한 것은 놀라운 일이 아닙니다. (9:2)

보지 못하고 듣지 못하며 이해하기를 거부했던 사람들 가운데 내가 포함되어 있다고 느껴본 적이 있습니까?

예레미야에게 그의 소명은 용기가 필요한 일이었습니다. 그는 위험과 좌절을 통해 계속 연단을 받았습니다. 그는 사람들을 비난했지만 그럼에도 그들을 너무나 사랑했습니다. 그래서 그는 눈물의 선지자로 불렸습니다. 종종 그는 자신의 사역을 포기하고 떠나고 싶었습니다. 그러나 그가 '강포와 멸망'(20:8)을 예언하고, 하나님이 약속하신 소망을 상징하기 위해 가족의 밭을 사들였을 때(32:9~15), 사람들은 그가 전한 진리에 대해 결단을 내려야만 했습니다.

에스겔은 두루마리를 먹었습니다(3:1~3). 그는 백성들을 경고하기 위한 파수꾼의 역할을 했습니다(3:16~17). 그는 받은 메시지를 충실히 전하기 위해 부르짖었습니다. 결과는 하나님과 다른 사람들에게 달렸습니다. 그가 소망과 회복, 귀환을 예언할 때도 마찬가지였습니다.

신실한 증인이 되는 것과 복음전파의 결과가 마치 나 자신의 책임인 것처럼 성공을 보장받으려는 모습 사이에는 어떤 차이점이 있습니까?

....

....

어느 한 쪽 아니면 둘 다 해본 적이 있습니까?

....

....

메시아

이사야는 포로생활을 통해, 전통적으로 믿어 왔던 하나님의 종과는 다른 종에 관해 예언했습니다(사 52:13~53:12). 전통적으로 사람들은 하나님의 종을 다윗의 후손인 왕이나 대적의 손에서 자신들을 구원해 줄 용사의 모습으로 생각했습니다. 그러나 선지자들은 이미 다른 이미지에 관해 말했습니다. 메시아는 베들레헴이라는 작은 고을에서 태어날 것입니다(미 5:2). 그는 겸손하게 나귀를 탈 것입니다(슥 9:9). 그는 죄인들을 위해 고통을 받을 것입니다(사 53:12). 그의 발은 평화와 구원의 기쁜 소식을 가져올 것입니다(52:7). 좋은 소식을 전하는 자들의 발이 얼마나 아름답습니까!

나에게 누가 복음을 전해 주었으며, 평화와 구원에 대해 말해 주었습니까?

....

....

증거자가 급히 필요함

우리는 급박한 심정으로 다른 사람들에게 복음을 증거해야 합니다. 메시아가 오시는 것은 모든 사람을 위해서입니다. 이방인들과 유대인들이 함께 하나님의 은혜에 포함될 것입니다.

"여호와와 연합하여… 나의 언약을 굳게 지키는 이방인마다 내가 곧 그들을 나의 성산으로 인도하여."(사 56:6~7)

선지자들이 이미 이것을 말하고 있습니다! 하나님의 은혜가 모든 민족에게 알려지고 있습니다. 구원은 유대인에게 나와서 모든 사람에게 미치게 될 것입니다. 이사야는 그것을 알았습니다. "땅 끝에서부터 노래하는 소리가 우리에게 들리기를."(24:16)

"네 자손을 동쪽에서부터 오게 하며 서쪽에서부터 너를 모을 것이며 내가 북쪽에게 이르기를 내놓으라 남쪽에게 이르기를 가두어 두지 말라."(43:5~6)

선지자들은 바울을 위해 기초를 놓았습니다. 예수님의 말씀도 여기에 기초합니다. "사람들이 동서남북으로부터 와서 하나님의 나라 잔치에 참여하리니."(눅 13:29)

넘치는 은혜

우리는 바울이 예수님의 사역을 선지자들의 예언 성취라고 보았다는 것을 배웠습니다. 하나님은 그분의 백성에게 공의와 신뢰를 요구했지만, 오히려 죄가 만연했습니다. 율법은 원래 거룩하지만, 사람들은 그 때문에 더욱 죄를 짓게 되었습니다. 그래서 그분의 백성을 구원하고 싶어 하시는 신실하신 하나님은 순종의 예를 보여주기 위해 예수님을 보내셨습니다. 이제 우리는 하나님과 올바른 관계를 가질 수 있습니다. "그러므로 우리가 믿음으로[우리 자신의 행위가 아닌] 의롭다 하심을 받았으니 우리 주 예수 그리스도로 말미암아 하나님과 화평을 누리자"(롬 5:1). 이 은혜는 죄인들, 곧 우리 모두를 위한 것입니다. 이는 거저 주는 선물이며, 모든 사람에게 풍성히 주어졌습니다.

왜 우리는 하나님의 사랑을 '받을 가치가 있어야 한다'거나 그것을 '우리의 노력으로 얻어야 한다'는 유혹에 빠집니까?

....

....

주님 되신 그리스도

우리에게 여러 가지 고통이 있는 것은 사실이지만, 우리는 더 이상 정죄를 받거나 하나님의 진노 아래 있지 않습니다. 우리는 죄를 짓고자 하는 반역적인 욕망과 파괴적인 도덕주의에서 벗어나 하나님을 자유롭게 사랑할 수 있습니다. 우리는 성령의 능력에 힘입어 살며, 예수님과 같은 부활과 선지자들이 꿈꾸었던 화합의 왕국을 기다립니다. 땅이나 하늘에 있는 어떤 세력도 예수님의 힘보다 크지 않습니다. 그분은 사랑 가운데 우리와 늘 함께하실 것입니다.

소식을 전할 자가 필요함

이사야와 예레미야, 에스겔을 불러서 말하게 하시고, 그리스도 안에서 바울을 이방인의 사도로 부르셨던 하나님은 지금도 복음을 증거하기 위해 계속 사람들을 부르십니다. 전하는 사람이 없기 때문에 이 세상에는 복음을 알지 못하는 사람들이 많이 있습니다.

"그런즉 그들이 믿지 아니하는 이를 어찌 부르리요 듣지도 못한 이를 어찌 믿으리요 전파하는 자가 없이 어찌 들으리요."(롬 10:14)

나는 누구와 복음을 나누고 있습니까?

....

....

나는 하나님으로부터 어떤 부르심을 받고 있습니까?

....

....

질그릇

물론 우리는 약하고 부적합합니다. 그러나 바울은 놀라운 통찰력으로 우리의 약함이 오히려 복음에 더 큰 힘을 준다고 주장합니다. 그는 고린도 교인들에게 자신이 이 세상 지혜나 웅변으로 설교하지 않았다고 말합니다(고전 2:1~5). 하나님의 은혜가 인간의 연약함 속에 나타날 때 더 분명하고 강력해집니다. 증거하는 자들은 질그릇과 같습니다. 그러나 그 때문에 우리 안에 담겨 있는 보배의 영광이 줄어드는 것은 아닙니다. 오히려 이를 더욱 부각시킵니다.(고후 4:7)

교회-그리스도의 몸

교회는 그리스도의 몸입니다(엡 1:22~23). 그리스도 안에서 산다는 것은 다른 기독교인들과 교제를 나누며 산다는 의미입니다. 적대감의 벽이 그리스도의 희생적인 죽음으로 무너집니다(2:13~14). 우리는 "그리스도 예수 안에서 하나입니다."(갈 3:28)

바울은 친교를 위한 식사와 성만찬이 모든 사람을 위한 것임을 강조합니다. 어떤 사람이 할례를 받았느냐 혹은 받지 않았느냐, 술을 마시느냐 혹은 마시지 않느냐, 특별한 기도와 휴일을 지키느냐 혹은 지키지 않느냐, 고기를 먹느냐 혹은 먹지 않느냐 하는 것은 문제가 되지 않습니다. 그리스도 안에 있으면 누구든지 그는 하나님의 백성으로서 똑같이 성만찬에 참여할 수 있습니다.

하나님께 감사를 드림

감사를 드리는 일은 특정한 계절에만 하는 것이 아니라 우리 삶의 일부가 되어야 합니다. 찬양은 어떤 개인이 때때로 하거나, 회중들이 정기적으로 드리는 예식이 아닙니다. 찬양은 하나님의 백성에게 언제나 속속들이 배인 진한 향수와 같습니다.

순종하는 믿음의 공동체는 하나님이 우리 삶에 개입하시기 때문에 확신을 가지고 증거한다.

애찬식
어떤 교파에서는 때때로 애찬식을 갖는다. 친교를 위한 식사는 이 예식의 일부다. 보통 애찬식은 성만찬으로 끝난다. 그러나 중요한 것은 찬송과 기도, 성경말씀과 개인적인 신앙과 기쁨의 표현이다. 애찬식은 사랑과 용납, 이해 그리고 서로를 인정해 주는 잔치다.
공동체가 너무나 잘 도와주기 때문에 사람들은 자신들의 갈등과 상처, 치유와 기대, 성취된 희망과 죄, 자비에 대해 자유롭게 이야기한다. 애찬식은 하나님을 영화롭게 하고, 개인적인 이야기를 다른 사람들에게 자유롭게 할 수 있는 신비로운 시간이다. 성령께서 모든 간증을 인도해 주신다. 애찬식 때에는 사랑이 너무나 강하게 나타나기 때문에 사람들은 조용히 기도하며 다른 사람들을 받아들인다.

순종하는 공동체에로의 부름

사회자: 나의 백성이여, 깨어 귀를 기울이라. 거룩하신
분이 말씀하신다. 장사하는 사람들이 시장에서
거짓으로 무게를 달며, 한 켤레의 구두를 위해
궁핍한 자들을 팔고 있다. 그들은 문 앞에 있는
배고픈 사람들을 외면하고, 가난한 자들의 소
리를 듣지 않으며, 자신들의 탐욕에만 집착한
다. 그들은 귀가 있으나 듣지 못한다.

회　중: 모든 것이 안전하다. 평화로다. 평화로다.

사회자: 집은 아름답고, 기념비는 확고하게 섰으며, 그
들은 성공에 취해 이렇게 말한다. "우리의 손으
로 이것을 지었노라! 성전은 결코 부서지지 않
을 것이다!" 그들은 분별할 수 있는 마음이 있
으나 깨닫지를 못한다.

회　중: 모든 것이 안전하다. 평화로다. 평화로다.

사회자: 그들은 평화를 위협하는 선지자들의 목소리를
잠재워 버리고, 자신들에게 안전을 보장하는
율법과 자신들을 우월하게 만드는 특별한 지식
에만 집착한다. 그들은 눈이 있으나 보지 못한
다.

회　중: 모든 것이 안전하다. 평화로다. 평화로다.

사회자: 그들은 자신들의 신 앞에 무릎을 꿇는다. 그들
은 책임감 없이 황홀감에 심취하여 느낌 없이
감동에 빠져든다. 그들은 신실성 앞에서 자신
들의 얼굴을 감추어 버렸다.

회　중: 모든 것이 안전하다. 평화로다. 평화로다.

북　쪽: 우리는 부요하다!

동　쪽: 우리는 강하다!

남　쪽: 우리는 의롭다!

서　쪽: 우리는 재미있게 산다!

북　쪽: 당신이 다른 사람을 더 이상 신뢰할 수 없다는
것이 이상하지 않은가? 누구의 말도 좋게 들
리지 않는다. 모든 사람들이 자신들만 생각한
다.*

동　쪽: 왜 도시들이 무너지고 있는가? 왜 가난한 사람

들이 그렇게 많은가?*

남　쪽: 모든 폭력과 깨어진 가정들은 어떻게 된 일인
가?*

서　쪽: 인생은 공허하고 의미가 없다. 우리가 하는 그
어떤 일도 만족을 주지 못한다. 우리를 흥분시
킬 수 있는 더 큰 모험과 우리를 즐겁게 해줄
수 있는 드라마가 필요하다. 우리 자신이 누구
인지도 확실하지 않다.*

회　중: 모든 일이 잘되고 있지 않다. 우리는 서로 단절
되어 있고, 우리 자신에게서 떨어져 있으며, 이
땅으로부터 고립되어 있다. 우리는 하나님으로
부터 멀어졌다.

북　쪽: 탐욕이 우리의 죄다.

동　쪽: 교만이 우리의 죄다.

남　쪽: 오만이 우리의 죄다.

서　쪽: 방탕함이 우리의 죄다.

회　중: 창조주가 아닌 피조물을 섬기는 것은 우상 숭배
다.

북　쪽: 우리는 진리를 죽이고 순수성을 희생시켜 버렸
다.

동　쪽: 우리는 사랑을 십자가에 못 박고 인내를 없애
버렸다.

남　쪽: 우리는 존경심을 약탈해 버리고 비전을 제한했
다.

서　쪽: 우리는 신실함을 묻어 버렸으며 사랑을 무시했
다.

회　중: 우리는 바람을 심고 폭풍우를 거둬들였다. 평화
가 없다. 삶의 희망도 없다. 거룩함과 온전함이
없으며, 죽은 자들과 뼈들만이 흩어져 있다.

(침묵)

사회자: 오 생명의 숨결이여, 사방에서 오라. 그들에게
숨을 불어넣어 살게 하라.

회　중: 은혜로우신 하나님, 당신의 날개에 치유함을 싣
고 우리에게 임하소서.

사회자: 나에게로 오라. 그리하면 내가 너를 집으로 인
도하리라. 어미가 태 안에 있는 자식을 잊을 수

없음같이 내가 너를 잊지 않겠노라! 오랫동안 잃어버린 어린 자식을 기다리던 아버지처럼 내가 너를 물리치지 않겠노라! 너를 사랑하는 배우자처럼 내가 너를 버리지 않겠노라! 나에게로 오라.**

그리하면 살리라! 나의 자녀들이 선물과 보물을 가지고 동서남북에서 집으로 올 것이다. 거룩하신 주님은 장사되셨으나 다시 부활하셨다. 그분은 죽으셨으나 살아 나셨다!

회　중(북쪽에게): 잔치에 오라! 우리는 당신이 필요하다. 피조물의 신음소리를 듣고, 정의를 생각하며, 자비를 베풀기를 바란다. 진리의 소리를 듣고 온전하게 살기를 바란다.

사회자: 당신을 주관하시는 분은 정의라 불린다.

회　중(동쪽에게): 잔치에 오라! 우리는 당신이 필요하다. 행동하라는 부르심을 듣고, 모든 사람들의 필요에 민감하며, 부드러운 힘을 가지고 일을 하며, 인내를 가지고 지을 수 있기를 바란다. 그리고 하나님 앞에서 겸손한 마음을 가지고 동행하라.

사회자: 당신의 강한 성벽은 구원이라 불린다.

회　중(남쪽에게): 잔치에 오라! 우리는 당신이 필요하다. 은혜로운 말로 인도하며, 소망을 꿈꾸기를 바란다. 미래에 대한 비전을 내다보고 이를 자연스러운 것으로 만들기 바란다.

사회자: 당신의 감독자는 평화라 불린다.

회　중(서쪽에게): 잔치에 오라! 우리는 당신이 필요하다. 당신의 얼굴이 사람들에 대한 친절함과 하나님의 보호하심으로 빛나며, 유머와 존귀함과 깊은 의미를 가지고 기쁘게 맞이하기를 바란다. 당신의 얼굴이 신실한 사랑으로 빛나기를 바란다.

사회자: 당신의 문은 찬양이라 불린다.

회　중: 사람들이 동서남북에서 와서 천국잔치에 참여하며 성도들과 같이 먹을 것이다.

사회자: 적대감의 벽이 무너지고 멀리 있던 사람들이 가까이 오게 될 것이다.

회　중: 우리는 예수 그리스도 안에서 모두가 하나다. 그리스도는 우리를 신앙과 자유 안에서 하나로 묶어 주시며 우리를 한 몸, 한 피, 한 가족이 되게 하신다.

사회자: 하나님의 사랑을 받는 이여! 너희가 누구인지를 기억하고 이 세상에 나아가라.

북　쪽: 들을 귀를 가지고

동　쪽: 깨달을 수 있는 마음을 가지고

남　쪽: 볼 수 있는 눈을 가지고

서　쪽: 감추어지지 않은 얼굴로

사회자: 당신의 말과 행동, 존재와 행위, 사랑과 봉사를 통해 부활하신 그리스도와 하나님의 끝없는 은혜, 그리고 새롭게 하시는 성령의 능력을 증거할 수 있기를 바란다.

회　중: 아멘.

성찬식 예문

지도자: 주 예수 그리스도의 은혜가 여러분과 함께하시기를 기원합니다.

회　중: 부활하신 그리스도께서 우리와 함께하심을 믿습니다.

다같이: 주님께 찬양을 드립니다.

찬송

'거룩 거룩 거룩 전능하신 주님'(8장)

개회기도

전능하신 하나님, 이 시간 주님 앞에 숨김없이 우리의 마음 문을 엽니다. 성령의 인도하심으로 우리 마음을 깨끗하게 하시고, 우리가 주님을 진정으로 사랑하게 하시며, 주님의 거룩한 이름에 합당한 찬양을 드리게 하소서. 예수 그리스도의 이름으로 기도합니다. 아멘.

말씀을 사모하는 기도

주님, 성령의 능력으로 우리 마음을 열어 주셔서, 이 시간 성경말씀을 봉독하고 주님의 말씀이 선포될 때, 우리에게 약속하신 은혜를 받을 수 있게 하소서. 아멘.

성경봉독

신명기 6:1~13, 이사야 55:1~11, 골로새서 1:11~20

찬송

주 예수 해변서(198장)

성경봉독

요한복음 1:1~14

설교

성경공부반에 참석한 사람들의 간증 시간이 되게 한다.

중보기도

다른 사람들을 위한 기도 시간을 갖는다.

성찬에로의 초대

우리 주 예수 그리스도께서는 주님을 사랑하고, 죄를 진정으로 회개하며, 이웃과 평화롭게 살기로 결심하는 모든 사람들을 성찬에 초대하십니다. 그러므로 이 성찬에 참여하기 위해 먼저 하나님과 모든 형제자매 앞에서 우리 죄를 고백합시다.

공동 참회기도

자비하신 하나님, 우리는 마음을 다해 주님을 사랑하지 않았고, 우리는 주님의 뜻을 따르지 않았으며, 우리는 주님의 법을 어겼고, 우리는 이웃을 사랑하지 않았으며, 우리는 궁핍한 자들이 부르짖는 소리를 들으려 하지도 않았습니다. 우리는 주님께 순종하는 교회가 되지 못했습니다. 이 시간 주님께 우리 죄를 고백하오니 우리를 용서해 주시고, 주님의 뜻에 기쁜 마음으로 순종할 수 있게 하소서. 예수 그리스도의 이름으로 기도합니다. 아멘.

개인 참회기도

모든 사람들이 조용히 기도한다.

용서의 확증

집례목사: 이 기쁜 소식을 들으십시오. 우리가 아직 죄인 되었을 때에 그리스도께서 우리를 위하여 죽으심으로 하나님께서 우리를 향한 하나님의 사랑을 확증하셨습니다. 예수 그리스도의 이름으로 여러분은 용서받았습니다!

회　　중: 예수 그리스도의 이름으로 우리가 용서받았음을 믿고 감사합니다.

다 같 이: 하나님께 영광을 돌립니다. 아멘.

성도의 교제

우리 서로 화해와 사랑의 표시를 주고받읍시다.

예식사

집례목사: 하나님이 여러분과 함께 계십니다.

회　　중: 하나님이 우리와 함께 계심을 믿습니다.

집례목사: 여러분의 마음을 하나님께 드리십시오.

회　　중: 우리의 마음을 하나님께 드립니다.

집례목사: 주 우리 하나님께 감사와 찬양을 드립시다.

회　　중: 기쁨으로 감사와 찬양을 드립니다.

집례목사: 하늘과 땅을 지으신 전능하신 창조주 하나님, 우리가 언제, 어디서나 하나님께 감사를 드리는 것은 지극히 마땅하며 기쁘고 즐거운 일입니다. 하나님은 우리를 그분의 형상대로 창조하시고 생기를 불어넣어 주셨습니다. 우리가 하나님으로부터 돌아서서 멀리 떠났을 때에도, 하나님은 변함없이 우리를 사랑하셨습니다. 하나님은 우리가 포로 되었을 때에 자유케 하시어, 우리의 구원자가 되어 주실 것을 약속해 주셨으며, 이를 선지자들을 통해 우리에게 말씀해 주셨습니다. 그래서 우리는 땅 위의 사람들과 하늘의 모든 권속과 함께 하나님의 이름을 찬양하며 끊임없는 찬

송을 드립니다.

회   중: 거룩 거룩 거룩 만군의 여호와여 그의 영광이 온 땅에 충만하도다. 찬송하리로다. 주의 이름으로 오시는 이여 가장 높은 곳에서 호산나.

집례목사: 하나님은 거룩하시고, 하나님의 아들 예수 그리스도는 마땅히 우리의 찬양을 받을 분입니다. 성령께서 주님께 기름을 부으시고, 가난한 자에게 복음을 전하게 하시고, 포로 된 자에게 자유를, 눈먼 자에게 다시 보게 함을 전파하며, 눌린 자를 자유롭게 하고, 주의 은혜의 해를 전파하게 하셨습니다. 주님은 병든 자를 고치셨고, 배고픈 자를 먹이셨으며, 죄인들과 식탁을 같이하셨습니다. 주님은 그분의 고난과 죽음과 부활에 동참하는 이들로 교회를 세우셨고, 우리를 죄와 죽음의 결박에서 구원해 주셨으며, 물과 성령으로 우리와 새 언약을 맺으셨습니다. 주님은 승천하실 때 주님의 말씀과 성령의 능력 안에서 우리와 항상 함께하시기로 약속하셨습니다.

성찬제정

(집례목사가 떡을 두 손으로 들고 말한다.)

집례목사: 예수께서 잡히시던 밤에 떡을 가지사 축사하시고 떼어 제자들에게 주며 말씀하시기를 "이것은 너희를 위하여 주는 내 몸이니 너희가 이를 행하여 나를 기념하라" 하시고

(집례목사가 잔을 두 손으로 들고 말한다.)

집례목사: 식후에 또한 그와 같이 잔을 가지고 축사하시고 제자들에게 주며 말씀하시기를 "이 잔은 죄 사함을 얻게 하려고 너희와 많은 사람들의 죄를 위하여 흘리는 나의 새 언약의 피니 이것을 행하여 마실 때마다 나를 기념하라"고 말씀하셨습니다. 그러므로 우리는 그리스도를 통해 이루신 하나님의 크신 구원의 은총 안에서 우리의 영혼과 몸을 주님께 거룩

한 산 제물로 드려 그분 자신을 내어주신 주님과 하나 되어 하나님이 행하신 구원의 신비를 고백하면서 감사와 찬양을 드립시다.

다 같 이: 그리스도는 죽으셨습니다. 그리스도는 부활하셨습니다. 그리스도는 다시 오십니다.

성령 임재의 기원

자비하신 하나님, 우리의 기도를 들으소서. 성령이여, 이 시간 여기에 임하시어 이 떡과 잔을 그리스도의 몸과 피로 성별하시고, 우리가 그리스도의 보혈로 구원받아, 세상을 위한 그리스도의 몸이 되게 하소서. 성령이여, 우리를 그리스도와 하나 되게 하시고, 우리가 서로 하나 되게 하소서. 그리스도께서 최후 승리자로 오실 때까지 우리가 온 세상을 향해 사역하는 데 하나 되게 하소서. 우리가 주님의 천국잔치의 즐거움에 참여하게 하소서. 아멘.

주기도문

이제 하나님의 자녀가 되었다는 확신을 가지고 다 함께 기도합시다.

성찬분급

여러 밀알이 한 덩어리의 떡이 된 것같이, 우리가 여럿이지만 주님의 성찬을 나눔으로 우리도 한 몸이 됩니다. 우리가 이 떡을 나눔은 그리스도의 몸을 나누는 것입니다. 그리스도께서 우리를 위해 고난받으신 몸을 기념하면서 이것을 받아먹으며 감사하십시오. 여러 포도알이 한 잔의 포도즙이 된 것같이, 우리가 여럿이지만 주님의 성찬을 나눔으로 우리도 한 몸이 됩니다. 우리가 이 잔을 나눔은 그리스도의 새 언약의 잔을 나누는 것입니다. 우리 주 예수 그리스도께서 우리를 위해 그 피를 흘리신 것은 우리 하나하나를 하늘나라 잔치에 초청하기 위해서이며, 우리의 영혼과 육신을 보전해 영생에 이르게 하기 위해서입니다. 그리스도께서 우리를 위해 피 흘리신 것을 기념하면서 이것을 받아 마시고 감사하십시오.

당신을 위해 주신 그리스도의 몸입니다. 아멘.

당신을 위해 주신 그리스도의 피입니다. 아멘.

감사와 결단
긍휼과 자비가 풍성하신 우리 하나님이시여, 하나님의 사랑과 능력을 힘입어, 주의 겸비한 종된 우리가 이 성례에 참여했으니 진실로 감사와 찬양을 드립니다. 주님께 진심으로 간구하오니 이 성례에 참여한 성도들이 예수 그리스도의 살과 피를 먹고 마심으로 주와 완전히 하나 되게 하시고, 이제부터 주의 말씀에 순종하여 죽도록 충성하는 주님의 자녀들이 되게 하소서. 주여 우리가 매일매일의 생활이 성찬의 연속이 되어 주님께 드리는 거룩한 산 제물이 되도록 도와주소서. 또한 우리가 하나님의 자녀 된 본분과 제자 된 의무를 충실히 감당하도록 성령이여 함께하옵소서. 우리가 모든 존귀와 영광을 전능하신 성부 성자와 성령 삼위일체 하나님께 영원히 돌리나이다. 아멘.

찬송
부름받아 나선 이 몸(323장)

축도
주 예수 그리스도의 은혜와 하나님의 사랑과 성령의 교통하심이 여러분에게 함께하시기를 축원합니다. 아멘.

Litany by Kathleen Joy Leithner.
"A Service of Word and Table I," © 1972, 1980, 1985, 1989 The United Methodist Publishing House; from *The United Methodist Hymnal*, pages 6~11. Used by permission.